读懂投资 先知未来

大咖智慧
THE GREAT WISDOM IN TRADING

成长陪跑
THE PERMANENT SUPPORTS FROM US

复合增长
COMPOUND GROWTH IN WEALTH

一站式视频学习训练平台
WWW.DUOSHOU108.COM

舵手证券图书
www.duoshou108.com

原版道氏理论

查尔斯·道（Charles Dow）原稿资料及其与市场行情之关联

（美）查尔斯·亨利·道 著

刘奥南 刘梦茵 译

山西出版传媒集团
山西人民出版社

图书在版编目(CIP)数据

原版道氏理论 / (美)道著；刘奥南,刘梦茵译
. --太原：山西人民出版社，2016.3
ISBN 978-7-203-09523-1

Ⅰ.①原… Ⅱ.①道… ②刘… ③刘… Ⅲ.①股票投
资-文集 Ⅳ.①F830.91-53

中国版本图书馆 CIP 数据核字(2016)第 044653 号
著作权合同登记号　图字:04-2016-007

原版道氏理论

著　　者：(美)查尔斯·亨利·道
译　　者：刘奥南　刘梦茵
责任编辑：徐晓宇

出 版 者：山西出版传媒集团·山西人民出版社
地　　址：太原市建设南路 21 号
邮　　编：030012
发行营销：0351-4922220　4955996　4956039　4922127(传真)
天猫官网：http://sxrmcbs.tmall.com　电话:0351-4922159
E-mail ：sxskcb@ 163.com　发行部
　　　　　sxskcb@ 126.com　总编室
网　　址：www.sxskcb.com

经 销 者：山西出版传媒集团·山西人民出版社
承 印 者：三河市宏顺兴印刷有限公司

开　　本：710mm×1000mm　1/16
印　　张：29.5
字　　数：425 千字
印　　数：6001-11000 册
版　　次：2016 年 8 月　第 1 版
印　　次：2021 年 7 月　第 2 次印刷
书　　号：ISBN 978-7-203-09523-1
定　　价：66.00 元

如有印装质量问题请与本社联系调换

目　录

编者的话

　　大多数读者读这本书，应该是为了更多地接触道氏理论，更好地理解查尔斯·道及其金融市场理论，也就是道氏理论的发展和形成。这些原始的卷宗，包含着珍贵的投资交易史料。但我也同样希望您能从阅读筛选这些百年卷宗本身，从回顾美国早期金融市场，探索其交易与投资文化中得到乐趣。

　　在一百年前，报刊文章撰稿人还不算正规的记者职位，所以那个年代的华尔街社论文章出自哪位作者是无法完全确定的。不过我们知道，查尔斯·道自 1899 年 4 月 21 日开创《回顾与展望》专栏（Review and Outlook column），一直亲自主笔直至 1902 年后半年抱恙。本书收录乔治·毕肖普（George W. Bishop）在 1960 年选编入《查尔斯·H·道及道氏理论》[①]（Charles H. Dow and the Dow Theory）的 223 篇关于股票投资的评论文章，这些文章被认为是道氏亲著的有代表性的珍贵资料。包括和查尔斯·道同一时代的 S. A. 纳尔逊（S. A. Nelson）在他 1902 年出版的《股票投机的基础知识》（The ABC of Stock Speculation）[②] 中精选的 16 篇关于股票投资的论述。所有文章按现代道氏理论六大规则分章节整理汇编。

　　查尔斯·道作为华尔街金融日报的合伙人和编辑，他的亲笔文章当

---

　　① 小乔治·W·毕肖普·查尔斯·H 著《查尔斯·H·道及道氏理论》，由纽约阿普尔顿－世纪－克罗夫茨公司 1960 年出版。

　　② S·A·纳尔逊著《股票投机的基础知识》，哥伦比亚－马里兰代表处－市场书社 2007 年出版。

然不止选编的这些专栏文章。但我们相信这些选编的资料，能给读者提供一个平台窗口，以体会道氏对市场形态、投资操作等天马行空的思路。毕肖普所找出的 223 篇专栏评论文章中，有 3 篇已经绝版，所以无法选入，这 3 篇分别是：1901 年 1 月 25 日篇，1901 年 4 月 27 日篇，1901 年 11 月 24 日篇。在 19 世纪末 20 世纪初的世纪之交，华尔街就像一个独立的金融王国，而当地报刊包括《华尔街日报》，则展示了这个金融王国的精神文化。道氏的股票投资评论文章，虽然每日花样翻新，但却长期坚持类似"名人八卦"的消息，透露种种金融市场大人物隐私，例如："基恩先生今日白天不在华尔街，有消息称他身患微恙"。（基恩 James Robert Keene，1838 - 1913 年 1 月 3 日，华尔街著名股票经纪人，也是著名的纯种赛马所有者兼养殖者。生于英国伦敦，14 岁随家人移居美国。年轻时凭借精明的投资意识与独到的眼光，在加利福尼亚和内华达多家矿业投资获利，之后被委以旧金山股票交易所主席之职。1876 年为扩大贸易机会，移居美国金融中心纽约。居住纽约期间，对赛马萌发兴趣，进而开始购买和养殖高纯血统赛马，并运送美国赛马到英、法等国家赢得大奖。1884 年在芝加哥粮食市场遭遇滑铁卢，投资失利后，散尽家产并背负重债。几年后受雇于华尔街著名的威廉·法卓克（William Frederick Havemeyer），高调回归金融界，很快就帮摩根与洛克菲勒管理基金，重新成为华尔街金融界财富与实力的传奇，并从 1891 年起，再次重振他热爱的赛马事业。——译者注）

在那个年代，一些特殊的事件，或是重要人物的缺席（不在交易现场），都可能引起市场波动，因此，道氏在评论股票投资策略外，也刊登公布这类市场消息。例如在 1901 年 2 月 20 日，他发布消息称：纽约金融界几大巨头，包括范德比尔特（Vanderbilt），洛克菲勒（Rockefeller）和摩根（J. P. Morgan）齐齐离港。"理论上说，这些大人物无论走到哪里，手边都不会缺少电信设施，但我们也不能排除其中有人打算暂时逃离这些电信设施、逃离他们所能加诸金融市场的影响力的这种可能性"。又如 1899 年 11 月 4 日，道氏在文章中称："这次国际形势虽然跟之前几次同样严峻，但对市场的影响，却小于区区帆船比赛。虽然说起来，帆船比赛对市场的影响，不过是因为大量操盘手和交易员都遛到码头去看比赛，人数影响了人气而已。"

今天的通用电气，仍在道琼斯工业平均指数中占一席之地，单就这件事来说，似乎与 1896 年道琼斯工业平均指数只有 12 家成员的年代并无差异，然而，这一百多年的投资交易，却经历了翻天覆地的变化。今天，绝大多数的投资交易，都是通过电脑来完成的，也就是我们所说的电子交易，当年道氏曾在多篇评论文章中专门讨论"远距离"操盘手，征集能实现"距离华尔街千里之外却能紧跟市场动态实时操作股票交易"的方法。

有些评论内容，已经不会被时至今日那些有声望的出版物刊登了，但这些内容却真实反映了当时的投资文化，也因此被收录在本书中。例如评论文章中曾提到："在交易者准备作出投资时，一些华尔街交易所习惯询问入市者的性别。如果是女性客户的投注资金，推荐的股票一定不会偏离高安全系数这个核心要求……换言之，缺乏股票投资的工具与专业知识的客户，总是愿意持有那些在价格和历史看来，至少好几年内都安全可靠的股票。"（1900 年 4 月 24 日文章）

在这本书的选编中，文字上尽可能忠于道氏在《华尔街日报》版本的文章原文（相对于后来纳尔逊等人整理出版的道氏论述而言）。在过去的整整一个世纪里，英语这种语言，也同股票交易一样，在不断发展变化着，所以，这些原著不可避免地呈现当年的文章格式，使用当年的语法（或一如当年行文习惯忽略某些语法）。总之，我们所有的选编文章，保持了那个年代的语法和拼写，有时我们在这些与现代英语文体有差异的地方标注了"原文如此"的标识。许多当年的词汇和俗语，现在看着会觉得陌生，听着也古怪。例如当年并没有正规的资本交易场所，所以最初的华尔街记作 Wall street（首字母大写，街道小写，表示这个词并不是专有名词，而只是街道名称——译者注），后来资本交易的情况不断变化，华尔街就一会儿变成 Wall Street（专有名词），一会儿变成 wall street（普通词）。另外，百万（这个数词在当今英语使用中，除了和 of 连用，表示不确定具体数额的大批量之外，不可使用复数，如 3 百万是 three million，而不是 three millions——译者注）当年是具有复数形式的形容词，可以用成"it increased from ＄11 millions to ＄930 millions"。

最后，我想在这里感谢基拉·麦卡弗里·布莱希特（Kira McCaffrey Brecht）为这本书提供的绝妙建议。

本书中道氏的评论文章，除非特别标注，都原文摘录自 1899~1902 年的《华尔街日报》，道氏在《回顾与展望》栏目中的原版评论文章。

劳拉·赛舍

特许金融分析师查尔斯·卡尔森
题序

查尔斯·道这位卓越不凡的人物，出身十分平凡：一个农民的儿子，高中还没毕业，寿命也不算太长，1902 年过世，享年 51 岁。但他带给金融市场的影响，历史上几乎无人能及。

我所供职的哈里森出版社的旗舰资讯（Horizon Publishing's flagship newsletter），自 1946 年起，每周一版《道氏理论预测股市》（Dow Theory Forecasts），使用道氏的理论指导市场分析。经过对道氏理论长达 62 年的市场应用，我们应该算是美国研究使用道氏理论的顶级专家了。

要理解道氏理论，就要先理解道氏理论的两大基本组成部分：道琼斯工业指数和道琼斯运输平均指数。查尔斯·道于 1884 年创立了他的第一个指标，道琼斯工业平均指数。那时，道氏供职撰写《交易者午后简讯》（Customer's Afternoon Letter），这是一份提供每日金融消息的新闻简报（《交易者午后简讯》于 1889 年归入《华尔街日报》）。

道氏发布的第一只指数包括以下成分股：

芝加哥和西北公司 Chicago & North Western	太平洋联盟公司 Union Pacific
雷克万纳和西部公司 Lackawanna & Western	密苏里太平洋公司 Missouri Pacific
湖岸公司 Lake Shore	路易斯维尔和纳什维尔公司 Louisville & Nashville

纽约中央铁路公司 New York Central	太平洋邮轮公司 Pacific Mail
圣保罗公司 St. Paul	西部联盟公司 Western Union
北太平洋公司优先股 Northern Pacific preferred	

不难看出，当时，这第一只指数，包含大量铁路板块成分股。考虑到19世纪末，铁路运输对美国经济举足轻重的影响力，这也不足为奇。从1884到1896期间，道氏又多次调整工业平均指数的成分股，这些调整，绝大多数是将铁路板块的成分股替换为工业板块的股票。到1896年5月26日，道氏终于推出了他第一只全部由工业板块公司股票构成的平均指数，其成分股包括：

美国棉油公司 （American Cotton Oil）	拉克尔德煤气照明公司（公用事业） Laclede Gas
美国制糖公司 American Sugar	国家铅业公司 National Lead
美国烟草公司 American Tobacco	北美公司（公用事业） North American
芝加哥煤气公司（公用事业） Chicago Gas	田纳西煤炭、钢铁公司 Tenn. Coal & Iron
蒸馏与牲畜饲料公司 Distilling & Cattle Feeding	美国皮革公司优先股 U. S. Leather preferred
通用电气公司 General Electric	美国橡胶公司 U. S. Rubber

同一年的晚些时候，道氏又推出了道琼斯铁路指数的前身。这只指数出人意料地将"铁路"的名号保持了74年，直到1970年才更名为道琼斯交通平均指数。道琼斯工业平均指数则在1916年扩展到20只成分股，到1928年又扩充到30只。

道氏理论

道氏创设道琼斯平均指数，目的在于提供一个展现市场和经济状况的窗口。事实上，以几条道琼斯平均指数为基础，发展出关于市场趋势的一套正规理论，似乎并不是道氏本人的初衷。而且根据史料查实，道氏本人也从来没有对自己的评论文章冠以"道氏理论"之名。真正将道氏理论整理成形的，是道氏在《华尔街日报》的继任者威廉·汉密尔顿。尽管如此，道氏那些关于股票投资活动的评论文章，还是为道氏理论的原则和技术性分析奠定了基石。道氏理论包括以下三大基本原则：

平均价格指数包容消化一切。平均价格指数，能体现所有已知和可以预测的经济指标和经济状况。从效果上来讲，可以说，平均价格指数正确地显示了每一个对市场有影响的消息来源所作用与市场的波动。

平均价格指数包括三种价格趋势：基本走势（主要趋势），次级回调走势和日常波动（日常走势）。基本走势，就是我们所说的牛市（也叫多头市场）或熊市（空头市场），持续时间从一年以内到几年。次级回调走势，是和市场基本走势方向相反的回调与波动，常常被错误地解读成市场基本趋势的反转。而日常波动，在道氏理论中被认为，在预测股票市场的走势方面无足轻重，根据日常波动中的价格变化作出的判断，几乎永远是干扰性的。

两种平均指数必须相互验证。这可能是道氏理论中最重要的一条原则。工业和运输两条平均指数的走势，需要同时纳入考量。单由其中一条平均指数的价格波动得出的结论，如果未经另一条指数的走势验证的话，很有可能是一次误判。

简单来说，如果工业和运输平均指数都达到了明显的高点，市场的基本走势就是牛市（即多头市场）。相反，如果两只平均指数都达到了明显的低点，市场的基本走势就是熊市（即空头市场）。大盘的基本走势一旦确立，就会一直保持有效，直到市场产生一个明确的反转信号。

　　道氏和他的追随者们，在阐述道氏理论的原则时，经常拿在沙滩上观察海潮涨落作为比喻。

　　其一，大盘基本走势好比潮汐，客观冷静，不带感情色彩，力量强大，可以吞噬淹没一切。潮汐可以在相对长的时间内保持一种趋势，要么上升，要么下降，海浪和涟漪，无法对潮汐的走向造成任何影响。涨潮好比牛市（多头市场），而落潮好比熊市（空头市场）。

　　其二，次级走势好比海浪，在落潮时，会逆势涌上海滩，涨潮时，也会反方向下退，形成波谷。次级走势如海浪和波谷，都出现得迅速而频繁，以至于很难判断其是否构成一次潮汐的反转。事实上，在潮汐反转期间的海浪或波谷，总会在事后被证明是整个潮汐的一个组成部分。

　　其三，每日走势或者说波动，就像是海面的涟漪和水花，单独来看毫无意义。不过这些每日波动也是海水的一种形态，而海水的所有形态综合在一起，就构成了潮汐。

　　道氏理论的研究和使用者们认为，最重要的走势是市场的主要趋势。牛市，即多头市场的走势，通常具有三个阶段。第一阶段往往开始于大多数证券分析师还在唱空、消息面也不明朗的时候。然而，牛市第一阶段的核心内容，就是股市平均指数已经跌无可跌，无法再创新低。牛市第二阶段，往往也是历时最长的一个阶段。此时，各股价格在市场经济回暖、利润增加的基础上不断回升。牛市第二阶段的一大特征，就是工业和运输业各股都不断走出新高。牛市的最后一个阶段，通常以股市参与者的投资热情无限高涨，而平均指数却无法再创新高为特征。当平均指数难创新高，并且回退到前一个最低点之时，标志着本轮牛市行情宣告终结。

　　熊市，即空头市场，同样由三个阶段构成。熊市第一阶段，体现在新近加入多头市场的投资者认清大势，放弃"迅速致富"的过高期待。第二阶段，可能是一个为期漫长的资金外逃过程，出现的市场信号包括大多数行业的经济衰退、许多公司利润下降，以及所谓专家们纷纷拍胸脯保证跳楼杀价血拼已指日可待。第三阶段，通常可以看到市场飞速下滑，股价崩盘达到几乎难以置信的程度。仅仅因为能够成交就被抛出套现，造成绩优股的价格也和垃圾股的价格一样萎缩。话说回来，这样的情况持续到一定的时候，市场就开始构建见底信号，包括萎缩的成交量、渗透整个股市的悲观情绪，以及耸人听闻的市场传言。但平均指数即便在负面消息出台的情况下，也跌无可跌。当这些信号出现，道氏理论追随者就会开始寻找确立下一次牛市的市场拐点。

对投资者来说，重要的是理解平均价格指数会在整个牛市或熊市期间不断出现"次级回调走势"。这些次级回调走势——在牛市行情期间的股价平均指数回落，或在熊市行情期间的反弹——持续时间通常在三周到三个月，回调幅度通常达到之前波动幅度的三分之一到三分之二。要区分这些反弹与市场大盘的真正反转，是一项微妙的任务。盘口看市如沙滩观潮，谁也不能断定下一波是会上扬至新高，还是下挫到新低。总之，一旦我们确认市场走到了牛市或熊市的最后阶段，此后出现的每一次清晰的反方向走势，都值得抱着怀疑态度谨慎去对待，说不定哪一次就是大盘的反转。

道氏理论的运用

不可否认，实践才能出真知。而实战应用，正是道氏理论的长项。

首先，道氏理论是任何投资者都能使用的且非常方便实用的看盘工具。以道氏理论为基础辨别股市行情，不必花费大量时间金钱，只需查询道琼斯工业和运输平均指数的走势，省心省力又省钱。只要查询或浏览《华尔街日报》，您就能分辨市场走势。

其次，在道氏理论的指导下，并不适合采取快进快出的短线投资手法。这是因为道氏理论中的大盘信号，显示相对较长时期的走势。举例来说，道氏理论中的基本趋势信号，至少持续一年半载，甚至更久。这种长期趋势的信号，并不会引导投资者进行频繁的买卖炒作。道氏理论趋势信号的稳定性，在当今多变的市场格局中，显得弥足珍贵。

第三，道氏理论还可以指导许多不同的投资手法。例如，有的投资者用道氏理论作为把握市场时机的战术指导，根据道氏对市场大盘基本走势不同阶段的划分，来买入或抛出。可能也有投资者将道氏理论作为他们资金管理的红绿灯信号，在市场出现道氏理论中的牛市信号时，建仓，出现熊市信号时，卖出平仓。更谨慎的投资者，还可能以道氏理论为指导，细致把握其股票仓位的大小，在牛市期间适量增加股票持有量，加重仓位，熊市期间则相应减量轻仓。

对道氏理论的批评

一个经历了逾百年市场考验的股票理论，值得我们为其鼓掌喝彩，只是因为这个理论仍然能适用于当今股票市场。不仅如此，道氏理论还被当今出入华尔街的投资者们广泛使用。但批评家们强调，道氏理论不能永葆魅力。他们认为，我们生活在一个推陈出新、青胜于蓝的时代。一个 19 世纪出炉的理论，怎么可能适用于预测和指导如此纷繁复杂、瞬息变化的 21 世纪证券市场？

另外一种对道氏理论的批评，则单纯针对道琼斯工业指数的成分股。这些责难包括：

"单凭一个指数或三十只个股，无法以一斑窥全豹，透析整个市场或经济形势。"

"道琼斯指数的成分股，只是成功代表了昨日的股票市场行情和市场经济状况。"

"道琼斯指数的计算方法，是以股价作为计算成分股权重的价格加权计算方法（price-weighted），相对于标准普尔 500 的市场指标加权（market-cap weighting）计算方法，价格加权，无法有效体现市场行情的变化。"

这些批评毫无意义。首先，道琼斯指数是股票市场和经济背景的一项关联性分析数据。诚然，道琼斯工业平均指数，仅有三十只成分股。但这些成分股权重彪炳，身家斐然。事实上，这三十只成分股，在整个证券市场占到 4 亿美金上下的资本市值，或占据道琼斯威尔夏（Wilshire）5000 指数几乎百分之三十的资本市值。诸位应该记得，道琼斯工业平均指数，只是道氏理论市场分析指数中的一种。另外，如果把道琼斯交通指数的二十只成分股加在一起，也是验证整个经济健康状况的晴雨表。此外，这些批评家还忘记了一件事，道琼斯平均指数并非一成不变。以工业平均指数为例，这么多年不断调整，吐故纳新，才确保其实现有效展示证券市场和经济环境的窗口作用。请参考下图道琼斯工业平均指数自 1997 年起所进行过的调整。

道琼斯工业平均指数自 1997 至 2008 年所作的调整

	1997	1999	2004	2008
新加入成分股	惠普、强生、旅行者（花旗前身，全名旅行者人身及事故保险公司）、沃尔玛	英特尔、微软、家庭百货、SBC通讯公司	美国国际集团、辉瑞公司、伟利松（Verizon）	美洲银行、雪佛龙
退出成分股	哥伦比亚广播公司（CBS）、伯利恒钢铁公司、德士古、伍尔沃斯	雪佛龙、固特异、西尔斯、联合碳化物公司	美国电话电报公司、柯达、国际造纸	高特利、霍尼韦尔

总的来说，11 年来，道琼斯指数调整 13 次之多。换言之，每 10 来年，该指数的 43% 以上成分股就被重新洗牌大换血。再请看道琼斯指数的新成员们：工程技术、医疗保健、金融、电信，它们绝对是 21 世纪的朝阳产业。

最后我要说的是，如果你不喜欢用道琼斯工业指数的这些成分股做你的市场晴雨表，如果你认为道琼斯指数的这种资本加权无效的计算方式——即成分股中股价最高者，所占指数的权重也最高——愚蠢又可笑，如果你认为道琼斯选出的成分股老得掉牙，那么我只有一个问题：哪个指数更好？

道氏的批评者们推崇的，通常是标准普尔 500 指数。其实道琼斯指数的走向，和其他大资本市值的指数，尤其是标准普尔 500 指数的走势，具有相当密切的关联。这些道氏批评家们知道了这一点，也许会大吃一惊。以 1980 年为例，当时道琼斯指数的日均线与标准普尔 500 指数的日均线，关联度为 0.997842（完全相关度为 1.0）。在 80 年代，这种现象绝非偶然。实际上，道琼斯和标准普尔 500 指数的相似度，自

19 世纪 20 年代起，每十年期一直都在 0.90 以上。

这样看来，如果要说道琼斯指数在把握市场走势上并不得力，那对与之走势图形非常接近的标准普尔 500 指数，也就必须同样评价。反言之，要说标准普尔 500 指数与市场行情和经济状况密切相关，那就不得不对道琼斯工业指数作出同样的评价。

实际上，依据结算盈亏、结算底线（Bottom line）来辩论道琼斯指数是否有效，是愚蠢的，超过一百年与市场如影随形的关联走势，早已证实了这一点。

道氏理论是有效的

从某些方面来说，我庆幸道氏理论有其批评者，庆幸它在华尔街还没有被全民使用，这样道氏理论的使用者才占尽优势。原因就在于：

道氏理论是有效的。

不要我说什么，你就信什么。多项非道氏理论者对道氏所做的研究，证明了其有效性：

在 19 世纪 90 年代中期，耶鲁大学教授威廉·戈茨曼（William Goetzmann）决定用一系列测试，严格考证道氏理论的有效性。后来他和他的两位同著者：纽约大学的史蒂芬·布朗（Stephen Brown）和耶鲁大学的阿洛克·库玛（Alok Kumar），重新考证了威廉·汉密尔顿关于道氏理论的每一篇文章，并将研究结果写成论文，发布在财经周刊上。每篇文章逐字逐句查下来，他们发现，汉密尔顿的正确率，两倍于他的出错率。相对于购买并长期持有待涨的传统投资策略，投资者如果听从汉密尔顿的股评建议，应该有超过 90% 的收益率，同时却只承担 30% 的相应风险。

能证明汉密尔顿把握市场时机的功夫了得，也算能耐出众，但戈茨曼、布朗和库玛还想研究他的成功能否复制。他们使用"神经网络"——一种专用于模式识别的软件——分析了汉密尔顿的买入或卖出信号之前的走势图形模式，然后他们让电脑模拟掌握这种模式，跟着试用于新出现的市场数据。实验结果令人叹为观止。一个从1930~1997年间市场数据系统的基金管理方法，相对于购买并长期持有待涨的传统投资策略，竟有一年两个百分点的收益优势。不仅如此，由道氏理论作为指导的基金管理方法，还能为收益增加1/3的稳定度。

内德·戴维斯（Ned Davis）研究所，一个提供学术性研究的机构，详细研究了一些真正的道氏理论实践者的交易记录。根据多位道氏理论实践者的共性表现，内德·戴维斯研究所模拟合成了一位道氏理论实践者从1900年10月20日起，到2008年3月6日截止的股票投资操作。结果清楚地表明：道氏理论在解读市场走势方面，真是成绩斐然。从1900年起，道氏理论指导下平均每年的股票收益率是8.9个百分点，相对而言，采取单纯购买并长期持有待涨的股票操作手法，年收益率只有5.4个百分点。

想要更多能证明道氏理论效能强大的事实依据，请看我们的新闻快讯——《道氏预测》（Dow Theory Forecasts）。根据一家独立的证券投资新闻评估机构《赫伯特财经文摘》（Hulbert Financial Digest）的数据表明，最近25年间，《道氏预测》在所有评估市场动态和提供操作时机的新闻资讯中，位列前五强。除此之外，《道氏预测》在近25年的总收益率排行榜中名列第五，风险调控总收益（risk-adjusted total returns）排行榜中名列第四。到2008年元月为止的第一、第三、第五、第八、第十和第十五年表现优于威尔夏5000指数的新闻资讯中，《道氏预测》也赫然在列。

我列出这些数据，不是用来王婆卖瓜自卖自夸（虽然我们都为《道氏预测》迄今为止的文章史料感到自豪），而是想向大家证明，道氏理论在当今市场上，仍不失其能效，并且附加值也很高。

诚然，道氏理论并不完美。由于需要两个高点共同确认上升走势，才能有效激活引发牛市信号。因此，道氏理论指导下的投资者确实多半会错过牛市的最初阶段。相应的，道氏理论也不能帮你把仓位出在牛市最高点上。要生成卖出信号，也需要确认出现指数跌破前期低点连线的图形。道氏理论是一种跟随大盘顺势而为的操作系统，这种系统需要操作者们既严格遵守又耐心审慎。至于那些每一分钱都舍不得放弃的贪婪投资者，道氏理论并非他们手中的万能魔术棒。就投资收益方面而言，道氏理论传统而保守，宁愿吃不完剩着，也不追求一口噎死。

当今市场中道氏理论的应用

我个人相信，道氏原稿的现代视角，一定会让诸位读者大吃一惊。在100多年前道氏撰文时，他就谈到了今天的投资者仍然面临的各种难题：严格遵从市场规律的重要性、过度揣测市场走势的危害性，以及贪婪所能带来的负面影响。

从某些方面来说，道氏文章对于当今动荡的股票市场研判，可谓更加切中要义。如果没有能力透过万千变化把握大盘走势，投资者就会像狂风中的落叶，横冲乱撞，失去方向。道氏理论之魅力在于，它提供给投资者的不仅是一种能理解市场动态的工具，更是可以从这个虚虚实实的市场中获利的游戏规则。

特许金融分析师查尔斯·卡尔森（Charles Carlson）
《道氏预测》编辑和特约撰稿人

1897-1903年工业指数和交通指数走势图

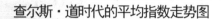

查尔斯·道时代的平均指数走势图

图1：道琼斯工业平均指数1897-1902年走势图

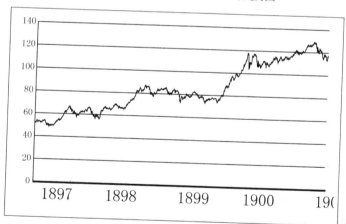

图2：道琼斯交通平均指数1897-1902年走势图

道氏理论的由来[①]

作者：理查德·鲁瑟尔（Richard Russell）

在我执笔《财经》报道的 41 年间，没有一个月听不到称道氏理论为"老古董"的声音，或宣称这些言论和文章对于当今市场早已是去日黄花。这些异口同声的诋毁者，根本不了解他们攻击的目标，并且几乎无一例外地从来没有研究过道氏理论。所谓道氏理论，实际上是一套系统地观察判析大盘的理论，其核心价值是适时买入超值蓝筹股，并在其价格高于价值时卖出。

价值，是道氏理论中的一个重要命题。在道氏理论中，其他各项因素的重要性都不能与价值这个命题相提并论。因此尽管道氏的批评者们对这一事实貌似彻底无知，但其他诸如对价格行为、支撑线、阻力线、走势确认、多空分歧的考量，其实都只能统统排在价值考量之后。

我生命中 2/3 的时间，都在研究市场和写相关文章。我可以没有一丝犹豫地说，对我最有帮助的，就是以下道氏理论家们的书籍和文章：查尔斯·道、威廉·汉密尔顿、罗伯特·雷亚和 E·乔治。

我们首先从查尔斯·道说起。此人从任何角度来说，都是位才华横溢的股市观察家和理论家。道氏的事业起步于调查记者一职，他专攻商业财经。几乎没人知道他于 1885 年入职纽约股票交易所，在这里他有机会学习股票交易实际操作的第一手资料。1889 年起，道氏开始发行一份很小的报纸，他自己将其命名为《华尔街日报》。在 1899 到 1902 年间，道氏在自己的报上发表了亲笔撰写的系列评论文章，这些文章被

---

① 经过理查德·鲁瑟尔（Richard Russell）授权许可重印。关于道氏理论的历史可以参见下面链接地址 http://ww1.dowtheoryletters.com/.

许多人公认为华尔街有史以来最好的股评作品。尽管写于 100 多年以前，这些文字今天读起来，仍像当天新鲜出炉一样珍贵和中肯。

道氏生前是位谦虚的人。尽管他的粉丝们恳请他著书阐述自己的理论，但都被他固执地推辞了。不过他的好朋友纳尔逊选出道氏的 15 篇文章，出版了一本汇编文集，名为《股票投机的基础知识》。在该书每一章最后的注脚上，这些股评文章被冠以"道氏理论"之称——不过道氏自己从未使用过这个称谓。

在查尔斯·道过世之后，另外两位工作人员短期接替了《华尔街日报》的编辑工作。然后由威廉·汉密尔顿继任，他就是《华尔街日报》的第四任编辑。汉密尔顿写下了充满智慧的 252 篇股票文章，这些文章在 1903 年到 1929 年间发布在《华尔街日报》上，并在 1922 年到 1929 年间发布于该报的姊妹刊物——《巴伦周刊》。随着时间的推移，汉密尔顿同样以他的文章吸引了众多忠实读者。1926 年，汉密尔顿出版了《股市晴雨表（The Stock Market Barometer）》一书，这本具有里程碑意义的著作，阐述了汉密尔顿版本的道氏理论。

在《华尔街日报》工作期间，汉密尔顿曾是道氏的副手，在他的书中收录了大量道氏的市场观察和股市哲学。不过汉密尔顿也提出了自己对于道氏理论的见解，并且首创了用两条平均指数确定市场阶段的定律。汉密尔顿于 1929 年 10 月 25 日完成他最著名的一本书《股海逆潮（The Turn of the Tide）》之后不久，即于 1930 年撒手人寰。如同冥冥之中的预言，这本书为美国股市 1921 年到 1929 年的辉煌大牛市发布了讣告。

道氏理论下一环节上的伟大作者是罗伯特·雷亚。雷亚曾经是汉密尔顿的忠实学徒，也是汉密尔顿版本道氏理论的虔诚信众。雷亚耗时多年从事编纂整理道氏理论，在理论阐述上总是师从汉密尔顿的观点。我仔细研究过出自雷亚手笔的每一篇文章中的每一个句子，在我看来，雷亚是那个时代最伟大的股市交易员。

雷亚在解读平均指数方面，可谓独具天赐神力。正是这种不可思议的能力，使他能鉴别市场的基本趋势和次级趋势，并顺势进行投资操作。由于身患肺结核，雷亚曾经很长时间卧病在床，他正是靠自己出色的股票交易才能，维系开支和偿付高额的医疗费用。

在 1932 年 11 月 12 日这天，雷亚创办了新的市场咨询服务期刊，并冠名为《道氏理论股评（Dow Theory Comment）》，这份咨询服务期刊自推出伊始就大受欢迎。1932 年 7 月 8 日，雷亚精确预测了熊市底部，我个人认为，这次预测在整个股票市场测评史上堪称最为出色。雷亚早期执笔《道氏理论股评》，正值美国史上经济大萧条时期，可想而知，他看似荒诞的牛市预测激起一片质疑。雷亚还曾于 1937 年成功预测了熊市见底反转，这次预测比前一次更奠定了雷亚这个名字在华尔街无人不晓的声望和地位。

可惜疾病夺走了雷亚的生命。他开创股市咨询服务不过七年，就于 1939 年过世。随着雷亚的离去，道氏理论经历了第二次世界大战及之后的多年蛰伏期。

下一位道氏理论家是印第安纳波利斯的乔治·谢弗（E·George·Schaefer）。谢弗的事业起步于古德博迪公司（Goodbody & Co.，美国当时第五大经纪公司——译者注）的股票经纪人。他费时多年钻研道氏理论家——他的前辈们的著作，但更重点专注于查尔斯·道本人那些卓有才华又颇具启迪的著作。谢弗是道氏理论的坚定信仰者，他从道氏文章中摘录的一条最有名的语录就是"一个投资者要研究价值理论和市场趋势，然后要磨炼自己六倍于常人的忍耐力，这样才有希望从股票中获利。"

另一则谢弗引用道氏的语录是"从长期来看，以股票价值评估股票价格永远具备更高的安全性。股票的价值与当前股价波动无关。一只垃圾股要走高 5 个点，跟绩优股一样易如反掌。但在持续的波动之后，绩优股最终自会体现其投资价值。"

在谢弗看来，汉密尔顿和雷亚对指数平均线形态的关注有余，而对购买绩优股并在整个牛市期间长期持有的原则重视不足。谢弗在自己的文章中写道："我一直注意到汉密尔顿和雷亚……都在许多地方偏离了道氏的思想。汉密尔顿对冠予道氏那些实至名归的最高荣耀并不心甘情愿，雷亚则不时偏离或彻底偏离道氏的精神，而专注于拔高汉密尔顿版本的道氏理论。"

1948 年起，谢弗开始提供自己的股市咨询及股评服务，他自己冠名为"遵循谢弗的道氏理论的交易员（Schaefer's Dow Theory Trader）"。谢弗的时机极佳，可能是运势所助，当然更可能是他自己的精明和才华。就在 1949 年 6 月 13 日，道琼斯指数达到多年最低的 161.60 点时，史上最伟大的牛市行情之一开始了。从道琼斯最低点往后刚好五天，也就是 1949 年 6 月 18 日，谢弗发表了一篇我个人认为是股评文章中神来之笔的作品（这篇文章本人保存至今）。文章中谢弗阐述了他坚信一个巨大的购买空间指日可待和一波大牛市行情已经启动的原因。

在 6 月 18 日那篇文章中，谢弗写道："查尔斯·道的股市哲学，是永远将股票价值作为首要的考量因素，然后轮到经济环境，第三才是工业和当时被称为'铁路交通'的两条指数平均线。当熊市见底时，价值理论会成为大盘趋势变盘的第一征兆。在过去的 17 年里，只有三次大量购买超跌绩优价值股票的机会。现在，第四次机会就要隆重登场了。"

谢弗在 1949 年 6 月的这次预测，后来被证实为惊人的正确。6 月里道琼斯指数从 161.60 的低点反弹，一场波澜壮阔的牛市行情就此开始。谢弗不离不弃地追随这波牛市行情直到 1966 年。1966 年 2 月 9 日，也就是 17 年后的这天，道琼斯指数值达到 995.15 的顶部。那些听从了谢弗对道氏理论的解读和投资操作程序（例如：在整个牛市行情中按照谢弗再三建议的意见持股不动）的投资者，可算获利丰厚。

谢弗开创他的股评咨询服务原因之一，就是为了阐述和印证他自己的"新道氏理论"的定义——这是一系列谢弗坚称"能被用于在当今股市中获利"的原理。

谢弗在 1960 年写道："对于道琼斯的上述两只平均指数本身的研究，就能带来丰厚的回报。但在我看来，仅以之前的平均线走势为基础的预测，还不保险，对未来大行情的预测，要加上其他技术分析和更确凿的事实依据才可靠。"

谢弗提到的其他事实依据是什么呢？其中包括价值理论（请允许我再次强调价值的重要性）、道琼斯200日移动平均线、下跌个股占比、冲高和回落、道氏50%原则（根据道氏理论，认为反弹浪应该至少突破压力线即下跌浪的50%，反之亦然——译者注）、市场情绪、市场节奏，以及获利周期。要知道在谢弗之前，正统的道氏理论家们倾向于回避所有"外来的"考量因素，而仅仅着眼于平均指数走势图和成交量，并声称其他项目只会干扰纯粹的、基本的道氏理论研究。谢弗对此激烈反对。

谢弗拥有一流的市场直觉，并将这种对市场的本能和他的新工具相结合，全程驾驭了从1949年探底到1966年见顶的这波大牛市行情。期间经历了无以计数的循环反复、行情修正、恐慌和跳水，但谢弗一直坚持请他的期刊订阅者们持仓不动，并且每当大盘下跌时就逢低加仓。

这事听起来容易做起来难，我相信自己是绝对做不到的。能将股票从牛市初期一直持仓到末期的投资者，应该超不过千人。1966年初，谢弗打开了股市空头趋势的闸门，（他的理论依据是熊市第三阶段的形成条件和股票市值被过度高估）他劝诫自己的拥趸赶快"平仓"。之后谢弗继续唱空，直到他悲剧性地英年早逝，于1974年自杀身亡。

尽管汉密尔顿与雷亚对牛市和熊市的次级回调走势，都仔细进行了记录，谢弗还是建议订阅他的期刊的投资者们，忽略这些"短期市场反应"，而始终顺应市场的基本趋势，坚持持仓。他在1949年6月18日一篇具有历史意义的报道中写道："一旦建仓，市场出现的微幅震荡和次级走势，都应该被完全忽略。一轮新的经济形态正在出现，我们只需等待眼前的经济萧条走完其历史行程。"今天我们知道了他当年写下的这些文字所具备的前瞻性（这些文字写于一个极度恐惧和阴暗的时代）。

后来谢弗又写道："迄今为止，我从道氏原著中确信看到的是：道氏头脑开放，对价格走势的看法很灵活。"

以下部分极其重要，订阅者们应该仔细谨记：谢弗相信股民情绪在影响和改变着股市特性。华尔街的投资者队伍一年年壮大，越来越多的美国民众参与投资理财（尤其当下华尔街实现了电子化和全球化则更是如此）。根据经典的道氏理论，谢弗相信这种近期新出现的股民情绪现象，也一定要纳入考量范畴。

谢弗写道："我心目中的新道氏理论，包含对市场形势和个人情绪的全面视角和综合考量。过去那种一切只看平均指数的理念系统，是有失偏颇的。当然，我们学习研究新道氏理论，也离不开观察平均指数，但同时我们也必须观察所有相关的数据。要知道市场里的股民形形色色，而人天生就受情绪影响。"

那么谢弗如此强调广泛大量而又不断继续增长的股民情绪，究竟给我们对股市的理解带来什么影响呢？那就是：谢弗认定的次级反转幅度，大大超越了正统道氏理论的限定。几年前雷亚曾在一次牛市中写过，说次级反转通常会折回未修正之前大盘基本趋势运行幅度的 1/3 ~ 2/3，并持续 3 周到 3 个月。

谢弗摒弃了雷亚过时的概念。谢弗相信大众心理学和股民的冲动情绪，会将平均指数推高至汉密尔顿和雷亚界定的"传统界限范围"。谢弗在文章中写道："如今我们新的道氏理论允许考虑到投资者在卖出和买入时会出现情绪化，而事实也确实如此"。因此应取消以往对于次级回调和短期波动在时间长度和波动幅度方面所界定的范围。当大盘基本走势为牛市时，假设一旦出现恐慌情绪，只需静待这种情绪逐步宣泄，之后大盘的基本趋势，就应该如期恢复。反之，当大盘基本走势为熊市时，亦然。

这种新的道氏理论思维模式，在 1957 年那次严重的次级反转走势突袭降临华尔街时，被证明极富价值。当平均指数突破其之前的次级低点，许多几乎完全依持平均指数看盘的道氏理论的老学究们，（就像今天大多数道氏理论者一样）大呼熊市行情已经启动。这些熊市心理，根本无视牛市的各个阶段、长度、价值和道氏的赢利周期等。

谢弗（和我 1957 年的看法一致）完全不同意华尔街盛行的观点。

我们俩都坚信牛市没有经历传统（道氏理论将牛市和熊市都分为三个阶段。牛市的三个阶段为：第一阶段，恢复信心；第二阶段，股票对已知的公司盈余发生反应；第三阶段投机转热价格上涨——译者注）的投资第三阶段。而1957年后半年的股市崩塌，不是熊市，而是一次程度猛烈的次级反弹。我俩的观点都认为，这次次级反弹，受大众恐慌情绪的影响而尤其猛烈，而大众的恐慌情绪，又是由平均指数的猛跌引发的。

事实上，我在1957～1958年间，相当肯定我们见证的是一次牛市的修正走势，而不是熊市的第一阶段（译者注：如前所述，道氏理论中熊市的三个阶段分别为：第一阶段，不期待股票维持膨胀价格；第二阶段，卖压；第三阶段，健全股票的失望性卖压求现）所以我那时就开始执笔《道氏顾问咨询（Dow Theory Letters）》。后来到1958年12月，我第一次给《巴伦周刊》供稿（文章名为《重访道氏理论》），这份稿件在《巴伦周刊》发表后反响巨大，我也因此而进入股评咨询的圈内。

谢弗和我对于1957～1958年大市的看法，立足于市场还未经历牛市第三阶段这个基本事实。除此之外，在1957年股市激烈下滑时，"百分之五十定律"显示，市场仍然处于牛市阶段。

这里我详细解释一下：道琼斯指数从1953年255.49的低点升至1956年的521.05，打破记录高点，那三年涨幅的一半也就是50%定律范围就是388.27点。在1957年股市恶性暴跌时，道琼斯指数坍塌到419.79的低点，这个低点还比388.27或者说前期涨幅的百分之五十高出一截。道琼斯指数在下跌过程中，还能保持高于1953～1956年间涨幅的一半，这个简单事实，就是牛市的有力佐证，尤其这一现象发生在当时全球股市都被黑色悲情所笼罩的大背景之下（顺便一提，我可是从来没有，之前没有，之后也没有见过能和1957～1958年间的经济崩溃和股票市场崩盘相提并论的大众悲观情绪）。

我们继续来说乔治·谢弗。谢弗那时使用道琼斯指数的200日移动均线，收获颇丰。但他也提出警告说"这和其他技术指标的研判一样，

200日移动均线，不能和其他技术指标脱离开来单独使用。从技术上看，200日移动均线，必须结合其他技术指标进行研判。我的经验是：在200日移动均线上得出的结论，永远必须和其他技术指标的研判相互关联和对照修正。"

1949年到1966年间的牛市，我所获颇丰。200日移动均线在1953年次级回调走势期间下滑，之后在1956年另一次次级回调走势期间，又一次下跌。这两次日均线的下行，都不代表市场基本走势转向熊市，而每一次下跌，都伴随一次较大的上涨，是市场通过这样的一波上涨行情，在重申其牛市的基本面。所以，对那些认为200日移动均线就直接代表了大盘基本趋势的人来说，最好是以史为鉴多学习研究。谢弗特别指出："200日移动均线，永远不应该被单独使用（用以评判大盘基本走势），如果这样将会造成代价不菲的错误。"

以上所述，是为读者对道氏理论及其过去90年间的发展进化提供一个正确而简明的了解。虽然很多分析师经常把道氏理论挂在嘴边，絮絮叨叨说一些词不达意的陈腔滥调，其实真正严谨地对道氏理论做过研究的业内人士，凤毛麟角，几乎没有。就我所闻，真正读过道氏著作的人屈指可数：雷亚、汉密尔顿，还有谢弗。而道氏理论却是所有技术指标研判市场的根基，也是构成其他许多高智能或高回报的理财模式的基础。因此，我写出90年来道氏理论发展变化的过程，也努力想表现道氏理论怎样由每一位道氏理论家修订，并运用于其所处时代的市场上，指导投资实践。

我努力想将道氏、汉密尔顿、雷亚和谢弗的事业承传下去。我认定无论从任何角度来讲，今天的股市都远比过去的复杂。数量众多的股评家、专业人士、短期资本经营者（理财师）、套汇商、投机者和大量老老实实的股民参与其中，争相要从市场获利（并且愈演愈烈，争夺短期利润或者即日利润），这就是远比过去复杂的主要原因。不仅如此，随着电脑和网络的应用，还极大提高了交易速度，拓宽了交易范围。最后，衍生金融投资工具即金融衍生品、期权、期货合约、权证等等的出现，推动市场交易的游戏，比之前任何时候更大、更快、更易受到影响和操控、更危险，也更易导致出现欺骗性。

我相信每个道氏理论家（以及每个市场从业人员），都购置或优化升级过一些他们自己觉得有助于市场研判的软、硬件项目设备。我个人就定制了自己的大盘基本走势指数。这只综合指数对我个人的交易帮助很大。事实上，我的很多读者也严格按照我的这只"大盘基本走势指数"确定他们的仓位大小。

理查德·鲁瑟尔

道氏顾问咨询（Dow Theory Letters）股份有限公司

第一部分

平均价格指数必须互相验证

道氏理论在今天仍然适用，即使是在互联网和即时全球通讯时代。

概述

查尔斯·亨利·道（Charles Henry Dow 1851−1902）虽然仅仅活了五十一年，但他短暂的生命，恰好与美国经济戏剧性的繁荣和萧条时期相一致。他研究和测量经济盈亏和市场周期的努力，成功地引导了已经成为现代市场理论基础的概念和原理的出现。市场平均数、趋势、交易量、主要走势和次级回调走势等等，所有这些概念，都是由道氏首先提出，而且都已经被广泛接受，以至于大多数的市场参与者甚至不知道这些概念的来源。

1899 年到 1902 年之间，道氏在《华尔街日报》　（*Wall Street Journal*）发表一系列社论阐述他的思想，后来 S. A. 纳尔逊（S. A. Nelson）在 1903 年出版的《股票投机入门》（*The ABC of Stock Specula-tion*）[①] 和《华尔街日报》的道氏继任者威廉·彼得·汉密尔顿（William Peter Hamilton）在 1922 年出版的《股市晴雨表》（*The Stock Market Barometer*）[②] 中将之概括为道氏理论（Dow Theory）。罗伯特·雷亚（Robert Rhea）在 1932 年出版的《道氏理论》（*Dow Theory*）[③] 一书中，进一步完善了道氏理论。道氏自己没有提出具体的规则来定义他的思想和理论，但他的追随者依照他的理念，提出了令人信服的、在一个多世纪以后仍然具有重要意义的市场和经济行为理论。我们还应该认识到：道氏只用了短短几年来创立和发展他的理论，这一事实使得道氏理论成就更加显著。

在他的文章中，道氏像关心金融市场状况一样关心经济的健康。正是这种痴迷，让他做出自己最重要的贡献：即金融市场是经济领先指标的概念。金融市场能够在经济报道和财经新闻头条刊登出来之前，就预

---

① 纳尔逊著《股票投机的基础知识》。

② 威廉·彼得·汉密尔顿著《股市晴雨表》，由纽约 哈珀兄弟出版社 1922 年出版 。

③ 罗伯特·雷亚著《道氏理论》，由纽约巴伦周刊 1932 年出版。

先告知我们有关经济和商业行情走势的重要信息。

这也导致了"市场验证"（*confirmation*）的概念：指标一致移动，告诉了我们很多潜在的经济状况。这个概念的核心指标，是道氏自己创立的两项指标：工业指数（the Industrials）和铁路指数（the Railroads）。后者后来变成著名的道琼斯运输业股票价格平均指数（Dow Jones Transportation Average）。

这一概念简单而且正确：对一个健康的经济体而言，商品必须先由工业部门生产，在随后的商业过程中，由运输企业运送。如果某一指数踽踽不前，那么，这就是经济趋势可能会发生变化的警告信号。一般认为，铁路指数是两个指标中较重要的一个，因为原料必须运到工厂，才能开始新一轮的经济扩张，所以，需求放缓，也可能在制造前的原料运输过程就能被发现。

图3和图4：两个近期道氏理论信号

图3：道琼斯工业股票价格平均指数（Dow Jones Industrial Average），2002年9月到2003年7月

图4：道琼斯运输业股票价格平均指数，2002年9月到2003年7月

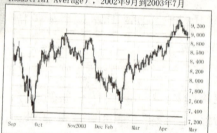

说明：在2003年3月的股市低点，道琼斯运输业股票价格平均指数（图4）向下击穿2002年10月的低点，而道琼斯工业股票价格平均指数（图3）则没有，两者走势形成明显分歧。随后，这两个指标在6月份击破中期高点，道琼斯工业股票价格平均指数在道琼斯运输业股票价格平均指数后一个月见顶，从而给出了持续到2007年11月的牛市信号。

图表来源：StockCharts.com

道氏理论在今天仍然适用，即使是在互联网和即时全球通讯时代。尽管现在通过互联网提交指令，但是商品仍必须生产和运输，因此工业指数和运输业指数依旧重要。即使有一天货物能通过《星际迷航》（*Star Trek*）中类似的传输设备来进行光速运输，这些设备的制造商可能会发现，他们仍然名列道琼斯运输业股票价格平均指数，道氏理论仍

适用于其股价走势。

虽然这些年来其他行业的重要性显著增加——尤其是零售、金融、能源、技术和航空业——但是这些部门已经包含在道琼斯工业股票价格平均指数中，确保了道氏理论的持续有效性。道琼斯运输业股票价格平均指数也发生了变化，航空业现在是该指数非常重要的组成部分。这些部门的经济敏感性——零售、金融、能源、技术和航空——使它们都成为经济变化的良好预测指标。道氏本人在 1884 年到 1897 年之间创造的平均指数的灵活性，确保了理论的持续有效性。

牛市和熊市信号

指数之间验证和背离的概念，让道氏理论中最为著名的观点——基本的牛市和熊市信号——仍然占据金融媒体和出版物的头条。工业指数和运输业指数能够可靠地预测经济走势，同样也适用于预测市场走势。

在进入 21 世纪后，这些买入和卖出信号——本质上就是两个指数都达到中期更高的高点或者更低的低点——依旧能够可靠地预测市场变化。

由阿尔弗雷德·考尔斯（Alfred Cowles）在 1933 年进行的研究，是道氏理论最著名的早期研究，分析了汉密尔顿 1902 年至 1929 年的文章，并认为在跨越牛市和熊市之后，道氏理论的投资策略，劣于购买并持有策略（buying and holding）[1]。但是其他研究发现道氏理论是可靠的。1997 年，威廉·戈兹曼（William Goetzmann）和斯蒂芬·布朗（Stephen Brown）检验了考尔斯的研究，并得出结论：汉密尔顿使用道氏理论，在实践中取得了卓越的、经风险调控后的收益[2]。其他的研究结论是：严格使用道氏理论的牛市和熊市信号进行投资，就能够以明显

---

[1] 阿尔弗莱德·卡洛斯著《股市预言家能否预测股市》，《计量经济学刊》1933 年 7 月出版 1 期第 3 卷。

[2] 史蒂芬·布朗、威廉·哥茨曼和阿洛克·库玛合著《道氏理论：重温威廉·彼得·汉密尔顿之业绩记录》1998 年出版《财经杂志》53 期第 4 卷。

的优势击败购买并持有策略——雷亚称，汉密尔顿本人至少有一次错误地使用道氏理论。

罗伯特·爱德华兹（Robert Edwards）和约翰·马吉（John Magee）在《股票趋势技术分析》（*Technical Analysis of Stock Trends*）一书中引述道：理查德·杜兰特（Richard Duran）研究了道氏理论在 1897 年至 1956 年的表现——在这个时期，道指从 44.61 点上涨到 468.70 点——发现道氏理论优于买入并持有策略超过 10 个点，将 1897 年的 100 美元变成了 1956 年的 11236.65 美元①。

图5和图6：两个近期道氏理论信号

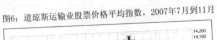

图5：道琼斯工业股票价格平均指数
(Dow Jones Industrial Average)，2007年7月到11月

图6：道琼斯运输业股票价格平均指数，2007年7月到11月

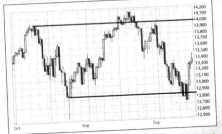

说明：2007年10月，运输业指数（图5）未能验证工业指数的新高（图6）。 一个月后运输业指数引领两个指数到达新的中期低点，根据道氏理论，这是一个得到验证的熊市信号。

图表来源：StockCharts.com

马丁·普林（Martin Pring）在《技术分析的解释》（*Technical Analysis Explained*）一书中，研究从 1897 年至 1990 年道氏理论的表现，发现超过 80% 的卖出信号和超过 90% 的买入信号是正确的，这意味着投资者通过道氏理论信号提前买入和卖出，在绝大多数时间是正确的。普林发现道氏理论只有一次是真的错了——1948 年至 1950 年的高达

---

① 罗伯特·爱德华和乔恩·玛格合著《股票趋势之技术分析》第八版：由亚马逊佛罗里达博卡拉顿 W. H. C. 巴赛缇主编，2001 年出版。

32%的市场反弹。其他误差大约在1~7个百分点①。

在《市场技术指标百科全书》（*The Encyclopedia of Technical Market Indicators*）一书中，罗伯特·W·科尔比（Robert W. Colby）也肯定了道氏理论优于购买并持有策略。他在尚无先进计算机的道琼斯时代使用道氏理论，也对该理论进行了部分改进。他通过使用运输业指数和工业指数的移动平均线（exponential moving average），结合多日高点和低点（multi-day highs and lows），击败了原始版的道氏理论②。

有时候，对于道氏理论买卖信号有不同的解释，导致界定市场重大反应和非验证的复杂性。但是历史记录支持道氏理论的非常有效性。

牛市或熊市的信号，通常定义为工业指数和运输业指数都达到更高的中期高点或更低的中期低点——在下降趋势中，上升超过一个前期显著的高点，是牛市信号；在上升趋势中，下降低于先前的重要低点，是一个熊市信号。这些信号都是针对收盘价而言。道氏理论认为，盘中变动意义不大。

在市场发出买入信号的时候，指数可能从几个星期或几个月的低点强烈反弹，然后调整数周或者更长时间。如两个指数或者其中一个没能创出新低，即为非验证。如果这两个指标的收盘价，随后创出新的中期高点，跌势则被视为结束，新的基本上升趋势开始。重要的是这两个指数互相验证——主趋势不会改变，除非两个指数一致表明市场会改变。两个指数彼此验证没有时限，但一般都认为，指数相互验证得越早，发出的信号也就越强。

对道氏理论的牛市和熊市信号的观察表明，自第二次世界大战以来，买卖信号发出后的直接市场表现，往往不同。道氏理论的卖出信号发出后，约2/3的可能性是市场趋于反弹，有时相当迅速，然后再继续下跌；剩下1/3的可能性是直接继续下降。而道氏理论的买入信号发出

---

① 马汀·普林著《技术分析详解：成功投资者指南之如何识别投资趋势和大盘拐点》第四版：纽约麦格劳·希尔公司2002年出版。

② 罗伯特·考比著《技术市场指标之百科全书》第二版，纽约麦格劳·希尔公司2002年出版。

后，大幅下跌已不多见，横盘或波浪起伏的上下运动或直线上升，则成为常态。

正如您在后续的文章中将看到的，查尔斯·道在为他的理论提供具体公式方面，所做甚微。尼尔森、汉密尔顿和雷亚在其之后，将道氏理论形态化。但是道氏理论的雏形，可以从这些原版的文章中找到。道氏经常指出指数的更高的高点和更低的低点之重要性，指出运输业指数和工业指数彼此验证的重要性。他还写了大量有关价值的文字——这也许是对当时长期股价运动最重要的预测。阅读道氏的文章，好似置身于理解金融市场的黎明时分，观摩历史上最伟大的金融头脑之一，正开始在贪婪和恐慌的波澜中发掘金融市场运行的潜在规律。

也许对道氏理论最盛行的——也是最公允的——批评，是买入和卖出信号来得太晚了，因而对投资者没有太多益处。历史记录表明，这种批评是站不住脚的，但是这种批评也许有一些意义。道氏坚信，在等待验证后，才可以宣布一个新的趋势，从而能够大大减少出错的机会。他同时阐述了警告信号的概念，即趋势可能会发生变化，如指数的非确认、过度投机或者悲观——这些概念在今天，仍然被那些试图不待验证就能预测市场变盘的投资者广泛使用。

由此看来，现代技术分析方法，绝大部分的内容，都从查尔斯·道这里起源。

朱比特传媒集团编辑、特许金融市场技术分析师（CMT）
保罗·施瑞德

道氏发表于《华尔街日报》的文章

1899 年 4 月 22 日

我们收到了一些对昨天图表的询问，主要是关于近几年股市的高点和低点。今天，我们使用以下数据来说明自 1872 年以来市场的低点和高点。顺便补充一句，自 1857 年以来，市场具有相同的基本特性，但在战争时期，相对较少的活跃股票，使得股市指数的重要性相对以往有所下降。

市场在 1867~1868 年之间降至低点，然后在 1872 年上升到高点。这种增长反映了战后的通货膨胀和经济发展，紧随其后的是 1873 年的金融恐慌。1872 年 9 月股市到达高点时，60 只股票的价格平均指数是 76.57。金融恐慌和由此导致的清盘，使得在 1877 年同样 60 只股票的价格平均指数跌回 36.33，下跌幅度为 40.24%。

从 1877 年 4 月持续到 1881 年 5 月的牛市时期，被称为"铁路扩张时代"，是恰如其分的。在这段时期中，格兰杰（Granger）股票的价格从低于 20 上升到高于票面价格。60 只股票价格平均指数从 36.33 上涨到 99.80，涨幅为 63.47%。

接下来的重要趋势是到 1885 年才结束的股市下跌。这段时间主要是西海岸公司（West Shore）、镍盘公司（Nickel Plate）和雷克万纳公司（Lackawanna）组建导致的"最大铁路干线战争"（trunk line war）时期。它导致湖岸公司（Lake Shore）股票从 136 下跌到 51 美元，并且部分影响到其他股票。这一时期包括 1884 年针对古尔德先生（Mr. Gould）的大规模做空导致的股市恐慌。股市从 99.80 下跌到 41.28，指数跌幅为 58.52%。纽约中央公司（New York Central）收购西海岸公司，是一个重要转折点。市场在 1886 年到 1887 年有一个相当快速的上涨，但是紧随其后的是在 1888 年春季结束后的大幅下跌。之后股市又快速上涨，在 1890 年 5 月，指数到达高点。1890 年 5 月，20 只股票价格平均指数高点为 78.03，上升 36.75%。

1896 年 8 月才终止的股市下跌，应该归因于投资者对自由贸易和货币的焦虑。20 只股票价格平均指数，从 1890 年 5 月的 78.03 下跌到 1896 年 8 月的 41.82，跌幅为 36.21%。

从 1896 年 8 月开始，市场上升趋势一直比较稳定。20 只铁路股票价格平均指数，已从 41.82 上升到 87.04，涨幅为 45.22%。与此同时，12 只工业股票价格平均指数，也已从 28.48 升至 76.04，涨幅为 47.56%。值得注意的是，工业股票和铁路业股票在这个时期的涨幅几乎完全相同。

现在有一种将目前市场状况与 1879 年相比的倾向。如果这个倾向是正确的话，股票价格平均指数必将大幅上涨。而 60 只股票价格平均指数在 1879 年上升 63 点，意味着现在 20 只股票价格平均指数要上涨 45 点。

这是一个投机工业类股票的疯狂时期，但是工业类股票的大规模创造价值仅仅开始不到一年。任何在过去 6 个月内才大规模创造价值的工业类股票，其大部份不可能已经上市。由于工业公司合并的发起人之目的是至少卖出一部分他们所拥有的股票，所以现在必须有具备非常实力的资金托市，采用各种方法推动和支撑整个市场的股票价格，以防止工业类股票崩盘。交易各方的购买热情，有力地支持了托市者的努力。

1899 年 5 月 31 日

市场空方似乎正在占据优势。市场价格大幅下跌，应该出现买进股票的机会。尤其是铁路板块可能有值得购买的股票。但是目前没有展示足够的吸引力，而获得投资者的注意。与此同时，做空者选择最弱的股票进行攻击，扩大他们的优势，并对多方的信心给予强有力的毁灭性打击。熊市已经通过市场价格表现出来了，但是并不符合企业经营状况。熊市的形成，另有原因。

我们已经呼吁市场上的投资者关注当地的天然气之战。这场战争起源于强大的利益集团无法达成意见一致，并且双方都决心通过真刀真枪的竞争，来获得谈判桌上无法获得的东西。这不仅导致天然气公司利润下降，还导致斗争的区域扩大。人们相信塞奇先生（Mr. Sage）凭借拥有的资金和影响力造成这种局面，因为塞奇先生认为，联合天然气公司（Consolidated Gas）的人不再信任他。塞奇先生和基恩先生（Mr. Keene）能够达成何种程度的合作，是未知数，但有理由认为他们对价格的看法是一致的。

假设强大的利益集团欲操控市场，那么可以认为他们将攻击风险暴露最大的股票也是合理的。这就是说，陷入天然气之战漩涡的联合天然气公司和拟执行特许经营税法的铁路股票，将成为首选。各方对这部特许经营税法的看法迥异。一些著名的律师称，将避免该法律变成累赘。另外一些著名律师称，该法律的目的就是从相关企业掠夺资金。人们将会发现，对公司而言，该税法尽管不是灾难性的，也将远高于迄今已实施的税法。基于此，大都会公司（Metropolitan）、曼哈顿公司（Manhattan）和布鲁克林捷运公司（Brooklyn Rapid Transit）的股票都将遭遇抛售。

农作物一般被市场认为是重要影响因素之一，尤其对西南地区股票而言。投资者对今年农作物受灾的程度存在一些疑问。各方报告相互冲突，负面消息历来如此。事实的完全确定将需要一段时间。如果农作物减产严重，那么可能会对铁路股票产生不利影响，尽管一般而言铁路股票比工业股票抗跌。

还有一个对未来市场走势非常重要的问题。在指数的走势方面，最近铁路股票有从工业股票分离的势头，市场不再一致移动。在一些日子里，工业股指数下跌，而铁路股指数上涨。这可能是由于投机风向的变化，而导致交易员买入铁路股票，同时卖出工业股票。这样做的根本原因是近年来铁路股票板块并没有大幅上涨。除了重组，铁路股票的数量几乎没有增加。全美国在该经济领域增长的累积盈余，都分配给了原有的股票。

工业股票板块的情况就非常不一样。该板块的股票数量已经大大增加。投资者在对其资产价值仅掌握非常有限信息的情况下，就购买了该板块股票。对这些股票的攻击，导致那些不清楚手中股票价值的投资者慌忙抛出，当然也有一些低买高卖的投资者在卖出。对于看空者而言，这是适合攻击的理想状态，仅仅存在无法融券借到股票来抛售的可能性。出资人慷慨地提供充裕资金，可以很大程度上降低这种风险，在新的工业股票销售时，可以完全消除风险。

基于以上原因，当市场处于熊市时出现的弱势时期，将铁路股票上调至买入级别可能是明智的。

1899 年 6 月 29 日

工业股票似乎不再受到市场的青睐。相反，铁路股票不仅包括目前最强大财团的专业交易师，而且表现出更多的购买和持有倾向的公众获得信心支持。市场已经到达多方的努力开始开花结果的时候了。如果公众支持依旧，股市上涨将继续下去。如果不是，投机可能会陷入停顿，股市将再次下跌。

每日股市波动是不显著的。在许多情况下，这只是操盘手们卖出股票来试探市场的反应。资金雄厚的操盘手，比较不关心所持有股票的一到两个点的波动。重要的是，公众是否在价格上涨时跟进，使操盘手们得以沽出手中的股票。

牛市的发展路径一般是相同的。操盘手们以低廉的价格购买他们希望能卖出高价的那些股票。他们开始通过不同的渠道购买和销售股票来推高报价。他们利用经纪人返回的交易数据，分析入场的新资金量。他们有时在一开始就会购买相当数量的股票，然后持有，一直等到情况开始改变，才以较高的价格抛出手中的股票。在牛市行情中，成功的交易者将反复进行这种操作，直到所有股票都出售完毕。

但是，散户在慷慨购买了几天股票后，停止入场是经常发生的。操盘手发现股票都积累在自己手中，或者没有新的资金入场。当发生这种情况时，一般认为，较好的做法是降低股票报价，直到散户再次入场。这可以解释许多牛市上涨趋势中断的情况。

越来越多的散户本周购买股票，是该轮上涨行情的最佳特征。目前允许抛售部分股票，必然不会打压股价，但是在这种情况下，多方将非常愿意给股市以更多的支撑，只要他们看到新的资金流入追涨的股市倾向。

多方表示充满信心。他们认为，市场在今年秋季之前，不会有任何大幅下跌。他们认为：宽松的货币环境、收成良好的春小麦和玉米、各种交易的到期、国家的繁荣和已被证明存在的投机气氛，确保着对股票的需求，在今年年底之前，将引发另一波牛市投机。即使新一波投机马上到来，他们也不会感到惊讶。理论上，这轮牛市应持续今年一整年，在 1900 年达到顶点，届时，股票价格将高于现在。

1899 年 7 月 17 日

无论从哪个方面看，市场趋势在星期六依旧不明显。市场在较小区间范围盘整，主要受到银行状况的影响。然而需要着重指出的是，虽然很多交易者试图利用他人对银行准备金率下调的恐惧，但这种影响只是暂时的。人们开始更好地理解到下调的准备金率和较高的货币利率，是不断增长的信心和商业复苏的必然伴生物。更积极的商业活动，需要更多的资金支持，导致银行的准备金率更低。人们认为，在几个星期内，银行准备金率极有可能跌破 25%，并将一直在这个比率下运行。

价格波动呈现非常清晰的向上趋势。如果货币市场状况会影响价格变化，这种影响早已体现在价格当中了。因此很明显，国内商务人士关注农作物和商业复苏情况，更甚于货币市场的现行利率，并认为这是牛市的控制因素。以前的牛市也是这样，我们可以放心地指望历史将重复。牛市的增长，主要源于人民对制度的稳定和国家兴旺发达的日益增长的信心。今天国家前景如此光明，整个世界事实上日益繁荣，这很可能是史无前例的。

因此，资金面紧张且利率较高。而农作物收获日期的临近和即将为农业劳动力支付报酬，也加剧了这种情况。

可以肯定的是，华尔街的金钱利益集团非常明白这种情况。他们表示，没有感到不安，因为他们发现货币利率上升的原因，是整个国家正在购买证券，而且目前有一部分货币一直供华尔街投机者使用。

虽然证券投资需求可能会增长缓慢，但是来自全国各地的需求仍然稳定和明显。人们也花费更多的钱用于奢侈品，这体现在各运输线路和公司的巨大客流量以及奢侈品交易的增长。有了这样的繁荣，一般认为银行储备下降，不太可能立即影响到人们的投资观念。

因此，目前交易者如急于抛售股票，则可能意味着损失。

为了再次明确阐述许多华尔街财团的观点，应该指出控制市场走势的因素，是铁路业日益增长的收益和对国家日益繁荣所产生的股息收入预期。农作物状况当然是所有这些的基础。春小麦和玉米的情况都令人满意，收成将非常符合预期。而且可能有大量剩余产品推向市场。

我们在其他方面的出口业务，正在稳步增长，而且许多不同的证据都表明，人们越来越为美国的商业和制度感到满意。

商业稳定增长越来越明显，给人影响深刻，引导美国的财团采取措施保证运输业更加稳定可靠，这本身就确保了铁路业证券更高的价值和价格。已计划采用快速方式进行的大型合并，尚未开始被市场发觉，预计在合并完成后，市场上的投机者才能感觉到。

市场波动显然仍是趋势向上。6月1日开始的上涨行情显示这是一个牛市。因为这是基于平均数法则的牛市，所以市场波动将引导价格上涨，超越1883年春季趋势的顶点。这意味着8月中旬前，这波上涨行情可以导致股价平均数上升4~6个点。当然，我们也应该始终预测，意外事件可能会不时改变价格的自然波动。

1899 年 7 月 21 日

在几天的市场下跌和出现令人沮丧的价格之后，强大的市场基本因素昨天再次表明了自己影响力的存在。周三较低的价格，足够吸引一些人再次对市场产生兴趣，并行动起来。罢工看起来是有威胁的，而股市反应滞后，使得做空者的操作可能会引发价格下跌。在这个时刻，这种冲击导致股市下跌的后果可能已经是非常严重了。

但因市场开放带来国外市场的更好形势，且罢工并没有新的重要进展。与此同时，资金更易于获得，股票经纪公司的营业厅也挤满买家。只需要一点点买单和较高的报价，就可以引发牛市投资者跟风。

现在的情况，好像乌云中出现裂缝，再次展现出远处的光明前景。这种景色，在这个时候，不经意间激发了看涨者的热情。

不同公司 6 月份和 7 月份第 2 周的报告，表明公司收益异常丰厚和令人满意。一些龙头企业报告了史上最高的收益。

市场对工业类股票兴趣的复苏，是工业繁荣的必然结果。一些主要财团已经认识到，继续推动铁路股票的价格上升，是愚蠢的，同时讨论工业繁荣而不购买工业类股票，同样也是愚蠢的。这种情况将不可持续。人们在争论工业繁荣是否已成为一个事实。如果已成为事实的话，相对于铁路股票的高价格，则工业股票价格更加便宜，对投机者当然更具吸引力。

这一观点，近来至少吸引了对工业类股票的炒作，目前市场特征之一，将是工业股票板块不断增长的投机倾向和行为。

到目前为止，投资者和投机者挖掘有潜力的工业股票的努力程度不高，当然无法与对铁路股票的研究相比。这使得工业股票板块几乎向所有人开放，所有人都可以挑选最好的股票并购买。

工业股票板块上涨，似乎已经开始并将持续下去，直到这些股票的平均价格水平远远高于现在。这一上涨趋势，可能会或多或少地带来一些铁路股票的买单。

因此，之前 60 天的部分铁路股票价格上升的涨幅，可能得以继续保持，尽管根据前几天的市场情况来看，很可能下跌。

现在市场的突出特点之一，是股票持有人会因为美国明显的经济繁荣而坚定地继续持有股票。

1899 年 8 月 3 日

货币需求的不断增加，对昨天股市的投机有所影响。但是由于某些主要银行使用固定利率提供大量货币，货币利率是稳定的。但是，货币利率简单地被认定为是导致投机暂停的一个因素。

与此同时，货币利率较高，也导致投资者倾向于寻找高收益的股票，而放弃那些收益率低到不合理的股票。

出于这个原因，工业类股票更受关注。因为市场对工业类股票的研究日趋深入，所以优先股特别吸引投资者。投资者都倾向于购买工业类优先股。工业公司的业务庞大，而且有利可图，但是这些工业股票要想获得市场的普遍青睐，预计还将要花费更多的时间。

人们对任何新的股票建立信心，都需要一段较长的时间，而让贷款人接受新的股票作为抵押品，则需要更长的时间。安森·弗劳尔先生（Mr. Anson Flower）前几天说，他的公司花了比该公司曾经持有的任何股票都要长的时间，去说服银行接受奥马哈股票（Omaha）作为贷款抵押品，而奥马哈股票今天的走势，显示了因该股票成功上市而充分赢得的持股信心。

现在工业类股票持有者都具备丰富的经验。他们认识到，工业股票是人民财富自然发展的必然产物。这些持有者不仅通过工业企业的组建赚钱，也正在通过将他们自己的投资转到这个领域来赚钱。

毫无疑问，这些人在过去的一年中，售出了许多高级别的铁路债券，现在，他们将这些钱投入由他们创办的许多工业项目中去。

常言道：不要把太多的鸡蛋放在同一个篮子里。投资者一般也在实践中应用这一理念。但还有另一句常见的华尔街谚语，即"把所有鸡蛋放进一个好篮子，然后好好看着篮子"。

后一句谚语，似乎适用于那些已着手进入工业板块的主要财团。他们已经在工业项目上投入了许多资金，现在正小心翼翼地关注着相关股票的发展。这些财团的实力是如此强劲，以至于人们非常认可以下事实：工业类股票管理良好，且具有光明的前景。

买入工业类优先股，仍是小规模的，但是小规模投资者的数量正在稳步增加。

对优质股票如纽约中央铁路公司和大都会公司（Metropolitan）的购买，显示了强劲的市场潜在倾向。这种潜在倾向，将会继续且可以防止股市大幅下跌。商业的日益繁荣将导致股票价格持续走高。

1899 年 10 月 18 日

市场没有特别动摇牛市的信心。总的印象是，做空者在攻击铁路公司股票，尽管攻击工业股票来打击市场信心会更加有效，甚至看涨者都承认这很可能是非常有效的做空策略，很可能在一段时期内动摇市场。积极的看空者无意承认已经采取行动做空，他们称工业类股票走弱，是因为投资者认为工业板块股票过多。虽然存在市场需求，但卖出是较优的选择。股市收盘时的反弹虽然是交易商推动的，但也反映了一种观点，即目前价格实质上不会大幅下跌。

对基恩先生的采访，引发迥异的结论。看空者认为，这是对事实的精湛描述，时间能够证明一切。看涨者则倾向于认为，基恩先生提出的危险因素，在一定程度上并不具备引发忧虑和担心的力量，作为一个直接因素，并没有严重到扰乱市场信心。

塞奇先生转而看涨，被认为是由于其看空货币市场。糖业公司（Sugar）表现强劲，被视为标准石油公司（Standard Oil）的利益集团，可能在为市场好转做准备。大北方公司（Great Northern）的报告展现了该股票的强劲实力，而铂尔曼公司（Pullman）股票的持续上涨，则揭示了当前关于该公司资产变动的传闻掩盖下的一些事实。

投资基金逐步枯竭和大规模的股票上市相结合，可能会导致市场走弱。实际上，在任何时期，资金都是投机的重要前提条件。当然市场舆论的变动似乎也很重要。德兰士瓦省（Transvaal）的黄金供应量减少，本应对牛市有所影响，但不一定是负面影响。

因此，重点在于新股过度发行是否危险。进一步而言，就是何种新股票可以用来直接融资。一个企业的所有权，如果仅仅是从无形的合伙制，转换到股份制的形式本身，并不会对一个国家的资金有任何额外需求。只有当这些股票用于质押贷款并体现在投机账户中，这时才会出现对资金的需求。

哪只工业股已用于质押贷款是未知的。市场上的一些新股票已经被接受用于质押，而另一些很少或者根本没有融资能力。承销辛迪加（垄断组织形式之一。参加辛迪加的企业在生产和法律上仍保持自己的独立性，但丧失了商业上的独立性。商品销售和原料采购由辛迪加总办事处统一办理。其内部各企业间存在着争夺销售份额的竞争——译者注）股票的保证更重要，因为这些承销商已经向原业主提供用来购买其资产的资金。这一问题上的实际危险，取决于承销保证的金额和承销商资金实力的比例。总体而言，较大的保证金额可能得以证明承销商的资金实力。

1899 年 10 月 27 日

解释目前的市场，很像圣路易斯（St. Louis）的一位德国编辑被批评在他的报纸专栏中没有报道一场大火时，他居然宣称，他不认为这场大火是新闻，因为全镇的人都出门看见了这场大火。同样，很难为目前股市的健康状况给出一般人所不知道的原因。

到周四为止，活跃的市场交投，证明公众依旧非常认可现在正是牛市，当然市场会有一些波动。先上涨几天后，在下一波更猛烈的涨势之前，市场有所回调也是必然的。

既然市场涨幅度巨大，那么担心大量的获利回吐可能会带来突发灾难性的股市下跌，也完全合乎逻辑。这种担心十分自然，不应该被称为病态。事实上，在任何外部条件都没有发生改变时，市场突然下跌也是常见的，是必然会出现的市场周期行为。

如果市场周期理论是正确的，那么市场在上涨一定的日期后出现回调，则不用对此感到惊讶。到目前为止，市场上存在担心股市已经到顶峰迹象。但这种担心的原因只是市场突然回调，因而令人不安。市场至今还没有出现见顶的迹象。

更加突出的市场特点之一，是工业股板块走势日益脱离铁路股板块，且越来越泾渭分明。一般情况下对此无需担心。众所周知，美国制成品的生产和消费规模比以往更大。制造业整合比以往创造了更多的利润，而相应的股票市值却下降，是不合常理的。以上情况导致的必然结果，就是机械力量和资本运用的动态均衡。

1899 年 10 月 28 日

股市的广度和强度是没有疑问的，同时对市场估值下降的恐惧也不存在。但现在有一种观点认为，更好的操作方法是等到货币市场的基础更加稳定后，再采用牛市策略购买股票。那些牛市的坚定支持者的看法是，等到一个健康的货币市场趋势开始可能更好。但这并不意味着市场不显示看涨倾向。相反，尽管可能有投机者获利回吐，因为某些具体原因导致特定股票下跌，还由于各种原因导致的股市间歇性反应滞后。这些都是很常见的股市波动。但是假设这个强大市场的大量股票具有内在的稳定性，仍然是合乎逻辑的。

如果你问某个普通人在股市购买某只股票的原因，他会告诉你他是依靠"直觉"，他说他完全熟悉市场的基本情况。当他看到报价上涨时，他清晰地感觉到，如果他不买点什么的话，则获利的希望将不复存在。这种"本能"，其实就是对几乎所有经济领域持久繁荣的坚定信念。

我们几乎一直没有充分强调和正确认知美国商业最近发展的价值。

在任何国家，包括美国，运输费率都没有过现在这样一个令人满意的提高。虽然费率已经多次提升，但是升的原因并不仅仅是单方面强迫的。到 11 月 1 日全国各地的运费上涨 10%。这个估计是保守的。费率上升的背景让人欢欣鼓舞。商业人士正在考虑使用汽车替代铁路。我们必须公允地指出：10% 的运费上涨不会导致商品价格因此而上升。事实上，经营成本在逐步降低。铁路行业的另一个特点是：尽管材料价格高昂，但美国所有的第一级别铁路都毫不犹豫地开展升级改造。对于分支线路的兴建、铁路状况的改善和设备的增加都毫不吝惜。只有那些破旧的线路在改善路况方面落后。

1900 年 1 月 5 日

市场的迅速反弹，被认为是牛市信号。当市场有足够的实力在一天之内收复前一天的巨大损失时，一般认为还有上升空间。尽管如此，我们绝不能忘记市场在过去的 13 天中有 9 天是上升的，已超过恐慌后的正常反弹。

昨天对市场最有影响力的事件是综合燃气公司（Consolidated Gas Co.）成功收购纽约天然气电力公司（New York Gas & Power Co.）。该公司的控制权是天然气战争的内容之一。该公司已经被标准石油公司的竞争对手控制。始于布鲁克林捷运股价暴跌的股市战争，其很大一部分目标是要将天然气和铁路利益集团连接起来。标准石油公司收购纽约电力公司（New York Power Company）意味着意见已经统一，而重要利益集团的态度可能会从根本上改变。如果说这已经是既成事实尚言之过早，但是已经初显端倪。

铁路干线形势的发展也对股市产生了影响。我们认为一项关于干线具有深远意义的计划，已在着手进行。纽约中央铁路公司和宾夕法尼亚州铁路公司希望控制局面，以提升较弱线路的士气，这是该项计划的开始。

该计划仔细考虑了各项目的共同所有权问题。宾夕法尼亚州铁路公司已经宣布对巴尔的摩和俄亥俄公司（Baltimore & Ohio）的极大兴趣。对范德比尔特公司（Vanderbilt）的兴趣稍后公布也是完全可能的。我们认为宾夕法尼亚州铁路公司很可能已经获得了切萨皮克和俄亥俄公司（Chesapeake & Ohio）很大一部分所有权。范德比尔特—摩根公司（Vanderbilt-Morgan）多年来一直拥有庞大的资产规模。该公司已在伊利公司（Erie）、雷克万纳公司（Lackawanna）和李海山谷公司（Lehigh Valley）占据优势。宾夕法尼亚州铁路公司可能收购北方铁路公司（Northern lines）的部分股权。

最终目的是建立各自的干线业务范围。可以预计纽约中央公司将控制北方到西方的线路，而宾夕法尼亚州公司将控制南部路线。交叉持股可以使各条线路相互合作，不再出现各线路之间的摩擦。

随后中西部的一些线路可能合并集中到芝加哥（Chicago）、圣路易斯（St. Louis）和二者的中间节点。数月以来，一些线路进行了合并，包括大四星公司（Big Four），伊利和西部公司（Erie & Western），辛辛那提公司（Cincinnati），汉密尔顿公司（Hamilton）和代顿公司（Dayton），还可能包括在俄亥俄州的软煤集团（Soft Coal）。

所有这一切对市场的影响仍有待观察。价格下降有可能促进公司在适当时候宣布合并事项。但是也有可能因为金融巨头希望在牛市时入市，他们会选择良好时机抛出合并这种利好消息，来促进股票涨势。

1900 年 3 月 5 日

本周市场的特点是铁路股票相对强势，工业股票相对走弱。铁路股票价格的平均水平，已经从 78.60 下降到 77.86 美元，但是这和 12 只工业股票平均价格从 64.52 下跌到 61.95 相比，是无关紧要的。糖业公司是其中之一。而第三大道公司（Third Avenue）则不计在内。但是工业股票较大的交易量，对其股票价格形成支撑。英国在南非的成功，刺激伦敦购买了大约 50000 股。储蓄银行的持续需求，使债券市场已经相当活跃，政府一直强烈支持拨款法案，新发行的票面收益率 2% 的公债报价为 106 点，已经非常接近二级市场的价格。

虽然银行储备下降对群众情绪产生的影响不大，但是货币利率已经有重要变化。最近贷款的扩张主要源于外地银行向纽约同行拆借资金，以购买纽约市政股票。工业类股票质押贷款盛行，这类业务的费率在 5% 左右。

英格兰银行（Bank of England）的储备金和债务的比例已下降至 43.6%。巴黎和柏林的货币利率坚挺。英国统一公债（Consols）坚挺，致使另一种长期公债走强。巴黎交易所的英国指数低点止于 25.18，高于几个星期前的 25.21。俄罗斯人在纽约的借款据说已经达到 3000 万美元，这笔款项的相当一部分，将用于在美国购买铁路设备和商品，因此这些钱不会脱离流通。外汇走弱，而商业票据供给增加，棉花和粮食票据整周的供应都十分充足。

在 2 月的第 3 周，铁路板块的收益增加 22.04%。增幅最大的仍然是太平洋、东部和南部线路。从芝加哥东行的运输量有所下降，但仍然远远超过上年。圣路易斯的汽车运输量继续略高于上一年度。印第安纳波利斯（Indianapolis）的汽车运输量略有下滑。横贯大陆来回的货物运输量继续保持高位。

小麦价格每蒲式耳已下跌了约 1 美分，因为本周降雪为小麦提供了必要的保护。伊利诺伊州（Illinois）的报告是振奋人心的。阿根廷（Argentine）继续大量出口小麦，但预计出口量很快会下降。印度不出口小麦，而俄罗斯会通过海运出口少量小麦。西部本周的小麦仓单有 4105661 蒲式耳，上年只有 3195437 蒲式耳。小麦出口量仅相当于去年同期的四分之一。玉米仓单为 6334432 蒲式耳，去年同期为 4966112 蒲式耳。出口呈现下降趋势。

棉花价格已经上升了 9.5 美分，达到几年来的最高点。英国贸易杂志建议购买棉花，因为印度的产量将只有去年同期的一半左右。港口仓储量依旧非常大，上周为 155901 包，而在 1899 年仅为 93836 包。有迹象表明，棉花种植面积今年将大幅增加。

用于纺织品的棉花布料价格涨势明显。因为原棉价格上涨，棉花卖家现在都不太愿意签订远期交割的合约。与去年同期相比，可以看出价格上涨的幅度：棕色布料是今年6.12对比去年4.50，漂白衬衫衣料今年7.37对比去年5.87，棕色粗斜纹布今年6对比去年4.75，蓝色牛仔布今年12.50对比去年10。尽管还会有羊毛制品退关，但贸易量已超出预期。美国毛织品公司（American Woolen Co）防止退关的努力，似乎已取得相当程度的成功。

各大城市的交投量显示，相比去年同期减少了22.2%。降幅最大的是海滨城市，而南部和内陆城市表现温和。新奥尔良（New Orleans）的棉花交易增加。

1900 年 3 月 7 日

市场目前没有特殊原因就不会波动。特定股票的上涨或者下跌，对整个市场的影响不大。在市场上，一只股票价格上升，同时就有另一只股票下跌。没有人试图认为整个市场会在一两天内上涨。这意味着资金雄厚的操盘手无论是看涨还是看跌都不会得到散户的支持，他们被迫将操作限制在特定外部条件形成更大波动空间的股票。

我们看不出市场有任何理由不能将这种状况保持一段时间。这意味着投资者没有看到购买股票的理由，但是也没有抛售股票的足够原因。虽然近来市场上还是存在一些值得炒作的消息，但是目前这些消息还没有影响市场。必须要有更强大的股市影响因素。在三月经常出现针对农作物的受灾恐慌来推动股票的投机活动，还有针对信托立法的可能性，还可能有来自国外的足以引起紧张的突发事件。在没有出现利空消息的情况下，市场似乎可能在未来6个星期，保持目前的股价平均水平。

整个市场未来十年的趋势，很可能走向板块化波动。70年代早期的投机，局限在数量相对较少的几支股票。几乎所有这些股票受到类似因素的影响，它们自然会有相同的走势。1880年前后的市场更广阔，但它仍然是一个铁路股票市场，不同的股票在很大程度上走势相同。1890年的市场开始囊括到工业股元素，但是活跃的工业股数量是如此之小，而且受到铁路股票的影响。但糖业公司和绳索公司（Cordage）例外。

市场上的铁路股票数量已经大大增加，其中许多铁路股吸引了众多投资者。各只股票所处的不同环境，让股价走势的相似性不复存在。此外，即使没有超过铁路股票的重要性，工业股票也越来越重要。如果因为某条横贯大陆的线路载客率下降，就抛售钢材线材公司（Steel & Wire）股票，那显然是荒谬的。因为皮革公司（Leather）增加了股息就购买大陆烟草公司（Continental Tobacco）的股票也是荒谬的。同一领域的股票，必然会有一些相同的走势，但未来的趋势是，这种性质的波动会减少，人们将根据各股票的基本面进行投资。

这将提高普通投资者赚钱的机会。交易老手会慢慢开始寻找特定的优质股票。在 20 只铁路股垄断交易时，普通投资者很难获得内幕信息。难以获得一部分工业股票的内幕消息，也会给普通投资者造成很大的损失。

工业股票将在适当的时候成为几乎完美的交易对象。工业股票的价格始终在变化。时时刻刻都有合并计划，总是存在对竞争的恐惧，总是存在价格上升或者下降的可能性。交易商依据情况变化迅速顺势而为，这将带来交易量和利润。

市场对普通投资人尽可能公平，这对所有利益相关者都是非常重要的。任何措施都比不上公司以合理的频率公布已经决定属于股东的利润更能促进公平。这是每一位投资者、每一个投机者和每一个经纪人应得的利益。这可能会减少内幕交易量，但是通过市场的广度和稳定性，给所有普通投资者一个公平的机会，将会获益更多。

1900 年 3 月 27 日

市场广泛呈现积极向上的趋势。格兰杰（Granger）股票比以前更加体现了市场特征。太平洋（Pacific）板块依旧保持领头羊地位。特许经营税的传闻对铁路板块有不利影响，但是还不足以影响市场。诺福克公司（Norfolk）普通股下跌，可能使投机者已将目光投向别的股票。委托买盘增加，一般认为市场前景将进一步上涨。

如果市场上涨，未来几周的重要问题，必然是中等级别的铁路股票在现有情况下的合理价值。今年货币利率的范围可能在4%和6%之间，平均低于5%。虽然最好的债券之利率略低于4%，但是这些债券具有高度安全性。一般认为股息率为4%的优先股其价值在80左右，显然高于4%的回报率。这意味着价值标准的认可。虽然联合太平洋公司（Union Pacific）、北方太平洋公司（Northern Pacific）和诺福克与西方公司（Norfolk & Western）的股票价格低于80，但是我们认为应该上升到等于或者超过80。如果艾奇逊公司（Atchison）优先股支付5%的股息——这种事情是有可能发生的，则其股价应该在80。

普通股预计难以达到同一价格水平，因为普通股的股息相对优先股而言，有着更高的不确定性。联合太平洋公司的普通股可赚取5%或以上的利润，但并不意味着将支付5%的股息，如果的确支付这么高的股息，那么每当盈利下降，普通股票持有者将蒙受损失。利润率达到5%的普通股，其交易价值将在3%的水平。

既然谈到这个问题，我们也应该考虑到盈利进一步提高的概率和股票价值的上升。活跃的投机导致股票价格远高于其真实价值，是常见的情况。普遍认为假设股票的收益率固定，则据此来推测这些股票的实际收益是有效的。没有人能够承诺说，价格正是代表了股票的现值，但是我们认为中等级别的股票之价值，仍然高于目前价格，将会得到普遍承认。

工业股板块波动更加剧烈。如果铁路板块的主要投资群体认为价格太高，将有可能把他们的注意力转向工业股板块。虽然他们将发现足够的证据，证明优先股的价值高于价格，但他们不会对铁路股票抱有同样的信心。这部分归因于莫尔特公司（Malt）和面粉加工公司（Flour Milling）。市场目前缺乏对工业股票的信心，更多是因为没人能够确切知道工业资产多年能够获得的平均收益。那些在繁荣时期购买股票的人，发现自己处在不利的位置。

我们已经多次指出，补救措施就是公司定期公布每股股息。投资者可以定期看到他们的财产价值增加或者减少。工业公司称他们想做到这一点，但担心投资者知道了他们不想知道的消息后抛售公司股票。这个问题最好的答案是：田纳西州煤炭和钢铁公司（Tenn. Coal & Iron）的管理层多年来一直奉行这一政策，而股票持有人并没有遭受任何特殊损失。如果关于这个问题可以采取表决的形式，我们认为股票持有人将非常愿意获得信息优势，知道红利账户的具体价值，而情愿承受任何可能降临到他们头上的损失。

这种情况出现的原因之一，是一些经理人将他们管理的资产看作是自己的，将获取相关信息看作是他们的特权，完全不顾他们仅仅是为资产所有者管理资产的事实。这部分管理人员的比例正在减少，与工业日益增长的重要性相比，这部分经理人的比例应该进一步下降。

1900 年 5 月 19 日

今天股市的波动明显倾向于牛市。最早发力的是糖业公司和烟草公司（Tobacco），这也为其他股票带来了买单。抛售指令似乎暂时销声匿迹或者被放弃，决定了股市沿着阻力最小的路线上涨。股市走牛有利于市场中的专业交易员，其收益颇为可观。

对市场表现出的强劲涨势不应该感到惊讶。即使市场正处于熊市进程中，一个重要的下跌后大幅反弹也合情合理。关于当天市场的奇特现象之一是：在市场下跌一天后，伴随而来的是三天的上涨。这验证了一个理论：当市场有上升的趋势时，其发展的趋势经常是两三天上涨，然后一两天下跌。

对于市场在三天上涨后再度下跌的担心，引起了对后继市场波动的关注。如果市场在下跌后再次有良好的反弹，这就意味着牛市的持久性和看多者以及看空者入市购买的信心。这种复苏通常意味着两三天的更加强力地上涨。这个事实将帮助市场确定牛市的存在，而不是反弹结束、卖空者在行动的证据。

　　不幸的是，没有办法判断股市上涨能持续多久。理论上说，牛市可能至少能够收复最近股市一半的失地。当然，其他事情也有可能发生。投机也有可能让市场在接下来的一个或两个星期上涨得更加猛烈，但这将完全由供应与需求决定。如果公众自由购买，交易员将跟风，市场将上涨；但如果没有出现这种情况，市场即使表现出相对的强势，也不会有很大的上升空间。

　　做市商并不十分看好市场。他们的观点和我们一样。他们称公众可以同时成为买家和卖家，而交易员将跟风买入或者卖出，这将构成今后一个时期的市场主要特征。这种言论和两年前的自信陈述完全不同，像基恩先生、摩根先生和弗劳尔先生都对价格走高作出了确定的预测，同时以大量购买的实际行动来证实自己的看法。

　　有一个明显的事实，与不确定性相关。虽然这对于本专栏的读者来说并不是新知识，但却是一个在实践中永远正确的观点：从长远来看价格回归价值。铁路股的价值可确定在一个合理的范围内。如果一只铁路股票以低于实际价值的价格交易的行为，不是基于没有根据的传闻，而是依照基本面进行的仔细研究，则这只股票必然上涨，即使市场在普遍下跌。

　　如果一只股票的交易价格高于其价值，价格会逐渐回落到其价值。价值一直在变化，但是，感谢铁路公司公布盈利的政策，交易者可以紧随其后调整股票的估值，避免与事实脱节。当然，我们必须记住，铁路收益是宏观经济环境的产物，还必须保持对宏观经济环境的关注。

　　看来我们似乎已经在某一方面形成了清晰的思路：工业扩张告一段落，钢铁贸易繁荣，几乎所有其他行业则波澜不惊。现在国内所有的人正在观望市场是否将重拾信心，观望商业股是否在略低的价格水平上复苏。或者是否会发现需求匮乏，必须一次又一次地降低价格，才能吸引已经库存过剩的买家进行商业活动。如果是前者，则股市将获得支撑；如果是后者的话，股市肯定会下跌。

1900 年 5 月 23 日

前一段时间我们提到商品价格变化和股票价格相似的事实。关于这一问题，记者曾经询问了更多细节。大量的资料汇编显示了商品价格变动情况。多年来萨尔贝克公司（Sauerbeck）一直保存了这些数据。伦敦的《经济学家》杂志（Economist）多年来一直计算着一种 22 种商品的价格指数。邓白氏资讯公司（Dunn&Bradstreet，成立于 1841 年、全球最著名、历史最悠久的企业资信调查咨讯公司。林肯、格兰特、克里夫兰和麦金力 4 位美国总统先后加盟。——译者注）一直计算着一种 100 种商品的价格指数。就用于物价的比较而言，每种方法都有一些优势和一定的弊端。

我们的表格采用了伦敦《经济学家》杂志的指数，部分原因是选取的商品在属性上颇具代表性，部分原因是英国商品价格的波动和纽约美国铁路股票价格的波动类似，比使用美国商品价格的波动更令人印象深刻。《经济学家》杂志上的部分商品存在国际化的市场。

我们将表格分为四组。第一组涵盖了 1885 年 7 月到 1890 年 7 月。这是一个股票价格上涨的时期，12 只股票的平均价格指数从 61.95 上涨到 96.88。股市和商品的价格上涨是统一的，我们能够观察到商品指数在同一时期缓慢但稳定地上升。

伦敦《经济学家》商品指数，1885 年-1890 年

1885 年 7 月	22 种商品	2053	12 只股票	61.95
1886 年 1 月	22 种商品	2023	12 只股票	80.47
1887 年 1 月	22 种商品	2059	12 只股票	89.85
1888 年 7 月	22 种商品	2121	12 只股票	84.37
1889 年 7 月	22 种商品	2236	12 只股票	89.06
1890 年 7 月	22 种商品	2259	12 只股票	96.88

1890 年到 1896 年期间，是一个被中断的熊市。换言之，1892 年春

天的股票价格和 1890 年约在同一水平，所以下降实际上始于 1892 年的春天，在 1893 年及以后变得明显。我们简要记录以便于显示主要运动趋势。12 只股票从 96.88 下跌到 66.90。商品价格直到 1895 年才在对南非矿山和不断增长的黄金产量的疯狂投机中止下跌。之后的趋势如下：

伦敦《经济学家》商品指数，1890 年－1896 年

1890 年 7 月	22 种商品	2259	12 只股票	96.88
1894 年 1 月	22 种商品	2082	12 只股票	75.06
1895 年 1 月	22 种商品	1923	12 只股票	72.53
1895 年 7 月	22 种商品	1934	12 只股票	77.86
1896 年 1 月	22 种商品	1999	12 只股票	74.82
1896 年 7 月	22 种商品	1947	12 只股票	66.90

牛市从 1896 年 7 月一直延续到 1899 年 4 月。20 只股票在此期间从 45.93 上涨到 87.04。商品价格在 1896 年运动迟缓，直到 1897 年 7 月才达到最低点，或者说晚于美国股市的最低点 10 个月。这又是受英国矿产热潮和兰德（Rand）黄金的影响。矿产热潮虽然推迟但并未妨碍商品价格下降。此外，虽然股市从约 45.93 开始启动，指数在 6 个月内只上涨 6 点，在 1 年内只有大约 8 点，从而使股票运动直到商品运动准备开始时才正式启动。自 1887 年以来，商品价格上涨。这些数字非常有趣：

美国的铁路股票价格在 1899 年 4 月到达高点，尽管略低于前期高点。英国商品价格在同年 4 月稳步上升达到高点。

如果现在考虑美国的商品价格，在过去的 6 个月中美国商品价格对股市下跌反应敏锐。使用的数据来源于《邓氏评论》（Dun's Review），是基于以往数据的百分比数值。

英国商品市场，相对于美国股票市场起步较晚，同时市场反转也比较晚。但是 5 月的指数显示，市场反转即将到来。对于国内商品市场而言，不需要进一步的论证。

这一切都如我们经常尝试指出的：股市运动是结果，而不是原因。

贴现让股市运动有时候看起来是原因，但事实并非如此。宏观经济形势是股市的关键影响因素，就如同投资者是决定每只股票的长期投资价值的人一样。

伦敦《经济学家》商品指数，1896年-1899年

1896年7月	22种商品	1947	20只股票	45.93
1897年1月	22种商品	1950	20只股票	51.71
1897年7月	22种商品	1885	20只股票	54.30
1898年1月	22种商品	1890	20只股票	64.86
1898年7月	22种商品	1915	20只股票	65.56
1898年12月	22种商品	1918	20只股票	71.41
1899年4月	22种商品	1973	20只股票	87.04

伦敦《经济学家》商品指数，1899年-1900年

1899年4月	22种商品	1973	20只股票	87.04
1899年8月	22种商品	2028	20只股票	84.35
1899年11月	22种商品	2128	20只股票	84.49
1900年1月	22种商品	2145	20只股票	78.80
1900年4月	22种商品	2240	20只股票	82.91

美国商品价格指数

	1899年11月	1900年2月	1900年5月
兽皮指数	160.26	151.14	144.62
皮革指数	109.61	107.56	106.26
生铁指数	112.80	110.90	103.50
钢铁产品指数	99.60	97.60	84.52
煤	4.15	4.20	3.90
铜	.18	.16	.17
铅	4.60	4.70	4.30
玻璃指数	2.89	2.17	4.30
丝绸指数	5.16	5.25	5.00
橡胶	1.07	1.04	.98

1900 年 5 月 26 日

我们在几天前称一个小交易商在买入股票，这个交易商确定目前他是在牛市还是熊市交易是十分有必要的，需要研究宏观经济环境。

一名关注这一问题的记者说："普通读者可能不需要来判断这个问题，但是我们思考'为什么繁荣背后必然跟随着萧条'类似的问题将是有趣的。你会指望一个小城镇再次变回一个村庄吗?"

视情况而定。堪萨斯州西部有许多以前很好的小城镇甚至变得比村庄还小。随着时间的推移，许多支付股利的投资型股票被重组而不复存在。现值并不意味着未来的价值，除非目前的内外部环境保持不变。当然，所有这些观点都是得到公认的，假定真正的问题是我们相信商业周期存在的理由和繁荣都存在严重萧条的可能性。除非比照历史，否则没有其他办法判断未来。因此，我们已编制了一些显示过去发生的事情的表格。

首先，让我们比较在纽约市（New York City）发生的交易价格升降和与股票平均价格的变动。我们已给出交易价格的高点和低点，并没有参考同一时期股市波动的任何最低点和最高点。然而，这两者的相关性是极为密切的。

虽然可以说纽约的交易在一定程度上可以反映股市投机，但不是一个很好的指标。因此，请允许我们考虑美国的海关税收。美国海关收入和一般的贸易有关，尤其是与人们对商品的购买力有关。在这里我们再次找到第二个相似处。海关税收的高点是在 1872 年，和股市高点相同。接下来股市在 1887 年而海关税收在 1878 年到达低点。在随后的高点，关税收入滞后于股市一年。在 1894 年海关税收先于股市达到其最低点。其他年份的转折点是相同的。

交易和股市运动对比

纽约清算量（单位：年，百万）		股价平均指数（单位：年）		
1873	35.461	1872	60 只股票	76.57
1876	21.597	1877	60 只股票	36.33
1881	48.565	1881	60 只股票	99.80
1885	25.250	1885	60 只股票	41.28
1890	37.660	1890	60 只股票	78.03
1891	24.230	1896	60 只股票	41.82
1899	57.638	1899	60 只股票	87.04

海关收益和股价平均指数

海关收益（年，美元）		股价平均指数（年）		
1872	216370286	1872	60 只股票	76.57
1878	130170680	1877	60 只股票	36.33
1882	220410730	1881	60 只股票	99.80
1885	181471939	1885	60 只股票	41.28
1890	229668584	1890	60 只股票	78.03
1894	121818530	1896	60 只股票	41.82
1899	206128481	1899	60 只股票	87.04

　　有一点要再次指出的是：海关税收可能会受到关税法变化的影响，可能时而刺激进口，有时则相反。为了消除这一因素的影响，我们将使用向国内生产和消费的种类繁多的产品征收的税收来进行比较。相关性在扩张和收缩时依旧存在。国内税收的转折点有三次比股市早一年，只在1893年时国内税收增加而股市下降。然而，1892年和1890年股市发生转折，除此之外，两者走势就已经没有本质的分歧。

　　一些批评者可能会认为我们还没有进行能够代表整个国家的商业比较。为了获得尽可能广泛的应用，我们比较了美国所有银行的净盈利和美国股票价格。下面的表格再次确认了已经被证明的定理。除1894年外，转折点在每一年几乎都一样。那时本国银行的盈利在1893年的恐慌后复苏，快于铁路股票价格的上升，可能是因为当时铁路股票有很长时期的清算和重组，而这一切没有发生在银行业。

国内税收收入和股市走势对比

国内税收收入（年，美元）		股价平均指数（年）		
1870	184899756	1872	60 只股票	76.57
1878	110581624	1877	60 只股票	36.33
1882	146497595	1881	60 只股票	99.80
1886	116805936	1885	60 只股票	41.28
1893	161027623	1890	20 只股票	78.03
1895	143421672	1896	20 只股票	41.82
1899	273437161	1899	20 只股票	87.04

所有本国银行净收益和股票价格平均指数

所有本国银行净收益（美元）		股价平均指数（年）		
1874 年 9 月	30036811	1872	60 只股票	76.57
1878 年 9 月	13658893	1877	60 只股票	36.33
1881 年 9 月	29170816	1881	60 只股票	99.80
1885 年 3 月	21601202	1885	60 只股票	41.28
1891 年 3 月	40145974	1890	20 只股票	78.03
1894 年 3 月	19762826	1896	20 只股票	41.82
1899 年 9 月	29830772	1899	20 只股票	87.04

铁被认为是比其他任何商品都更具代表性的自然资源。长时间操纵铁的价格或者产量都是不现实的。没有其他商品更能够反映实际情况。因此，我们给出 1872 年以来生铁和条铁的价格高点和低点。我们再次发现，除了一个例外情况外，股市转折点均在同一年或下一年。例外发生在 1887 年，那时生铁上涨到 20.92，高于 1890 年的高点。然而，你可能会记得股市在 1886 年和 1887 年大幅上涨，在 1888 年春天狂跌不止，在这期间生铁价格和股市同向运动。

在预测商业走势方面，煤炭价格可能不如铁价格，但是煤炭价格具有一定的价值，我们分析煤炭价格，再次显示出它们的低点和高点非常吻合生铁价格的转折点。和股市一样，煤炭价格可以作为商业繁荣或者萧条的指示器。

铁路股票盈利相比生铁市场是对商业状况最可靠的反映。和其他测试一样，我们在铁路股票板块找到了相同数量的上升趋势和下降趋势。铁路股票总收益在1873年达到高点，比股市晚一年；1883年再次达到高点，晚两年；1893年和1897年则晚一年。股息支付表明，铁路股票收益转折点和股市的数量相同，日期延后是理所当然的，因为股息的支付经常晚于利润的实际获得时间。首先，增加的收益一开始就被用于资产，然后保守的董事在确定业务增长会持续一段时间后才会增加股利。然而，基本事实是，25年的纪录表明：股息和盈利的升降和股票价格的升降密切相关。

铁价格和股市的相关性

1号生铁平均价格指数		最佳条铁每吨平均价格指数	
1872	48.88	1872	97.63
1878	17.63	1877	45.55
1882	25.75	1882	61.41
1885	18.00	1885	40.32
1890	18.40	1890	45.92
1898	11.66	1897	29.40
1899	19.36	1899	46.20

煤炭价格的高点和低点与铁和股票价格转折点相一致

生煤价格/吨		无烟煤价格/吨	
1873	4.84	1871	4.46
1878	2.86	1877	2.59
1881	3.75	1882	4.63
1886	2.10	1886	4.00
1890	2.60	1892	3.97
1897	1.80	1896	3.50
1899	2.00	1899	3.75

这些比较可以无限制增加，并不会改变基本结论，即商业周期交替出现膨胀和收缩。自南北战争以来，商业周期的扩张期在每个十年的第一年或者第二年终止，而收缩期在每个十年的中期结束。随着国家财富和商业规模的增加，扩张期和收缩期的持续时间会变得稍长，而波动规模略微变小，因为变化的阻力会更大。

但是只要人性不变，某些时候人就会有过于乐观或者过于悲观的倾向。只要这种倾向持续存在，股市就可能会受到影响。

我们相信股票市场作为一个整体始终受到宏观经济环境的影响，将股市作为一个整体研究的方法，也就是研究宏观经济环境。虽然从这个角度将市场作为一个整体来考虑，针对单只股票考虑其特殊情况也是必要的，要记住，尽管股票不分良莠，都会随着宏观环境变化上升和下降，但是每只股票拥有自己独立的运动趋势，在一系列的上涨和下跌后，股票价格最终都会近似到达从投资者或永久持有人的角度来看真正的价值。

铁路收益和股价运动相一致

铁路收益（年，美元）		铁路股分红（年，美元）	
1873	526419935	1875	74294208
1877	472909272	1878	53629368
1883	817376576	1883	101662548
1885	765310519	1885	76112105
1893	1207106026	1893	94295815
1897	1032966183	1896	81364854
1899	1284994191	1899 *	109000000
* 近似值			

1900 年 10 月 12 日

市场走势分化，曼哈顿公司股价上涨，同时大众天然气公司（People's Gas）股价下跌。这意味着无论牛市还是熊市，支持者都无法用自己的方式来发现一个稳定的趋势。不同派系和交易者需要测试他们认为合适的股票。

市场上越来越多的各种证券呈上涨趋势是可能的。当只有十几只铁路股票活跃的时候，各只股票一致运动是自然的，但是我们没有很好的理由解释曼哈顿公司股价上升，就应该伴随大众天然气公司股价上升。当股市波动变得明显时，股票依旧一致移动，因为对交易者而言，跟风比逆市操作更容易。

美国的投机资本在未来可能大量流入工业股票。弱势铁路公司将被强势公司合并，强势公司将成为不受干扰的投资品种。工业股票将变成投机者的领域，为投机者提供多样化的选择。我们的工业股票数量与前几年相比虽然大幅增加，但是与伦敦股市相比仍然很少，伦敦股市有超过200只支付股息的工业股票。

我们偶尔被批评贬低工业股票的重要性和指出工业股票投机的危险而使公众放弃工业股票。我们的答复是由于工业可以复制。复制一个工厂总是比复制一家铁路公司容易。因此工业利润不如铁路利润稳定，但是也存在公允价值资本化，精心管理并定期给予股东利润报告的工业股票。这类公司的股份可能会成为优质的投资目标。

大多数工业股的问题在于过度资本化，其真正的盈利能力以及应对竞争的能力是未知的。美国钢材线材公司是一家非常大的公司，该公司去年普通股的收益率约为20%。它支付了7%的股息，股价为33。毋庸置疑，投资者对这家公司没有信心。信心必须依靠公司自己赢得，事实上，该公司信心目前已经在增强。

有近1亿美元股票的西部联盟公司（Western Union）每年支付股利后利润甚微，这提供了一个有说服力的对比和说明。该公司支付股利后的盈余为：1900年，391278美元；1899年，103692美元；1898年，315694美元；1897年，3847美元。

盈余不到总收益1%的西部联盟公司，近年来平均价格稳定在79，显然从未存在股息率低于5%的担心。这样的信任程度是否合理，可能是一个悬而未决的问题，但是这种信任存在，而且这是该公司已超过25年几乎没有中断支付股息形成的结果。该公司有定期的季度报表，并已获得投资者的信任，已经一次又一次地战胜了试图压低股票价格的投机者。

普尔曼公司提供了工业股票作为优良投资品的另一个例证。信托投资公司、保险公司和银行的股票显然类似工业类股票，它们是某种产业的资本化形式，被认为是投资品。一些银行已经走向小资本化的极端，保留的利润极少，每年支付的股息比例为 50%～150%。本市的第一国民银行（First National Bank）和化学国家银行（Chemical National Bank）是这一事实的例证。

这一切都表明，获得市场信心的方法是显而易见和易于遵循的。这需要合理的资本化和良好的管理，需要公平对待股东以及上述做法的持久性。不用多说，几乎所有依照以上方法运作的工业组织会看到市场对其证券的信心，股价将证明这一事实。与此相反的政策必然带来相反的结果。

1900 年 10 月 25 日

市场继续呈现广泛上升趋势。虽然有不断的股票出售，部分出售涉及股票众多，但是主要财团正在需要的时候支撑市场，明智地选择刺激一只或者另外的股票，来维持和慢慢提升牛市情绪。

很多购买股票的人都预期大选前将有一些不利的消息引发股市暴跌。其中一些人在股市小幅下降时就抛出股票，但是当在第二天可怕的下跌没有出现，他们又会将股票买回。实力雄厚的操盘手，会稍微利用这种情绪。

假设主要财团毫无疑问地关注选举结果，并已经持续数月，那么除了在选举前持续小规模出售和做空外，没有更适合他们的策略。因为如果公众在此时没持有股票，在选举后股市将持续上升，那将是购买的好时机。现在提醒人们入市需谨慎的经纪人，将在选举结果公布次日展示对市场的信心，只要布赖恩先生被宣布胜利。

我们昨日提及，市场在今年秋天将有一波普遍上涨行情，因为作为铁路股在本年度前8个月的净盈利上升超过2800万元。我们希望今天一些股票公布净收益，对股价上涨提供支撑。

在截至1898年6月20日的会计年度，诺福克与西方公司税后盈余为1 138 949美元。次年税费后盈余为1 662 242美元。截至1900年6月30日的会计年度，盈余为3 388 312美元。换句话说，诺福克与西方公司股票今年的盈利是去年的两倍以上，是1898年的3倍多。

下面我们以北方太平洋公司为例。1898年，其税后盈余为6 700 583美元；1899年，这一盈余攀升到7 809 903美元；1900年的盈余为9 483 819美元，理论上两年可增加股利2 774 263美元，或者说几乎是优先股的全部股利。

联合太平洋公司1898年的数据无法取得，1899年税后盈余为8 740 319美元，1900年为13 272 665美元。

艾奇逊公司提供了更为令人吃惊的股息收入增长。其1897年税后盈余只有87 934美元；1898年税后盈余为1 836 584美元；1899年的税后盈余为4 187 997美元；1900年的税后盈余为惊人的9 759 304美元。

可以说这些收益中实际只有一部分可以计入红利账户。公司留存部分收益用于不动产增值，被公认为是明智的做法。然而作为整体而言，过去几年增加的净盈利，大规模地以股息收入或不动产增值的形式流向股东。

固定费用大量增加的时期以前从未有过。铁路公司经理们已经走向另一个极端，他们将收益以前所未有的规模投向资产。董事们现在牢记过去十年的艰难时期，不再慷慨地支付股息。他们犯了保守的错误，而不是相反方向的错误。

作为盈利普遍增加和修缮经费支出降低运营成本的结果，相当数量的铁路股票处于价格向价值调整的重要趋势中。这可能不会是一个不断持续的上升趋势，但是有很好的理由认为，联合太平洋公司将会完全改变其在市场上的相对地位。如果目前的盈利水平能够持续，该股票价格将高于票面价值，而不是以 50 的价格出售。其他的股票可能不能如此肯定，但是我们仍具有良好的信心。艾奇逊公司的优先股也是良好的选择。

市场在任何一个月上涨或下降几点都不会改变的事实是：如果非凡的收益增长，从根本上改变某股票的价值，该股票的价格也许会缓慢但肯定将自我调整到新的价值。

1901 年 1 月 29 日

圣保罗公司（St. Paul）股票引领股市在狭窄的范围内波动。该公司股价 10 个点的波动似乎好于其他个股 3~4 个点的波动。圣保罗公司过去一般是活跃股票中最保守的代表。虽然股价跟随市场大势，但是股价启动和终止都略晚。现在该公司已经成为最狂热的股票。

对这种情况的解释是：大量股票无疑已经被华尔街放弃，股票供应减少了。当"发生交易"传言流出时，圣保罗公司股票的买单大量出现，而供应量减少，于是产生过去两个月中发生的股价剧烈波动。

我们认为这种状况不会持续，圣保罗公司将在 1 个月或 6 个星期内失去市场兴趣。"发生交易"的谣言在没有成为现实后会失去影响力。再次指出存在一个圣保罗公司交易计划是值得的。其中一些构想可能存在，但是如果涉及的主要财团没有犯错，股价的疯狂上涨已经葬送了这笔交易。炒作交易概念已经失去了力量，在 3 月的第 2 个星期宣布股息前，增加股息的传闻将变得有影响力，之后圣保罗公司股票将暂停炒作。

事实上，活跃的股票没有大幅上涨的证据表明多方不是非常自信，尽管卖家还是在高点出售股票。不管操盘手如何看好市场，他不可能看不到许多现在卖价 80 的股票在 4 个月前大约只卖 50。在华尔街混迹多年的人们头脑中，这是一个很有分量的事实。尽管存在例外情况，但通常"经验之谈即规律"是对的。

市场的好转，部分原因在于只具备有限投机经验的富裕的年轻人。

老年人认为有时财富青睐勇敢者，但有时却不。密苏里州太平洋公司（Missouri Pacific）和堪萨斯/得克萨斯公司（Kansas & Texas）的走强，以及圣保罗公司股价的部分变动，都基于对股市进一步上涨的信心。

现在开始有一些对联邦钢铁公司（Federal Steel）和钢材线材公司之间新关系的可能性研究。它们双方还没有达到完全合作的程度，但已处于讨论尝试阶段，并开始探讨能否达成协议让两家公司站在同一战线，而不是作为竞争对手。钢材线材公司有意进行部分合并。

之前证券经纪公司业务繁忙，现在则不然。如果这些公司之间存在任何相关协议，很可能会引发一段时间对钢铁股的投机热潮。这会受到那些希望在牛市结束前购买铁路股票却被高位套牢的投资者的欢迎。

一般人都知道，12只工业股仅有些微上涨，而20只铁路股票上涨迅速。这种情况在1900年之前没有发生，是股市投机的新特性。这要么意味着铁路股的上涨是由于现在和未来的宏观环境的改善，而工业股的外部环境没有得到改善，所以并没有上升。要么意味着市场领导者希望推高铁路股票价格，在适当的时候带动工业股票的牛市情绪上涨。

作为个人意见，我认为基本面有利于铁路股票，对很多工业股票则是利空。但即使这种观点符合实际，也不会阻止新的合并或者对股市的熟练操纵导致的临时上涨。然而，工业类股票的持有者应考虑到如下事实：领先的铁路公司是无法复制的，而除了部分例外，领先的工业公司都是可以复制的。过度资本化令工业股票处于非常脆弱的地位。

1901 年 2 月 21 日

关键时刻的征兆

我们已经收到如下提问：在你们看来，目前的牛市何时结束，牛市见顶的证据是什么？

当推动价格上涨的力量弱于那些倾向于拉动价格下降的力量时，牛市就将结束。牛市将结束的征兆将以各种方式出现，但主要体现在商业繁荣、价格、承诺、责任和事业等方面。

股票的价格始终是结果，而不是原因。高收益和股利增加推高股价，不管是铁路行业还是工业股票。高利润是大量贸易和普遍繁荣的结果。因此，股市和商品市场几乎一致波动。股市通常稍微领先商品市场，因为投机者倾向折现未来。

在过去的 25 年，商品市场和股市几乎一模一样。代表很多商品的价格指数从 1878 年的 88 点上升到 1881 年的 120 点，在 1885 年回落至 90 点；在 1891 年上升到 95 点，到 1896 年下降至 73 点；并在 1900 年恢复到 90 点。此外，欧洲股市以及由完全不同商品组成的价格指数在同一时间的波动几乎完全一样，理所当然和美国股市波动一致。

因此，如果过去是未来的指南，那么我们正在接近商品和股票上涨将停止，然后持续下降的时期。此外，依据历史经验，未来几年的下跌将不如 1890 年到 1896 年的下跌明显，但是会更像从 1881 年到 1885 年的下跌走势。原因之一是国家财富增长让价值日益稳定。另一个原因是，建立在坚实基础上的货币不再是危险的主要来源之一。还有一个原因是，正在进行的铁路公司合并，将倾向于给铁路股票带来比以前更稳定的收益。

但在承认所有这些是事实后，需要假设不变的人性特征并没有使交易周期改变是正确的，过度交易和过度自信造成迄今为止的市场下跌。

繁荣时期总是鼓励交易。只要人们赚钱，他们的倾向都是加大投入，从银行辛迪加到十字路口的一般商店老板都是如此。另一方面，当冒险不再有利可图，则大家不约而同地收缩战线，而且股市下跌越快收缩越明显。

没有人会否认现在是一个大扩张时期。美国股市 1895 年的交易量约为 535 亿美元，1900 年约为 860 亿美元。纽约市在 1896 年 8 月份第 1 周交易量为44 475万美元。2 月的第 1 周交易量是163 100万美元。费城交易量在同一时间从4 900万上升到9 400万美元；波士顿从7 500万上升到12 800万美元；芝加哥从8 700万至12 500万美元。一般来说，交易量的扩张，比其他任何事情更令人印象深刻。

1896 年下半年生铁产量达 3 646 891 吨。1900 年下半年产量为 6 146 673 吨，几乎增加一倍。1 号铸铁在 1896 年的平均价格为 12.95 美元；在 1900 年为 19.98 美元。贝塞麦铁（Bessemer iron，即酸性钢铁，由英国工程师贝塞麦发明，主要用于铸铁大炮——译者注）平均价格在 1896 年为 10.39 美元；在 1900 年为 16.90 美元。钢坯平均价格在 1896 年为 18.83 美元；在 1900 年为 25.06 美元。

纽约银行的贷款总额在 1896 年 8 月第 1 周为 469 535 900 美元，上周为 911 623 000 美元。1896 年的存款为 485 049 000 美元，上周为 1 011 320 000 美元。银行的现金持有量在 1896 年为 138 982 400 美元，上周为 265 684 700 美元。这是银行信贷规模大幅增加的一段时期。银行信贷四年内持续增加，未来可能会受到商业活动下降的限制。

我们通过一些活跃股票的价格来看这些事情。将 1896 年 8 月与目前比较，伯灵顿公司（Burlington）股价从 53 上升到 144，圣保罗公司股价从 60.5 上升到 148，罗克岛公司（Rock Island）股价从 49.25 上升到 124。密苏里太平洋公司股价从 15 上升到 88，北方太平洋公司股价从 3.625 上升到 83，而联合太平洋公司股价从 4.125 上升至 93。随着报价的提高，股票真正的价值也越来越高，价值上升主要是依靠一般贸易的增加，这一形势的持续性和获得的利润增加了铁路股票的收益。

总长 97 351 公里的 131 家铁路公司在 1896 年 7 月的盈利为 41 677 094 美元。1901 年总长为 101 882 公路的 107 家铁路公司总盈利为 58 137 266 美元。收益的增加随后也下降了。如果这种情况继续下去，将是市场可能反转的早期迹象之一。交易量下降将是另外一个征兆。股市疲软反映出：那些先知者通过趋势将反转的早期信号预见未来不是不可能的。

确定市场何时反转是不可能的，但是从数据来看，目前市场上涨持续期已经比较长，我们应该比过去几年更加谨慎。

1901 年 10 月 5 日

工业股票走弱

最近我们经常讨论工业的情况，指出信息的缺乏损害了市场对整个工业部门的信心。持有自己感兴趣的工业类股的投资者原本以为公司经营良好，但突然有一天他们震惊地发现，已公布的年度报表显示利润竟只有去年的或者预计的一半。

这当然会导致相关工业股票价格下降。同时也对工业股票的其他持有人带来了压力，原因是这些持有人有充足的理由在不利的事态发展之前抛出股票。工业股的抛售现在正悄悄地进行，一两天内又偃旗息鼓。工业股票市场缺乏支持，导致交易者得以针对工业股的弱点进行攻击。

在过去的 30 天，联合铜业公司（Amalgamated Copper）下跌 29 点，盐业公司优先股下跌 21 点，普通股下跌 18 点，钻石火柴公司（Diamond Match）下跌 17 点，亚麻籽公司（Linseed）优先股下跌 14 点。另外如橡胶公司（Rubber）优先股、阿纳康达公司（Anaconda）、葡萄糖公司（Glucose）、熔炉公司（Smelters）、国际电力公司（International Power）等股票下跌约 10 点。以上大部分情况的出现都有充足的理由，但是其他股票下降幅度较小，下降只因忧虑情绪的感染。而重要的反转已经部分出现。

从两个方面可以得知这件事情很重要：首先是工业本身，其次是工业板块衰退对整个市场的影响。

关于工业本身：尚未过度，资本化的工业企业几乎没有。在大多数情况下，人们都希望通过出售这些公司的股票获取利润。在公司控制人心中，对业务的关心从属于股票分红。公司控制人怀着这种考虑，只要没有激烈的竞争，就可能在顺境中支付股息。但从一开始就过度支付红利的行为，导致了公司价值的下跌。

这是已经发生和正在发生，并将在未来继续发生的事。它是工业股票的根本弱点，不仅导致股价下降，在许多情况下还会导致股票崩盘。过去三年创办的工业企业，将有很大一部分可能在未来五年内被重组。因为明眼人都能看出，对管理人员和股东来说，未来的最好结局就是挤出水分。既然存在很好的业务，就应该打好基础，合理资本化和尽快获得预期的合理利润。

有许多股东希望立即通过合并维护他们的利益，降低损失，在预期价值而不是现存的基础上合理评估自己拥有的资产，用大约每10股现在的老股票，交换2股新股票。只要企业运营良好，2股新股票可以具有预期价值，而原有的10股老股票却没有预期价值。因为现行政策的连续性，将最终导致债券优先于目前的股票，最后强迫股东评估预期价值来获得在新公司的股权。

关于工业股票衰退对铁路股票的影响：过去一年工业股相对铁路股并没有上升。12只工业股价平均指数一年前是55.29，现在是64.48，上升幅度略小于10点；而在同一时期铁路股票已上升约32点。在我们看来，这意味着铁路股票下降幅度不会超过工业股票，但也可能下降。有些铁路股票是由于殃及池鱼，有些是因为股价相对过高。

工业股票价格下跌，意味着利润降低，在一定程度上意味着运输量下降。不管业务下降多少，都将影响铁路运输吨位。因此关于铁路收益和股票的实际价值，工业板块的大幅下跌反映铁路股票也将受到影响。此外，工业股票下跌将锁住资金，并在一定程度上导致工业股票持有者出售铁路股票获取资金。因为铁路股票市场良好，持有者保留现在套牢的工业股票，希望可以在未来以高价出售。

工业股票的下跌可能不会持续，但确实在一定程度上存在对铁路股票的不利影响。

1901 年 10 月 18 日

铁路股票与工业股票

在最近的文章中，我们试图说明价值与股票价格的临时波动关系不大，价值是长期运动趋势的决定性因素。股票价值最终由给投资者的回报来确定，而股票价格则由投资者来决定。

操盘手在一段时间内是无所不能的。他可以操纵价格上涨或下跌。他可以误导投资者，在他希望出售的时候诱使投资者买入，从而成功出售；在他希望购买的时候诱使投资者出售，从而成功买入。但是不可能永久操纵一只股票，最终投资者会发现事实的真相。投资者决定继续持有或者出售股票，让价格不再受到投机的影响，在很大程度上揭示了真正价值。

价格能够体现实际价值，是因为众所周知价格是由内幕信息知情人决定的，他们比任何其他人都知道股票的真实价值。如果价格过低，内幕人士将购买，因此股价稳定表明内幕人士并不认为股价过低或者过高。

因此，铁路和工业类股在过去 16 个月的相对运动趋势是有指导意义的。1900 年 6 月，20 只铁路股票的平均价格是 72.00 和 12 只工业股票的平均价格是 53.68。铁路股的上涨在 1901 年 5 月 1 日终止，平均价格为 117.86。12 只工业股票的上涨 6 月 17 日终止，平均价格为 78.26。铁路股平均价格上升 44.87 点，工业股票平均价格上升 21.38 点。工业股票没有与铁路股票保持同步，这被认为是内幕人士对工业股价值的观点导致的。

5 月 1 日以来，20 只铁路股票下降 9.27 点；6 月 17 日以来，12 只工业股票已下跌 12.35 点，显示工业股票下降更快而上升更慢，这是价值确认的第一个迹象。已公布的报告显示，一些工业企业今年的利润大幅下跌。只要解释为什么内部人士不敢尝试推动股价走高，则股票走势的其他原因就将水落石出。

股价走势背后隐藏了一个被广泛忽视的事实。1893 年到 1896 年四分之一的全国铁路营业里程是由接管人运营的。联合太平洋公司、北太平洋公司、南方铁路公司（Southern Railway）、雷丁公司（Reading）、巴尔的摩-俄亥俄公司、伊利公司以及许多小型铁路公司都是最近重组的产物。这一事实反映了从一开始就大幅削减成本和建立新的、不需要进一步重组的公司的意图。这些企业大多都认为合并是必要的，但铁路行业的整体市场环境良好，能够暂时忍受收益的大幅下跌。而未来几年即使市场环境变差，运营良好的铁路公司也不可能破产。

工业股票却并非如此。现存大部分的工业类股都是创办者在商业繁荣时期建立的。这些公司没有经历过逆境，也没有遭受过艰难的经济周期的影响。其中一些公司居然在顺境中出现巨大亏损，表明它们的生存和竞争能力是多么的脆弱，这当然意味着一旦激烈的竞争和艰难的经济周期同时到来时，后果将会多么严重。

这些工业企业所处的位置和 1881 年铁路公司所处位置相同。在那个时期圣保罗公司和密苏里太平洋公司都是股息高达 7% 的优质股票，具有良好的收益。联合太平洋公司像现在一样被视为强势的企业，艾奇逊公司是投资级的股票，即使是沃巴什公司也喜欢支付定期股息。但是，当审判日来临之时，盈利及股息立即同时消失。

非常有可能将来在《华尔街日报》回顾这段历史的时候，那些经济繁荣时期支付 7% 股息的工业股票之后未能保持盈利水平，而是逐步进入到停止支付股息，随后发行债券，然后公司亏损，最后被迫重组的过程。

我们不希望被理解成认为所有工业股票都是一样地等待被兼并重组。没有这回事。工业股中仍然存在优秀的企业，存在一些最优质的股票。如西部联盟公司拥有长期分红对记录，商业电缆公司（Commercial Cable）信用级别很高，铂尔曼公司的债券收益率很高，标准石油公司（Standard oil）拥有良好的纪录，通用电气公司（General Electric）成功走出困境。此外还有天然气股票、水业股票和私人制造业股票。对于信任这些股票的投资者，上述企业都能回报以确实的安全性。

工业股票的麻烦并不在于它们是工业股票，但某些工业公司的创建并不是为了每年都能实现良好的投资回报，也不考虑正常的收益能力和实际的评估价值，它们只希望在繁荣时期，将价值 2000 万美元的股票炒高卖到 5000 万美元。公司创建人的主导思想，就是将 3000 万美元的增值视为极端重要的目标。既然如此，市场就必须对此炒作行为进行惩罚，而被惩罚的主要对象，往往是无知的股票持有者，他们充满信心但却对自己购买的股票价值一无所知。

在我们看来，应该吸取的教训是：股票持有者对自己购买的股票、特别是对新的工业类股票的价值必须有充分的了解。如果能从官方渠道获得所需的信息，那么投资者可以自行判断。如果他们不能够，那我们相信在大多数情况下，这些股票持有者应该明智地抛出自己购买的股票，甚至在处于亏损状态时，也要明智地抛出，以免情况变得更坏。

1902 年 1 月 7 日

目前的趋势

即使到了年末，利好消息也会层出不穷，对市场的购买订单起到促进作用。但是年末的利好也会暴露一些不利的消息，尽管可能不是非常重要，却也为市场带来一丝寒意。

如费城沥青公司（Asphalt Company）的失败，尽管对费城的影响甚于纽约，但也展示了一个股价过度膨胀的过程。沥青公司从几年前的 5 美元上升到至 300 美元的市值，让我们投资者忍不住去寻找和"发现"其他经历类似进程的公司。

随后出现的是埃弗雷特摩尔辛迪加（Everett Moore syndicate）的扩张、膨胀和过度自信的故事。天然橡胶公司（Crude Rubber）的失败也是工业企业不确定性的另一个例证。

关于铁路股票，州际商务委员会（interstate commerce commission）

利用其非凡的权力试图调查太平洋铁路合并事件，如果发现有非法行为，将介入处理。这造成了市场对联合太平洋公司、南方太平洋公司和北方证券公司（Northern Securities）的恐慌情绪。这次调查1月8日在芝加哥开始，众所周知，基于其必须采取行动的信念已经开始了大量的初步调查。此间有消息称：总检察长诺克斯（Knox）已经决定：看涨者用来抵押的股票，在卖出时须征收印花税。任何影响资金借贷的举措，对华尔街都是至关重要的，因为如此之多的股票被用来进行资金抵押借贷。现在尚不清楚总检察长的决定是否会付诸实施，如果这意味着每一百股股票用于借贷都要征收2元印花税，那对投机交易的影响将非常可观，除非找到某种方式避免这种征税。可能这个决定会适用于特定形式的质押，或者形成托管关系，或类似的情形。

整体而言，这些事件和其他一些因素已经导致相当数量的股票抛售，市场已经出现铁路股票的异动，以及部分工业股票的走强，特别是钢铁股票。当投机交易的名单仅仅包含铁路股票时，从任何一方面来说，股票并没有和以往一样同时一致地异动。然而某些股票的持续下降，很容易带动其他股票。

因此市场出现暂时不平衡，交易者倾向于落袋为安。以前明显看涨的股票经纪人意向已改变，仅有部分财力雄厚的操盘手坚守阵地，相信股价会涨得更高。他们当然有可能比其他人正确，能够提供完全不带偏见的建议。然而在这种情况下必须记住：较小的交易者可以随时见风使舵，但资金雄厚的操盘手，在选定多空阵营后，不可能迅速改变自己的立场，他们经常不得不坚持已有的立场，即使他们很愿意改变立场，但因条件的限制，也力不从心，无法实施。

同样真实而且同样重要的是，要记住实力雄厚的交易者必须不顾临时条件，必须通过坚持和克服困难来实现最终盈利。过去几年里这种情况已经出现多次，本月可能会再次出现。这些大约都是相同事实，但每个人却必须对市场作出自己不同的解释。

1902 年 1 月 22 日

我们如何解释这个?

有位记者写道: "你看空市场, 又承认美国处于一个非常繁荣的时期, 请问这两种观点是否矛盾?"

如果这位记者看看 1896 年的《华尔街日报》, 他会找到一篇关于市场的非常好的文章: 那时市场看好, 但是新闻却充满坏消息, 宏观经济环境也十分糟糕。而事实证明, 1896 年是适合购买股票的, 因为环境不好股票才便宜。

我们可能会发现, 反之也是正确的。市场将在环境产生明显变化之前有所表现。1881 年和 1892 年市场趋势变化就是这样的, 在股市走强数月后, 宏观经济环境开始明显变好。

行情变化本应如此。尽管价值支撑价格, 但是操盘手通常能够预测价值从而操纵股票。换句话说, 价格是未来现金流的折现, 或者是操盘手预测的未来现金流的折现。然后, 当预测的情形真的发生时, 正如股价操纵者所预测的那样, 就会带来其他的买单或者卖单。

就目前情况来看, 铁路公司的收益良好, 交易量增长, 大部分交易可获得公平利润。不同行业的从业人员学习预测未来。他们观察下滑的迹象, 分析利润下降的可能性, 从而能够在统计数据出来之前发现客户对是否出手买入犹豫不决。人们经常讨论即将到来的改变, 如果他们是投机者, 则将试图利用自己的知识优势来开始行动, 特别是当他们认为自己非常正确的时候。

以某一银行财团为例。当该辛迪加发现公众不再购买它想要出售的证券, 发现自己不仅没办法快速获取高额利润, 而且想获得任何一点利润都需要花费一番努力时, 该银行财团于是不停地努力, 想方设法让公众购买其高价证券, 不急于也没有欲望进行新的开拓冒险。然而处心积虑的股票操纵者, 往往难以成功地吸引市场上各路 "准专家" 们的买单。

事实如此。实力雄厚的银行财团将倾向于大幅扩张自身的业务，还是采取非常保守的政策尽可能地收缩战线呢？公众不关心这些，但是他们关心一部分商人和银行家是否停止推动股价，并希望以高出成本的价格出售手中的股票，而市场上这种现象比比皆是。

一年前，大银行家会毫不迟疑地提供购买股票的建议，但现在他们说话非常谨慎，称市场可能会有所上升，然而大幅上涨目前是不可能的。一些大商家持更为保守的意见，提出要更仔细地观察市场，尤其是那些为人熟知的、倾向于过度交易的大商家。

持续走强的利率、信托公司的存款流失、银行的准备金相对减少、交易量增长放缓等，都指向一个方向：制造业手中的订单可能多于去年，可能会在 1902 年引发大繁荣。

但是，1899 年，钢铁行业的情况，几乎一天内就发生改变。虽然工厂里订单满满，但人们发现许多订单都附带有取消条款，或者有许多无法接受的条件。我们希望这些条件不会发生，但是过去已经发生过，而且可能会再次发生。

现代企业主要是依靠信用在运作。只要有信用，一切都没问题。但是，如果发生任何动摇或严重扰乱信用的事情，就可能在 30 天内把一切变得面目全非。没有人能说这会发生，但是繁荣已持续数年，价格水平很高，给投资者的回报极低。当我国的投资资金被市场充分吸收、新股大量发行、辛迪加合并和过度资本化肆无忌惮之时，对于保守的人而言，明智的做法就是考虑改变的可能性，调整好自己的财务状况，即使过后发现自己过早采取了防范措施也无妨。

第二部分

平均价格指数涵盖一切

　　道氏相信，股市大盘基本趋势的反转，需要耐心等待谨慎确认。

概　述

"吃进传闻就会吐出谣言"、"各个市场都在忧虑之墙上来回攀爬"、"市场永远是正确的"、"树长再高也不可能一直顶破天"。

以上说法以及其他种种股市哲理，无不追根溯源至道氏最初的观察和评论。他发现股市本身才是终极指示灯，股市能在政府的报告和数据公布之前就对经济衰退或复苏繁荣作出反应，并警醒投资者。

"华尔街预演未来"查尔斯·道在 1899 年 5 月 19 日写道。

对于金融市场的这种理解作为群体智慧的结晶，也导致形成了道氏最有意义的一批评论文章。

"影响大盘（走向）的不是广为流传众所周知的信息，而是整合最全面信息的头脑所作出的前瞻性思考。"汉密尔顿在 1913 年 1 月 20 日这样写道，"任何一种股市的动态都会在其后的走势中得到解读。"[①]

1921 年 10 月，当股市饱受利空轮番打压也无法再创新低，汉密尔顿又写道："突发状况会引起大盘恐慌，而历史记载的突发状况屈指可数。现在大家对所有的熊市特征都熟视无睹了。这些特征虽然按常识看起来相当严重，但今天的股市不是建立在常识基础上的常规性交易。而是根据各种专业知识对数月走势作出预测判断的专业性交易。"[②]

"道琼斯铁路和工业指数每日收盘价的波动，提供了一项包含所有希望和所有失望，涵盖所有入市者所有可能影响市场的信息来源的综合指数。正因为如此，所有未来事件所能给予市场的影响（包括神迹或上帝之手），都永远完美地体现在市场走势之中。"雷亚曾如是说。[③]

这一道氏理论的核心在于收盘价的重要性。道氏理论聚焦于收盘价这一关键指标，而相对忽略盘中价格波动，因为其相信市场已经凭借每

①　出自雷亚著《道氏理论》。
②　同上。
③　同上。

日可以获得的全部信息，最终确认了全天的股价落点，并相信最具意义的点位，正是投资者们愿意一再坚守的点位。在道氏理论看来，即便收盘价中零点几的差距，也足以形成某种信号，而盘中的最高点和最低点，却可以被忽略为相对无关紧要的情绪性数据。

预测新闻

市场预言未来，这正是技术分析理论的基石——价格比新闻更能告诉投资者和交易者他们所想知道的一切。

正因为如此，美国《国家地理》杂志封面上出现的熊，也可能对股市产生影响。泛滥的大众情绪，无论其看多还是看空，都在告诫我们：所有消息无论好坏，都将被市场消化成为股票价格。等到大盘充分解读了华尔街主导的行情趋势时，这波行情恐怕木已成舟。

"市场会在经济复苏的消息公布前回暖"，道氏在 1900 年 5 月 10 日如是说。"同样，股市确实也能在经济萧条还没发生前就预演衰退，但正是市场这种预测功能，使得股价受过度冲击而走向极端。"

"市场的衰退，会发生在经济状况日趋明显，进而众所周知之前"，道氏在 1902 年 1 月 22 日写道，"市场在 1881 和 1892 年变盘转势期间，经济状况都是在股市无法再创新高而一路下滑数月之后，才显露出下落的势头。"

股市研究和经验都表明，经济基本面的传闻消息对于交易者意义并不大。

绝大多数研究都发现，经济信息和股价之间联系甚微。对此，只需随便看看道琼斯工业指数在一次经济周期前后的走势图就可以知晓。2000~2002 年的熊市阶段，是一次少见的股市于经济衰退结束后才见底的例证，在那之前我们得回溯至 1921 年，方能找到一次股市比经济衰退更晚见底的情况。通常股市既会远远早于经济状况见顶，也会在经济持续衰退的期间就提前见底。

图7：道琼斯工业平均指数

1990年5月至1991年5月股市走势预言经济走势

图表授权引用自StockCharts.com

图8：道琼斯工业平均指数

1981年1月至1982年12月市场见顶、见底后经济形势紧随其后

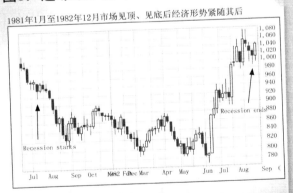

图表授权引用自StockCharts.com

1990 年间（图 7 所示）经济形势于 7 月进入衰退而股市见顶，3 个月后市场见底，再往后 5 个月经济形势复苏。（经济萧条的起始时间引自国家经济研究局（the National Bureau of Economic Research）《美国经济周期的扩张与收缩》（U. S. Business Cycle Expansions and Contractions）。

1981 年间股市于经济衰退 3 个月前见顶，到 1982 年 11 月经济衰退结束时，股市早已升至高于经济状况的点位，并准备好突破 16 年间形成的箱体区间，创建历史新高。那次经济衰退可谓自美国经济空前危机（指 1929-1939 年间爆发的危机——译者注）以来，堪比 1973 至 1975 年间的最严重衰退。即便如此，在相对更谨慎的股票市场，大部分股票是在经济刚出现复苏的前几个月就开始萌动。股市似乎知道好日子即将到来。

当然，股市还有许多并不一一体现在经济形势中的下滑。例如 1987 年、1977 年、1966 年和 1962 年的几次急跌，就没有经济形势的相应紧缩，而是通过股市自身的送股分红派息等方式释放出积累的力量。正如道氏本人参与撰写的："股市既包容了经济形势，也难免捕风捉影。对于市场自身来讲，通常更希望那只是捕风捉影而不会出现真的经济动荡。"

股市会在经济看起来持续利好的情况下见顶，而在看起来持续利空的情况下见底。这一现象使得对投资者心理的研究——这是道氏及其追随者耗费大量精力的课题——显得尤为重要。道氏经常在其评论文章中提到专业投资者、银行家们与普通投资者之间的不同视角与看法。

1902 年 1 月，当经济滞涨出现第一丝征兆时，道氏写道："普通投资者全都措手不及。但正是企业家和银行家对经济形势的解读，阻止了股价的继续增长并导致卖盘超过了买盘。

道氏相信，股市大盘基本趋势的反转，需要耐心等待谨慎确认。但即便如此，他也花费了相当的精力仔细观察大盘的运行状况，而担任《华尔街日报》编辑这一有利条件，又使他能比绝大多数参与者更早捕捉到市场的变化。

今天，交易者们研究商品期货的持仓情况，研究买入与卖出的比率，组织测定大盘趋势是否成熟的投资者意向市场调查，监测价格与数据显露之前知情者投资资金走向的蛛丝马迹。

不过，在市场人气和股票价格都做好反转准备的时候，去捕捉一个较为准确的拐点，不仅是科学更是艺术。因此，道氏坚持等到工业与铁路指数的收盘数据出现能证实市场基本趋势反转的信号之后，才对外发布。

即便是华尔街最天才的头脑，在大盘基本趋势形成前也很难不过早离市，道氏在 1899 年 5 月 19 日的文章中写道："华尔街预演市场未来走势，但华尔街那些才华横溢的引导者们，又常常犯下过于超前的错误。"

朱比特传媒集团编辑、特许金融市场技术分析师（CMT）

保罗·施瑞德

道氏发表于《华尔街日报》的文章

1899 年 5 月 19 日

市场在收盘前最后一小时的下滑，究竟是市场自身原因还是人为操纵？这本身并不是最重要的问题。类似本周我们在盘中见到的那样一波涨升，就很容易引发相应的回落。这种涨升引发的回落，非常容易使人联想到，回落之后紧跟着容易出现的恢复性反弹。一波上扬行情之后，通常出现的并不是急速下滑，而更倾向于一种缓慢而不规则的市场走势。

我们把市场放到更大的背景下去审视，就会发现几点引人注目的事实。首先，布鲁克林捷运（Brooklyn Rapid Transit）和大众燃气（People's Gas）双双呈现累计 20 点的强势回升，联邦钢铁（federal steel）超过 12 个点的升幅，就是向弗劳沃概念股票（Flower stocks）的支持者们证明：这 3 只股票的走势并非单纯由弗劳沃总督（Governor Flower）独家决定。特别是以他冠名的概念股票，没有他操盘也和在其掌控之下一样涨势迅猛。一是凸显出对弗劳沃概念股票抱有信心的人看重它们的内在特质，二是其不乏勇气和控股手法。

其次，虽然重建市场信心是件好事，但本次上扬并没有获得大面积追捧。虽有大量买盘，但都手法谨慎，比如手法上倾向于以 50% 的保证金购买数百手，而不会不明智地以 5% 的保证金去购买上千手。领涨股票走出这波上扬行情，也是为了反映市场真实情况。证据就是市场还没有做好准备迎接新一轮牛市行情。而根据市场行为来看，对于熊市行情也一样没有准备好。

如此看来，市场行情的领导者也不是不可能根据市场情况，实事求是提出当前行情所需的建议。而一旦这样发展下去，市场就会在接下来的几周内持续紧缩。盘中个股会涨的涨，跌的跌，各有各自的具体情况。但大部分牛股在公众重拾对大盘信心的同时，在熊股被大量停盘之前，只能在很狭小的空间内上下震荡。

三年前首批唱牛的操盘手中，现在有一部分已经公开宣称自己属于唱空者，并发起相应的做空行动。而之前他们对大市的正确判断，也确实赋予了这些操盘手们相当的声望。不过另一部分人同样杰出。这批在长线交易方面做得很成功的投资者，如今持截然相反的态度。在市场出现急速变化的情况下，基于投机操作的需要而非基于到现在为止的市场投资法则。市场行情引导者们出现这样的情况，也是合情合理的。

市场不会停滞，最新的行情偏向哪一方，哪一方就会获胜。而最终的获胜方是谁？任何人都可以在不同程度上做出自己的评估。唱空者是能够指出当前形势下某些不合时宜的行情的引导者。但至少在我们看来最严肃的问题是：无论国家是否针对当前证券市场走势情况划拨了足够的补贴，也应该坦然承认冬季小麦收成受损和日益严峻的安全问题。

华尔街在对未来的预测中向来保守而折中，但华尔街最有才华的引导者们却常常错在过于高瞻远瞩，曲高和寡，脱离了大众。精明如杰·古尔德先生（Jay Gould）也曾经以为 1879 年的牛市在当年春天就结束了。史上最杰出的唱空者之一，曾在 1882 年因为提早了一年半时间唱多而损失惨重。而当今最敏锐的操盘手中，也不乏有人在 1995 年转而唱多，并在 1896 年的萧条期间坚持持股。

时间因素对于市场走势的重要性，不亚于其对于操作手法的重要性。即便确认市场行情从牛市向熊市已经完全转型，也需要相当的时间才能确保这种变化遍及全国市场，使投资一族的操作策略从多头转向空头。因此，在当前市场被如此大量公众认可的牛市特征背景下，也很可能接下来在好几个月内，我们在仍然唱多而非唱空的阵营内找到占大多数比例的投资者群体。在股价令人绝望的情况下，唱空者们在一定程度上也的确是毋庸置疑的赢家。这种情况有频繁出现的可能。但除非大众改变操作方向，否则现场喊价的交易员如想幕后交易只会越来越难。

1899 年 7 月 26 日

市场交易清淡，为特种股票的走势带来了突破尺度的机会。这种实际情况带来的好处，是能让品质优良的股票中总有一部分能保持大盘领头股地位。宾夕法尼亚、纽约中心公司、罗德岛和圣保罗公司的波动，证实最近股市多头阵营一些投资者的操作，已经带来利好的动态，并且如果继续提升到更高的股价水平，就有可能带动拉高场内其他股票品种。这类股票也在类似的态势之下成为大势所趋的领头者，同时也展示了它们的良好业绩。当广大投资者的兴趣都能集中汇聚在一小部分股票中，并且能煽动和引导一批追随者时，能做到这一点的股票自身业绩也必定不在话下。

虽然当前交易清淡，大盘也有值得关注的盘面特征。盘口动向集中在绩优股板块，而且买单大都由代理经纪商出手。随着向上行情的推进，抛出的股票并不算大手笔。通常在大盘交易清淡期间，此类的上扬行情，都会被当时的股票持有者充分利用来进行抛盘操作。而眼下却并没有明显的抛压迹象。这说明公众投资者根据全国经济形势一片向好，做出了自己的预见性判断，从而宁愿继续持仓观望。

同样值得注意的是，投资者们和观察家们似乎并没有在当前价位上大量吃进的胃口。当下敢于建仓的是那些非常有辨别能力的普通投资者。这些买盘大都是小打小闹，断断续续地出现。

构成牛市上扬行情的各项要素已然凸显，但迎接这些上扬信号的，却是市场迟疑不决的买盘。在这方面的表现，华尔街某种程度上如同这个国家一样．各媒体的报道都认为经济一片活跃，劳工有事做，商家有钱赚。这一形势已经带来经济贸易各领域的价格上扬。

眼下的问题在于华尔街是已经充分消化解读了以上经济动向呢，还是这种消化解读还有待继续？

股票的平均价格，在迄今为止的 6 个月内已经充分上扬，表明经济形势的重大利好已经有很大一部分被市场消化．但的确还有一些因素，可以被视作能对市场起到平衡作用的事件，将大盘向当前经济持续繁荣而上扬的方向反推了一把。

能令股市脱离当前经济上扬态势的事实之一，就是许多愿意跻身华尔街的投资者们似乎既非休假也没有上班，更没有投资经营做任何实业。

另一事实是，一般的华尔街引导者们显然并不急于在现阶段鼓励剧烈的投机炒作，而更倾向于等到金融资本市场进一步明确和稳定下来。

尽管如此，华尔街不少实力雄厚的投资商毫无疑问都有他们并不介意花在现阶段市场上的大笔闲散资金。这些资金的积累，是凭借当年抛售证券换得货币。这些投资商正在等待货币利率上扬，以便外借贷款的利润也就会相应上扬，从而获取超过投资股市的利润。为了促成这样的市场态势，那些投资商表现得相当不活跃。即使他们都在尽力将资金充分外借生贷，从而导致利息难以推高，但他们仍不会回过头来自己购买股票。

当然，这些投资商的存在，也为市场提供了潜在的强大购买力量，恰恰正是因为有他们的资金借贷，才保障了经济萧条时期，股票市场仍持续拥有可用堵资金和购买股票的意愿。

1899 年 8 月 15 日

当前市场之所以凸显个股走势，是因为盘中可观测到的活跃力量，似乎多多少少处于相对独立的运作状态。

毫无疑问，在市场凸显个股走势的外表之下，内部新的一轮行情正逐步孕育成形。在逐渐形成的新的构架之下，私人资金和独立资金也能引起股票市场中个股的可见波动，而不必一定要以某种形式参与成为大盘上升或下降基本走势的组成部分。

为了不使市场出现一边倒的局势，市场主力最明确可行的办法，就在于保持金融市场的均衡稳定。毕竟金融利率一直以来都是形成空头市场的最有力论据，而且也一直阻碍着独立的多头投机资金的涨跌操作获利。

为了维持这种市场均衡，除了在一段时间内忽略市场涨跌按兵不动之外，也需要让空头势力在抛售股票、做空市场方面取得一定进展。

市场资金本周以来，一直持续流向热点领域的现象，便是大盘坚持走个股行情，并且个股愈受关注和追捧，就愈有走势亮点的强劲证明。

有些说法表示，下一步还会有资金持续由美国、西欧，甚至太平洋沿岸的许多不同的地方汇入纽约，并且这些资金的汇入，已经在安排实施之中。

一旦资金问题不再受金融利率的影响，不再成为各方关注的焦点，则当前局势下活跃的投机者和炒手们，自然会将他们的脑筋用到如何影响个股价格上去。

在商贸领域表层动向无疑偏向于唱多的牛市，至少可以说，明显活跃于盘面的股票在市场中有一种乐观的效果。

周一大盘的行情不过是反映出一些趋势，显示龙头股票的持有者们存在种种迟疑不决的心态。

周一大盘所显示的，要么是希望加入活跃的市场投机者阵营的愿望，这种愿望最近一段时间以来愈发显著，正在成为多头阵营赖以大量聚集繁衍的基石。要么也可能是由那些积极谋划在其他个股中打造上涨行情、以分散市场注意力的操盘庄家们，在龙头股票行情中策划的一种做空行为的卖出信号。以上两种趋势扑朔迷离，孰成孰败，唯有待时间来给出结论。

大盘在一段很长时期的上扬行情之后，又经过了之前周一的调整走势，目前的表现可谓总体稳定平衡。

也就是说，之前的行情中尚未吸引人气的个股，现在正逐步上扬；而前期已经成为龙头的个股则被抛售，以落袋差额利润。

昨天的市场走势显示出：大盘至少在一定时期内的上扬点数已经达到阶段性顶部。

现在的平均指数是否已经消化了国家经济下一步持续繁荣的前景，还有待进一步观察。而华尔街各方对于期权方面，可谓众说纷纭。

对于平均指数的一支坚定强悍又态度谨慎的唱空队伍，持未来经济前景已经被消化的观点；而另外许多有兴趣新投入市场的公众则不以为然。

双方各执一词，各种理由充分，唇枪舌剑；而双方都不惜使用一切可能的手段，将自己的信念坚持到底。

表面看来，似乎这是一个需要遵循的非常安全的法则，即在一段长时间的价格上升走势之后，我们不得不重新学习和探索新的、不同寻常的方式来防控投资风险。

只要对市场走势认真记录，几乎就会不约而同地发现：在较长一段时期内股价的波动不可避免。

即便作为一种假设，我们所经历的自六月第一周开始的这次股价波动，那也是牛市中一波足以持续较长一段时间内的股价下挫行情。

甚至还有一种基于周一盘中走势的大胆猜测，即认为控股资金方旨在以本轮行情确认和站稳现有价位。也许他们期望通过行情的调整修复，允许各路资金联手加入，一起应对预测将于秋季出现的又一波长线上涨延长的大盘走势，作为本轮行情的巩固和延续。

鉴于美国以外的股市行情也可以用来为上述目的服务，故海外的抛盘也被解读为初步显露见底迹象。

1899 年 11 月 3 日

毫无疑问，近期股市显示着向上涨看多的牛市特征。市场当前的走势和力度来自于国内外各界的观点，都充分肯定国家经济形势欣欣向荣所带来的结果。

在市场交易中，我们常说股市能消化经济形势的变化。通常情况下的确如此，可是在当前的案例中，看涨的情绪更多是发自于投资者"自然升值"的结果。

毫不奇怪，大宗商品和批量制造的产品价格拥有比以往任何时候更加稳定的基石，因此各种代表和反映这些上涨价格的证券，也拥有充足的理由，相应寻求与其更加匹配的市场价值水平。

考察近期的股市行情，短期货币市场的稳定似乎形成主要的影响。不寻常的一大特点就是，尽管处在货币利率几个月前就已经被公认为偏高的背景条件下，尽管大量投资资金拒绝入市，但股票价格依然不跌反涨。这种对市场的信心，显然透过周四的交易而表露无遗。广大散户摇身一变成了最强力的买家，他们似乎倾向于见啥买啥。

股票成交量创出一月份以来的新高，更直逼今年以来的最高纪录。原有的绩优股已经明显受到如此高密度的追捧，以至于换手购入那些可称之为新的短线投机热门股也搭上了顺风车。低价股的交易量变得空前巨大。但这并不能证明发泄于所有股票的无选择购买欲，都可以获取投资收益。

随着时间的流逝，情绪愈发加重，因而交易量也随之不断增长。几周前市场开始走出上扬行情时，在当时交投清淡的市场里，空方累积了层层叠叠的大量卖单，然后才逐渐开始平仓。这时候轮到华尔街最大的热点闪耀登场，大手笔买盘稳定持续地购入，没有太多虚虚实实的操盘手法，价格就被提升到公众得以重振信心的点位上。至此，广大投资者对市场的整体信心终于柳暗花明。

国内顶级的资本家们已产生投资意愿，既然对此毋庸置疑，广大投资者想来也愿意跟风。对市场的信心就这样步步高涨，股市的上扬势头也日趋强劲。市场仿佛失去了对大盘广义上的操控能力。尽管新的共同基金在一些特殊板块领域十分活跃，但它们要应对和掌控当前的震荡，恐怕一时还力不从心——至少在某些影响市场的幕后力量现身之前。

愿意对大盘未来一段时间的走势预测唱空的，可谓鲜有其人，尽管坚持职业精神的唱空者们倾向于认为所有牛市行情都存在上涨的极限。

1900 年 1 月 8 日

股票交易者们大致可分为以下三大类型：试图操控市场的大额交易者、跟风大额交易者的小额交易者、依据盘面技术指标见风使舵的短线炒手。

大额交易者即庄家的优势，在于他们拥有第一手最新鲜及时的资讯和雄厚的资金实力，而劣势在于其买入和卖出不总是能够随心所欲。他们的交易量和买卖头寸太大，在低处吸纳或高点抛售时，总无法避免被别的交易者抢先一步。因此大额交易者无可奈何，不得不与自己所理解的市场自然趋势背道而驰，当市场处于下降通道时，逆势买入，处于上升通道时，逆势卖出。

小额交易者即散户的优势，在于他们如果赶上大额交易者建仓时买入，就能在大额交易者推高市场制造其所需利润时坐享其成。在大额交易者翻盘一次期间，小额交易者可能已经几进几出。而小额交易者的劣势则在于对于其打算跟风的庄家动向可能受到错误信息的误导，或者庄家的做盘也不一定成功。

短线炒手的优势，在于他们能通过分析盘口技术指标而随时把握市场动向，通过数千手的频繁交易赢取 3% 或 4% 的利润，并对此盈利额度不抱更高的奢望。而他们最大的优势就在于没有超量的代理盘，手中仓位鲜有不能在几分钟内平仓的。并且凭借其经验积累，能敏锐地感知其所在点位周期性基本面的微小变化，并相应作出应对举措，因而成为某种意义上的"市场晴雨表"。而他们的劣势则在于永不停止的"利润背离"行为，不断地被短期利润吸引，被长期利润抛弃。在稍多一点沉稳和坚持就能赢得八分之十的利润时，往往只赚了 1/8。

在所有的股票投资者中，第二种类型（即小额交易者）恐怕要占 3/4 以上。对于绝大多数此类交易者来说，要想准确可信地了解标准石油的庄家，或是基尼先生，或是任何这批造市者之一的操盘方向和目标，几乎是不可能的。

话说回来，对这些小额交易者而言，唯一能做的，也不过是试图把自己放在大额交易者的位置上，猜测他们想做什么，揣度他们可能会怎么做。最成功的小额交易者，都是沿着这类的思路和模式，有意或无意获得成功的。

关于大额交易者想从市场获取什么样的信息，这一点可算是毫无悬念。那就是在商业贸易、财务融资等环境的基本面持续掌握最新的动态，以及那些特殊的基本建设项目今后数月的运行状况。这些基本面的形势无法凭借什么第六感或是什么预言去测定。要想掌握经济基本面只能通过正确解读当前形势和政策所显露出来的种种迹象。要成为大额交易者，就必须下力气贴近各行业刻苦学习，做基本面的学徒，深入理解现代社会的股票市场与货币、商业、政治以及公众情绪的相互关系。

这正好也是小额交易者唯一可以聪明地跟风的途径。小额交易者应改掉仅仅根据市场每天的行情走势来进行交易的感性手法，而让自己随时了解基本面情况，根据自己的资金状况，再加上自己对于大盘在未来几周甚至几个月走势的理解，才可能理性地跟风，适当地投资。人们总是说市场能包容消化基本面的经济状况和前景，而市场能做到这一点完全是因为大额运营商和部分散户投资者已经研究了总体的经济形势，并预测了市场可能出现的变化方向。虽然这些未来走势有时显而易见，有时又连最聪明的操盘手都琢磨不透。

就当前局势而言，几乎可以确定的是，所有试图预估市场行情的交易者，脑子里都在猜测 1899 年的经济大复苏能不能够持续下去。如果经济能持续增长，就能支撑甚至推动股市的上涨。而如果再次出现经济紧缩的征兆，股票市场也难逃下挫的厄运。

铁路运输收益这类实业的盈利，是上升还是下降？当然会受到经济形势的大环境，也就是基本面的影响。而从另一个角度看，金融市场还有可能出现一种反向的行情走势。基本面经济环境的宽松，可能会更容易推动华尔街加大市场的投资注入，而资金的注入作为整个投资链上的第二步环节，又会对股市的观测形成利好。虽然这些都不会一蹴而就，但毕竟作为投资本金开到股市的支票越是事关重大，就越应该谨慎，因此一开始的投资，大概也就是初尝试水。

市场上充满交叉往返的资金流，从长远来看，个股价格最后总会跟它自身的价值形成相互匹配的关系。绩优股、潜力股和绩差股、垃圾股都会随着股市的大盘起落而相互牵扯着涨涨跌跌。

对此，比较现实的操作手法应该是：投资者对市场总体形势作出判断，如果认为其在未来 3 个月内基本会是下滑的走势，就应决定卖掉那些当前股价相对于自身价值严重虚高的股票；相反，如果投资者通过分析观察，认为对市场形势总体会延续春季形成的上扬走势，则应买入他认为当前股价相对于自身价值被严重低估的个股。

1900 年 2 月 20 日

随着英国在南非的军事行动（即英国入侵南非的布尔战争——译者注）传来更多的胜利消息，整个上午市场也似乎从中汲取了上升的动力。来自伦敦的卖单被取消而买盘步步追增。上周出现并对大盘造成影响的来自俄罗斯的行动（即抵制俄罗斯参加八国联军镇压义和团——译者注），其负面报道的影响似乎已被忽略。绝大部分的市场波动都不是由金融机构和交易商造成的。

德兰士瓦共和国总统克鲁格（即布尔战争期间的南非领导人——译者注）要求英军撤离德兰士瓦边境的最后通牒遭到英国政府拒绝。1899 年秋，英国军队开始在德兰士瓦与奥兰治边境集结。布尔人于 1899 年 10 月 11 日对英宣战，布尔民军由此向南部非洲的英军主动发起攻击。战争持续 3 年多，英国先后投入 40 多万兵力，阵亡 22000 余人。最终在战争带来的巨大损失与国际舆论压力下，与布尔人签订合约，结束了第二次布尔战争。

1900 年属于此次战争的第二阶段，即英军节节胜利，占领德兰士瓦的阶段。

此阶段始于 1899 年 12 月 17 日，罗伯茨勋爵（Lord Frederick Ro-berts）被英国首相索尔兹伯里勋爵任命为南非远征军总司令，基钦纳（Lord Herbert Kitchener）为远征军参谋长。由于战局失利，好战情绪在英国国民中高涨，索尔兹伯里内阁"将战争进行到底"的政策得到支持。

1900 年 1 月 10 日，罗伯茨和基钦纳率领增援部队抵达开普敦，南非战场上的英军增至 18 万，3 月再增至 22～25 万人，居于绝对优势。

此外还有几千匹军马，有效增强了英军的机动性。

本篇道氏评论出版的 1900 年 2 月 20 日，正值罗伯茨改变了战术，击败布尔军中最凶猛的"黑将军"皮埃特·克龙耶指挥的民团，于 2 月 16 日攻占被围困数月之久的金伯利之后。

2 月 27 日东线英军发动攻势，3 月 3 日在多得雷赫特打败了布尔人，莱迪斯史密斯之围终于得解，此为后话。

我们并不认为这次的股市反弹比最近的回落更有指导意义。交易者可以轻松坐待大盘再波动 1~2 个点。在大额交易者或公众投资者为股价带来一次更长阶段的调整之前，市场也将继续如此一到两个点小幅度地波动下去。当前最大的利空因素，在于大额交易者无意推高价格。市场已经出现过好些利好消息，却都被一一忽视了。当市场在利好消息出台的情况下都不能上行，则必定事出有因，而等到这个所谓的原因被公众理解后就会引发下滑。换句话说，当市场应当上扬却没有上扬之时，通常也就是它应当下滑之日。

不过仅就当前而言，大额交易者中，有些大型投资公司的仓位还真的不同寻常：对一些明显有过下滑行情的股票看多加仓，而对一些走势一直坚挺的股票却看空减仓。这种仓位可能中和了一些大型基金上周的股市操作行为。比如纽约第三大街的状况，就对市场造成了比当初预估的更大的影响因素。如果大额交易者已经批量购入了某只股票，却仍然未能实现预期的盈利，他们就可能会在影响盈利的负面因素消失之前，暂时延缓或停止其他交易动作。美国统一天然气公司的情况就属于此种类型。只要有买单接盘，持有该股的庄家肯定会有意抛盘换手。可惜此时市场并无短期内将走出窄幅震荡行情的迹象。

我们每天都接到大量有关购买工业类指标股是否适合投资需求的询问。咨询者通常都提出：既然工业企业能在财务报表上显示出巨额的利润，为什么拥有这样的业绩，却不是投资理财的稳赚之选呢？

我们也不是说投资工业类指标股不能盈利，不过这些咨询者也忽略了一些重要的因素。仅凭任何某一年的高额利润，并不足以构成长线投资的依据。良好的投资组合还不能确保稳赚不赔。善于把握某个工业行业，也不能确保该行业所有企业的管理层在经营管理方面的能力可以持续盈利。

可以确定的是，工业板块股票是美国国内重要的投机因素。铁路公司的股票被纳入一个庞大的系统，并且这种政策将来还会持续下去。在利率稳定而经济又增长的背景之下，铁路板块的投机性操作会降低，而投机性操作，将会在很大程度上向工业板块股票转移。

当前的工业企业不少属于新兴行业，还没有经过太多的波折和历练。目前有二三十家独立的厂房，盈利的和不盈利的企业鱼龙混杂，大家凑合到一起，一致以为彼此都不错就发行了股票。一段时期经济显著回暖，的确会使各行各业各家企业都显得有利可图，欣欣向荣。

只要经济形势持续走好，这些股票当然会一路走好。不过一旦到了考验性的时刻，有些总市值被严重高估的股票，就会露出真面目。而眼下使劲分红派息的一些个股，届时恐怕也将被排除于派股名单之外了。这些公司通常情况下会经历一个调整期，必须要对外公布一系列的公司报表、资产负债表、结算报告等，以确保股票持有者能拥有翔实的信息加以分析研究，比较核实，从而对其真实价值究竟如何，达成调整后新的共识。上述过程是需要时间的。而这一段时间放在工业板块投机的历史进程上，就好比25年前铁路板块崛起时代的历史重现。有些工业企业的组合投资真是稳赚不赔，但未必每只工业股票都能安全行驶。相信在短短几年之后，公众投资者的辨别能力，就会比现在更上一层楼。

假设投资者可以获得他考察的股份公司某一方面状况的真实数据的话，他就应该提前做出明智的选择。在大批经济成本核算后净利润为8到10个百分点的工业板块股票中，有一些可能最终会被市场证明是不错的投资之选，就好比曾经在1878年90点上下的股市场中横盘滞销的西南7号公债一样。不过话说回来，当年买进西南公债是一回事，现在买进瓦巴什合金公司（Wabash），就完全是另外一回事。眼下的工业板块各股票，将来的投资获利也一样会有着天差地别。

1900 年 5 月 10 日

市场基调今日又表现出进一步的改善。开盘走势十分疲软，是因为不可避免地受到昨日下挫的影响。虽然卖盘大批涌入，但只在最初短短20 分钟之内就已经能明显看出，空方正放开手脚积极加紧补仓，而到现在为止，本次的下挫也已经触底反弹，为多头账户带来了买盘。由此后续引发了温和的盘面回升，在回升过程中投资者们断定，此次反弹力度不会太大，因此，再次挂出卖盘引发次级回落。许多股票在这次次级回落中跌破当天开盘价。不过多头账户的补仓和买盘力量又一次消化了上午次级回落带给市场的空头压力，并在下午为大盘推出第二轮上扬行情。一天交易结束之后，最终成绩是在市场走弱的形势之下，并未造成开盘价位的大幅度下滑。

在通常的外部条件下，大概可以毋庸置疑地得出这些股票被用来引发一轮反转行情的结论。常规意义上的下挫，已经有充分的触底迹象。前一次上扬的空间已经有一半以上在下挫中损失了。就个股而言，绝大多数个股下挫都超过之前上行空间的一半，还有许多个股的下挫空间已经持平甚至超出了之前上扬的幅度。

大盘唱多的几率相比 10 天前有了迅猛的增加。考虑到当前的盘中振荡行情，唱多几率也可能超出预期。任何相信市场还有上扬空间或是经济形势并无根本性逆转的投资者，都应该争分夺秒地买入建仓。投资者要找到下降幅度接近 10 个点，而其经营绩效并不曾受到此次下挫影响的相对质优的个股，应该不成问题。

所以难题应该在于，"究竟有没有出现能改变整个投资环境的逆转性事件"，例如钢铁板块的状况就有所变化。很有可能钢铁板块之前出现的交易量突然活跃已经结束。在其他一些大板块的交易中，买盘也受到一些阻碍。清算款项总额（Clearings）一路下落，黄金交易开始走向国际，这些都是市场利空的信号，但这些因素是否足以构成整个投资环境改变的基础呢？

人们常说，钢铁板块一向引领全国经济走势。说起来这似乎不可能，但事实上巨大的全美经济总量，其动力指标股票走势居然真能在短短数周，最多不出几个月的时间内就受阻下挫。更合理的解释是：市场环境所受到的负面影响暂时只流于表面，而表面形势之下根本的情况，仍然必须在相当长一段时间内基本稳定不变。工业产业和商业贸易的个股，是不会在短短一个月内就从兴旺繁荣一下转入衰退萧条的。股票市场能消化一切经济变化的趋势信息。许多个股在行业景气的消息还未公布之前就已经走强。与此相应，许多个股也会在行业衰退、经济萧条确实出现之前提前将其消化。不过也正是因为股市的这种能提前预测并消化经济趋势的特征，才使其得以大幅度地波动。股市捕风捉影，空穴来风，有事振荡，无事也振荡，甚至经常为了根本不会出现的动向而无中生有或变本加厉。

1900 年 5 月 18 日

市场的表现，令操盘手们对上涨有些泄气。从市场的表现可以看出，每当空头回补结束，价格就不再上涨。即便是被选为龙头股的股票，也鲜有买盘入场。证券经纪公司发现，公众对于周三的价格上涨几乎没有什么反应。几天前买入的当地投资者已经获利了结，并且从整体来看卖盘也要比买盘更持久。

如果市场不得不依靠空头来积蓄力量，那么这正是我们之前指出的可能出现的结果。当公众拉动股市上涨时，会增加买盘数量，一旦这些买盘产生利润，就会刺激更多的买盘入场，因此，对于一个靠大量买盘拉动上涨的市场，其收益受买盘自身的数量和力量影响。对于空头回补拉动上涨的市场也是如此。那些懂得行情上涨原因的投资者，逐步获利了结，因此行情每上涨一个点位，买盘的力量就会减弱一点。当然，市场也可能获得新的动能，但是日内的走势却恰恰相反。

现在看起来好像是市场暂时处于不太规则的状态。由于一系列的上涨和下跌，有些股票可能涨幅更高，而有些股票则可能跌幅更深。从某种意义上说，这种情况会不断出现，但是造成这种波动的原因，却比平时更加清晰明确。

伯灵顿公司（Burlington）的股价最近比较低迷。只要一只股票能够带来5%的投资回报，比如伯灵顿公司（Burlington）这样的股票，就很可能被投资者买入。而且，现在看起来伯灵顿公司（Burlington）的买盘规模很大，这也许是为了联合太平洋铁路公司（Union Pacific）能在伯灵顿公司（Burlington）的名录上获得一席之地，以便与市场行情保持一致。任何诸如此类的情况，都会有这样一个趋势，那就是在伯灵顿公司（Burlington）走势极弱时买入。

在一定程度上，艾奇逊-托皮卡-圣菲铁路公司（Atchison）也是这种情况。如果艾奇逊-托皮卡-圣菲铁路公司（Atchison）宣布为其发行的优先股支付21%的股息，并显示大约3，000，000美元的普通股收益，就会出现明显的多头倾向，这种多头倾向在价格出现下跌时尤为明显。诺福克斯西部铁路公司（Norfolk & Western）就包含着这样的可能性。

另一方面，有些股票表现相当疲软。美国烟草公司（American Tobacco）自年报公布以来，持续低迷，这是由于目前的股价是一年多以前的两倍，但是收益却几乎没有增加，事情的真相是，一只1899年卖价大约是90的股票，现在的卖价是175，而收益却没有多大的涨幅。

有人认为，鉴于大众天然气公司（People's Gas）的收益率并无抢眼之处，与之前相比，目前大众天然气公司（People's Gas）的股价偏高。对于密苏里太平洋铁路公司（Missouri Pacific）的股价偏高还是偏低，人们不能确定。一些人认为，这只股票后市大有走牛的机会，而另一些人则认为，这种说法有失偏颇，密苏里太平洋铁路公司（Missouri Pacific）的股价仍处于偏高的点位。

由此可见，经济情况的变化，导致投机条件的变化，从而令股价的波动成为可能。有些股价可能朝着有利的方向波动，有些股价则可能是朝着不利的方向波动。从长期来看，股价由股票的价值决定，这样的假定永远是安全的。股票价值与日常的波动无关。就算是一只垃圾股，也能够像绩优股一样轻而易举地上涨 5 个点位。但是由于持续的价格波动，绩优股的股价，会逐渐与其投资价值趋同，而垃圾股的股价，也会逐渐向其价值靠拢，甚至可能跌得一文不值。

因此，现在最重要的就在于摸清股票的价值。我们很难确定工业股的实际价值，这是因为没有几家公司编制正规的报告，大多数公司的存在时间也不足以对其价值进行公证的检验。对于工业股而言，绝大多数情况下它的普通股只是用来出售，而优先股的股价才能够反映出公司业务上的变化。过去六个月的下跌，令众多工业股休戚与共，任何的资金动向都会很快给整个工业板块带来不利影响。

对于铁路股而言，时刻都要记住它们的普通股对收益非常敏感。如果收益的增长幅度超过优先股的分红要求，普通股价值上升；一旦收益出现减少，普通股的价值就会遭受重创。铁路股的收益去年整体呈增长态势，但增幅出现下滑，因此今年夏秋季节铁路股收益出现大幅减少也不足为奇。调高价格只能暂时抵消货运量减少带来的不利影响，而货运量的减少却很容易引发价格不断下跌。

1900 年 5 月 23 日

前一段时间我们提到商品价格通常与股票价格相一致。客户在这方面询问了更多的细节问题。许多复合指数被人们保存下来用以显示商品价格的波动。萨尔贝克公司（Sauerbeck）多年来一直保存着这些数据。伦敦的《经济学家》杂志（Economist）以 22 种商品的价格为对象编制了一个价格指数。邓百氏咨询公司（Bradstreet's）则以 100 种商品的价格为对象编制了价格指数。在比较商品价格方面，这几个指数各有千秋。

我们在下表中选取了伦敦《经济学家》杂志的价格指数，部分是因为这个指数所选取的商品比较有代表性，部分是因为英国商品价格的波动基本上与纽约美国铁路股的波动一致，二者的相关性比美国市场的商品价格与美国铁路股的相关性更令人印象深刻。《经济学家》杂志编制的这个指数所涵盖的部分商品存在全球市场。

　　我们将表格分为四组。第一组涵盖了 1885 年 7 月到 1890 年 7 月的商品价格指数和美国铁路股的平均股价。这期间股价不断上涨，美国铁路股 12 只股票的平均价格从 61.95 上涨到 96.88。股市的上涨与商品价格指数相一致，我们可以看到商品价格指数在同一时期缓慢稳定上涨。

伦敦《经济学家》杂志商品价格指数，1885 年–1890 年

1885 年 7 月	22 种商品价格指数	2053	12 只铁路股平均股价	61.95
1886 年 1 月	22 种商品价格指数	2023	12 只铁路股平均股价	80.47
1887 年 1 月	22 种商品价格指数	2059	12 只铁路股平均股价	89.85
1888 年 7 月	22 种商品价格指数	2121	12 只铁路股平均股价	84.37
1889 年 7 月	22 种商品价格指数	2236	12 只铁路股平均股价	89.06
1890 年 7 月	22 种商品价格指数	2259	12 只铁路股平均股价	96.88

　　1890 年到 1896 年期间是一个被中断的熊市。也就是说，1892 年春天的股票价格，重新回到了 1890 年的水平，因此行情的下跌实际上始于 1892 年春天，而 1893 年之后跌势变得更加明显。在这种情况下，为了显示出主要的价格波动，我们将原始记录进行了压缩。12 只铁路股的平均股价从 96.88 下跌至 66.90。直到 1895 年，在多头疯狂投机南非矿山以及黄金产量增加的双重利好刺激下，商品价格指数才止住跌势。

伦敦《经济学家》杂志商品价格指数，1890 年–1896 年

1890 年 7 月	22 种商品价格指数	2259	12 只铁路股平均股价	96.88
1894 年 1 月	22 种商品价格指数	2082	12 只铁路股平均股价	75.06
1895 年 1 月	22 种商品价格指数	1923	12 只铁路股平均股价	72.53
1895 年 7 月	22 种商品价格指数	1934	12 只铁路股平均股价	77.86
1896 年 1 月	22 种商品价格指数	1999	12 只铁路股平均股价	74.82
1896 年 7 月	22 种商品价格指数	1947	12 只铁路股平均股价	66.90

　　牛市行情从 1896 年 7 月一直延续到 1899 年 4 月，这期间，20 只股票的平均价格从 45.93 上涨至 87.04。商品价格指数的波动相对滞后，直到 1897 年 7 月，也就是美国股市触底 10 个月后，才跌至最低点。这波行情

同样是受到英国矿业繁荣和南非黄金产量增加的影响，但这些只是推迟了下跌，并未能阻止商品价格指数的跌势。此外，虽然股票价格从45.93开始走高，但商品价格指数6个月内仅上涨了6点，1年内仅上涨了8点，所以在商品价格指数大幅上涨之前，股市也没有什么太大的进展。

自1887年以来商品价格指数持续上涨

1896年7月	22种商品价格指数	1947	20只股票平均股价	45.93
1897年1月	22种商品价格指数	1950	20只股票平均股价	51.71
1897年7月	22种商品价格指数	1885	20只股票平均股价	54.30
1898年1月	22种商品价格指数	1890	20只股票平均股价	64.86

1901年11月28日

投机理论

我们曾经收到这样的来信："有人告诉我在一年的52周里，有45个周的周一买股票比这一周中的其他日子更便宜。这是真的吗？如果是真的，为什么会这样？一周当中有没有一天是公认的股价最低日或最高日？是周几呢？"

对于这个问题，我们可以很彻底地回答：即便周一真的是一周中的股价最低日，这种情况也不会延续太久。因为如果是这样的话，大家都会在周一买入，股价最低日也就变成最高日了。这些是投机者常用的推断方法，他们认为市场并不是将预期的价值变化贴现，而是充满了神秘的机制。市场上的各类消息扭曲在一起，构成支持买入或反对买入股票的信号。有些信号经受住了一段时间的检验，然后就莫名其妙的失灵了。

这些理论之所以能够存在，之所以在一段时间内似乎是正确的而又必然走向错误，都是因为它们形成了一般概率法则的一部分。这个一般概率法则的根据是：容易度相同的事件发生的概率趋于相同。假设把一千个黑球和一千个白球放进一个口袋里，每次从口袋中随意取出一个球，当取球的次数达到一定的数量时，取出黑球的概率和取出白球的概率相同。

同样的，有时候他可能会连着取出许多黑球而没有一个白球，然后又连着取出许多白球，令取到黑球和白球的概率恢复平衡。通过大量的试验，我们可以编制一个表格，来展示连续拿到任意多个黑球或白球的概率。

从某种程度上，这对股市中走强日和走弱日的天数有影响。许多其他因素也会造成影响，但是这些影响通过长时间的作用能够相互抵消，并交织成一般概率法则。

在牛市行情中，周一可能被看作是行情最强的一天，因为大家认为这一天积累了大量的周末买盘。另一方面，周六可能被认为是利空的，因为平时的开盘时间是五个小时，而周六的开盘时间仅有两个小时。不过，值得怀疑的是，这些影响是否长期有效。通过对各种排列组合重复变化的长期考察，揭示出一周当中的任何一天成为最高价日或最低价日的概率是差不多的。

也许在历史的长河中，一周中的每一个交易日都曾经连续多次成为最高价日或者最低价日。可能有许多个周一都是当周的最低价日，如果是这样的话，人们就会认为周一很快就不再会是当周的最低价日了，其他几天也将会轮流拉高股票的平均价。事实是，产生这些理论的源泉，恰恰是客户最感兴趣的内容。有人观察到连续多个周一都是当周的最低价日，就以为这可能是股市中的长期因素。其实，这只是一般概率法则作用原理的一个例子，我们由此推出的不是行情将会延续，而是行情将会发生改变。

在投机交易中只有一条亘古不变的法则，那就是从长期来看价值决定价格，因此每一个试图在市场中获利的交易者，首要做的就是预测价值，并在围绕价值的价格波动中赚取利润。

说到这一点，市场上常常会出现股价被人为操纵的现象。那些认为某只股票价格被低估，并将在随后几个月大幅上涨的大交易商，会大量买入这只股票，待价格上涨后卖出获利。这个大交易商可能会通过打压股价诱使其他投资者卖出手中的持股。因此，我们很难在行情刚开始时，就判断出人为操纵与股票价值变化是同向还是反向。但是，情况很快就会变得明朗。因此，当价格高企时，大交易商想要抛盘，他会通过人为操纵，令市场看上去仍处于最强的阶段，因为他知道价格其实已经上涨过度了。对此，不同的人会有不同的研判和见解。幸运的是，比起以前我们现在能够更准确地估计价值尤其是铁路股的价值，这就使得局外人的处境更为有利，因为他对于价值的估计可能与其他人不同，这个时候他至少还可以依照自己的观点进行操作。

由于市场法则的应用十分困难，交易理论往往没什么实用价值。更为简单、安全的交易策略有两种：一种是摸清手中持股的价值，并以此进行价值投资；另一种是在设好两个点的止损后单纯依靠新闻消息、大盘趋势或市场情绪进行操作。虽然这两种策略各有利弊，但是比起那些预测未来的理论体系，这两种策略都可能带来更好的结果。

1902 年 2 月 25 日

令人印象深刻的展示

投机交易中的一条不变法则是从长期来看价值决定着价格。人为操纵只能在短期内起作用，价格的确立最终仍在于投资者。所有投机的目的都在于预测未来的价值变化。人们一旦发现某只股票的内在价值高于其现行价格时，就可以坚定地买入这只股票，因为其价值受到投资者的认可，这只股票的价格将会迎来上涨。

在一个持续了 4~6 年的牛市行情中，大家会发现所有股票的内在价值都随着价格的上涨而增加了，价格虽然起起落落，但是主要趋势是上升的，并且内在价值与价格上涨的幅度也几乎是相同的。如果价值没有跟随价格上涨，价格很快也会回落，但如果价值跟随价格上涨，价格很可能会继续上扬，即便股价处于高位，相对于其内在价值仍然比股价走低、价值走低时更值得买入。

为了说明这一事实，我们绘制了一张表格，表格中显示过去几年来股价跟随价值上涨。我们选取了 1896 年牛市刚开始时 20 只铁路股的平均价格，此外，作为一个综合股价指数，每英里的收益适用于国内所有铁路的股息。

1896 年的股票价格及价值

1896 年 8 月	20 只铁路股平均股价	41.82
1896 年 11 月	20 只铁路股平均股价	56.08
1896 年 12 月	20 只铁路股平均股价	49.98
1896 年 7 月	每英里盈余收益约为 480 美元	
1896 年 12 月	每英里盈余收益约为 510 美元	

这种赋值的方式十分保守，因为它在许多情况下都允许将改良支出记在营业费用的账上，并允许从净收益中抵减，所以并不同于股票收益。不过总的来说，由于扣除所有费用后的收益与股票收益大致持平，因此，股票价格的增加也就等同于股票内在价值的增加。

从前面的内容可以明显看出，当价格偶尔与价值发生重大偏离时，一定会出现修正，在过去五年中，股票价值与价格不仅在主要趋势上是相同的，而且在涨幅上也相差无几。

举例来说，起初 20 只铁路股的平均价格为 42，盈余收益约为每英里 480 美元（1896 年数据）。当 20 只铁路股的平均价格在 50~60 之间波动时，每英里的盈余收益在 500~600 美元之间波动。而随着 20 只铁路股的平均价格从 60 上涨到 80，股票价值也从每英里 600 美元攀升至800 美元。

1897 年的股票价格及价值

1897 年 1 月	20 只铁路股平均股价	50.60
1897 年 3 月	20 只铁路股平均股价	54.21
1897 年 4 月	20 只铁路股平均股价	48.12
1897 年 9 月	20 只铁路股平均股价	67.23
1897 年 11 月	20 只铁路股平均股价	57.45
1897 年 1 月	每英里盈余收益约为 510 美元	
1897 年 12 月	每英里盈余收益约为 612 美元	

1898 年的股票价格及价值

1898 年 1 月	20 只铁路股平均股价	61.86
1898 年 8 月	20 只铁路股平均股价	70.15
1898 年 10 月	20 只铁路股平均股价	65.60
1898 年 12 月	20 只铁路股平均股价	74.99
1898 年 1 月	每英里盈余收益约为 612 美元	
1898 年 12 月	每英里盈余收益约为 800 美元	

接着，行情就迎来了明显的偏离期。1899 年夏秋季节出现的价格下跌，并非由于铁路资产的价值损失，而是由 1899 年初市场对工业地产过度认购所引起的。铁路股的平均股价跌至 80 以下，而盈余收益却大幅上涨至每英里 1000 美元左右。

1899 年的股票价格及价值

1899 年 1 月	20 只铁路股平均股价	75.08
1899 年 4 月	20 只铁路股平均股价	87.04
1899 年 6 月	20 只铁路股平均股价	77.38
1899 年 9 月	20 只铁路股平均股价	85.55
1899 年 12 月	20 只铁路股平均股价	72.40
1899 年 1 月	每英里盈余收益约为 810 美元	
1899 年 12 月	每英里盈余收益约为 1000 美元	

在这个阶段，我们经常关注行情的偏离，并且常说要么股票价格一定上涨，要么价值一定回落。结果就出现了 1900 年 6 月到 1901 年 5 月的大幅上涨行情，20 只铁路股的平均价格冲高至 117，每英里的盈余收益也上涨至 1200 美元。

1900 年的股票价格及价值

1900 年 1 月	20 只铁路股平均股价	78. 86
1900 年 4 月	20 只铁路股平均股价	82. 94
1900 年 6 月	20 只铁路股平均股价	72. 99
1900 年 11 月	20 只铁路股平均股价	88. 88
1900 年 1 月	每英里盈余收益约为 1000 美元	
1900 年 12 月	每英里盈余收益约为 1180 美元	

自 1901 年 5 月，价格开始处于无规则状态，但是并未出现净增长，在此期间价格基本维持在略高于 110 的水平。我们无法提供自 1901 年 6 月 30 日以来所有铁路股的每英里盈余收益，但是，由于净收益在那段时间里大幅增加，因此我们可以大胆地推断，1901 年底的每英里盈余收益大致为 1300 美元，20 只铁路股的平均价格较年初上涨约 15 点。

1901 年的股票价格及价值

1901 年 1 月	20 只铁路股平均股价	97. 85
1901 年 3 月	20 只铁路股平均股价	117. 86
1901 年 5 月	20 只铁路股平均股价	103. 87
1901 年 6 月	20 只铁路股平均股价	117. 65
1901 年 8 月	20 只铁路股平均股价	104. 86
1901 年 11 月	20 只铁路股平均股价	115. 21
1901 年 1 月	每英里盈余收益约为 1180 美元	
1901 年 6 月	每英里盈余收益约为 1240 美元	
1901 年 12 月	每英里盈余收益为 1300 美元（估计值）	

这种情况有点像 1900 年初的时候，当时股票的价值高于股票价格。如果从过去能够看出未来行情走势的迹象，要么就是铁路股的股息收益一定会出现大幅的回落，要么就是铁路股的股价一定会迎来又一次的大幅上涨。

1902 年 2 月 27 日

就业状况与股票价格

我们曾经收到这样的来信："当劳动力充分就业时，国内的股票价格有没有出现过大萧条的情况？"在交易和价格的萧条时期之前，一定会出现交易和价格的繁荣上涨阶段。这种情况一般会持续数年之久，在就业、生产、利润和价格同时达到最高点以前，就业率将呈逐步增长的态势。

同样可以肯定的是，萧条时期始于各个方面的过度交易、生产过剩和过分自信。在这种情况下会出现突然的下跌。这可能是一次全国性的重挫，能够引起人们的广泛关注，让人们静下心来仔细思考。

大家会发现跌势不断扩大，并且开始限制到各个行业的交易情况。贷款人开始收缩贷款，商人开始限制购买量，债权人开始催账，受经济收缩的影响，各行各业对劳动力的需求开始减少，从而导致了整体就业率的降低。接着市场开始感到消费减少，这正是经济紧缩的开始。

因此，显而易见的是，股票价格与就业状况的关系，仅仅在于就业受限将导致利润减少，从而打压价格。为了通过股票价格的变化说明劳动力需求与经济增长和经济紧缩的密切关系，我们在下表中列出了英国在 1860 年至 1899 年四十年间的就业率，以及同期的股票最高价和最低价。

英国 1860-1899 年就业率

年份	就业率
1860	99%
1868	91%
1872	99%
1878	87%
1881	98%
1885	81%
1890	98%
1893	92%
1899	98%

后文的表格显示了股票价格的最高点和最低点，要记得这是在纽约证券交易所上市的美国铁路股的价格，而就业率则是英国的就业率。我们所记载的平均股价并未追溯至1860年，由于战争和通货膨胀的影响，1860年至1865年期间的股票价格被认为不太具有代表性。现代股票价格的数据记载始于1868年，那时市场刚刚感觉到紧随战争而至的通货膨胀。1868年股价处于低位，如下表所示，股价自1872年开始回升。

1872-1901年期间美国铁路股的最高点和最低点

1872	60只股票的高点	76.57
1877	60只股票的低点	86.88
1881	60只股票的高点	99.80
1885	60只股票的低点	11.23
1890	60只股票的高点	78.07
1896	60只股票的低点	11.82
1901	60只股票的高点	117.65

我们会看到，股票价格和就业率的低点都出现在同一年，也就是1868年，股票价格和就业率的下一个高点则同时出现在1872年，二者的再下一个高点出现在1881年，接下来一个低点出现在1885年，再下一个高点出现在1890年。

1877年，价格比就业率提早一年触及低点。在19世纪的最后十年里，英国的就业率触及低点的时间恰好出现在1893年其国内发生恐慌时，而美国的就业率却直到1896年才触及低点。英国的就业率在1899年触及高点，而美国的就业率却是在1891年或1892年触及高点。英国就业状况的好转比美国开始得早并且结束得晚。

上述例子之所以重要，主要是因为它进一步证明了我们的观点，也就是，股票价格通常只是结果而非原因，股票价格反映了各个行业利润水平的变化，以及有远见的投机者不应该盯着股票市场每日的波动，而应该关注影响各个行业、能够令铁路公司及工业公司的利润增加或减少的主要因素。人为操纵的暂时性的市场波动，应该被看作是与主要趋势保持一致。

将上述理论应用于当前市场来看，交易和价格走高的时日已满，上涨幅度也达到正常水平，市场开始出现减弱的迹象，但这些迹象尚不确定，因此不能做出最后的决定。这个时期需要高度警惕，但我们认为担忧应该来自于股价的高企，而并不是不利的行情走势。

1902 年 2 月 28 日

股票价值与股票价格

我们在近期的文章中提到，在过去五年里，股票价值与 20 只铁路股的平均价格，在大部分时间都有着十分密切的联系。与过去相比，当前的股票价值上涨，完全接近了股票价格。

因此，我们判断股票是便宜还是昂贵，不应该与现行的价格相比较，而应该主要从支撑现行股价的股票价值来判断。如果现在的收益确定，假定收益不变，那么我们所列出的这 20 只活跃股票目前的价值与其以 42 美元抛出时的价值一样，而 42 美元的抛盘价低于现行价格 73 点。之所以会出现这种情况，是因为那时的美国国内铁路的盈余收益仅为每英里 180 美元，而现在的盈余收益已经达到了每英里 1300 美元。

每英里盈余收益的增加，显示了股票价值的增长，尽管人为操纵和一些特殊原因经常会影响某些股票的价格，但是股票价值的增长与股票价格的增长，在趋势和涨幅上都保持了同步。

换而言之，1896 年持有或抛出股票的投资者认定 20 只铁路股的合理价值是 42 美元，或者说当时每英里的盈余收益占到股票平均价格的 11.1%；而当前持有或抛出这些股票的投资者相信其合理价值约为 115

美元，或者说当前每英里的盈余收益占到股票平均价格的11.4%。下表中列出了盈余收益占股票平均价格百分比的变化：

盈余收益占股票平均价格的百分比

1896	11.1
1897	10.7
1898	10.8
1899	11.0
1900	13.4
1901	11.4

从中我们可以发现，当这个百分比上升到11.0时，投资者认为股票价格是便宜的。而当这个百分比为10.7时，股票价格比较贵。我们应该记住的是，20只铁路股的平均价格不一定完全代表了所有铁路股的平均价值，但它确实通过自身的波动变化，显示了所有铁路股在不同时期的相对价值。

我们并不认为要以此作为交易操作的规则，对于股票的买卖也应该建立在现有的盈余收益占股票价格百分比的变化基础上。那些能够大规模控制股票价格的因素，也许并不能一直控制每只股票的价格，但是根据资产的价值以及股票价值与股票价格之间的关系，来决定看多或看空某只股票，经常被看作是重要的支撑和确认因素。

在正常情况下，如果分公司的经营情况密切相关，那么其股票价格将一起波动。格兰杰铁路集团公司良好的经营状况，有力地证实了如果每个分公司经营情况良好，那么适用于集团公司的价值比率同样适用于每个分公司。

还有一点不容忽视，那就是股票市场低估了预期条件的变化。股票价格很可能将在预期条件发生明显的变化之前下跌。因此，市场正值转折点，价值持续增长的规律将会暂时性地误入歧途。

关于这一点的修正，将以下面这种方式呈现。在过去的一年中，由于人们预测股票价值将在短时间内发生变化，因此股票价格一再下跌。但是由于股票价值并未改变，股票价格很快便止住了跌势。股票价值保持在原来的水平，股票价格也得到了修复。这种情况将会不断发生，直到价值的变化既证实了我们已经见到的短期下跌，又证实了持续较长时间的大幅下跌为止。当市场下跌收益减少时，提高警惕性的必要性将大大增加。

股票价值的减少，很可能是渐进式的，进程非常缓慢，就像股票价值逐渐增加时一样。这就意味着股票价格的下跌与其上涨相同，都是通过不规则的阶段进行，股票价格始终在股票价值的支撑下波动变化。因此，即便是在股价高企时——此时的股票价值较高，股票持有人也很可能有充足的机会来预测即将发生的价值变化，并在行情出现反弹时抛出股票，即使是在跌势结束之后，股票价格还是明显受到股票价值走低的影响。

1902 年 4 月 8 日

股票价格的波动

20 只活跃股票的平均价格，在去年的 5 月 1 日触及 117.86 点，而后经历恐慌性下跌，并于 6 月 17 日重新站上 117.65 点。上周，以 20 只活跃股票的平均价格为标准的市场，在时隔近 12 个月后再次触及同一点位。有趣的是，将表中列出的 20 只股票相比较，我们就能看出究竟发生了什么。对于上涨的 6 只股票而言，其上涨幅度平均为 18%（表格见下页）。因此，这也就相当于 20 只活跃股票的上涨幅度平均为 5.5%。而对于下跌的 12 只股票而言，其下跌幅度平均为 7.75%（表格见下页），也就是 20 只活跃股票的下跌幅度平均为 4%。

20 只股票的平均价格

	1901 年 6 月 17 日	1902 年 4 月 4 日	波动情况
艾奇逊-托皮卡-圣菲铁路公司	$89\frac{3}{4}$	$78\frac{3}{4}$	下跌了 11
新泽西中央铁路公司	160	192	上涨了 32
布鲁克林捷运公司	$81\frac{1}{4}$	$65\frac{7}{8}$	下跌了 $15\frac{3}{8}$
切萨皮克 & 俄亥俄铁路公司	50	$46\frac{1}{4}$	下跌了 $3\frac{3}{4}$
西北铁路公司普通股	203	$239\frac{3}{4}$	上涨了 $36\frac{3}{4}$
巴尔的摩 & 俄亥俄铁路公司	110	$106\frac{3}{4}$	下跌了 $3\frac{1}{4}$
圣保罗铁路公司	$183\frac{1}{4}$	$170\frac{3}{8}$	下跌了 $12\frac{7}{8}$
罗克岛铁路公司	$170\frac{1}{2}$	177	上涨了 $6\frac{1}{2}$
三 C& 圣路易斯铁路公司	86	$102\frac{3}{4}$	上涨了 $16\frac{3}{4}$
丹佛铁路公司优先股	$101\frac{1}{2}$	$91\frac{1}{4}$	下跌了 $10\frac{1}{4}$
路易斯维尔 & 纳斯维尔铁路公司	$110\frac{3}{4}$	$107\frac{7}{8}$	下跌了 $2\frac{3}{4}$ *
曼哈顿铁路公司	$122\frac{5}{8}$	$133\frac{3}{4}$	上涨了 $11\frac{1}{8}$
堪萨斯 & 得克萨斯铁路公司优先股	65	$55\frac{1}{4}$	下跌了 $9\frac{3}{4}$
密苏里州太平洋铁路公司	$122\frac{3}{4}$	$101\frac{1}{8}$	下跌了 $21\frac{5}{8}$
纽约中央铁路公司	$157\frac{3}{4}$	$164\frac{3}{8}$	上涨了 $6\frac{5}{8}$
北方太平洋铁路公司优先股	$98\frac{1}{4}$	——	
伊利诺伊中央铁路公司	148	$143\frac{1}{2}$	下跌了 $4\frac{1}{2}$
南方铁路公司优先股	$88\frac{1}{8}$	——	
南方铁路公司普通股	——	$32\frac{5}{8}$	
联合太平洋铁路公司	$113\frac{5}{8}$	$102\frac{7}{8}$	下跌了 $10\frac{3}{4}$
联合太平洋铁路公司优先股	91	$88\frac{1}{8}$	下跌了 $2\frac{7}{8}$
宾夕法尼亚铁路公司	——	$151\frac{1}{8}$	
20 只股票的平均价格	117.65	117.56	

20 只股票中上涨的股票

股票名称	上涨
西北铁路公司普通股	36¾
新泽西中央铁路公司	32
三 C& 圣路易斯铁路公司	16¾
曼哈顿铁路公司	11⅛
罗克岛铁路公司	6½
纽约中央铁路公司	6⅝
6 只股票共上涨	110¼

20 只股票中下跌的股票

股票名称	下跌
密苏里州太平洋铁路公司	21⅝
布鲁克林捷运公司	15⅜
圣保罗铁路公司	12⅞
联合太平洋铁路公司	10¾
艾奇逊-托皮卡-圣菲铁路公司	11
丹佛铁路公司优先股	10¼
堪萨斯 & 得克萨斯铁路公司优先股	9¾
伊利诺伊中央铁路公司	4½
切萨皮克 & 俄亥俄铁路公司	3¾
巴尔的摩 & 俄亥俄铁路公司	3¼
路易斯维尔 & 纳斯维尔铁路公司	2¾
联合太平洋铁路公司优先股	2⅞
12 只股票共下跌	92¾

以上数据未经核算，来源于原版报纸专栏

从上述内容可以看出，上涨走势主要集中于成交不活跃的股票，其中西北铁路公司普通股和新泽西中央铁路公司的股票最具代表性，涨幅也主要集中于这两只股票。处于跌势的股票则更为分散，在数量上也更多，这可能与此前的预测一致。显然，比起处于涨势的股票名单而言，处于跌势的股票名单，更能代表市场整体的情况。

也许由此可以得出一个合理的推论，那就是股票平均价格已经接近去年的高点。不过，很明显，它比去年的高点低不了多少。为什么在这么多的利空条件下，股票价格仍然如此坚挺呢？原因就在于，自去年夏天以来收益持续高企。以这篇文章中涉及的铁路公司的数据为例，我们发现，在截止去年 2 月 28 日的 8 个月（这期间的价格几乎涵盖在上表所列价格当中）里，60 条铁路的总收益增加了将近 10%，而净收益则增加了超过 $12\frac{1}{2}$%。净收益的增加，使投资者通过重仓持有股票从而获得巨大的经济利益成为可能。

现在，一切都取决于铁路的收益情况，而铁路的收益情况，又取决于业务的经营情况。毫无疑问，业务的经营情况则受庄稼收成的影响。因此，公众的保守主义是有根据的，因为没有人会预先知道庄稼的收成如何，而好的收成又对维持现在的价格水平至关重要。

第三部分

市场有三种趋势

　　道氏认为，市场有三种趋势，并且这三种趋势可以同时存在，主要的多头市场和空头市场，能够持续数月至数年，而次级折返走势，能够持续数个星期至数个月，短期趋势，则只能持续数天至数个星期。道氏认为，日内价格的波动容易被人为操纵，因此短期趋势无关紧要。

概述

道氏开创了市场趋势理论，然而直到 20 世纪 20 年代的大牛市，也就是他去世 20 多年后，人们才充分理解了市场趋势理论。

这是由于在 20 世纪初，股票市场没有什么前途可言。恐慌、战乱以及一场致命的流感疫情，令 20 世纪初期的道琼斯工业指数在 50 点下方和 100 点上方区间内震荡。直到 1924 年，道琼斯工业指数才向上突破震荡格局，并于 1929 年创下历史新高 381.17 点。空前繁荣的"咆哮的二十年代"，不仅将投资者的注意力从个股转向了市场整体，并且使得道琼斯工业指数与市场联系在一起。

20 世纪 20 年代匆忙入市的公众投资者，很快发现趋势理论既有利也有弊。在 1932 年的底部，道琼斯工业指数跌至 41.22 点，直到 1942 年才重新站上 100 点。汉密尔顿在临死前六周，也就是 1929 年 10 月 23 日，在一篇题为《股市浪潮迎来转折》的重要评论文章中宣称，道氏理论发出了卖出信号。他向想要限制股市疯狂飙升的政客们建议"股市将很快经历通缩，并按照他们的意愿大幅下跌"。

在二十年代，道氏理论表现良好，它所发出的牛熊信号，在 1923~1929 年期间成功抓住了 212 点的上涨，并在随后的崩盘行情中，漏掉了 221 点的下跌。

市场的三种趋势

道氏认为市场有三种趋势，并且这三种趋势可以同时存在，主要的多头市场和空头市场，能够持续数月至数年，而次级折返走势，能够持续数个星期至数个月，短期趋势，则只能持续数天至数个星期。道氏认为，日内价格的波动容易被人为操纵，因此短期趋势无关紧要。

在这三种趋势当中，主要的多头市场和空头市场，最为重要，对投资者而言，正确判断主要趋势至关重要。与主要趋势一致的次级折返走势，则可作为投资者重要的入场时机（在多头市场中逢低买入，在空头市场中逢高沽出）。次级折返走势也十分重要，这是由于前期的重要高点或低点被击穿后，道氏理论便开始发出多头或空头信号。

主要的多头趋势和空头趋势，被简单地定义为连续走高的高点和连续走低的低点。当这一模式发生变化时，市场趋势也随之改变。如果市场在试探前期的价格后，继续创下新高或新低，那么主要趋势就不变。市场的最高价和最低价都不断走高，股价频创新高，催生了多头市场；市场的最低价和最高价都不断走低，股价频创新低，催生了空头市场。

道氏和他的追随者用潮汐、海浪和涟漪来分别描述市场的长期趋势、中期趋势和短期趋势。只要中期趋势也就是海浪不断推近沙滩，潮汐，或者说长期趋势就是上升的。如果一连串的海浪未能推高前期的高点，那么潮汐，或者说长期趋势就是下降的。

"毋庸置疑的是，市场上有三种公认的彼此关联的趋势，" 道氏在 1902 年 1 月 4 日的文章中写道，"第一种趋势是由于地方性原因以及特定时间内买卖双方力量均衡所引起的日内的价格波动。第二种趋势一般持续 10~60 天，平均大概在 30~40 天。第三种趋势则是持续 4~6 年的主要走势的波段。……"

"在牛市中，损失通常不应当由多头承担；而在熊市中，损失通常也不应当由空头承担。如果价格高点不断超过前期的高点，就是牛市。如果价格低点不断低于前期的低点，就是熊市。"

跟对市场趋势

针对道氏理论的一种批评是，道氏理论没有对主要趋势的持续时间及幅度作出预测。事实确实如此，但是道氏理论更关注跟对市场的趋势，道氏理论认为，一旦出现多头或空头信号，价格沿着新趋势的方向大幅波动。除了几个小例外，道氏理论的推测被证实是正确的。

道氏和他的追随者对次级折返走势给出了明确的定义：折返走势持续三个星期到三个月，折返走势的价格回调幅度为前一次折返走势结束后主要趋势幅度的 1/3~2/3。基于后续的走势，次级折返走势的结束，也正处于道氏理论出现多头或空头信号的位置。

雷亚将这些次级折返走势比作蒸汽锅炉上的安全阀，或是汽车上的刹车系统，这些次级折返走势作为重要的制约，能够令市场保持谨慎，避免走向极端。

由于折返走势相当于"释放气压"，所以它通常比主要趋势更加急速和凶猛。雷亚曾经这样定义："次级折返走势通常是对主要走势的反击，而且比之前主要趋势方向运行得更加迅速。"①

识别次级折返走势

由于每一个主要趋势都以一个次级折返走势为开始，这就给道氏理论制造了一个最棘手的问题。判断出市场趋势何时改变对于投资者的成功极为关键，这也正是道氏和他的追随者花费大量精力研究投资者情绪、成交量以及对趋势可能改变的迹象进行估值的原因。

尽管道氏对次级折返走势作出了定义，但他和他的继承者都强调，并非每一个次级折返走势都适合这一模式。例如，雷亚曾经从折返的时间、价格和幅度上来测量次级折返走势，但没有成功。最终，他提出了一个定义，遗憾的是雷亚由于这一定义过于复杂而未发表。不过需要指出的是，在雷亚所列出的 1897 年至 1931 年期间的次级折返走势中，有 5 次仅仅持续了 7~9 天，有三次持续了 6 个月乃至更长的时间。折返走势的价格回调幅度，最小为前一次折返走势结束后主要趋势的 12%，持续了 20 多天，最大为前一次折返走势结束后主要趋势折返的 180%，持续了 48 天。因此，次级折返走势的定义，似乎非常需要具体分析。如果次级折返走势看上去在折返的时间、价格或幅度上十分显著，那么它很可能确实是次级折返走势。

道氏理论的现代学者，也对次级折返走势的定义展开了思考。

虽然价格的回调幅度不够此前主要趋势的 1/3 ~ 2/3，普林格

---

① 出自雷亚著《道氏理论》。

（Pring）却从时间上定义了次级折返走势。他说，如果一个次级折返走势的价格变化幅度，占到前一个主要走势波段的1/3~2/3，才能被认为是重要的波动。

理查德·莫罗尼（Richard Moroney）是《道氏理论预测》的编辑，通过寻找价格变化幅度持续3~12周并占到前一个主要走势波段的1/3~2/3的折返走势，得出了与道氏理论相同的结论。

但他也补充到，"有些时候次级折返走势没有那么容易辨认，比如当前期价格上涨的1/3出现折返走势，且持续时间不到3个星期时，就不容易辨认。在当今瞬息万变的市场中，重要的折返走势的持续时间似乎也可以短于3个星期，所以如果折返幅度达到前期主要走势波段的1/3，我通常认为这个次级折返是重要的。"

莫罗尼强调，要将道琼斯工业指数和道琼斯运输指数的表现放在一起考虑。"对于被认为是重要的波动，必须坚持工业指数和运输指数的平均价格都出现了重要的折返，判断这种情况要容易的多"，他说道。

道氏和他的追随者经常写到的一种次级折返走势，被称为道氏线。从本质上，道氏线是指价格在两种指数的平均数值大约5%的范围内的线状波动，持续时间为两个星期以上。这一波动范围代表了买卖双方力量大体平衡，无论价格突破了哪一方的道氏线，都会形成明显的主要趋势或次级趋势。需要再次强调的是，两种指数的变动互相确认，对于确认趋势至关重要。道氏理论关于道氏线或窄幅盘整区间的言论，成为理查德·沙贝克（Richard Schabacker）、爱德华兹（Edwards）、迈吉（Magee）等人进行图表分析研究的基础。

在道氏理论中，微小趋势大部分都被人们所忽视，但是市场的日内波动也可以提供重要的信息。举个例子，2008年1月市场自低谷中反弹，当年2月下旬，工业平均指数（见图9）未能确认运输业平均指数（见图10）的收盘新高，市场随之急剧下跌。在之后的下跌行情中，运输业平均指数未能紧随工业平均指数创下收盘新低，为道氏理论发出多头信号创造了条件，两种指数在接下来的几周里收于二月份高点的上方。注意二月份的波动区间也可以归为道氏线。

图9：道琼斯工业平均指数，2008年1～7月

4月份出现买入信号后，道琼斯工业平均指数表现异常疲软

图10：道琼斯运输业平均指数，2008年1-7月

道琼斯运输业平均指数领涨市场，相对强势被证实带有欺骗性

（以上图表由StockCharts.com提供）

　　在道氏理论发出多头信号后，运输股票指数不断上升，并在盘中创下历史新高。道氏理论的多头信号，通常预测着行情将横盘上涨，但这里的道琼斯指数却罕见的在震荡中创下新低之后，两种指数都发出了下跌的空头信号。需要指出的是：当大多数的道氏理论研究者们一致认为在当年春天已经出现了多头信号时，一位名叫马丁·普林格（Martin Pring）的道氏理论研究者，提出了反对意见，这是因为道琼斯指数的低点和高点都没有走高。

朱比特传媒集团编辑、特许金融市场技术分析师（CMT）

保罗·施瑞德

道氏发表于《华尔街日报》的评论

1899 年 4 月 21 日

我们偶尔会注意到这样一个事实，在当前的时代下，市场大盘的走势无论是上涨还是下跌，都不能在 4 年之内走完。通过计算大量股票的平均价格，找到低点，并在价格触及高点前跟踪平均价格的波动情况，就能够获得以上论点的证据。

通过这一过程确定的一个市场价格高点出现在 1872 年 9 月。之后的价格低点出现在 1877 年 4 月；下一个价格高点出现在 1881 年 5 月；再下一个价格低点出现在 1880 年 6 月。之后的价格高点都呈现出不同寻常的特征。1890 年 5 月，价格触及高点后涨势受阻，主要受到大恐慌蔓延的影响，之后市场重拾涨势，在 1892 年春天重新回到 1890 年春天的价格水平。之后，价格一路走跌，直到 1896 年 8 月才止跌回升。

这暗示了在 1900 或 1901 年前，现阶段的价格高点不会被突破。这几波行情涉及到的时间，是由自然原因决定的。股票市场反映了一般情况，无论是朝着好的方向改变还是朝着坏的方向改变，市场都将花费数年的时间在社会中完成这样的改变，所以，大多数人对此不是持乐观态度就是持悲观态度。一些人能够更早地预测到市场形势的变化，但是要在全国形成明确统一的情绪，就要改变大部分公众的观点。

市场的表现与我们正处于一个四五年的牛市行情的观点完全一致。显然在通常情况下，比起在这波行情的前两年，看涨情绪在第三年和第四年更为显著。从另一方面来看，第三年和第四年的价格波动，也比前两年大得多。究其原因，一部分是由于价格水平已经处于更高的点位，一部分是由于股票逐渐陷入弱势行情，还有一部分是由于高企的股价，诱使大型工业股票通过增加持有这些股票可以获得的资金增加供应量。

现阶段，市场上存在两个不利因素。第一个不利因素是工业股票的巨量增加以及股票的分销都要求提高资金的利用率。第二个是尽管损失可能没有目前所报告的严重，但是冬小麦的生长情况相当不容乐观。

能够抵消这两个不利因素的是，市场的普遍繁荣和一直以来提振价格的买入惯性。没有足够的耐心等待盈利，是几乎所有股民都有过的经历。这是由于公众买入或卖出股票，最终决定了股价的波动这一事实，远比预计持续的时间更长久。

本月初出现的价格下跌，显示出了公众的市场信心。在某些情况下，这波下跌之后将会引发巨量的抛盘。但在目前情况下，这波下跌并未带来多少抛盘，显示出大部分投资者对于更高的价格抱有信心。如果投资者保持这种情绪，将有利于市场完成本轮的上涨行情。

1899 年 5 月 12 日

股票市场上有三种趋势。首先是日内波动，一般的波动幅度保持在在 1/2 点到 1½ 点之间。然后是中期趋势，一般持续时间大约为 20~40 天。最后是主要趋势，一般会持续数年之久。许多投资者不会区分这三种趋势，也没考虑过日内波动是否属于中期趋势或主要趋势的一部分。然而，这正是交易中存在的最重要的区别。

如果市场的主要趋势是上升的，除了那些不需要付手续费的交易者，我们显然应该忽略日内波动，而对较大的波动加以利用来赚取利益。只要你仔细观察我们的 20 只股票平均价格的波动，就会发现这种情况不断出现。交易者若想抓住这一波段，需要十足的耐心。

毋庸置疑，市场自 1896 年已经进入牛市行情。从那个时候开始买入股票的投资者，都已经获得了可观的利润。去年，股票的回调幅度相对较小。今年，由于股价高企、多头势力转弱，导致股票的回调幅度相当大。不过，这并不是说我们不能在股价回调时做多了，除非是价格已经触及主要趋势的顶部。我们有充足的理由相信股价尚未见顶，不过1900 年的平均股价将高于 1899 年的水平。

相信这一点并且想在市场上赌一把的投资者把过去两周的下跌看作是有益的下跌。下跌本身是完全正常的，是前期波动的自然的和必然的结果。

下跌的根本原因在于股价上涨时的过度交易。4 月份行情的下跌，主要是由于银行采取自我保护而引起的。5 月份行情的暴跌，则是由于四月的下跌并未将所有预期的利空全部消化，但是银行并未进一步支持回调，而是执行利好政策，并且果断保证无需因为资金感到担忧。

行情在周二突然跌至低谷，我们有理由相信之后的反弹将达到前所未有的高度。价格在周四坚决下跌，正说明了主力此时并不想鼓励过于急迫的投机行为。此前推行的政策，旨在将鼓励交易商卖出股票转向对避免买方失去信心提供足够的支持。市场上出现了沽空的情况，还出现了一些关于空头正在蓄势的传言。然而，从交易本身来看，这一点尚未确定。

当然，还有可能是公众认为这个时机适合大量抛出，而证券公司的报告却并不支持这样的观点。从事证券交易的电讯经纪行仍然认为，买入建议能够引发市场迅速反应，而卖出建议却几乎全部被市场所忽视。因此，对于一个交投活跃的市场而言，在市场处于弱势时买入，处于强势时卖出，市场整体处于逐渐上升的趋势。

当然，这些都取决于市场的主要趋势是否依然处于上升阶段。如果主要趋势仍是上升的，那么何时买入，何时卖出，在很大程度上是由外部因素决定的。这种情况下的买入要遵循两大策略。一个策略是买入最活跃的股票或是安全性最好的股票。对于打算买入多只股票并且设置止损点位的投资者而言，他应该选择那些波幅较大的股票，从而能在合适的时机买入后获取丰厚的利润。

另一个策略就是买入那些即便一时下跌，跌幅也不会超过 3 个点、从而能够长期持有的股票。由于众人皆知的高收益和确定的股息，这类股票具有较好的抗跌性。这两种策略中哪种更明智，可能就是一个仁者见仁智者见智的问题了。

1899 年 5 月 16 日

市场正在感受到由于弗劳尔先生逝世所带来的二次影响。这件事情的首次影响一定是震惊，而二次影响则必然是交投出现暂停，这期间无论是大炒家还是小散户，都将重新考虑他们的持仓。而市场下一步的走势，也将取决于交投暂停期间得出的结论。同时，市场的波动将集中于部分特殊板块，波动幅度不会太大。

大炒家面临着这样一个现状：他们的外部环境都十分有利，有些人重仓持有股票，另一些人开始转向其他的投资，还有一些人则处于相对轻仓的状态。然而，总的来说，市场上多头的实力仍然较强。在很多情况下，这些人的利益与弗劳尔先生的利益是一体的。弗劳尔先生一直走在市场前面，广大公众也十分依赖于他对市场的判断。现在弗劳尔先生不在了，市场需要一位新的领军人物。这既需要花费时间，也引发了竞争。新的领军人物很可能会出现在华尔街的众多牛人当中，这些人将追求比先前更大的个人声望。

由此，市场上也出现了一系列的问题，有些投资者与市场同向操作，另一些投资者则与市场反向操作。准备进行多头投机操作的交易者，很可能会由于担心公众不会响应而打消念头。而那些认为市场缺乏指引，有助于获得更稳定利润的、想要袭击市场的投资者，正在综合考量外部因素的影响。因此，无论是处于多头的立场还是空头的立场，市场趋势都处于停顿和延迟状态。

这个延迟，为投资者仔细检查资产状况提供了时间。那些毫无异议甘愿跟着弗劳尔先生操作的投资者，现在可以仔细检验弗劳尔先生的操作以及其他资产的状况，并用检验出的结果指导今后的操作。这同样适用于其他股票，将其他板块的股票纳入龙头股可能是更为明智的选择。

市场的下跌令投机交易与 2 个月前大不相同。市场波动的法则是：一旦三种趋势同时出现，市场将迎来大的逆转行情。涨幅越大，回调幅度也就越大。一般情况下，次级波段出现在主要波段的 3/8~5/8 的位置。只有极少数人早在 4 月份就相信市场将在 45 天内回吐自 1897 年来全部涨幅的 3/8。然而，接近这一幅度的回调，果然发生了。例如，布鲁克林捷运公司（Brooklyn Rapid Transit）从 88 点上涨到 136 点，而后又跌回 100 点。联邦钢铁公司（Federal Steel）自 1897 年共上涨了 42 点，在这波行情中下跌了 24 点。大众天然气公司（People's Gas）此前上涨了 40 点，在这波行情中下跌了 25 点。伯灵顿 & 昆西公司（Burlington & Quincy）此前上涨了 56 点，在这波行情中下跌了 21 点。圣保罗铁路公司（St. Paul）此前从 85 点上涨到 133 点，在这波行情中跌回 121 点，与其他股票相比，圣保罗铁路公司表现了出较强的抗跌性。艾奇逊 - 托皮卡 - 圣菲铁路公司（Atchison）的优先股从 25 点上涨到 67 点，而后又跌回 52 点。雷丁公司（Reading）第一优先股从 38 点上涨至 68 点，在这波行情中跌回 51 点。还有许多类似的数据表明本次下跌跌幅深远，反映了此前的所有预期。

毫无疑问，对于整个牛市而言，这波下跌产生了有利的影响。虽然持有股票的投资者十分煎熬，这波下跌却挤出了许多投机交易。而对于拥有财产并且想进行交易的人而言，局面比 2 个月前要有利得多，这是因为 2 个月前股价高企，证券公司生意火爆，而现在股价处于相对较低的水平，财务状况不佳的公司被停止交易或是责令改善财务状况，公司债务也得以调整以适应新的形势。

所有这些都可能是在为今年的上涨蓄势。因此，目前市场趋势的停滞，为准备交易的投资者提供了时间，让投资者不仅从表面的信息，更从具体情况来研究目标交易资产的状况。除人为操纵的情况外，当股票的内在价值能为股价上涨提供合理保证时，投资者可以买入并持有股票。

1900 年 1 月 15 日

前几天我们提到，市场被情绪、人为操纵和企业营业状况所控制，其中企业的营业状况表现为铁路股和工业股的增值与贬值。这一特点可能同样适用于市场的波动。密切关注市场波动的研究者发现，股票市场上存在3种既独立又统一的趋势。

最常见的波动当属每天的走势。通常，活跃股票的日内波幅平均在3/4~1/4点之间。虽然也有许多例外，但交易商根据这个最高价和最低价之间的范围区间进行计算，并且发现这个范围区间整体上是有效的。在很大程度上，市场每天的走势是由职业操盘手的操作形成的，而这些职业操盘手，主要是受市场情绪的影响。

在证券交易所的交易大厅里，每天买卖1000股到3000股的人不计其数。据计算，交易大厅中多头与空头的换手率，反映在以50，000股到150，000股买卖的交易中。这足以带来0.5%~1%的日均波动。日均波动的形成，主要源自预先设计好的市场操纵或确切的消息，在价格波动中，日均波动是一个常量。

市场的第二种波动，也是人为操纵的结果。以50，000股到100，000股买卖的操盘手，需要令市场波动3到6个点位，才能完成换手。在116点到114点之间买入25，000股圣保罗铁路公司（St. Paul）的操盘手，会通过2~3天的人为操纵，努力将价格推升至118~120点之间，并在这一区间获利平仓。

市场上经常会出现多个操盘手联手操纵多只股票的情况，最大的操盘手甚至试图通过操纵足够数量的股票来影响整个市场的走势。带有这种性质的波动，通常需要20~40天方能完成。这种波动的平均幅度大约为5个点。

当月最高价和最低价的差值表明了此类波动的特点。有调查显示，投机性股票每月的波幅，很少低于3个点或是超过7个点，多集中于4个点、5个点或6个点。在这类趋势的形成过程中，日内波动从未间断。如果30天的趋势是上升的，那么在日内波动中，下跌较少，而上涨较多；如果30天的趋势是下降的，那么在日内波动中，上涨较少，而下跌较多。

市场中的第三种趋势，持续时间达数年之久，它能够反映大范围的情况变化。在这种长期趋势中，虽然新闻时事和人为操纵可能会促进趋势的形成，但是当前发生的事件无足轻重，人为操纵也力不从心。所有大操盘手的目标，都是与市场的长期趋势保持一致，但是为了做到这一点，大操盘手们不得不经常进行逆向操作，来实现获利。

因此，每个操盘手都需要牢记的最重要的一点，就是市场的主要趋势。对于日内交易而言，主要趋势没什么用处，但是对于 30~40 天的波段而言，主要趋势的用途最大。牛市行情中的波段性下跌，对普通交易者而言，是绝佳的买入机会，因为我们可以肯定主要趋势是上升的，并且几乎可以肯定，多头的操纵将与主要趋势一起推动股价继续涨势。

除非身在股票交易所的交易大厅，或者能与交易所保持即时通讯，否则操盘手不会根据每日的波动进行操作，但其交易思路应该是根据他打算交易的某只或某些特定股票的主要趋势及次要趋势形成的。

1900 年 5 月 30 日

美国晶糖公司（Sugar）的表现最具特点，较昨日收盘价低开 4 个点，然后继续稳步下跌了 4 个点，之后出现反弹，但未能站稳最终回吐涨势。尽管某些股票价格上涨，但晶糖公司（Sugar）的走势却与另一个市场截然相反。曼哈顿铁路公司（Manhattan），切萨皮克 & 俄亥俄铁路公司（Chesapeake & Ohio）和大四星公司（Big Four）的股价上涨，而巴尔的摩 & 俄亥俄铁路公司（Baltimore & Ohio）普通股，西北钢和线材公司（Steel & Wire），联邦钢铁公司（Federal Steel）和伯灵顿公司（Burlington）的股价下跌，布鲁克林捷运公司（Brooklyn Rapid Transit）的股价波动异常。联合太平洋铁路公司（Union Pacific）股价几乎没有波动。当天交易的初步结果，进一步证实了市场需要回调来重拾信心。

美国晶糖公司（Sugar）股价的下跌，可能预示着价格已经触及阶段性顶部并将迎来下跌趋势。某一些股票在急速下跌之后，经常会令市场的上涨受阻，在这种情况下，晶糖公司（Sugar）的下跌，充分说明了对于后市价格将继续走低的担忧是正确的。市场上投机交易活跃，在华尔街享有盛名的哈弗梅耶先生声称，在目前的条件下，自己无法确定美国晶糖公司（Sugar）股票是否能够维持原来的股息水平。

在我们看来原因非常简单。哈弗梅耶先生是美国晶糖公司（Sugar）股票公认的大投机商，他肯定不愿意向广大股民透露太多关于公司经营的情况。但他却坚持认为广大股民有权获得股息，或是得到一个关于股息低于预期的合理解释。哈弗梅耶先生提前两个月公布了削减股息的计划，我们相信他公布这一计划的目的，主要是给想要抛盘的股民一个卖出的机会。

哈弗梅耶先生是否将提醒股民视为自己的职责，我们不得而知，但是如果哈弗梅耶先生预见到了美国晶糖公司（Sugar）股价低迷，那么这场白糖股票大战，何时能够停止，还需拭目以待。对于美国晶糖公司（Sugar）的管理层而言，选择合适的时机公布消息，比任何其他方式更能树立起市场坚定的信心。今年，哈弗梅耶先生已经两次向广大股民公布了及时而且有价值的信息。

我们接到了许多询问，都是关于买入太平洋铁路普通股的经验。几周以来，我们一直在谈论太平洋铁路股的后市利好，并且其内在价值仍高于现行股价，但是由于上涨势头过快，现在的买盘肯定会比两周以前承受更大的风险。我们认为，在 77 点附近买入股息为 4% 的优先股，比普通股更为安全。

由于买入联合太平洋铁路公司（Union Pacific），北方太平洋铁路公司（Northern Pacific），艾奇逊-托皮卡-圣菲铁路公司（Atchison）和诺福克 & 西方铁路公司（Norfolk & Western）股票而被套牢的投资者，可能会认为他的目标仅仅是盈利 5%，并且预计在市场回补跌势后在 80 点卖出，完全不考虑投机交易。这样操作可能获利甚微，但是持有这几只股票，却能避免操盘手陷入更糟糕的境地。

如果交投活跃的股票从近期的最高价温和下跌，我们就可以颇为自信地推断，后市股价将复苏回升至最高价附近。这条规则并非一成不变，但却是股市的基本规则。例如，北方太平洋铁路公司（Northern

Pacific）普通股以 61.375 美元的价格卖出，如果股价跌回到 59 美元，那么后市股价将复苏回升至 60 点附近。一旦出现了这种复苏回升，为了避免第二波下跌对于回升的不利影响，那些持有投机性仓位的投资者，可能就会通过止损指令来保护自己的账户安全。一些优秀的操盘手的一贯做法是：在市场出现回调并再度回升之前，不在行情上涨时进行获利了结。

钢铁股的周报显示出市场上出现了一些失望情绪。据钢铁公司的报告显示，新业务的成交量十分有限。目前，钢铁公司并不追求新业务的开展，而是忙于完成老订单，钢铁公司的生产量也保持在较高水平上。

1900 年 4 月 6 日

上午盘面涨跌互现，大众天然气公司（People's Gas）和巴尔的摩 & 俄亥俄铁路公司（Baltimore & Ohio）两只股票上涨，而似乎受套现影响，太平洋铁路股温和下跌。中午，交易商以抛盘为主，盘面总体呈下跌趋势。之后行情出现温和反弹，但市场的主基调没有之前乐观。

后市没有之前乐观的观点，已在本专栏盛行了多日，市场的表现也趋于确认这一观点。大规模套现的迹象日趋明显，多只股票遭遇获利套现，遏制了前段时间的看涨热情。市场的下跌幅度，取决于套现是否持久及空头是否积极。

本月的温和下跌，并不一定意味着某些股票的内在价值受到了实质性的削弱。只有在某些特殊时期，市场才会出现没有间断的连续上涨。即便是在非常确定的牛市行情中，一般的上涨过程都包含着一系列的上涨和下跌，股价循序渐进地从一个高点攀升到又一个高点。如果下一波上涨能够将股价拉升至 9 月份的最高价上方，就会对价格将继续上涨并超过 1 年前的高点的观点形成支持。目前，市场仍有望在本月向上突破现在的价格区间，但实现这一突破，需要市场平均上涨 8 个点位，这对于已持续数年之久又没有出现过实质性下跌的牛市行情而言，确实是一个不小的涨幅。

海军上将杜威获得候选资格，似乎被证实对投机交易不利。由于人们争辩今年合理的候选人应该是麦金莱和布莱恩，并且认为共和党很有希望赢得大选，因此，如果目前的状况得以延续，市场经营环境就不大可能被扰乱。而作为民主党或无党派的候选人，海军上将杜威赢得大选的可能性，则给市场带来了许多新的不确定因素。

从投机性持仓来看，龙头股的走势似乎最弱。在一段时间内，布鲁克林捷运公司（Brooklyn Rapid Transit）不大可能派发股息。曼哈顿铁路公司（Manhattan）则存在股票增发而收益增幅不大的缺点。所有公司都受到特许经营税的影响。以现状而言，特许经营税对于所有公司都是一个沉重的负担，最好的结果也是在现有赋税的基础上增加大笔的诉讼费用。最近市场上有人对布鲁克林捷运公司（Brooklyn Rapid Transit）和曼哈顿铁路公司（Manhattan）两只股票的价格进行操纵，对于经验丰富的操盘手而言，这似乎暗示着操纵者试图卖出市场愿意吸纳的股票。这两只股票虽然表面上疲弱，但可能正在积蓄力量。即便所有人都预测股价下跌，市场上也经常会出现空方支撑股价的情况。

如果股价确实下跌，人们可能就会推测本月大部分时间股价将继续下探，许多股票将回吐此前涨幅的1/2。假设市场条件是公平的，当股价出现这种下跌行情时，市场上买进铁路股中盘股的数量，肯定会在今年的晚些时候大幅增加。而工业股的投机前景，则是有涨有跌。钢铁股面对利好支撑，无故出现显著下滑，令不利的市场情绪遍布到所有工业股股票。

本周铁市场的走势，并未出现特别重要的变化。即使许多小公司开始对价格做出让步，实力雄厚的大公司还努力将价格维持在原先的水平。尽管去年下半年美国铁矿工会推迟了公布定盘价的时间，但是被认为最关键的转炉生铁的价格，依然坚挺。虽然大宗交易未受影响，但是定盘价公布时间的推迟，不利于市场情绪。

1900 年 4 月 7 日

上午盘面表现最强的是美国晶糖公司（Sugar）和布鲁克林捷运公司（Brooklyn Rapid Transit）。其他股票表现沉闷，趋于下跌。下午盘面整体回升，显然是受到了交易商回补的提振。

市场从近期的最高价回落，下跌了 1~2 个点位。套现迹象十分明显，实力较弱的操盘手跟风将持仓变卖。然而，行情继续深幅下跌且不出现反弹的可能性很小。

在市场大幅上涨之后，占据主导地位的多头开始出售股票。市场在吸纳一定数量的抛盘后开始转弱。于是，占据主导地位的多头开始撤销卖出指令。股价的走高引发空头回补，一些新买家在股价将继续上涨的预期下也开始买进。这使得市场再度下跌时，第二批套现指令涌现，跌幅超过前期水平。只要多头的市场操纵者想要卖出，诱使股价走高的伎俩就会不断上演。我们不能绝对肯定这个过程是否正在进展当中，但是盘面的表现证实了这一思路。

通常情况下，这种策略的一部分，就是在高价股票中显示出价格坚挺的趋势。尽管宾夕法尼亚铁路公司（Pennsylvania）是由于特殊原因走高，但是近期伯灵顿公司（Burlington）、圣保罗铁路公司（St. Paul）、纽约中央铁路公司（New York Central）和宾夕法尼亚铁路公司（Pennsylvania）的上涨，都普遍包含了这一策略。宾夕法尼亚铁路公司（Pennsylvania）最近实行了一项有利的措施，即通过卖出大量的库存股来筹集资金，来用于其他资产的投资。宾夕法尼亚铁路公司（Pennsylvania）从对巴尔的摩 & 俄亥俄铁路公司（Baltimore & Ohio）、切萨皮克 & 俄亥俄铁路公司（Chesapeake & Ohio）以及诺福克斯西部铁路公司（Norfolk & Western）的投资中，获得了十分可观的收益，根据相关条款，宾夕法尼亚铁路公司（Pennsylvania）不仅能从投资中获得丰厚回报，同时能够获得对竞争路线进行管理的表决权。

尽管宾夕法尼亚铁路公司（Pennsylvania）近期没有宣布收购纽约

中央铁路公司（New York Central）的股份，但是这一政策却已人尽皆知，因此，纽约中央铁路公司（New York Central）能够影响伊利铁路公司（Erie）、安大略 & 西方铁路公司（Ontario & Western）的股价，可能还会在一定程度上影响李海山谷铁路公司（Lehigh Valley）或雷丁公司（Reading）的股价，这一消息何时公布，不足为奇。前几天我们提到宾夕法尼亚铁路公司（Pennsylvania）绝不可能允许范德比尔特公司（Vanderbilts）获得对雷丁公司（Reading）的控制权。这也正是范德比尔特公司企图控股纽约中央铁路公司（New York Central）的一个原因。

显然，纽约中央铁路公司（New York Central）和宾夕法尼亚铁路公司（Pennsylvania）的意图，都在于范德比尔特公司将掌握无烟煤的所有权。范德比尔特公司及利益联盟已经直接控股了德拉瓦 & 哈德逊公司（Delaware & Hudson）和雷克万纳公司（Lackawanna），并间接控股了新泽西中央铁路公司（Jersey Central）。因此，实现对雷丁公司（Reading）的控股，可能也是一个需要审慎判断，甚至是不可避免的问题，由于此举对全局至关重要，这可能将促使宾夕法尼亚铁路公司（Pennsylvania）在未来的某一天允许范德比尔特公司控股雷丁公司（Reading）。

艾奇逊—托皮卡—圣菲铁路公司（Atchison）优先股的疲软，无疑是由套现造成的。大量股票在60点到62点之间买入，10个点的涨幅足以诱使任何交易商获利了结。此外，下面的操作策略，也是一个不错的选择：在 60 点到 74 点之间买入艾奇逊—托皮卡—圣菲铁路公司（Atchison）优先股，在 74 点到 70 点之间卖出，然后将价格压到 66 点上下，再次买入并持有，直到股价再度上涨到 80 点，6 月份公告的 2½ % 的预期股息支撑了股价的走高。假定市场操纵者会在合适的时机进行诱多和诱空，那么采用上述操作策略，要比股价从 60 点持续上涨至 80 点占用更多的资金。

巴尔的摩 & 俄亥俄铁路公司（Baltimore & Ohio）股票的上涨，给我们留下了旨在活跃普通股交易的印象。多头持有着大量的普通股。它不仅要为公积金提供市场，还要为等待分销的库存股提供市场。据推测，管理层打算为每股普通股发放2½％或3％的股息，以实现活跃普通股交易的计划。该计划是否能被真正实施，仍然有待观察。受保守观念影响，巴尔的摩＆俄亥俄铁路公司（Baltimore & Ohio）董事会并不赞成通过大规模卖出股票来提供改善资金的计划，也不赞成为一条刚刚经历过资产重组的铁路的普通股，支付每年高达6％的交易费用。

1900 年 4 月 28 日

市场很好地阐明了当前形势。周四市场表现坚挺，大部分交易商预测后，市行情将出现上涨。当日早盘大量股票被买入。然而，在美国晶糖公司（Sugar）股价走势的影响下，市场却持续低迷，多只股票行情走低。这意味着实力雄厚的交易商，趁前一个交易日行情上涨之机，在市场上抛出股票。如果场外交易商在接下来的一两天也开始对后市失望而进行沽空，那么为了迫使空头进行回补，那些实力雄厚的交易商可能又会买入股票，并将价格推高一两个点位。

当市场正处于牛市行情时，我们没有必要对做多的股票进行止损，行情的下跌，为增仓提供了机会。当市场正处于熊市行情时，一般情况下，我们也没有必要对做空的股票进行止损，因为即使价格出现反弹，也会再度跌回原来的水平。然而还有一种主要趋势不确定的中间状态，在这种情况下，我们的经验表明，比起让价格慢慢下滑，在等待中承受更大的损失，更好的做法通常是，在亏损尚小时就认亏离场。交易商深知这一道理，所以当市场陷入萧条时，他们努力制造波动，使价格起起落落，来为自己创造认亏离场的时机。这种市场似乎正在形成，并且可能持续一段时间。

对我们而言，主要问题是，下一波大的行情到底会上涨还是会下跌。关于这一问题，各方意见分歧很大，各个迹象也有点儿互相矛盾。我们已经说明了市场近期可能不会出现大的上涨的原因，而近期可能不会出现大的下跌的原因中，最主要的一点就是，1889 年的经济繁荣所携带的上升动能，不大可能在短时间内耗尽。此外，国家银行流通股的增发，带来了一定程度的通货膨胀，这可能会在投机交易中有所体现。就增加美国股票的购买量而言，金本位制度的确立，对国外市场情绪产生了良好的影响，未来可能会产生更为深远的影响。

人们常说，牛市行情可能会在 1900 年或 1901 年达到顶点。到目前为止，虽然本月的最高点与一年前的最高点相差不远，并且多只股票今年的卖出价格高于去年，但是 20 只股票平均价格的最高点出现在 1899 年 4 月。

近几十年来，我们所经历的牛市行情持续时间都不超过三年。不过，我们所经历的行情，倒是在上涨的过程中经常受到阻碍。前一次市场普遍上涨开始于 1885 年 6 月，最高价出现在 1887 年，1888 年上半年就出现了一波大的下跌。随后价格开始恢复涨势，直到 1890 年才到达顶点，而之后的持续下跌行情，直到 1892 年才开始。

类似的走势，现在也可能会发生。紧随去年 12 月最低价之后，价格可能会在今年下半年或是明年迎来一波大的上涨行情。一些估值行家期待这样的结果。

反对的观点是，商品价格的上涨（原文如此）速度迅猛，涨幅巨大。过去两周的市场表现，暗示了铁矿石的价格完全不稳定，其他铁路线路的价格，可能也都充斥着临时拿到的合同和股票发行过度的影响。由于已经确定的业务的中止不仅表现在利润的降低上，还会表现在铁路运载量减少，市场份额降低，收益减少等方面，因此已经确定的业务的中止，将会极大地妨碍价格上涨。对某些普通股来说，铁路收益较现有水平的减少，无疑令股息收益直接下降，如果铁路收益的减少幅度较大或持续时间较长，还将会引发一定程度的价格下跌。

因此，我们需要密切关注这个市场，还要愿意跟随市场的趋势，当个人判断失误时，要愿意止损离场。

1900 年 7 月 7 日

市场表现几乎触及保守预期水平。上午盘面的走高，主要是由于周四反弹动能并未耗尽。一些交易商认为市场已经开始了一波新的上涨行情，致使某些股票价格被哄抬上涨。然而，事实很快浮出水面，几天前的买方实际上是想要卖出股票的空头，多头持仓就这样被挤出了。这导致了（原文如此）买方纷纷撤销买入指令，交易商也转手做空，价格遭受重大打击，市场尾盘震荡区间收窄，但趋于下跌。

民主党的演讲，提振了市场的看多情绪。这使得市场坚信，当民主党自认为有责任推行明确的银本位的政策纲领时，它将不会在大选中赢得密西西比州东部的选票。斗争主要集中于反霸权主义和反托拉斯，尤其是在密西西比州东部，这两点对于民主党的政治影响，比白银要大的多。

农作物的消息相对利多。从所有报告来看，玉米的生长状况良好，北方太平洋铁路公司（Northern Pacific）官员将运输春小麦的比重，从 25% 调高至 40%。然而，市场却未受到农作物消息的影响。北方太平洋铁路公司（Northern Pacific）的股票被持续抛售，而其他股票却表现坚挺，当大盘走势疲软时，北方太平洋铁路公司（Northern Pacific）是率先下跌的股票之一。这说明了原来持有北方太平洋铁路公司（Northern Pacific）股票的投资者，已经利用机会将股票进行了变现。

中国方面的情况也较为利多。人们认为，如果中国政府能够控制义和团运动，美国的军事力量就不必与中国政府开战，而是以帮助中国政府重建权威为名介入其中。然而，从美国官方和英国官方来看，我们尚未得到可靠的消息。

市场自六月份的暴跌之后正在酝酿反弹行情。目前，市场仍然缺乏反弹动能，但是如果价格能继续坚挺一到两天，就能为市场提供足够的反弹动能。在投机交易中值得注意的是，多只股票的平均价格与单只股票的价格，都表现出强烈的上涨或下跌趋势，都将触及主要趋势的 1/2 位置。当一只股票几乎直线下跌了 10 个点时，这只股票极有可能从最低价反弹 5 个点。通常，股票的反弹或回调幅度大于主要趋势波段的 1/2，但是等到大约 1/2 的位置一般更为安全。

《华尔街日报》第三版每天公布的股票平均价格对照表，显示出这一规律在市场上经常出现。

如果反弹幅度没有达到此前主要下跌幅度的 1/2，通常就说明主要趋势尚未走完，价格还将出现新低。

上一个下跌波段是从 79.98 点到 72.99 点，下跌了 6.99 点。把 6.99 点的 1/2，也就是 3.49 点，与此前的最低点 72.99 相加，可以得出股票平均价格将反弹至 76.48 点。截至目前，反弹中出现的最高价是 75.77 点，距离我们预测的高度仅差 0.71 点。

1900 年 10 月 17 日

市场自 9 月 24 日以来整体走高，上涨幅度较大。所有活跃的股票都呈上涨趋势，交易量也在最后一两个交易日迅速扩大。

市场并非完全重复以前的走势，而是在重复中充满变化。市场上经常会出现波段行情，持续时间为 20~50 天，其中的活跃股票的平均波幅在 5 个点左右。我们把最近的上涨是否具有前面所讲的波段特征，看作是一个利益问题。如果最近的上涨属于波段行情，那么我们就需要考虑这次上涨是否涨到了预测的合理位置。我们在下表中列出了一些活跃股票，并给出了这些股票从 9 月 24 日的价格低点到上周一最高价的涨幅。

活跃股票的价格涨幅

股票名称	1900 年 9 月 24 日	1900 年 10 月 15 日	价格上涨点位
艾奇逊–托皮卡–圣菲铁路公司优先股	$67\frac{3}{8}$	72	$4\frac{5}{8}$
巴尔的摩 & 俄亥俄铁路公司	$65\frac{7}{8}$	73	$7\frac{1}{8}$
B. R. T 公司	$47\frac{3}{8}$	$55\frac{1}{2}$	$8\frac{1}{8}$
新泽西中央铁路公司	$127\frac{1}{2}$	$135\frac{1}{2}$	8
芝加哥伯灵顿 & 昆西公司	$120\frac{1}{4}$	$127\frac{3}{8}$	$7\frac{1}{8}$
芝加哥密西西比 & 圣保罗公司	$110\frac{3}{4}$	$114\frac{1}{2}$	$3\frac{3}{4}$
芝加哥 RL& 太平洋铁路公司	$103\frac{5}{8}$	$107\frac{1}{2}$	$3\frac{7}{8}$
路易斯维尔 & 纳斯维尔铁路公司	$68\frac{1}{4}$	$73\frac{3}{4}$	5
曼哈顿铁路公司	84	$95\frac{5}{8}$	$11\frac{3}{8}$
大都会公司	$143\frac{3}{4}$	155	$11\frac{1}{4}$
密苏里州太平洋铁路公司	$46\frac{1}{4}$	$52\frac{3}{4}$	$6\frac{1}{2}$
纽约中央铁路公司	$126\frac{1}{4}$	$130\frac{7}{8}$	$4\frac{5}{8}$
诺 & 威斯特公司普通股	$31\frac{1}{4}$	$36\frac{1}{2}$	$5\frac{1}{4}$
北方太平洋铁路公司普通股	$45\frac{7}{8}$	$52\frac{1}{2}$	$6\frac{5}{8}$
雷丁公司第一只优先股	$50\frac{1}{2}$	58	$7\frac{1}{2}$
南方太平洋铁路公司	$30\frac{5}{8}$	$34\frac{1}{4}$	$3\frac{5}{8}$
南方铁路公司优先股	$50\frac{1}{2}$	$54\frac{3}{4}$	$4\frac{1}{4}$
联合太平洋铁路公司普通股	$53\frac{1}{2}$	$60\frac{1}{2}$	7
美国晶糖公司	$112\frac{1}{2}$	121	$8\frac{1}{2}$
美国钢材 & 线材公司	29	$34\frac{3}{8}$	$5\frac{3}{8}$
联邦钢铁公司	30	$35\frac{1}{2}$	$5\frac{1}{2}$
大众天然气公司	$82\frac{3}{4}$	$92\frac{1}{8}$	$9\frac{3}{8}$
田纳西矿业公司	$51\frac{1}{4}$	$59\frac{5}{8}$	$8\frac{3}{8}$
美国烟草公司	$85\frac{1}{4}$	$93\frac{1}{2}$	$8\frac{1}{4}$

以上数据未完全统计，摘自已出版的专栏原版

如果这只是一波普通的上涨行情，那么我们就应该获利了结。如果这是一波长期行情的开始，考虑到麦金莱先生（美国第 25 任总统）的连任以及下一个四年的良好的经济状况，市场可能会继续走高。市场各方在这一点上存在分歧。

双方争论的焦点，大体集中于以下几个方面。那些推断市场正在形成一波大行情的人们表示：此前市场受到了总统大选引发的焦虑情绪的打压，后市或将全面恢复；铁路收益维持在原有水平，证明了铁路股的价格可能将与去年的最高价持平；工业生产状况不断改善，或将带动工业股上涨；对外贸易令国家日益富有，为工业制成品市场和农产品市场提供了保障；棉花价格的高企，意味着美国南部的经济繁荣；货币供应量总体充足，公众可以自由进入持续上涨的股票市场参与交易。

那些推断上涨难以持续的人们则表示：总统大选结果尚未确定，出于安全的考虑，股票持有者在大选结束前将持仓变现；对于一个持续时间较长的牛市而言，货币供应量并不充足；国内的春小麦储量遭受巨大损失；未来几个月的铁路收益更有可能减少，而非增加；实力雄厚的操盘手，对于多头行情缺乏信心；公众并未表现出买入意向，也未在近期的上涨行情中大量买入；国外经济形势吃紧，预计外汇利率难以配合多头行情；从整体来看，市场基本面趋于收窄震荡区间，而并非持续宽幅动。

至于所有这些论断当中，哪些最接近事实真相，需要股票持有者自行判断。我们应该记住，市场对短期波段比对长期波段要灵敏的多，至少，我们已经有充分的理由推断，当前的波动或许是一个中期的波段。

1900 年 10 月 19 日

市场总是对价格的作用力与反作用力十分敏感。单边波动持续的时间越久，与其方向相反的波动持续的时间就会越久。投机交易中最好用的法则之一，就是价格在上涨或下跌之后的反攻幅度，至少会达到主要波段的 1/2。

实际上，这一法则，既适用于短期的波段，也适用于长期的波段，这就使得我们无法确定这一波段到底属于哪种情况。但是从可行性来看，这个法则并不总是正确，比如当一只股票上涨了 10 个点后，出现了一到两个自高点下跌的波段，我们不能就此断定，这只股票将逐步下跌 4 个点或 5 个点。

如果市场出现了短暂的回升，我们就有理由相信这一回升幅度将在 2 个点到 5 个点之间。一些非常优秀的交易商根据这一理论进行操作。还有一些交易商认为，拉动股价回升的动能尚未衰竭，因此价格在回撤持续一两天之后，会再次迎来一波反弹，直到总统大选之时。

尽管无烟煤公司为罢工事件花费了一些成本，但是罢工事件的和解，却为其排除了一个危险因素。只要可以利用个人账户进行操作，大众天然气公司（People's Gas）就极有可能成为被攻击的对象，但是，天然气的交割只具有短暂的重要性。

布莱恩先生的出访并未引发市场担忧。保守派看过他的演讲，并仔细思考过他所提出的补救措施，他要么是对自己所提措施的影响一无所知，要么就是虽然清楚这些措施的影响，但是为了欺骗公众，仍然极力鼓吹这些措施的好处，保守派相信美国人民不会选举这样一个人作为他们的最高元首。

为了煽动阶级感情，布莱恩先生多次声明，要扩充军队实力以武力镇压工人们的不满情绪。

由于贴近现实情况，这些声明无疑成为布莱恩先生最具影响力的论点。美国曾经动用州政府军队增压罢工，甚至有一两次还动用了联邦政府军队。但是，它们之间存在着重大区别。为了劳动者的利益而动用军队镇压罢工者，能够让那些希望平等工作的人免受暴民的干扰，正常工作。说到通过劳动托拉斯干涉人权，实际上美国并没有类似的托拉斯组织。如果不用劳动组织采取措施来达到目的，而通过任何资金的形式实行，美国就会爆发革命。

没有人质疑劳动者组织成立工会的权利。遭到反对的是有组织的劳动者宣称，任何人都无权从事他们抛弃不做的工作。这一条款，不仅过去曾经引发冲突，将来还会继续生出事端。

到目前为止，资本家协会被用来与其他资本家进行竞争。劳动者被视为必不可少的同盟。然而，如果有组织的劳动者，坚持主张劳动力不能免费，以及没有通过劳动者规定不得动用资金，就会出现抵制这些要求的资本家组织。当存在骚乱和暴动的可能性时，一些劳动者会与资本家联合起来，一些劳动者则会联合起来对抗资本家。

到那个时候，就会出现布莱恩先生及其支持者现在所苦恼的军队，这些军队并非用于镇压劳动者，而是作为一只强大的国家警力，推翻各种目的的暴民统治。那些温顺的市民，只想得到正常工作的权利，他们不一定愿意在电车上、火车上或是街道上进行暴力活动，而其他人正在卷入一场引发暴力的争吵。

直到人们普遍需要就业救济来渡过难关时，才会动用美国联邦政府军队。美国联邦政府军队不会用于镇压劳动者，除非这些劳动者僭越特殊权利，并努力保护与其他人的权利相矛盾的做法。

1900 年 11 月 14 日

从市场表现来看，买卖双方的势力十分接近。证券经纪公司建议其客户获利了结，这似乎令涨势受阻。直到周一下午，与实力雄厚的交易商卖盘相比，散户买盘强劲，不过部分散户及专业人士的卖盘，给市场带来一丝下跌趋势。

如果实力雄厚的交易商，已经将所持股票大量抛出，他们肯定乐于见到市场下跌两三个点。这点跌幅不会影响近期买盘的情绪，但却足以让一些人意识到，要在合适的时机买入股票，再度进场，以抓住下一波的获利机会。

实力雄厚的交易商，特别是当他们正在参与一场持久的大选时，总是不愿意看到公众表现得过于自信，因为这通常意味着市场上存在金字塔式交易，并且出现价值低迷的情况。因此，用智慧进行投机交易的一个方面，就是对于市场的走势要制造出足够的不确定性，同时还要维持强烈的多头氛围。目前，市场可能正处于类似的进程中。

我们在最近几天的专栏中，已经对一些大机构的持仓情况进行了准确的概述。考虑到大选结果的公布要在几个月之后，并将对商业和贸易的所有领域产生影响，因此，这些大机构并非短期持有，而是长期持有这些股票。有经济繁荣作基础，这些大机构认为，投机活动可能会在1901年间，将价格推升到一个非常高的水平。

我们应该记住，市场的主要趋势尚未形成。价格的上涨自1896年8月一直持续到1899年4月，之后便陷入了一年多的衰退或停滞。从近期记录来看，这个持续了将近三年的牛市行情并未结束，价格仍在最高点和最低点之间波动。不过，确实有记录显示，这个牛市行情在中期波段创下阶段性高点后，出现了一年或更长时间的中断。

关于这种情况，1888年出现了一个完美的例子。当时价格在经历了两年的上涨之后大幅下跌，但是，紧接着在1889年和1890年，价格就恢复了原来的水平，并创下了阶段性高点。波段理论预示市场将会在1901年创新高，而当前的情况似乎支持这一预示。20只股票的平均价格，仅比1899年的最高价低了不到2个点，因此，今年价格再创新高的可能性极大。

证券经纪人之所以在不久前建议客户将股票卖出，是因为经验显示，价格在快速上涨之后，总会出现下跌。一旦反弹走稳，此前建议客户抛出股票的经纪人，又会强烈建议买入。尝到获利甜头的机构客户，一旦得到确切的刺激消息，总是乐于再次建仓。只要有利可图，投机商就不会停止交易。只有通过强行平仓来强制投资者认亏出局，才能迫使公众离开经纪人的办公室，离开华尔街。由于在最近的大选中容易上当的人特别多，他们肯定会成为市场上的买方，成为阻止行情出现暴跌的重要力量。

因此，我们似乎得出了一个公正的结论，那就是市场已经或是正在经受第一次检验。行情将在距离近期高点两到三个点的位置波动，或许会持续一到两天。我们应该买入股票，尤其是好的股票，因为如果涨势仍将延续，股价将大幅回升并突破近期高点，如果涨势已经基本结束，股价也将回升至接近近期高点的位置。

1900 年 11 月 24 日

编者按：我们已无法找到这篇评论的全文。以下是能够根据原文重现的部分。

正如作用力与反作用力适用于力学一样，它同样适用于股票市场。通常，中期趋势与主要趋势有着某种联系。上涨的幅度越大，其反作用力也就越大。不过这是有条件的，如果这波上涨是根据新的市场形势所进行的调整，那么很大一部分上涨动能将受到限制。

在一个上升的市场中，常见的反作用力规律是，价格将回调至上涨幅度的八分之三到八分之五的位置。由于某些特定的原因，这个规律在剧烈波动的市场上是无效的。然而，即便是在剧烈波动的市场上，反作用力也很少能将价格回调至主要波段的四分之一位置。

反作用力有两种表现方式。有些时候，反作用力以骤然下跌的形式出现，价格在两三天内迅速下跌 3~10 个点。另一个更为常见的方式是市场陷入萧条，跌势持续时间长达 15~30 天。当市场出现担忧情绪以及突然平仓时，反作用力通常采取前一种方式；而当市场出现突然平仓，并且卖盘压倒买盘占据优势时，反作用力通常采取后一种方式。

1900 年 12 月 20 日

我们在前面的文章中提到，面对巨大的利益，在市场中积累的经验，似乎已经转化成了三大推理。

第一条推理是，市场的表象经常是靠不住的。第二条推理是，在交易中果断止损和不急于获利了结，都是好习惯。第三条是，要适当地对未来能够获利的确定性和容易程度，持怀疑态度。毫无疑问，这三条推理都是正确的，问题的关键在于，如何将这些推理运用于实盘操作。

首先，我们要选择买进股票的时机。大家总是认为市场上同时存在着三种趋势。第一种是日常的窄幅波动。第二种是中期趋势，持续时间为两周到一个月，甚至更长。第三种是主要趋势，持续时间至少为四年。

除了那些不需要支付手续费的交易者以外，我们都应该忽略日常的波动。场外的交易者，应该避免同时买卖两到三只以上的股票。场外交易者应该通过记录这几只股票的价格波动图，来掌握它们几个月或几年的趋势，进而能够很容易地判断出他所交易的股票正处于总体趋势的哪个阶段。

除了价格波动之外，他还应该记录这几只股票的交易量，记录所有对这几只股票有影响的特别事件，比如收益的增加或减少，固定费用的增加，短期债务的增加，尤其是每个月账面上的实际股息。他应该关注市场波动，关注《华尔街日报》每天公布的股票平均价格，因为平均价格比任何一只股票都能更清晰地反映市场的情况。

我们进行这一研究的主要目的在于使交易者能够判断出两方面的内容：一是他所买卖的股票的价值是在增加还是在减少，二是究竟何时才是买进的好时机。假设30天的振幅大约是5个点，那么当价格已经上涨了3个点时，最不值得买进，因为如果此时买进，可能获得的利润仅有大约2个点。

因此，一般情况下，明智的做法是，在下跌趋势中找到一个低点。举个例子，假设我们考虑买进联合太平洋铁路公司（Union Pacific）的股票，原因是目前这只股票的市场价格显然低于它的价值，并且市场正处于一个4年的牛市行情。在这个例子中，我们假定股票的收益和预期向好，总体的市场前景也基本正常。

这将成为买进联合太平洋铁路公司（Union Pacific）股票的好时机。不过，精明的交易者只会动用部分资金。他可能会先买进一半股票，然后随着价格下跌再买进另外一半。价格的跌幅可能比他预想的深得多，所以他可能需要等待很长时间才能盈利。在某些情况下，他甚至会怀着用更低价格买进的希望，抛出手中的持仓。

不过，所有这些都只是例外。大部分情况下，对于买进时机的选择，都是基于对所选股票内在价值的敏锐洞察力。此外，密切关注市场趋势的变化，能帮助投资者在合适的时机和合适的价位买进，使他获得丰富的投资回报。

我们将在另一篇文章中重点讲解在交易中设置止损指令，以及根据未来趋势进行交易的比较优势。

1901 年 1 月 22 日

第一波反弹

市场上普遍出现反弹。昨日，股票平均价格下跌了 3 个点，一些股票的盘中跌幅为 12 到 20 个点。圣保罗铁路公司（St. Paul）、曼哈顿铁路公司（Manhattan）、美国晶糖公司（Sugar）、布鲁克林捷运公司（Brooklyn）以及联邦钢铁公司（Federal Steel）的跌势最为明显，而大盘则从高点下跌了 5 到 7 个点。此番下跌，几乎没有出现中期反弹行情。

这波下跌出现在上一波大涨之后，因此，下跌自然十分迅速，跌幅也相对较大。这种下跌经常受阻，要么是空头回补，卖盘压力已经耗尽，要么就是一些突发事件引发多头积极买入，改变了原来的市场氛围。

对于今天的盘面而言，早盘时多头的表现最为出色，空头也开始逐渐回补。密苏里太平洋铁路公司（Missouri Pacific）和瓦巴什合金公司（Wabash）的坚挺走势，刺激了市场买盘，并带动了下午盘面的快速反弹。但是反弹空间有多大，还是一个未知数。

在目前的市场价格附近，可能会出现一波大幅的反弹，这个假设是合理的。价格每下跌 5~10 个点，就需要回升三四个点。交易商可能会在这种回升行情中继续低价卖出股票。这是因为反弹行情中有持仓的多头将成为卖方，卖盘压力也随着反弹行情的推进不断增加；而前期空头所提供的购买力则会逐渐减少。

通常情况下，市场上的次级趋势能占到主要趋势的 3/8 或 1/2。截至目前，除大众天然气公司（People's Gas）、美国晶糖公司（Sugar）、联邦钢铁公司（Federal Steel）、大都会公司（Metropolitan）之外，其他股票都尚未跌至主要趋势的二分之一位置。如果市场充分回调至主要趋势的 1/2 位置，价格将普遍下跌 3 到 10 个点。

时间因素也是我们预测的一部分。一波持续了三个月的上涨行情，绝不会在一个星期内就跌至谷底。从理论上来讲，下跌行情应该在二月份结束。理论并不总是行得通，这次也不例外。不过股票平均价格暗示了行情会先反弹，然后再度回落，下跌期间会出现各种阻力，直到二月中旬，价格可能才会走稳并迎来大幅上涨的预期。

未来市场上可能发生的事件，阻碍了行情在此时出现下跌。第一个就是各类交易的情况。为了实现各铁路路段所有权的统一，实力雄厚的利益集团大量买入股票。很显然，无烟煤矿的交易就是一个实例。圣保罗铁路公司（St. Paul）的交易尚未确定，但是内幕人士肯定在股价下跌过程中买进。目前还有几笔十分重要的资产转让正在进行当中。

1901 年 1 月 31 日

关注市场趋势

一个看海水涨潮的人，想要知道最高潮的确切位置，每次浪潮袭来，他都会用一根标杆在沙滩上标记出这波浪潮到达的位置，直到标杆标记的位置不再有浪潮袭来为止，最后浪潮逐渐退去，幅度之深，足以显示出潮水已经彻底调头而去。

对于观察并判断股票市场的顶峰，这个方法仍然有效。20 只股票的平均价格，就相当于那根标记潮水高度的标杆。正如海水的浪潮一样，价格的浪潮也不会一下子从顶点跌至谷底。价格不断经受下跌动能的检验，经过这样一段时间，我们才能确定市场是否出现了高潮。

下表中列出了行情上涨时的波动。价格在 1 月 12 日冲高，1 月 19 日回落，1 月 23 日再次冲高，1 月 24 日再次回落，1 月 30 日价格第三次冲高，突破了 1 月 23 日的高点，但是仍未触及 1 月 12 日的高点，差距大于 1 个点。

过去几周的铁路股票市场行情

1 月 12 日（星期六）20 只铁路股平均价格	97.85
1 月 19 日（星期六）20 只铁路股平均价格	93.56
1 月 23 日（星期三）20 只铁路股平均价格	95.00
1 月 24 日（星期四）20 只铁路股平均价格	93.90
1 月 30 日（星期三）20 只铁路股平均价格	96.08

没有人能够有把握地说市场是否出现了高潮。如果股票平均价格突破了 1 月 12 日的高点，市场近期创新高的可能性就会增加。但是如果股票平均价格突破了 12 日的高点，市场却未创新高，价格就容易出现跌破 1 月 19 日低点的跌势。

毋庸置疑，由于相当一部分实力雄厚的利益集团并未参与推动行情上涨，并且就他们的影响力而言，这将促使价格出现回落，而非升高，所以基于这一点，市场表现十分坚挺。圣保罗铁路公司（St. Paul）股价的上涨打破了原定的交易计划。其他股票价格的上涨，引发小集团集体套现，致使众多优秀的知名证券公司调低市场预测，建议投资者保持谨慎。

不过另一方面，股价的上涨促使一些投机商抱着抓住有利时机的想法增加持仓。尽管证券交易所并不十分看好后市，公众也并未表现出追涨的意向，但是倘若这些投机商能够获得公众的支持，他们就能达到预期的目的。

有迹象显示，某个看涨的投资者，连续在多只股票上增加持仓，以吸引股民买入，而他自己却转而在其他地方卖出。市场普遍认为，这解释了圣保罗铁路公司（St. Paul）近期的股价波动以及罗克岛铁路公司（Rock Island）昨天的上涨。就算是实力雄厚的投机商想要反手操作，也要耗费很长时间。有时候我们确实需要通过大量的操作来卖出适量股票，那么这种情况就可能会上演。

六个月前，我们偶然指出几家龙头铁路公司在过去的六到八个月中收益大幅增加，股票价格却出现下滑。这是不正常的，并且肯定会导致铁路收益的大幅减少，或是股票价格的上升。只要仔细检查过去六个月的净收益记录，就会发现除个别情况外，大部分铁路的净收益只是温和增长。尽管如此，价格还是上涨了 20~40 个点。在一定程度上，这是市场对年初经营状况改善所做出的反应，但对于大多数股票而言，价格的上涨是否并未将经营状况的改善考虑在内，仍然是一个疑问。

未来，投资者仍然可以从共同的所有权中获利。这个客观事实尤为重要，但是价格的走高，妨碍了这些计划的实施，以至于所有被卷入共同所有权的股票是否不会通过降低价格来促进销售，目前仍是一个未知数。

市场可能会继续大幅走高，但是我们无法逃避这样一个事实，那就是市场在过去几个月里大幅上涨，目前股票价格与价值的关系，已经完全不同于 6 个月前的情形。

1901 年 7 月 20 日

解读市场的方法

一位客户写信说："有没有什么方法能从股票行情自动收录器的纸条上，从你们的交易记录或是概括性的价格波动中预测出市场的走势？所有的交易都蕴含着某些意味，但是交易者如何才能确定这些交易的意思呢？"

这是一个长期存在的问题。对于这个问题的解答有很多种，但是这些答案是否曾经或能够完全令人满意，实在值得怀疑。然而，在实际运用中，确实存在几种方法，能够偶尔提供一些建议。

其中一个方法叫做"定价法"。价格已经确定，每变化 1 个点位都用一条线标记出来，这样就形成了许多条水平方向的线，随着市场的上下波动，这些水平线又形成了许多条斜线。有时候，一只走势良好的股票，会持续窄幅波动，比如，在 2 个点的窄幅区间内，直到形成一条很长的水平线。这条水平线的形成，有时候就暗示了股票持仓已经被集中或分散，同时这也将诱使其他投资者买进或卖出股票。过去十五年来所做的这类记录，似乎支持了这样一种观点，即我们经常通过这种方法，来检验为获得股票而进行的市场操纵行为。

还有一个方法叫做"双重顶理论"。根据交易记录显示，在很多情况下，当一只股票触及顶点后，会出现温和的下跌，然后股价会再次冲高至最高点附近。如果完成这一过程后价格再次下跌，那么这个跌势很有可能延续。

近期股票平均价格的波动就说明了这一点。5 月 1 日，20 只股票的平均价格是 117.86 点。5 月 9 日，20 只股票的平均价格是 103.37 点。6 月 17 日，20 只股票的平均价格是 117.65 点，也就是说，股票平均价格几乎回升到最高点，从而形成了一个双重顶形态。7 月 5 日，20 只股票的平均价格跌至 106.35 点。根据双重顶理论，交易者在 6 月 20 日市场开始下跌时卖出股票，获得了盈利。然而，那些试图单纯依靠双重顶理论进行交易的人，却发现不仅存在很多例外，而且很多时候市场并未发出操作信号。

还有一些人根据平均价格理论进行交易。诚然，在一个较长的时间段里，市场上涨的天数与下跌的天数几乎一样多。如果市场连续几天上涨，之后几乎肯定会出现几天的下跌，令市场达到平衡。

这个方法的问题在于，小的波动经常是较大波动的一部分，当大的趋势与小的趋势相同时，每个可能的组合也有可能发生，市场上经常会出现持续时间较长的波段，而对于股票交易而言，如果从长期来看，就会出现正好符合平均价格理论的相当数量的上涨天数或下跌天数，但是如果计算出这些上涨天数和下跌天数的数量，就会扰乱那些基于一系列短期波动预期的操作。

一个更为可行的理论，是建立在作用力与反作用力规则的基础上的。在市场的主要趋势中，通常还会有一个方向相反的次级趋势，其波动幅度至少会达到主要趋势的 3/8，这似乎已经成为一个公认的事实。如果一只股票上涨了 10 个点，那么接下来它很可能会下跌 4 个点或是更多。无论涨幅多大，这个规则似乎都是有效的。在一波 20 点的上涨之后，出现 8 个点或是超过 8 个点的下跌并不稀奇。

我们不可能预先知道主要趋势的时间长度，但是主要趋势的波幅越大，市场的反作用力就越大，因此，我们根据这一反作用力成功交易的确定性就会更大。

如果谁对这个方法感兴趣，可以去找一篇题目叫做"市场的进程"的文章，这篇文章非常具有启发性，经常被刊登在《华尔街日报》上。这篇文章中提到的价格转折点要追溯到 1885 年。

一些经验丰富的投机商采用的方法是公众的反应。它所涉及的理论是：市场上总是存在或多或少的人为操纵。一个试图推高市场的大投机商，并不会买入所有上市的股票，而是通过合法买入股票或是人为操纵来抬高两三只龙头股的价格。然后他会观察这几只龙头股的上涨对其他股票价格的影响。如果市场人气看涨，人们也倾向于买入，那些目睹了这两三只龙头股上涨的人们就会立即开始买入其他股票，整个市场也将继续走高。这就是公众的反应，同时也显出了龙头股的股价将再次提高，整个市场将随之上涨的迹象。

然而，如果龙头股上涨，其他股票却并未跟涨，这就说明公众不愿意买入。投机商一旦弄清公众的反应，通常就会停止推高股价的尝试。关注股票行情自动收录器纸条的投机商尤其喜欢用这个方法。但是，这种方法可以被人察觉，在每天收盘之后，人们就可以通过我们的交易记录，来观察哪些股票的价格在特定时间内被抬高了以及整个市场是否随之上涨了。解读市场最好的办法，就是从价值的角度来理解市场。市场并不像一只在风中四处颠簸的气球。总的来说，市场充分反映了那些目光远大、见多识广的交易者所作出的努力，他们努力使价格与现存的价值或是不太遥远的未来的价值相适应。大投机商们关注的不是价格能否被拉高，而是他们打算买入的资产的价值能否吸引投资者和投机商的购买意愿，使他们在六个月之后以高出现在股价 10~20 个点的价位买入股票。

因此，在解读市场的过程中，最主要的一点就是认清一只股票三个月后的期望价值，然后观察投机商和交易者是不是正在朝着三个月后期望价值的水平抬高这只股票的价格。我们经常可以用这种方法来解读市场的波动。懂得了股票的价值，就能领会市场波动的含义。

1901 年 10 月 2 日

投机交易中的关键时机

我们曾经收到这样的疑问"如果牛市行情在去年的五月份结束，市场现在正处于一个下跌通道，那今天秋天价格应该出现大幅的下跌吗?"

杰·古尔德先生（Jay Gould）曾经说过，成功投机的首要必备条件就是耐心。大部分投机商都意识到由于缺乏耐心他们经常过早的进行不必要的获利了结。通常，市场上不会突然出现一波大行情。狭义上，市场的波动源自人为的操纵，而广义上，市场波动则是由形势的变化而造成的。股票价格有点像军事上的散兵线，随着形势的发展不断变化，并朝着预期将会发生的情况波动。当价格走得太远时，他们不得不回落。然而当可能的形势变得清晰时，价格就会出现一段时间的急速上涨。

潮汐似涨非涨，似退非退时，就会出现潮汐的平静期。而商业潮流模棱两可时，我们很难说清这个时期市场形势的重大变化究竟是有利的还是有害的。有些情况可能变了，有些情况可能没变，最终的形势如何，难以预料。

这个情况与股票市场十分相似。股票价格在不利因素面前下跌，在有利因素面前上涨。即便市场非常活跃，总体形势的变化也非常巨大，但是此时将有利因素和不利因素相抵消，这个净变化可能十分有限。

我们现在非常清楚，1879~1880 年的牛市行情在 1881 年 5 月到达顶点，不过 1882 年夏天，几只股票价格走高，甚至超过了 1881 年春天的价格水平，然后多数股票在 1882 年仲夏的那波上涨行情中逼近历史最高价。之所以出现这种行情，是因为客观条件使 1879 年的市场行情并没有一下子完结，1881 年初冬，市场上的不利因素足以令股价陷入低迷，然而 1882 年春天，市场上的有利因素又足以提振市场，令市场进入坚挺上涨的阶段。

1890-1892 年市场出现转折时发生了一模一样的事情，然后 1896 年市场出现转折时也发生了同样的事情。前一个市场低点出现在 1896 年 8 月 8 日，20 只铁路股的平均股价为 41.82 点。虽然之后形势出现好转，麦金莱总统的首次当选，也令投机商看好后市，但是由于总体形势变化缓慢，不足以打消市场疑虑，因此 1897 年 4 月，20 只铁路股的平均股价只有 48.12 点，7 个月只上涨了 6.30 点。当形势发生了根本性的变化，市场开始剧烈波动。自 1897 年 4 月到 1898 年 8 月，市场价格从 48.12 点上涨到 70.15 点，涨幅高达 22.03 点。

我们不能说市场在去年 5 月份创下了牛市行情的高点，但是我们可以说，如果去年 5 月市场确实创下了高点，自那时起市场并没有什么异常的表现；如果牛市行情尚未见顶，无论高点何时出现，如同我们今年经历的行情一样，前期一定会出现一段持续时间很长的窄幅波动。

如果去年五月就是上涨行情的顶点，自那时起市场就会陷入多空焦灼的震荡区间，直到市场上累积了足够的利空因素，股票市场供应不断增加，需求不断减少，最终打破了现有的多空均势，价格跌至更低的水平。在熊市行情形成之前，市场上就会出现大量卖盘抛售股票。

接着，市场会出现反弹，之后就是随着形势的不断调整，价格再度企稳。即使是在一个强烈的熊市行情中，20 只股票的平均价格一年缩水也不太可能超过 10~12 个点。由于交投活跃的市场每个月的波幅经常在 5~7 个点之间，我们可以看到，通过频繁的价格波动，市场上存在平均股价一年下跌 10 个点的机会。

因此，即使市场已经调转势头，出现深幅暴跌的可能性也非常之低。形势的变化有利于出现一连串的波段行情，那些在市场走强时买入，在市场疲弱时买入的投资者，可能会有所斩获。而那些有耐心等待长期波段的投资者，可能会获得更丰厚的回报，不过除非未来市场的走势与过去截然不同，否则实施等待策略不仅需要坚强的信念，还需要投入大量的耐心。

第四部分

市场主要趋势包括三个阶段

　　道氏对市场趋势与阶段的观点，也成为由艾略特 1930 年创立的"波浪理论"的基础。波浪理论中最主要的趋势包括三个阶段与五个浪。

概　述

市场趋势包括三个阶段

道氏认为，每个明显的牛市和熊市都会经历三个阶段：在新趋势形成初期，聪明的投资者开始积累头寸，积极加仓；随着信息的公开，新趋势形成的原因逐渐显现，股市由此进入稳定发展的第二阶段；到最后阶段，投资热情极为高涨，市场交易十分活跃，但无论是对当下还是不久的将来，聪明的投资者都不再持乐观态度。

当经济形势尚且低迷，市场上的正向利好消息依旧空乏之时，一些聪明的资金开始悄然入市，并积累大量头寸，使牛市行情开始孕育。随后，商业情形逐步改善，各公司盈利开始反弹，与此同时，市场吸引了大量的投资者，也因此使得各公司股票普遍上升。进入第三个阶段后，公众资产高度参与，市场消息全面利好。当股票价格屡攀新高，市场参与者不仅开始怀疑当前的形势，甚至开始怀疑未来的走势时，市场过度投机现象就越来越明显了。在这个时期，明智的投资者又率先开始从市场上悄然撤离。

1922 年 4 月，汉密尔顿这样写道："盘面一片欣欣向荣之际，市场已经悄悄埋下变盘的种子，市场拐点终会出现，而且即将到来。"①

在第一个阶段，大玩家们开始意识到经济形势可能已经到达最高点，早期的抛售，标志着熊市的开始。股票价格的回光返照，终因大趋势而夭折，社会公众的投资热情一再受挫。在第二个阶段，人们开始不断抛售，股价加速下跌，交易量逐步萎缩，投资收益逐渐减少。下跌过程中最大跌幅的出现，将市场推进恐慌的深渊。在第三阶段，市场全面利空，投资者争相抛售以尽量保全资金。当股票价格完全体现出所有坏消息的时候，有远见的投资者又开始为最终将要出现的反转积累头寸。

汉密尔顿在 1922 年 11 月写道："如同海水退潮一样，市场会在一

---

① 出自雷亚《道氏理论》。

个安全的价位获得支撑，直到熊市信号完全丧失殆尽。至于这个具体的位置，是无法提前预判的。"①

当然，市场可能会在任何时候反转，但是，倘若这三个阶段划分得越清晰，有可能出现的反应就会越强烈。

1929 年、1968 年、1987 年和 1999 年都有着明显过度投机的现象，随后都出现了严重的熊市。第二次世界大战末期，人们普遍认为美国将陷入萧条，这为美国 1946 年恐慌以后的一次连续的牛市行情设置了绝佳的舞台背景。到 1982 年，16 年的熊市行情结束，当时大量报道说市场已经死亡，正好为之后的最大牛市行情做足了准备。

测量情绪

市场估值与市场情绪，在决定市场处于哪个阶段的评估中起到了重要的作用。

1901 年 4 月 9 日，也就是市场恐慌开始前的一个多月，道氏写道："市场已经出现了一个很大的牛市投资机会，每天 120 万股的成交天量就是一个信号。近来公众资产对股票的需求不断提升，这为大量交易者卖出股票提供了机会。那些前段时间还是大买方的商业机构，在最后一个星期已经成为相同规模的卖方。以投机为目的的可用资金逐步减少，与此同时，有价证券的供给显著增加。

"这并不是说行情已经接近尾声，而是说当牛市行情接近尾声的时候，上述情况将会发生。因此对这些情况应当引起高度的关注。"

有的时候，过度投机十分明显，就像 1929 年与 1999 年。事实上，汉密尔顿 1929 年的文章也适用于 1999 年的情形：没有利润支持的网络公司，其股价竟然能够节节攀升，人们不停地谈论着所谓"商业新纪元"。

1929 年 4 月，汉密尔顿这样写道："人们或许应该问问自己，股票在价值线之上卖得好不好？又或者人们在相当长的一段时间内是不是已

---

① 出自雷亚《道氏理论》。

经没有购买欲望？以至于信心与金钱都相对缺乏。"①

雷亚（Robert·Rhea 美国 20 世纪初期著名的股票市场技术分析及交易专家，被盛誉为伟大的道氏理论集大成者，解读道氏指数和股票成交量的应用大师——译者注）认为："无价值的普通股股价被推高，人们却并没有注意到其内在的价值和盈利能力。经验老到的投资者们回顾那段往事，也常自问怎么会被'新时代'和'商业新纪元'之类言论所感染，以至于陷入噩梦般的冲击之中。"②

另一方面，时值 2007 年上半年，投资股市并非明智之举。像谷歌、苹果和迅捷这些主要公司的债券，已经被炒到很高价位，但公司的收益依然是以高利润和销售增长所带动。投机在房地产市场更加严重——特别是次级抵押贷款、多种重新包装的次级债组合和投机杠杆的风险。华尔街投资银行和其他美国重要的财政系统的崩溃，始于对金融衍生工具、对冲基金和其他投机工具的重大忽视。美国政府直到现在对这些领域仍然持袖手旁观的态度。

道氏对市场趋势与阶段的观点，也成为由艾略特 1930 年创立的"波浪理论"的基础。波浪理论中最主要的趋势包括三个阶段与五个浪。第一浪，一个新趋势的开始，这是变盘阶段，还存在大量的不确定因素；其后紧接着一个迅速回调的第二浪，到此时为止，先前趋势的确立还并不十分明显；接着是最强劲的第三浪，这是确立阶段，基础条件已经改变的情形已非常明显，不容置疑；第四浪通常是调整浪，因为担心占主导地位的第一、二浪已经开始衰退；最后的第五浪，这是收尾阶段。作为已形成趋势中的尾浪，当明智的资金开始持有反向仓位时，上涨动力已经变得十分疲弱。

朱比特传媒集团编辑、特许金融市场技术分析师（CMT）
保罗·施瑞德

---

① 出自雷亚《道氏理论》。
② 同上。

道氏发表于《华尔街日报》的文章

1899 年 4 月 25 日[①]

　　牛市几乎已经持续三年，当股票和商品的价格还处在低位时，牛市便开始了。股票平均价格的最低点和商品平均价格的最低点，几乎同时出现。那时铁路运输的收益很少，传统商业处在萧条之中。因为货币的供给很充裕，过去三年传统贸易已经有了显著的整体变化，大部分商品和股票价格呈现普涨格局。从另一方面说，伴随着盈余储备不再过剩，货币的供给也在逐渐被消化。

　　此时的情况显而易见：交易量开始企稳回升，而且出现明显稳定的扩张。钢铁贸易非常繁荣。产品需求相应增加。铁路运输量更是刷新最高纪录。与上一年相比，股票收益有过之而无不及。农产品的形势并没有预期那样好，冬小麦的收获，使得农产品略显尴尬的情形得以缓解。货币市场受不断增加的需求所影响。但在一段时间内，大量的货币供给一直持续，直到这一年的晚些时候，农产品价格的上涨推动了市场对于货币的需求。在当前条件下，主要有价证券的价格仍处于一个正常的水平。

　　至于未来的情况会怎么样，结果尚不确定。但那些与此相关的因素并不难确定。

　　第一个重要因素就是货币供给。上涨的价格吸收了货币。所有行业

---

　　① 在英文原版图书中，本篇文章与同一章节下 1899 年 8 月 23 日文章内容完全一致，无从考证正确日期，删除后文。

交易量的增加也吸收了大量的货币，新发行的有价证券，同样会吸收数量庞大的市场资金。这样势必出现货币的供给满足不了货币的需求。这种现象刚刚出现的时候并不明显。

第二个决定性因素是推动牛市持续交易的市场整体繁荣程度。只要工业收益持续保持高位，有价证券的价值就会得以维持甚至增加，市场也将保持繁荣。只要商业持续繁荣，运输收益维持高位，就会使股票价格保持高位。然而一段时间之后，产量供给大于消费需求的情况就会出现。这时工业部门将会陆续受到抑制，结果产量开始收缩、收益逐步减少。这时候应该特别留意，但这个时间窗直到后果发生之后才会显现。

预测牛市的第三个因素是大众的观点。大众的态度，是该阶段最好的象征：成千上万的商业资金都在参与。当人们开始发现所处行业的利润减少，他们就会估计别的行业也处于相同的情况。这样将抑制过量的购买，并且导致人们获利离场和止损出局。换句话说，股市上的交易主力从买入变成了卖出。这种情况不会一蹴而就，只会逐渐显现。可能更准确的说法是：尚没有足够的迹象显示公众资金已经对市场失去了信心。

如果这个推论是正确的，那么我们正处在牛市第二阶段的结论就是合理的，但支撑价格上涨的原因是市场努力寻求进一步的发展，需求仍然疲弱，没有太多牛市第三阶段的征兆。

1899 年 5 月 10 日

看起来，有很多人认为市场出现恐慌而且反常。这种观点表现出他们对股票投机特别有限的认知。在过去几周里出现的股价的下跌，实在太正常不过了。即便行情继续下跌，人们也不会觉得惊奇，但已经出现即将停止下跌的迹象了。

我们来回顾一下四月第一周的交易情况。市场平均价好像上涨了18个点，并且没有一次像样的回调。在这次上涨中，利润主要由投机的规模所决定，那些习惯于交易几百股的投机者，最后交易了上千股。

金字塔已经建好了，投资收益也到了一个不平常的水平。在此期间，中介公司以及那些因为交易而赚钱的公司，在某种程度上出现了过度扩张的情形。通常在这个时候都会出现一次突然的下跌，清洗掉一些表现不佳的股票浮筹，迫使他们削减贷款。这种下跌也部分出于对货币供给量不足的担心。

在资金供给量充足的情况下，小的投机商企图夺回损失，并且利用他们以前的方法重新获得利润。然而，公众资金购买股票并不是免费的，市场主力也明显意识到，必须降低股价才能收获投机获利的机会。过去几周的下跌是被操纵者们制造出来的。而从某种程度上来看，这种下跌并不猛烈。在一段时间里，股票价格得以成功支撑，就像星期二上午的晚些时候，许多人觉得下跌已经结束，并乐意买进以期待下午的上涨行情。结果下午的交易量在三小时内达到了大约100万股，这也意味着大量的平仓单，而经纪商因此得以大赚一笔。平仓也伴随着卖出相同数量的空头头寸。在星期一持有空头头寸的最大交易商之一，因为反弹不尽人意，在星期二中午就平仓了，但在收盘前他又转为买进，真是此一时彼一时。

这种平仓后补仓的操作有可能会再度持续。当公众资金开始放空时，有时卖出可能比买入更盲目。买方力量占据了市场主导地位，投资者可能需要花一两天的时间来调节到满意的头寸。到那个时候，市场将会处于一个相对健康的境地，主力们又要开始进行牛市的推动，而没有觉察到他们的努力有可能会被经纪商因负担过重而引发的崩溃所抵消。这在接下来的几周，向市场注入了一定程度的新风险。那些有实力的机构不会因为市场的调节而受到严重的扰乱。市场上并不缺钱，从宽松的银根可以看出，市场可以表现得足够强劲而又活跃。一些资深评论员认为市场将会走低，但是即便走低，也会在这一周的最后出现一次像样的反弹。

主力的态度十分重要。一些大银行鉴于企业近年来的经营状况而并不希望去推高股价。这些大银行会像散户或者机构投资者一样，在评估公众资产财力时，受到公众意愿的影响；同时又能左右市场，主导散户的情绪及投资意愿。他们也发现市场会持续上升。一些有实力的资金兴趣在于新的企业。他们会毫无缘由地改变头寸，并且确信总会有投资者做多情绪占据上风的机会。他们有可能是错的，但他们能恰如其分地把握住机会，其天赋不容置疑。

在这之后，投资者的兴趣将保护价格以免过度下跌，并且努力带来第一次的反弹，在上涨能量聚集的时期，利多头寸直到价格上涨时才能真正显现。

1899 年 5 月 13 日

当下，市场正面临选择方向，并潜伏着熊市气息。此前市场并不存在出现大动作的可能，直到最近，投机者的态度好像有了改变，每个人都站在同一立场上。卖方是唯一能够平仓获利的，因此一个没有中断的上涨很正常。如果熊市投机也活跃，占主要地位的力量就会轮流从多方转到空方，再从空方转到多方，波动的幅度就会更宽一些。这是一个多头乏力的市场，对于那些被市场波动震出去的普通投资者来说，情况就比较糟糕了。

特别重要的一个问题是：为什么一些投资大户的兴趣应该看空呢？给出的答案是，工业有价证券正在过量制造，而一个高价格水平将极为严重地破坏未来走势。

工业有价证券的过量制造，已经十分明显，但并没有扩散到人们预测的那种程度。仅仅只创造了 5000 万或 1.6 亿股，而且还并不是分发的。在任何条件下，市场时机和投资努力，都是不容忽视的力量。毫无疑问，新公司的创始人们都希望卖出他们的股票，但如果处在熊市中，他们就卖不出股票。所以在这些资产上，必须努力营造投机获利的气氛。

与前两年相比，现在的价格水平相对较高，但是谁也不敢明确说出现在的价格与之后两年相比哪一个更高。换一种说法，投机者对价格水平的看法是相对而不是绝对的。当布鲁克林快捷运输公司价格在 120 美元左右时，其交易量要高于价格在 20 美元左右时的交易量。现在价格的平均涨幅已经十分乐观，但比较 1879 年的那一轮牛市，依然相形见绌，至少还需要一年时间，才能与 1879 年有可比性。虽然现阶段促使价格上涨的因素，几乎与 20 年前一样强劲。

市场承认气候条件已经对冬小麦造成了破坏，但还是有时间来提供一部分替代的农产品和其他产品。即使承认农作物加工的原材料缺乏，但一定要记住，表面上铁路运输仍然非常繁荣。冬小麦等各类农产品，在几乎所有的情况下只占了运输量的很小一部分，在前几年农作物收成较好或价格较高的形势下，农业从业者群体收获颇丰。

熊市方面也有一些需要注意的，股票市场成了反映整个经济环境是涨或跌的天然晴雨表。股市由外面的贸易构成。那些用分红来取代固定利息的股票，在经济上行时期获得过多的利润，而在经济下行时期却遭受过多的损失。只要整体贸易繁荣向上，那些人为制造出来的支撑价格中的过剩收益，就将得以延续。

所有行业中取得成功的人士，不仅仅有本好的生意经，而且在未来收益的预期方面有着足够的远见。事实上那些最成功的人士在繁荣期建立新的企业与事业，也就意味着市场的利好行情不会出现严重的中止。

只要这种情况不再明显，只要有明显的证据表明市场将继续繁荣，诸如股价将持续上扬，则期待上涨的投机者就会信心满满，准备施展拳脚。

1899 年 9 月 7 日

股票市场已经形成了一种有利可图的交易倾向。对空方来说，总有足够的利空因素引导许多不同的投资者卖出股票，不管是平多还是裸空；而对多方来说，也有足够的有力的利多因素引导激进的投机商，无论是团体还是个人。

事实上，市场因当前形势下的刺激因素而不断扩展。某些特别的股票正逐渐被控盘资金收集，而公众则持续买进其他普通的股票，使其股价发展到专业多头严格禁止买入的价格水平。

毫无疑问，在过去的 60 天里，市场受到有组织的空方势力打击。而因此产生的对价格的市场负面影响并不算大。反过来说，在此情况下抛售而未见效果，已经对空方的账户造成了某种灾难。

在这种情况之下，被偶然选中作为攻击目标的某只股票，会存在意想不到的强大内在控盘力量，做好了吸收所有筹码的准备。比如，田纳西煤炭钢铁公司（Tennessee Coal & Iron）。空方在这样一只股票上失手，会在后来的市场操纵行为中有所收敛，现在的收敛，主要表现在对其他股票的抛售上。

也存在有组织的空方，他们做好了趁弱势袭击某只个股或者某个板块的准备。尽管这些账户的操作很执着，但影响很小。类似的证据还可以从昨天在晶糖公司出现的行情中略见一斑。

然而，这种抛售不会有太多的后续衍生操作，相反，空头成为整个国家买方力量进攻的目标。那些 1881 年在牛市上的人将会记得，当时强劲的华尔街主力组织起来，形成一股熊市力量来阻止价格上涨。他们抛售了成千上万的股票，一时间对价格形成了强大的压力，但是公众的吸收，迫使他们撤退，而且投资公众后续的购买力量很容易引发牛市热情，将价格推到比之前还高的位置上。

牛市因素现在看来，好像已经足够强劲地抓住公众，为股票的任何变动提供支撑，这也展现了牛市的优势所在。

需要对资金市场保持密切的观察。在国家工业发展的时期，因为对货币的大量需求，从而使得那些略显焦虑的有钱人从容地保持提供充足的供给。大资金的青睐也保证他们的货币在需要时能够容易得到，而且因为货币利率上涨，为了获得货币，将会有一定量的有价证券的平仓。

当然，这并不是说公众成了股票的卖方。柏林的情况稍有不同，柏林的货币利率已经不断走高，而股票的价格也保持在一个高水平。圣保罗公司（St. Paul）分红的增加、大量的运输收益和出色的贸易收益报表，导致了大量资金投资于这个国家。

然而，职业的投机者正在抛售股票，为转势做准备。

1899 年 9 月 12 日

昨天，股票的抛售更进了一步，因为高利息率带来了更多的平仓。毫无疑问，空方尽可能地发挥着优势，现在他们将会用所有的努力去强化空头氛围，制造更多的平仓。

在这周剩下的几天里，他们自然会继续抛压。他们会通过使边际股票持有者不安的方法继续获利。人们被教育成在下跌的时候买进。然而在现在买进却停止了，而变为抛售的开始。

在此之前，越低越买是有利可图的，因为总会出现反弹。如果反弹，则多头头寸就能再次获利，而空方的抛售就会遭受损失。多头经常会带来一次反弹，以保持在高位卖出。但在这个特殊的时期，高价位卖出的空方力量，被确信为足够可靠，他们制造进一步的压力就更有利可图，因为多方的平仓业已被空方影响了。

高利息率和高价格水平迫使熊市行情加剧。牛市方向已经持续了90 天的震荡，在这样一个高价格水平下，通常会伴随着一段时间的上涨行情。

较高的资金成本费用，在某种程度上是有所准备的，但是不论其准备得多好，仍无法避免这样一个事实的存在，即当高利率盛行时，有一些股票持有者因为各种原因出售股票套现。而如果资金紧张，借款就比较难，因为贷款方害怕在这种形势下可能出现的不利影响。

那些导致高价格的牛市力量，前所未有地表现平静。已经预计到的成功，不仅表现在贸易报道和结算上，而且也反映在货币的高利率上了。

大部分因为这些繁荣景象而购买股票的投资人，随后都会选择卖出股票，他们这种做法也不会被看成是市场的反应，而仅仅只是华尔街的一次正常市场运动而已，并不会被人特别重视。他们的购买也仅仅被看作一段时间的持有和获利回吐。

市场上充斥着这样的投资购买，而且交易量一直维持在相当高的水平。事实上，这是市场上持续的博弈力量，如果不是这样大的成交量累积起来，空头的抛售就不会大获全胜，泡沫越大，暴跌越惨烈，空方力量获利就越大。

1899 年 12 月 30 日

掌控市场的因素有三，情绪、操纵和事实。情绪由事实而来，因为人们总是猜测着各种可能出现的事实，但这样的猜测通常都是错的。长期而言，大规模的操纵与关键的事实趋于一致，但短期的市场操纵，通常与事实方向相反。

短时间的情绪每天都影响着市场。一些已经发生了的事实或预计会发生的谣传，推动交易的发生，但由于这种原因所左右的行情，一般只能维持一天甚至一个小时。因此，这种市场情绪只针对突然发生的市场变化。

在中午 1 点依然强势的市场，可能在 1 点半的时候就变得疲弱，因为一些活跃的交易商转变了态度。他们卖出几千手股票，这样的空单，也诱导其他人卖出部分其他相关个股，但这些行为叠加起来，就足以改变市场的特征。

投资者情绪会持续数月。大众持续确信市场将变得更好或更差的情绪是最强大的投机因素，当这种情绪被广泛传播时，就将超过与它对立的任何强有力的投机因素。范德比尔特（Vanderbilt）从经验中总结出："所有人加起来要强于任何一个人。"

操纵，是一些大的投机商，为了买进股票或者卖出股票获利而实施的市场行为。大型投机商希望自己的行为快于市场。他们希望知道的不是现在怎么样，而是将来会怎么样。他们的想法就是如何让其他人以低价把股票卖给他们，然后又用高价把股票买回去。

一个掌握着 10 万份股票的投机商，如果没有大量的努力是不可能在低价买进大量股票的，他们也不可能在不付出努力、没有时机配合的情况下高价卖出股票。在价格从低往上涨的过程中，是他们实施计划的最简单阶段。其主要思想在于："如果我现在购买股票，明年2月或3月的时候，就会诱使别人从我手中买入这些股票，而那时的价格要高出现在10~15个百分点。"

因此，很明显，有财力的投机商的立场，被认为是情绪与操纵的立场，这样又回到了客观的事实上来了。小投机者中如果谁能正确预测明年的实际情况，他就能充满信心地展开股票交易，因为他们的步调与大投机商的步调一致。

然后也就归结为市场上最重要的特征：怎样才能预测事实？哪些影响因素必须要考虑？在所有股市投机因素里，首先需要考虑的是货币的供给。大部分股票买卖，都是基于借贷的资金。大量的借款组织对贷出资金的信心，都是建立在一个相对较小的现金规模之上的。然而，任何干扰大投机商借出几百万资金或小投机商借入上万资金的举措，都会在一定程度上对市场行情产生相反的影响。

第二个关键因素是，那些正准备要交易的资产的境况是否正在改善，还是正在变差以至于削减其有价证券的内在价值。就长期而言，价值决定价格。如果一个交易资产存在稳定的利润增值空间，那么其红利就能从5%上涨到7%，相对而言，不管货币利息是多少，股票的价格也一定会上涨。当然，相对于货币紧缩，在货币宽松的情况下，股票价格上涨幅度更大。

下面还要提到第三个因素，这是一种知识。对那些已经做好准备去购买股票的资产来说，其收益是由于目前平常的市场环境，还是由于一种特殊的、可能使目前的市场环境无法持续的原因。这是由整个经济环境中组成整个国家的贸易、交易、金融、农作物、价格和所有因素所组成的宏观原因。可能没有人自认为能彻底了解上述一切内容，但总有人会完全了解整个宏观经济的趋势。

如果能够清楚地认知一两个重要行业，那么就可以对整个市场上其他重要行业有一个相对正确的了解。特别是古尔德（Gould）先生认为，钢铁市场是衡量整个市场环境最好的单一指标，因为没有人胆敢尝试控制钢铁市场的事实。这也证明了钢铁市场是一个天然的市场，能够更为真实地反映整个市场的情况。

较之于其他行业，几乎大多数的投机者都更加密切关注钢铁市场。当然，为投资者提供接下来一年投资建议的货币市场除外，因为他们最近不是因为跟随钢铁市场行情而获利。所以我们可以说，钢铁的价格在过去一年已经上涨了100%以上，虽然生产大量增加，但仍然远远赶不上消费需求量。在最后一个月，钢铁的价格有点疲弱。市场最高价位大约出现在11月中旬。总的说来，从目前行情来看，钢铁价格更倾向于下跌而不是上涨。

总结以上几点因素，可以说当前的市场情绪，期待着近期反弹后的进一步回调。相当数量的投机者在下跌的过程中购买股票，而在这次反弹中只抛售出较少数量的股票。货币市场的情况是：现在来看暂时有利可图，但一两个月后就难说了。至于很多资产的收益情况是非常有利的。许多人都怀疑现在交易资产处于一个高位，然而更多人想知道当前的水平能否持续，而并不指望预测明年的市场是否有一个强劲的势头。

1900 年 3 月 17 日

投机行为反映一切市场条件。价格不断地调整自身，与价值趋于一致。操纵行为使得保持一致的过程很曲折，但结果却是一定的。长时间的疲弱，意味着主力要不就没察觉到什么，要不就是觉得现在还不是看多的时机。

在这个时候，市场尚未形成真正的趋势。震荡是代人操盘的交易商制造出来的，他们因为对合作伙伴的承诺而不得不一直进行操作，试图迫使空头回补，多头离场。这个时候最关键的问题，是能否发现一些事情，能在未来几个月之内激进地调整市场整体或者个股的预期。抱着这种想法去研究多组股票是值得的。

几乎可以确定，高价格的格兰杰股票，在股权红利方面存在优势。这样强大的系统不可能被复制。因为备受追捧，该股在本地交易方面将有稳定的增长。利率不可能无止境地降低，因此格兰杰股票越来越被看作是投资的根据。这也是个机会。从空头的角度看，把格兰杰股价打下来，看上去没什么意义，该股因为红利的分发，同样也会拉高到足够价位。

那些较平静的优先股、概念股，显示出稍微不同的状态。这些首选的股票因为红利所以很安全，不用担心目前的盈利水平，其收益率一般大于5%，因此从半投资的立场看，变得更有吸引力。可能在名单中像北太平洋和太平洋联合集团这样的股票，与其他比起来，可能有更确定的收益和较小的风险。

这种情况下的普通股显示出了大量的收益机会，并且对于投机行为来说，具备了更大的操作吸引力。当前收益的持续性意味着北太平洋、太平洋联合、密苏里、南太平洋这些股票价值正在不断增加。一个积极寻找投机机会的投机者，在这些股票上会找到比其他种类的证券更多的交易机会和投资利润。

的确，如果牛市行情结束之时，这类股票的投机机会仍然没有出现，那么这就是出人意料的事。之前的牛市把那些分不到红利的，而且只是因为市场的性质而并不是股票内在价值的股票价格推高。牛市也会使得最好的股票实现价值增值，但是几乎一年都不会再出现牛市。从1899年的市场收益情况来看，基于红利派发的情形从一般都会推高中等水平的运输业股票，因此，从现在来看，这些股票价格要上涨还为时过早，尚且存在盘整的可能。

在工业名单上的优先股，对投机者来说还有很大的活动空间。今年一些主要工业企业显示出来的巨大盈利，并没有吸引很多的投资兴趣。缺乏领导和一些不利的事件，对市场这样的运动产生了负面影响，这也是事实。公众对工业股没有足够的信心也是事实。但是，如果公司通过政策来提供消息，由此来增加公众信心，7%的股票将会展示出两倍以上的红利分发，股票也不会长久地在90左右徘徊，甚至低于这个价位。

普通工业股的机会要少一些，因为如果股票投资者不愿意在80买进优先股，就更不可能在30买进普通股了。因此普通工业股的机会更少，虽然他们有可能参加任何一次大规模上涨。低价格和红利分发，使名单上的这些股票并没有出现在他们本应该出现的类别中。

我们来总结一下，中层运输股票和工业优先股，为投机活跃与价格上涨提供了可能，这些可能性也有可能在战争结束之前被发现并且得以实行。

1900 年 3 月 21 日

大都会集团（Metropolitan）得到了第三大道（Third Avenue）的控制权，这则消息广泛刺激了市场。两周以来，这个传闻一直摇摆不定。官方对此的否认，可谓言之凿凿。我们一度以为，大都会集团的高层管理者们，反复强调他们无意收购第三大道，又不去解释其他人看到的已经发生的实际操作，应该在客观上提高了第三大道股票的收购成本，对大都会集团的资金方是不利的。

第三大道收购案，将因为其超乎寻常的投机操作被载入史册。一个名望和资金量都相对小的投资集团，聚集了超过 2000 万的浮动债务，这里面包括了 800 万的无抵押借款。在这种情况下，股价被操盘手打压而下跌，从 140 跌到 51 的过程中没有任何反弹。在取得控制权并回补空头的过程中，股价又回到原来，中间没有任何调整。结果，公司控制权易手，并且，如果传闻属实的话，某些空头资金趁火做空却抽身不及，损失惨重。

从某种角度说，第三大道交易，被认为是 12 月布鲁克林快运公司投机的续集。现在想想那个时候的事情也就合理了，当时的空头迫使多头受累，遭受大量损失。那些再次聚集起来的多头，现在成功地从空头手上夺回了一些损失，并且得到了公司控制权。同时第三大道的投资者们在低价位被震出他们手中的股票，不得不眼睁睁地看着他们的亏损操作成了对手的预谋已久的收益。

从整个市场来看，因为大都会集团买到第三大道的股权是一则利好消息，可以在股票的操纵上更加集中。这为布鲁克林快运公司与曼哈顿指明了正确的方向。这也消除了对大量分析的恐惧，而且也弄清楚了在财政和投机形式上的弱点。这个努力使驱散了长久以来笼罩在市场上的郁郁沉沉气氛，的确给那些期待上涨的人们带来了一些信心。

我们仍然坚持中等投机铁路股票为，市场提供了最好的投机机会。北太平洋和太平洋联合的每股收益均超过了5%，南太平洋的收益在4%左右，密苏里和南方铁路的收益率分别为3%和5%，诺福克和西方集团的收益率均为4%，而且这些股票现在仍有投资空间。如果现有的环境能坚持足够长的时间来证明那些正在进行投机交易的多数投资者是正确的，那么价值上涨而价格不涨的那些股票，就会被人重新想起并出现上涨。现在完全可信的信息是，太平洋联合正在蠢蠢欲动，南北太平洋的上涨也指日可待。

但是很少有人提到工业优先股了。这些股票的最大问题是，人们对这种证券的价值不了解，而且也不知道它们能否被当作基础投资工具进行投资。每年的报告很好，但这是在行情走出来之前而言，在信息被需要的时候，他们却一点用都没有。工业市场的另一个熊市原因是，国会将尝试在反诚信问题上的立法。这项立法是否会受到很严厉的执行，或者只是在政治斗争中的噱头，只有在以后才能知道，但是不论怎么样，一定会对市场造成不利的影响。

传言说这次政治战争起因是布莱恩民主党的内布拉斯加宣言，因为这个宣言是布莱恩个人的同意，从某种程度上说，这被认为是对即将到来的选举党派的预测。这份宣言支持所得税，劳资纠纷的仲裁，市政府对公众权利的采纳，反对信任的持续战争状态，废除丁力税法，自由货币制度，政府的货币意见以及国债情况。它反对膨胀和军国主义，而且支持伯乐斯。

这多种多样的提案规定在法律上，这也将给交易环境带来巨大的改变。这个决议看上去会失败，但其实也要到11月才能得到官方最终结果。

1901 年 3 月 7 日

市场力量之源

市场大动作之后，总是能找到原因来解释。在市场动作的最初阶段就分清三个因素之中哪一个作为主导并不容易，但是事后去解释，简直是不费吹灰之力。

货币贬值的影响，恢复硬币支付的搁置，铁路系统建立的伟大时期，白银通胀，外国股市疲软，白色恐怖，都为股票价格带来了巨大压力。

从去年夏天开始，市场以其不同寻常的强势完成了一次上涨。我们没有对这次细微的回调做记录。疲弱横盘之后，平均也仅仅只有两到三个点的回撤，这之后力量又聚集起来将价格推向了新高。

能做到以上这些事的力量，很有可能是那些银行家与财团，他们确信，通过操控资产能够维持价格与利润，这也证明购买是合理的。

如果这个观点是正确的，大量的股票，特别是最好的铁路股票，就会被带到华尔街以外，一部分在财团那里，那些想要与财团合作的大投资者也会持有了一部分，他们通过便捷的方式，实现永久的资产增值。这也就能解释为什么价格没有回调。

在上涨行情中，回撤是因为投机者的认知。投资者没有看到强势的足以压倒一切带来的买家和进一步恶化行情，因此，没有突然的卖出命令。投资者会在价值得到价格充分体现后进行卖空。

现在的价格情况，创造了一连串不可思议的数据。没有人能够知道在长时间里什么样的社会因素会最终影响到红利与价格。在拯救银行投资的名单上，泽西中央的债券配售，将5%的债券价格推高至137。

如果能够提供稳定的红利，那么主要公路的股票会被看作是比债券更加可取的投资，更高的价格就有可能出现。如果费利战能够避免，商业的自然增长就会让股票持有者收获好处，红利也一定会增加，特别是西部边界，这里每英里获得收益的机会都会上涨达到东部公路的水平。

虽然已有的计划和那些正在做这个工作的人的目标没有疑问，但是最终的结果有所怀疑。他们认为 1900 年展示了在铁路方法上的变革，也是铁路繁荣新纪元的开始。只要这个观点流行，股票就很可能被持有。英国人确信，这些年持久的上涨，导致铁路股票被看作是一个可靠的投资工具，而且总的说来，一直以来它都没有出现小的回调。一个新的均衡水平得以建立并被保持。有可能像宾夕法尼亚、纽约市中心、圣保罗、柏林顿、伊利诺斯中心和一些属于同一类型的公司股票都有可能出现同样的情况。

我们并不是说整个市场都有可能出现这样的投资基础。还是这些原因不适合大量的股票。浮木总是漂浮在水面之上。当出现让市场下行的因素的时候，会有大量的股票在他们的价值之上被卖掉，他们的下跌，与好股票的上涨一样无法抗拒。

那些下跌的多与那些下跌的小的股票的区别在于，他们的价值不同，一个收益稳定增长，另一个则缺乏收益。因此，在不是因为短暂的趋势而购买股票的时候，比起先前的上涨时期，需要更多地考虑价值与当前的价格。

1901 年 4 月 9 日

剧烈波动的征兆

在交易开始的 15 分钟里，一些龙头股票下跌了 2.5~5 点，不过后来它们又恢复了，有一些股票价格还超过了开盘价。

下午猛烈的抛售，把大部分股票价格打到当日最低价。交易量很大，一天中的损失超过了这个月报告中任何一天，造成这次下跌的原因是支撑价位的无效性，一些人是对货币和短期观点的转变的担忧。

我们不知道市场的高点会出现在什么地方，但是 20 种铁路股票的平均价格，从 73 上涨到 107.75，这次上涨过程中的回调，比以前显示出来的均幅要小。

这是一次最大的牛市投机，每天有超过 120 万手的交易量。最近公众对股票的需求，为大交易商们提供了大量抛售的机会。以前还是最大买家的那些贸易商，在最后一个星期成为了与之前水平相当的卖方。社会所有这个被交易者用来推动投机的词是股票，没有什么社会所有已经被预期。以投机为目的的可用资金的供给逐渐减少，而有价证券的供给却在增加。这并不是说牛市行情已经接近尾声，市场这样发展一定还会继续，直到牛市行情的尾声到来。因此，这种情况还是需要警惕。

价格到了有可能出现大回调的位置。现在股票下跌 10 ～ 15 个点，与几个月前下跌 5 个点并不相同。因此空间也很容易变没有，而且中间商和交易者在这个时刻比平常经历着更多的关注。开盘价位快速变动的情况，强调了这种需求，可能阻止因为平仓带来的损失。对市场来说，一段时间的相对疲弱与缓慢的下跌，是最好不过的事了。这段时间将重新建立起那些被过去 30 天里大幅上涨丢掉的信心。

如果这种情况不出现，那么市场就有可能出现一系列或大或小的破坏。如果大贸易商发现能从驱逐中获得利润，那驱逐就会到来。交易商通过停止订单保护自己带来的趋势，将给交易商的工作提供弹药，并且增加他们制造出来的突然袭击的影响。

对这个的补偿，就是大交易商的态度。如果他们希望上涨得更多，他们就会在攻击下支撑市场。一旦这个已经显现，交易者就会停止掠夺。因此反弹的性质变得非常重要。

另外一个阶段也许很重要。持续的价格上涨和高价格水平，开始使得一些银行变得很不安。因此他们试图制造一次缓冲过程，也许是通过让牛市主力对趋向减少承诺的明智过程有深刻印象，或者他们自己通过增加货币费用和减少贷款来达到效果。在某种程度上，现在的牛市主力与最大的银行是同盟关系。但从另一个方面来说，他们又不是同盟，因为相当数量的大银行，与所谓的辛迪加利息没有直接关系。

银行过剩的储备，上 2 个月变少了，从 3000 多万美元下降到 600 万美元。存款从 10.12 亿下降到 9.85 亿，贷款从 9.18 亿下降到 9.04 亿。过剩的储备数量大概与 1900 年 3 月的第四个星期的数量一致，但是存款多了 1.58 亿，贷款多了 1.65 亿。当然现金也多了，但是像股票市场这样的银行机构都处在高价位水平，当整个市场情况正常或是低的时候，任何商品工具的高价位都会伴随着比想象中更大更快的下跌。

1901 年 5 月 15 日

疲弱的趋势

恐慌之后，市场的行为通常是相似的，首先是在低价位强劲反弹，通常是在价格最低期间的一周内，当然有时也会迟一些。然后接着是价格在反弹区间回撤一半，在很多情况下，甚至接近或全部回撤。有经验的操作者发现这种恐慌后的反弹后，股票通常在强支撑位有 2~3 周时间值得买入。现在情形可能还是属于这种情况。

价格的这种行为既不是随意而为也不是在为受到操纵，这是恐慌自身带来的结果。恐慌发生之前，证券经纪商代理股票，只需要 5%~10% 的保证金交易，机构帮助代理商交易股票，只需按照 20% 保证金比例进行贷款借出，而这些一般的融资行为，适宜于股价波动不会突然大于 20% 的情形。

在许多股票下跌 10%~50% 的巩慌情形下，这种保证金盘算落空了，经纪商要么将客户股票强制售出要么就只能自己吃进兜底。机构要么出售应收款项，要么就成为持有抵押贷款的多头。

作为一种措施，上述情形中非出于本意所获得的证券如无必要将会被抛售。但是，对于一些机构来说，有时候却很有必要增持这些股票以带来一个反弹，让其能够顺利解套。这样的结果就是在一次恐慌之后，有实力的人持有股票，并影响市场产生一次行情恢复。股价的上升很迅速，因为市场已经清理了浮筹，在价格从底部反单 10%~15% 之前，没有人愿意抛售股票。

在这之后，许多持股的人会开始抛售。他们知道不打破市场支撑是很重要的，因此很小心地出售他们手上的持股。当价格下跌得太快时，他们就停止抛售股票，时机成熟时促成市场的反弹，所有的心思都是想要通过他们手上的持股完成变现。这个过程的时间长短，取决于公开程度，流动性状况以及投资者吸筹的意愿。

现阶段市场指数下降十分严峻，行情瞬息万变，大量股票换手的同时，很多人被通知要么增加保证金，要么就是减少竞价委托。一些非自愿承接股票的机构，觉得价格还是较高，他们就会焦急地更迅速降低报价，以致价格一低再低。

现在还有一个因素就是北太平洋形势，很多人认为现在这种复杂的局面，让持有股票变得比按说不了解状况动向的情形更危险。

我们认为，在这个月底之前，股票价格会创新低，但是昨天下跌得太急，因此可能会伴随一些反弹。

如果北太平洋局势没有进一步恶化，市场有可能出现转机。法院有可能出具一份协议或者一个办法，可以让双方庭外和解。因此，这个转变可能是有利的，而不是不利的转变。

还必须记住，可能还有其他的变数，其影响未充分见效之前，在投机环境中不一定是有利的。因此，盲目卖空还是亏本卖出，很难抉择。我们认为，当市场在不寻常行情、交替下跌和反弹的预期下，开始走强的时候卖出是明智的。

1901 年 5 月 17 日

解决麻烦的方法

有三个有趣的问题等待解决。大资金交易者是否会重新建立牛市行情？公众是否会随意购入股票？大资金在收集了足够筹码之后会怎么做？

大资金操作者对正确程序的认识并不统一。有些人认为，如果大家齐心协力，市场行情一定会创下新高。另外的人说，除非市场本身能够走高，不然没有人能够推动他。那些明白这些道理的人回想起了古尔德和范德比尔特在 1882 年和 1883 年想要控制市场的经历。那段经历是由范德比尔德在股票市场的著名言论带来的："所有人要强于任何一个人"，这个说法一直都是毋庸置疑的。

那些认为牛市可以重新建立起来的人说，如果在这个时候放弃市场，那么之前所做的所有努力都白费了，现在最需要的是一段时间的休息，在这段休息时间里，股票价格与之前的高位相比，看上去相对较低。贸易条件、铁路收益和总的情况都依赖于证明将来应该出现更高的价格。

事实上，我们认为主力远不会同意上面的说法，所以行情应该还会继续。

很难准确地预计出主力将会怎么做。当价格明显很便宜的时候，他们有时也不会购进股票，他们有时也会在价格明显很贵的时候购进股票。过去一些事情总会发生，一些特别的事件成为一次上涨的标志，因为这事件扰乱了公众，引导他们卖出而不是购买。双顶的产生和恐慌在上周同时出现，这个时候公众都持有大量股票，损失一定很惨重。对这个事件的大力宣扬，让所有投机者意识到了危险，不论是多方还是空方，最后可能的结果，就是人们将更加谨慎。

散户们在投机过程中总体上只得到了微小的利益，因此，那些觉得投机不安全，觉得价格太高所以与投资比起来没有吸引力的人，很可能猜到有想法的投机者和投资者被强烈的鼓励去交易。在如此大的一个国家，如此多的人有兴趣，有大量人将承担风险，他们的购买足够将价格推到很高，他们通过持续的努力进行新的冒险。而我们则会反向考虑散户的行为，作为交易依据。

可能性在于，那些以控制公路为目的的、已经买了大量的股票的人，将试图找到分蛋糕的方法。在铁路控制上这并不是个困难的建议。他以让股票购买成为债券的附属资产为主要部分，公众将作为投资而购买。因此这些股票的购买者仍然有控制权，因为公众为他们付了款。

我们推论股票很好的附属于公共借款，或者说股票的收益以经利的形式。这推论以外的人被股票抓住了，而这一部分人也明显多于对债券感兴趣的人。这已经在宾夕法尼亚煤炭和泽西中心的案例中出现过了，并且正发生在伯灵顿的案例中。这种事情发生在北方太平洋上也不是不可能，虽然首先一定要让他们通过统一目标的方法达成共识。

因为双方的力量已经清楚了，所以我们认为这一定会到来的。对那些持有大量北方太平洋股票的人，不论是多头还是空头，都很难在市场上卖出他们手上的头寸。卖其他的股票相对要容易一些。北方太平洋的优先股隐退将推动普通股，直到强壮得足以成为一种债券附属品的地步。

伟大的银行家靠运用他们资金和贷款来赚钱。为了这个，他们不会在长时间里封锁他们的资金。这也让下面的说法变得更可信：得到的股票当作个人或者财政机构的资产的时间，不会长于用作储蓄的时间。

我们认为市场有了一些变化：之前因为某种程度上的操纵引起的一系列的上涨与下跌，现在主要是因为认知而引起了，波动幅度逐渐变小，直到市场变得无味与平稳。

1901 年 5 月 21 日

市场上的位置

在恐慌过后，后市的长远走势暂且不说，短期内，我们总是能看到性质类似的价格波动，屡试不爽。先是剧烈的下跌，然后是强烈的反弹，再之后又一次下跌到前一次反弹的一半或者2/3。

从下面的表格中可以看到，下跌很剧烈，反弹也很强烈，每次都会夺回一半的损失，很多情况下达到2/3。

然而随后的下跌，并没有决定此次下跌的幅度。仅仅只有几个例子中下跌到了反弹的一半，这显然是不正常的，建议以后我们不能认为再次的下跌紧随反弹之后。

刷新的价格波动非常快速。下跌，反弹，然后再次下跌，在一个星期内就完成了。反弹也会慢悠悠地在 2~4 周左右时间内第一波下跌后发生。因此这就出现了一个问题，14 或 15 个星期出现的下跌，是否不是恐慌本身造成的，也不是经常在这种情况下出现的松弛的下跌。它可能只是一种已经出现的正常运动。

1901 年 4-5 月排名前 19 位的股票：下跌与反弹

股票	恐慌下跌	反弹	再度下跌
艾奇逊共同基金	17	33	11
艾奇逊优选基金	28	28	8
巴尔的摩 & 俄亥俄共同基金	30	21	10
布鲁克林快运公司	26	9	9
加拿大太平洋公司	30	23	12
切萨皮克 & 昆西公司	23	18	4
伯灵顿 & 昆西公司	21	14	3
圣保罗公司	34	29	18
罗克岛公司	35	28	13
特拉华州 & 哈德森公司	89	60	28
伊利共同基金	19	12	6
路易斯维尔 & 纳什维尔公司	35	27	8
曼哈顿公司	48	32	10
密苏里太平洋公司	44	36	18
纽约中央公司	30	15	10
太平洋联合公司	37	47	28
混合铜业公司	38	32	21
公众天然气公司	21	13	8
美国钢铁公司	31	22	7

上表显示了自 1901 的高点之后股价一路下行的情形。此处，高点出现在四月最后一周或五月第一周，最低点出现在 5 月 9 日。股市反弹是从 5 月 9 日的最低点攀升至 5 月 13 日的最高点。此外，再度下跌在 5 月 13 日也出现相对较低的价格。自那以后，此番下跌情形的主要部分已经得以反弹，显示出当前市场相比于 5 月 9 日的情形明显好转。

股票价格先前涨得最多的，总是下跌得最厉害，看上去这成了恐慌的一则定律。亚金森、圣保罗、罗克岛、德拉维尔、哈德森等公司的下跌幅度，为上面的定律提供了解释。

密苏里和太平洋联合、布鲁克林捷运公司在下跌了仅仅 20 点后，提供了一个惊喜，与 1899 年他们经受的疲弱明显不对，现在正在经历个股的牛市。

在第一次反弹后，那些影响不同股票的因素被不同的下跌解释了。比如：太平洋联合虽然是只很好的股票，下跌了 28 个点，伯灵顿和昆西因为理性购买得到了支撑，只下跌了 3 个点。德拉维和哈德逊下跌 28 个点，由于总的支撑无效，不安的原因是怕进一步跌破 105 点，股票处于相似的状态，像亚金森、巴尔的摩和俄亥俄、加拿大太平洋、罗克岛和曼哈顿，它们的下跌都有些相似。

恐慌总是给我们上课：处在巨大的恐惧和不安中，价值总是被忽视，最好的股票总是被放弃或是下跌得比最差的股票多。实际上，人们不得不回笼货币的时候，他们总会卖出最好的股票，因为他们还是有一些市场的，对其他的来说根本就没有市场。此外，最好的股票就好像是贷款，贷款被卖掉了，而那些已经被支付购买的不怎么好的股票，因为他们没被挤出来，所以没平掉。

这个下跌也强调了处在危险中的边缘交易的内在的疲弱。5 月 9 日下跌 10%，有多少交易商的客户存在巨大资金风险？当然，这个系统性风险概率是小的，但是他们是存在的，而且也必须包括在被做好的任何估计中。过去 30 天特别小心交易的人，果断购买股票，而且有大量储备，能够几乎没有任何损失地度过这次，因为大的反弹。因此他没有看到交易了几个月的利润在一个小时之内没有了，而且之前他有可能就知道他的账户已经处于危险中了。

从消费者的态度上，也可以显示出停止交易的价值。当止损比不止损更差的时候，有一个小时或者更多。但是在高价位盛行的今年，对于那些买了很多股票的人，留下来是安全的。那些用 2 个点的止损做保护的买方，将会看到他的账户损失超过两个点的头寸就很少了。换种说法，止损总的说来在市场开始变差的时候就已经平仓了。在下跌来了之后，对于那个用可用资金和贷款来保住股票的购买者，被市场屠杀了。

1901 年 7 月 17 日

市场的现状

影响股票市场每日级别的波动的是情绪。大约有 400 人在交易所场内做交易，每个人的交易量或多或少。通常，他们不是预测未来的人，每天的交易目标是对每个小时里出现的任何新闻与发展做出及时的反应。日久年深地不断练习，使他们成为专业的交易员，在洞察市场和影响交易的因素的变化上很有经验。

结果就是那些交易者都倾向于关注一两个突出事件，交易像链条一样环环相扣，特殊事件犹如链条的结合点。如果市场开始下跌，然后因为一些特殊的新闻或是特殊买盘开始反弹，所有交易者在同一时间开始买进，使反弹加速。如果新闻不利，交易所里的人同一时间都想要抛售，造成了迅速的、较大的下跌。

我们也可从中看出，那些影响因素因为事件的改变而不断改变。上个周五，市场因为货币的关系变得很敏感。星期六最敏感的影响又变成了玉米市场，因为报道说在玉米种植带有雨。星期一早点的影响度是钢铁的罢工，迟一点玉米的新闻又成了影响因素。昨天又再次是天气的市场，场内的交易者都争先购买被发布的雨水的报告，只要玉米产量一有增长，他们就希望卖出。

通过这种方式制造出来的波动，相比之下持续时间较短，很少会持续 2 个点以上，除非抛售或者购买被大的交易量或是公众们增援。场内从空头转向多头的转变，在过去被认为大约有 10 万手，我们猜测 5 万手是空头平仓，另 5 万手是多头开仓，而一天内股票交易的交易量大概为 50 万手。

现在交易的转变更大了，因为有许多专业的交易员并没有在交易所场内，但是那些用现行的消息交易的人，基本上都是用这相同的方法。星期一从空头向多头的转变大约有多于 20 万手。市场兴趣越大，市场日内波动就越重要，因为这种观念的突然转变造成的价格变化，把更多的人卷入其中。

从更大的范围来观察市场，最本质的事实看上去是那些能带来大量平仓的，货币、农产品消息和罢工。因为专业的解决办法就是下跌，所以在那之后，一个相当大部分的多头的股票，一定会被想要稳定股价、保护行情、或者想要聚集便宜股票的大投机者买走。结果是，一些大的兴趣比他们10天以前的股票要多。如果场内因为雨水的原因看多，那么对大投机商来说推高行情就容易许多，也许他们会在上涨的过程中卖一些给贸易商。

然而，市场会上涨到哪里，仍然取决于那些投机商。如果他们让价格保持强劲，场内交易看空需要被注意，直到那些确定的看空的原因出现。另一方面，如果大的投机商保持一种让其自由发展的态度，场内交易将马上发现这个情况，并增加他们的抛售。因此这段敏感的时期，从大量操控的观点来看，将有可能保持市场的相对稳定，因为他们希望玉米带的雨水会变充足，以重建投资者的信心，把他们带入市场，作为当前和未来的买卖者。

然而，如果总的环境没有变好，那么抛售的数量一定会大于需求，首先造成一个停住，然后就是一段时间的下跌。

三个需要关注的部分是，货币条件，农产品种植，和钢铁罢工。现阶段，最后一个因素的重要性要小于前两个。农作物的新闻更加重要一些，因为他有可能带来一小时一变的情况，而货币条件更可能在一两天里变得重要，然后下跌停止了，直到利息比现在高的时候出现。

1901 年 10 月 17 日

一个重要的区别

在正在进行的熊市行情里，有一个问题总会被问起，就是：在熊市行情里是所有的股票一起下跌呢，还是一部分下跌而另一部分不下跌？

这个问题的答案有两种情况。第一种情况是投机的影响，第二种情况是价值的影响。当市场向下走，特别是如果下跌是强烈和持续的，所有股票都要下跌，可能不是同步的，但是足够被认为是完全的整体下跌。事实上，那些被承认有真实内在价值的股票，在恐慌中下跌的幅度，要大于那些没有什么价值的股票。

原因是当人们持有一些股票的时候，一些是好的，一些是差的。有机会来了，当他们被迫突然面临选择加仓或者减仓的任务，他们试图买卖股票。当他们认为市场正在走向最高点，这时他们需要不断换仓为涨幅好的股票。但是当人们持有大量优劣互现的股票时，有时会突然需要套现，这时他们会首先选择最受市场青睐的股票进行操作。但是这些股票的价值阻止了空头兴趣的存在，因此，当大量股票在恐慌中被提供，平仓的目的也就没有了需求。事实上，没有需求的人是除了那些不知道下跌的，或是在那个特殊时期没有钱进行投资的投资者。所以好股票一直会跌到出现某些投资需求的时候。德拉维尔哈德逊的情况5月9日的恐慌也就说明了上面的情况。他几乎是在所有股票中下跌得最多的一只股票，在半个小时里从160点跌到105点，基本原因是人们都不知道股票当时的作价是多少，而只顾找低价出货。

因此，在总体下跌的时候，股票的价格不是因为当时的价值，而好股和坏股都将相似地下跌。但还是有明显的差异。当反弹来的时候，一天或一个星期之后，好股反弹得更高，而且好股的反弹比弱股要稳一些。德拉维尔哈德逊又一次很好地解释了这种状态。在105美元的价格公布出来之后，所有人都下单购买这只股票，在接下来的另一个小时，价格又到了150左右。

价值在时间过程中总是会起作用。在一个给定的时间里，一种本质差的股票和一种本质贵的股票也在用同一价格卖出。在6个月的交易之后，他们在多数的波动中可能已经表现出的只是外表的运动，但是在这段时间的末尾，好股票将比差股票高10点以上，这个不同表现在五到六次的波动中，每次小幅下跌和更好的反弹。

这也准备描述了在下个熊市时期市场将要发生的事情，每当那个时期来到的时候，市场会从糟糕情况变好，仔细观察便可得知，但当事者往往会疑神疑鬼。当股票价值有很大变化时，在熊市价格就将上涨。从1881年到1885年整个市场都下跌了，但在那个时期曼哈顿虽然参与了大部分市场波动，但总是在30左右徘徊，因为这家公司在那段时间的收益，让他的价值稳定和较大的增长。

这也教导我们，一个股票投机者除非他了解股票的价值，或者他能关注股票以至于能识别出股票价值将会出现的变化，不然就不应该交易股票。他最少应该对一个给定的时期哪些股票在价值之上，哪些在价值之下有所推断。如果市场主要的趋势是向下的，他应该在那些价值之上的股票还很强劲时卖出他们，在下一次下跌的时候再买进。在为了反弹购买的时候，他应该坚持购买那些在他们价值之下的股票，在适当的价值体现出来的时候卖了他们。

当市场处于一种不确定的情况下，卖出那些明显低于价值的股票是明智的，因为人们相信多头主力会互相支持直到整个市场的状况变清晰。

在去年，就有一些投机者因为同样的原因以做多曼哈顿和做空大都会或布鲁克林。如此操作这种账户的主要方法是因为价差而交易。也就是说，假如一项交易开始只有10点的价差，在平仓的时候他们有15个点价差，那么，他们就获得了5个点的收益。然而这只是相似的总的规则里的一种。股票还是在波动，但是价格被多头头寸的价值所控制。

1901 年 11 月 23 日

新生力量在行动

市场的反映暗示着有新的力量在影响。北太平洋股票价格的上涨，让价格从10月的106.2上涨到11月11日的114.56。这次行动的领导股票有意识的下跌了，当其他股票活跃和强劲的时候。这个通常在第二种股票像前一种股票那样开始下跌时就结束了。

这一两天的市场行为表示，当前一些看涨的人已经平仓，另一些看涨的人已经买入股票，不论是因为必要的或者只是巧合，也足够引起整个市场另一次的上涨。这个时候是因为新的领导人和新的传言。现在很难说清传言是建立在事实的基础上的，还是全部都是被市场虚构的。比如，市场传言有个重要的消息：纽约中心公司交易牵涉了一家新的公司；湖岸集团资产的分配；曼哈顿股价上涨缘于一个传言，将有一个操作公司控制所有相关股票；密苏里的上涨因为一个西南集团合并的传言。没有一个官方的证据能从其他报道中得到，但这是不可信的，就像官方的飞人经常出现一样。

操纵者们在植入秘密因素到将要发生的事情中是侵略和成功的。这通常是很有版主的。当股票价格增加时，人们对价格会形成一种判断，但是当市场充满着对一些重要的、秘密的、重大的谣言，牵涉到股票红利，权利和其他对不知道的价值的可能，投机者们会盲目的购买，希望能收益很多。这就是现在市场正在进行的。

一个事实是清楚的。一些看着市场开始变弱的人觉得值得非常努力的检查下跌的，而且带来一次新的上涨是 有价值的。这也意味着将会有大量的操纵发生在这些股票上，这些股票一开始就被兴趣持有，他们直到被被迫获得为止都持有，因此可以猜想，市场将至少出现一次支撑，而且当投机兴趣好像变弱时，新股票有可能被主力购买。这种运动也有可能不是建立在当前价值基础上的，可能来自那些还没公开的事，或是对因为一些泄露的事情价值会上涨的预期。纽约中心作为一只5%的股票，当价格到136元的时候就不便宜了，除非有什么事情能把他的价值推高到超过普通的盈利。

那是事实，曼哈顿因为其电气设备预期会有大量的收入，但是却在几个月之后才出现。纽约中心可能因为湖岸集团资产的整理而获利，但是如果他不能从资产整理或是其他相同的过程中获得大量利润，那么在这个价格水平下，投资者就不会满意于低于3%或者低于他们两个债券的收益。

很少因为投机的顽固而付出代价。一种开放的心态，反转的位置，对谁要在市场上制造反转的强烈的感觉，应该都是有很好很重要的原因的，但是如果期待的事情没有发生，所有的判断应该以作为稳定力量的价值为依据。那些在他看来有很确定的消息，而在看上去很高的价位购买股票的人，很有可能在股票开始下跌的第一时间出现损失。

因此，我们认为虽然市场有可能走得更高，但是那些在这个价位买股票的人，应当特别谨慎地去分析他们购买的原因，他们是否把价值考虑进去了？如果没考虑进去，用较小的止损价进行止损，以防当看涨的消息被确认为不正确的消息的时候，产生大量的损失。

然后就是公众的头寸。如果公众自由购买股票，操纵方将把股价推到更高；只要公众的支撑还在，涨势就会继续。如果公众不再自由购买，操纵者将会马上看空，涨势将马上停止。

1902 年 1 月 4 日

波动中的波动

我们已经接受了这种说法：在最近过去的一个月内，我们已经撰写了相当多的对近期市场持看多观点的文章，而绝少有下跌性的观点，你如何使这种状态持续呢？我们频繁地从各种形式产生这样的疑问，当观察特定时期的价格波动时，该问题表现为缺乏类似性。许多人认为价格在任意时间的变动，完全取决于它自身而与相关的大趋势毫无关联，其实事实并非如此。无可否认的是，市场上有三大公认的彼此关联的运动趋势：第 1 个趋势为，由于当地因素、特定时间内买卖双方的均衡力量对比而产生的每日价格变动；第 2 个趋势为，涵盖 10 ~ 60 天均值在 30~40 天之间的变动；第三个趋势则指在 4~6 年的变动。非常有必要通盘考虑市场相关的问题，才能占得先机。如果主要趋势是上涨的，那么下跌则是投机者们的机会，反之，市场会自动为投机者们提供各种机会。牛市中的损失一般不应该都被多方带走，同样的熊市中也不应该被空方带走。牛市持续到一段时期的价格高点超过前期的最高价格，熊市则指一段时期的价格低点低于前期的最低价格。我们常常难以判断上涨结束的时间节点，因为价格变动常常要等到主要趋势变化以后才能发生，但该准则恐怕是唯一能应用于第二种变动了。

任何操盘手在准备交易时，考虑的第一件事情是考察股票价值，第二件事是判定主要价格变化趋势。我们认为没有什么比刊印在股票期刊上的价格变化的原因更具教育性、启发性。第三件事情是决定目标价格水平。例如假设我们选取的股票是太平洋联合，并且价格持续上涨的原因已经明确了，而它在 30 天前达到最高价 108；同时股价已经随着大市下跌而没有特别新的特征。这些变化将有利于那些准备等待股价进一步下跌或是上涨预期时再买入一些股票的人，明智的选择是紧盯大盘、等待上涨。在这种情况下约 10 个点的下跌比 5 个点的复苏更确定股票能进入牛市，而十多个点的上涨将是难以理解的。因此，如果大盘保持一个较好的势头，理智的做法是再等 5 个点同时开始考虑停止下单。我们认为大盘震荡上扬还远未到来，虽然当前有迹象表明冬天将创新高，但是去年 5 月的高点将很可能被证明是这段时间内的最高点。没人能预测大盘震荡上扬或下跌到什么点位。因此我们认为，人们应该特别谨慎选择购买以防被套，同时关注股票价格水平。另一方面，在过去的 8 个月内保持在 5~6 个点之间的次级变动，还将持续半年或是更长时间。在这段时间内，一个高超（无所不知的）的专栏作家，将预测到这只股票每次 3 周或 4 周的下跌，然后又有 3 周到 4 周的上涨轮换。而一个水平有限的专栏作家，将只能通过分析出那些看似正发生作用的力量判断出二级变动。在最后 3 周内，牛市力量将显现无疑。他们足以抬高 10 ¢ 同时可以抵消一切不利影响，这种力量会在将来持续相当久。但是这并不意味着可以"安全"地购买在过去三周内情况与此类似的股票或是毫无疑问的回跌，如果他们推升股票的话，随着股价上涨，他们拉升的动力将不断变弱，直至控制权被转移到空方手中。无论股价变动主要趋势如何，次级变动一直在持续发生作用，同时大多数操盘手保持利润最佳机会，就是持续不断地关注次级运动。

1902 年 6 月 20 日

股票的价位

保险业是基于在每年每一千人里面大约有 20 人会死亡的概率，这个比例随着年龄、环境有一定的变化，但是这个规律却不容置疑。我们不可能道出下一瞬间股票的变动，但是我们能胸有成竹地说，在长时期内这种变动将反映在价格波动中。人们的预测难免有所遗漏，且环境更能比价格更能临时性地影响人的行为，但投资者可以发现，无论股价被短期性地推的过高或过低，股票都能自动回调，其他因素也能在很大程度上影响股价，而其中股票内在价值将是核心因素。

多年以来，由 20 种铁路股票的均价计算出来的指数价格，都是当之无愧的最高股指，均价指数 1896 年仅为 42 而现在已经快接近 120 了。表面上看，这会引起是否购买股票的激烈争论，但事实上，股票价值已经通过股票价格上涨、包括分红、配股等增值了，从股票均值角度衡量，当前价格已经不止数倍于几年前的低价了。

如果确认盈利将保持在当前水平，那么股票就不能被认为是相当的贵。与其基于众多理由认为盈利可以维持，还不如从本质上承认，这只是一般业务。对于一般业务的前景的认知可以千差万别，但异口同声地承认货运业务的盈利，则完全可以维持。

一年前 1900 的毛利率高达 12%～20% 不等，大家都认为这种增长率不可能持续下去，结果今年该增长率只是下跌了少许。六月的第一周这个指数的增长率是 6.66%，而五月份的均值接近 9%。89 路指数 4 月份的毛利率提高了 13.57%，而三月、一月分别是 5.7% 和 3.1%。截止 4 月 30 日，10 周内该指数上涨了 10.85%，净利润率为 12.94%。

价格回归价值是理所当然的，如果价格持续上涨，不断创出新高，相当多的人将比较当前价格与历史最低价或最高价。股票持有者很可能对保持这种上涨形势产生相当水平的信心，直至股票价格翻转。虽然下跌将会在人们觉醒、操盘手出货或其他原因下到来，但是一旦价格水平企稳，股价就会回升。而市场的迟疑时间开始于下跌之时或不确定股价是否将回升。在 1901 年下跌趋势将不会到来，因为市场已经预期到了；但是这种下跌迟早会到来，因为目前多头方一直尚未被逼空。

我们想要表达的观点是，投资者不必过度担心价格随着盈利一直上涨。像北太平洋公司恐慌一样，在价值回归过程中一样会有短期下跌，足以吞噬前期盈利引起大面积亏损，但是如同 1901 年 5 月 9 日一样，这只股票仍旧迎来了回升。

虽然在负债科目大幅下跌方面，高负债水平可能比低负债水平更具危险性，但是当投资者、资本家及财团已经很明确地意识到该股票价值时，将极少放弃在股票暂时性下跌的时机购买的机会。如果他们并没有选择买入股票，而且股票价格也一直下跌，那么这样的情况表明，投资者没有看到利好的迹象，此时的交易，将会增加额外的风险。

1902 年 7 月 1 日

回顾及展望

广义上来说，股票交易可以看作是供求理论应用于股票。一般而言，即使相对较小部分的交易是由投资者完成的，而大部分的交易，则出自专业交易商或那些为了达到特定目的的大庄家。股票交易者往往被划分为专业交易者与散户交易者；两者间有着明显的区别：首先，专业投资者意味着持有与日常性的持续性操作，而散户则包括投资——一种包含部分投机与部分投资的形式；其次，专业投资者时时刻刻都在市场中交易，而散户的交易具有可变性与不确定性。这种市场的两个极端被那些买卖体量巨大的股票的操盘手所利用，而这些散户最终也想理性地买卖了。这些操盘手们因此就指望着散户们能买他们所打算卖的股票，能出售他们想买的股票。绝大多数操盘手都将猎物定位于散户，并且很少有中间商想在操盘手们行动时在专业投资商身上捞一把。设想有一个财团发现他拥有一只上千万美元利润的股票，把利润变成现金的方法就是出售这只股票，因此这个财团与一些经验丰富的操盘手约定，引导散户购买这只股票，财团由此开始公开原委并将消息散布得尽可能的广。一只股票低于内在价值与否与公司是否公开消息，对于操盘手来说有着天壤之别，但是对于那些客户经理来说却没什么区别，不管怎样，让市场知晓谈论这个财富，首先要做的事情就是，在媒体上捐客、投机者与撰稿人发表言论，试图去弄清楚这个股市变动。

而此时那些受托的操盘手则通常告诉朋友们这只近期活跃上涨的股票有缘由，这种帮带带来了专业的购买团体，因为他们深知，如此巨大数量的股票交易，需要保证在特定时间内持续交易的股票相对具有低风险，才能完成目标，操盘手们进一步认识到一种让一只股票被每个人谈论的最好的办法是让购买者因为购买这只股票而盈利，由此，在这场运动中的最初阶段，几乎所有人都能在极低风险下赚到钱。

这些操盘手们必须保证股票能活跃交易，通过每天买卖一万股以坚定投资者买卖的信心或是不被停牌警告。这段时期的特色就是散户不断以更高而不是更低价格买入。一只可以出手的股票就是保持大的交易量与适度的价格上涨，条件是法律规定可以这么做。

庄家的规模越大，专业投资人的交易量就越大，同样的散户对这只股票的兴趣就越大。一般来说，在这种情况下，散户刚开始购买的股票数较少，然后开始变得越来越自信直至完全信任，并且这只股票也快速变味依赖散户的购买。然后这只股票失去活跃性，专业投资者的交易也变少，同时散户此时开始权衡此次投资的盈利或是亏损了，此时上涨行情已经结束了。

这在市场上一直或多或少地发生着，也就是说，一直存在着某些大庄家使得散户乐意买卖股票，并且以此为目的操纵这种买卖行为持续下去。大庄家们知道，如果散户可以被引导到自由的以无可置疑的价格交易，那么就可以给他们介绍别的股票；因此，可以通过尝试给大众介绍三四只热门股票，如果散户参与进来，那么市场就变大了；否则，操盘手们在一段时间后可以放弃这种努力等待更好时机。

对于散户的规则同样适用于专业投资者：当一只股票变得活跃起来的时候，首先考察他的价值：如果它被低估，则可以在它活跃交易时持续买入，但应在交易量萎缩时理性地卖出。如果该股票明显高估时，更加理性的交易者，就会更加关注是否值得入场，并且停止下单，以防被套。

一般而言，持有一种资产的目的是为了出售，对于特定资产而言，盈利性的持有，通常是努力评估那些被内幕人士掩盖的利好消息；而80%的亏损性的持有，则是因为未对某些利空消息进行评估，其余20%则是因为指望着所持有资产不断升值。

总的来说，亏损性的持有，都是基于对股票价值低估的认知基础上，这是因为他没有将应该买那些在振荡结束、并且已经将那些下跌过程中买入的散户振荡出局的股票规则视为正确的判断标准。

第五部分

趋势必须得到成交量的确认

　　道氏和他的追随者可能在成交量上面的观察并不是完全正确的，但是即使如此，道氏的手稿还是充满智慧，富有洞察力，引发人的思考。

概　述

道氏将成交量看作一项有用的指标，可以用它能够暗示或者确定更广阔市场的变动情况，不过相对于总是第一时间显现的股票价格平均指数，它就显得慢了一拍。

尽管如此，道氏和他的追随者们在原有基础上改进了一些对交易量的观察方法并流传至今，尽管他们在日渐精密复杂的电脑时代正在对这些方法进行再检查。

基本原理就是为广大市场参与者所形成共识的——交易量随市场的趋势变动而变动。简而言之，市场牛市行情出现的时候必须伴随着成交量的大幅上升，而成交量的下降则可能意味着市场衰退的到来。而在熊市期间，成交量的大幅增加可能反而会打压股价，而成交量的下降意味着投资者惜售情绪严重，股价可能会有一定幅度的回调。

"如果市场将走弱，那么将呈现出清盘或者更低的交易价格。"道氏 1902 年 1 月 21 日如是说，当时市场正处于一个下降通道当中。

任何对现有成交量模型的背离情况，都可能暗示了市场指标可能是错误的，或者市场趋势将会发生逆转。

在牛市的后期，交易量逐步下降，并且以递增的幅度下降，意味着这波牛市行情将发生一定的回调，这也意味着市场将重新进行分配，市场趋势也可能发生逆转。而在熊市的底部，价格下降可能伴随着一个极小的成交量，而向上回时交易量剧增。牛市往往开始于小交易量并结束于大的交易活动。

正如罗伯特·雷亚先生（Robert·Rhea，美国 20 世纪初期著名的股市技术分析及交易专家，被誉为伟大的道氏理论集大成者、解读道琼斯指数和股票成交量的应用大师——译者注）所写的："牛市开始于交易相对清淡的时期，而终止于一个市场情绪疯狂、交易极度频繁的阶段。"

这些基于敏锐观察的论断都揭示了对于市场功能、心理、趋势的深刻理解。与此同时,该理论的创始人也强调:价格,只有价格,才是确定牛市和熊市的最主要指标。

交易量再检查

拉里·威廉姆斯(Larry Williams),这位参与交易40余年并且亲自体验过市场体系的老交易员认为:"我从没发现任何一种学说能够有效地解释交易量到底是怎么回事,正如一般大家所认为的那样令人费解。比如说,一个大笔抛单被认为是跌盘的信号。但在标准普尔500指数中,这又往往是牛市的信号。这让人非常困惑,要不就是我从来没有理解到关于交易量的真正含义。"

在一个简单的测试中,威廉姆斯考虑在一定交易量和价格水平下买入标准普尔500指数合约来做短线交易。在开盘时买入标准普尔500指数,持有至成交量和价格都比前一交易日买入时更大的那天。当把止损位设置在3 500美元时,从1982年起有817次交易机会可产生利润50 497美元;如果价格上涨并且交易量下降,则会成交995单交易造成41 112美元的损失,这些发现都支持道氏关于交易量和价格的研究。

但是与此同时,当价格和交易量都下降时,会出现770单交易成交造成44 400美元的损失;而当价格下降、交易量上涨时,会有920单交易成交并可获得86 287美元高额利润。这些发现又都与道氏理论相背而驰。

"诚然,这些交易仅仅是短期交易,并且每单交易的平均收益对于某些交易者来说过小。但不可否认的是,研究表明交易量与价格之间关系确实并非人们以前所说的那样。"威廉姆斯说。

威廉姆斯注意到一种交易量模式常常在市场放量时出现。当价格接近顶点时成交量将会出现大幅上升,在价格达到最高点前可能会出现几天的下降,并且交易量又再度变得清淡起来,市场在下降一两天后积累了大量的买单，再次放量上行，最终达到价格最高点。

"这一模式——价格先上涨继而下降，交替反复最终达到一个高点，伴随着交易量的先下降继而上涨最后开始衰退，我们可以通过标记价格点位绘制的价格图来及时清晰地发现——该图以价格为垂直坐标、以交易量为水平坐标"，威廉姆斯说，"在很多市场的峰点可以看到这一模式图形。当然，在市场低点也可以看到相反的图形。

图形显示交易量的变化远远比道氏设想的要更复杂。无论是大交易量带来的顶部图形，还是由小交易量形成的底部图形，所有这些都显示出图形是由交易量多种情况的混合变化形成的。

一个原始工具

交易量的问题在于——在给定的某天股票交易的总数。交易量是一个原始工具，因为能获得更好的分析工具，使得我们能够在最广的程度上了解市场活动的走向。交易量只衡量指定某日进行交易股票总数的情况，并不表示那些股票能够引领市场，或者说这当中有多少支股票可以支持市场主要趋势持续发展。

上升和下降的交易量（随着趋势推进交易量增减的百分比），前进和后退的数据（随着趋势而改变的个股数量及所占的百分比），以及最新的 52 周走高和走低的股票数量（引领市场上行或下跌的那些股票），都是相对于总交易量这种原始工具而言更精确地测评市场走向的方法。

有一种预测股市大幅下滑的工具是"兴登堡凶兆"（Hindenburg Omen，一种据称可预测美国股市出现股灾的综合技术指标，于 1995 年发明，并以 1937 年坠毁的兴登堡号飞船命名——译者注），这一工具的发明归功于数学家米耶卡（Jim Miekka）和他的同事甘米居（Kennedy Gammage）。该指标用在市场中处于高位和低位的股票数目对比来进行预测，结合迈克勒兰摆动指标（McClellan Oscillator），即一种衡量市场波动性的广量技术指标，则相对于其他指标而言，更能够成功地发现供给和需求失衡，发现市场容易出现趋势逆转的点位。据一项研究结果表明，当这一指标在某一时点超过 77% 时意味着顶部将会来临，而当这一指标数值很小时，则意味着底部随时可能出现。

追随龙头股

总之，道氏对于趋势重要性的重视是正确的，但并没有找到合适的工具去评定它。同时，他经常提到引领大市的龙头股票发行价一般高于或者低于均价，这也说明他非常明白引领大市的龙头股票的重要性。

1901 年 5 月 29 日发表的社论中，他比较了五次大恐慌中特定股票的表现，演示了 1901 年大恐慌的严重程度。通过展现那些在当年一年中经历了有象征意义大跌的股票数目，他令人信服地证明了恐慌是发生在历史上市场最差的 30 年间，这是一个包含了至少两次大萧条的时期。

道氏关于成交量和市场阶段的评论也揭示出他对于市场心理状态的敏锐观察和理解。牛市后期高成交量意味着投机热的存在，这是道氏在成熟的牛市行情中观察到的一个现象。如熊市底部最后阶段或者在牛市的形成阶段成交量极小，说明公众投资者对股票交易失去了兴趣。

成交量也可以显示股票是不是存在被操纵的现象，这一观点是道氏自己极为喜欢的一个发现。他相信短期的市场波动可以被认为操纵，但是中期趋势和长期趋势则不能被操纵，这也是他坚持市场长期趋势重要性的一个极其重要的理由。

"工业股票并没有和铁路股票价格一起同步上涨"，道氏在 1901 年 4 月 13 日的社论中写到，"那些有技巧的操作者认为自己知道股票的内在价值，他们根据自己的观点来买卖股票，我们应该将更多的注意力集中到市场的这个方面。"

他认为联邦钢铁（U. S. Steel）、通用电气（GE）、统一天然气公司（Consolidated Natural Gas，CNG）可能成为这些自信的操作者选择的目标。

道氏写道："所以至少有一种可能性来努力揭示工业产业的内在价值，并且鼓励广泛的产业投机。"

道氏和他的追随者可能在成交量上面的观察并不是完全正确的，但是即使如此，道氏的手稿还是充满智慧，富有洞察力，引发人的思考。

而且道氏的观点里边确实有一点老生常谈，并十分经得起时间的考验：没有一个大熊市结束于高成交量的市场行情。

朱比特传媒集团编辑、特许金融市场技术分析师（CMT）
保罗·施瑞德

道氏发表于《华尔街日报》的文章

1899 年 6 月 12 日

上个星期，我在关于通常情况下供给和需求的关系表达方面取得了明显的突破。一个星期内大宗商品能有如此显著的上涨是十分罕见的。铁矿石产品上升了将近 9%，生铁则上涨了大致 5%，棉纺织品上涨了 1.5%，羊毛类产品上涨 1%，靴子和鞋子上涨 1%。在这一用法方面的进步被用于超过 20 类案例中。结算显示在纽约之外也取得了 30% 的收益。失败的案例则是历史记录以来最少的。数据显示，铁路部门收益较去年同比增长 7.4%，相比 1892 年的最大收益增长 24%。

根据这一记录，毫无疑问股票市场将会大幅上行。而合理的推测是，根据这一条件，接下来的几周股市将会继续大涨。合理雇佣资本和劳动将会导致投资的剩余资本的增加，股票市场的发展依赖于一般商业领域，这是一个十分肯定的永恒不变的真理。人们只有在实业界挣到钱以后才有钱去进行金融投资。

货币供给决定了投资的回报率，并且支配着投资的价格和层级。当然，某种特定股票的价值是由其特定的投资回报决定的，但是对于同一品种的股票而言，使得股价高涨的条件是对该股所处行业共同生效的。

我并不是说今天或者这个星期市场会一路上行，只是简单地认为交易趋势会显现，而不是开始流行。证券的持仓者应该对整个国民经济的运行有一个良好的直觉，这样才能提高其自身财产的价值。

有些消息可以说是利好于市场上所有种类的股票的。西北道路方面春天小麦盛产，西南道路方面可能没有这样优势的地理位置，但是却在普通商业方面有很大的潜在优势。煤炭类的股票在早期基本不受一些因素的联合影响。白糖贸易战争比内幕人士愿意承认的解决得还要迅速。钢材类的股票则不会发生这样的情况，因为其成色有待怀疑。

银行的结账单比预期的要好。持有的出口商品并没有发生很大的减值。由于银行持有超过 2000 万的硬通货，又因为这个如日中天的国家会投放适当数量的黄金，所以我们完全没有任何理由恐慌。市场会对利息率做出极其迅速的反应，但是这也意味着由此反应导致的市场信心变化可以被操控。

1899 年 8 月 11 日

股票市场维持坚挺的部分原因在于持仓者执着地持有股票，部分是因为从多种渠道而来的分散化投资的需求。任何不寻常的市场供给方的抛售都会引发股票价格的突然下跌，直至这些抛售的股票被完全吸收。但由于这种持续的需求影响，一旦这些股票被市场吸收完毕，又会重新引发价格的缓慢回升。

目前，市场上热门股票交易量有一个相当大的增加，这并不总是市场长期持续普遍上升运动的征兆，虽然这的确是牛市的一个伴随特征。

显然，对股票古老的时间衡量标准并没有信心百倍地引领市场。根据以往的经验，多头操作者可能十分想看到牛市局面的出现，他们的力量十分强大。

在这个阶段，持有一些热门股票可以说是安全的，人们自信地认为持有一些具有全新性质的认股权证与投机性股票产生的结果是一致的，这是个好的迹象。

实际上，公众对诸如农业和商业繁荣程度的新闻和信息的关心程度，远远大于对华尔街的货币即时利率的关注度，这是一个好现象。

货币市场随时关注着华尔街的保证金账户。因此，为了交易赢利，掌控股票价格的波动是一个十分重要的因素。

目前对货币利率的紧张和敏感度主要是基于大家一种强烈的质疑情绪，认为货币的高利率会倾向于动摇很多证券交易的保证金账户。

上一周，市场上有提高利息率的传言，它导致了大量股票的抛售，以此来吸引华尔街金融界领导层的注意力。

第一步是放松处于安全边际上股票持仓者的心理戒备，显然，这一周这一目的是通过投放大量的资金来完成华尔街快速投机的目的。

虽然这一投机操作的资金投放并没一直发展下去，但是西方银行拥有华尔街为数众多的大额借款者确实显而易见。

在这一案例中，这些股票投资者十分确信股票市场会一路上行，自己将得到丰厚的回报。

现在的问题是：银行的报表是否真会反映出西方货币供给的增加？

今天的市场应该在某种方式上反映出周六的银行报表。同时，一些主要的银行家对银行报表公布产生的结果存在着观点分歧。

在经过前几天的连续大涨之后，股票市场的上行空间变得狭窄，由于市场被主要的资金大鳄所控制，极其自然的是，他们将会提供一些交易原理来解释价格衰退的原因，并且指出在接下来的几年中，由于货币市场一些新动向所导致的经济不确定性。

没有人会质疑股票市场强烈的趋势性。而与此同时，大幅涨价使得经济大面积繁荣的可能性大打折扣。而目前已经存在的高水平价格，可能被认为是适应于未来几星期使市场交易能自然成功的目的。

1899 年 8 月 12 日

昨天市场上股票严重供大于求，紧接着导致了股价的逐渐衰落。

股票被大量抛售，无疑是由于可利用按揭资金买卖股票的持仓者意识到自己账户的利息不断增加，但是持仓的收益却无法抵补利息成本。

此外，这一周投机导致的波动也趋于平滑，市场上日益活跃的交易自然会导致贷款的高利率，反过来会在一定程度上抵消投机者看多的作用，这样就会带来市场一定程度的衰退。

再者，大量高价股的持有者并不喜欢自己所看好股票之外的热门股票有突出表现。

我们可以看出，这些持仓者为使股票交易活跃起来而使尽浑身解数，并且希望所需费用由别人支付，这主要是因为他们拥有优质的股票。

换句话说，有很多操盘者倾向于频繁更换手中的股票，当某只股票相对较贵时，他们就会换仓持有其他股票。他们倾向于不断卖掉自己手中持有的资产，而新购进另一种资产。

这就造成资金在账户之间不断转移，但在某一特定的高价位上，这样的资金转移通常伴随着牛市的来临。

那些持有热门股票的人将股票频繁换手，直到他们可以跑赢指数。他们随时准备抛售现有股票而购买其他股票。

资金在不同热门股票之间的不停运动，则趋向于增强市场的流动性，也抬高了普通股票的价格底线。

股票市场上多空双方的力量对比会在一定程度上改变人们对目前货币供应状况的看法。

这就必定导致货币价值的重新调整。

这也同时会影响到债券市场，因为不久前有能力以盈利状态将资金贷出的银行和机构，会转而购买优质的低利息债券，并且持有至到期。

现在，股市走势就会使得银行和金融机构在有利可图的利率水平上对银行资金的需求，而这种利率事实上比银行持有债券的利率更高。到这个时候，银行就会卖掉债券转而将资金用于贷款。

而一个衰退的债券市场就会在一定程度上导致股票市场的萎靡不振，特别对高价股将产生极大的影响。因为高价股就像是债券一样，并不能给持有者带来比放贷更高的回报。

与此同时，当经济处于这样一个周期时，高价股板块的衰退诱导投资者将自己的资金放在信托公司闲置不用。

结果是，投资资金转化为有价证券，而投机资本则大量离场。

投资资本快速大量运转，并由此而推想会对处于下降通道的市场价格产生即时的效果。

这个效果将会尽可能地把价格提升上来，因为在这一阶段中越来越多的人将资金投入这一操作中，推动价格上行，而第一批进场的人则可以得到最大的好处。

从这天开始，根据趋势线的信号显示会带来更多的投机清算。

银行的即期报表，再一次成为公众注意的焦点，并且在市场信心预期方面所起的作用不是一般的重要，它还将提前一个星期反映出华尔街乃至整个西方的货币资金供给情况。

所以说，如果报表显示现金方面出现减损，那将会在极大程度上引起市场的失望情绪。

与此同时，这个星期中越来越多积极看涨的投机者需要更多的资金。我们将十分自然地看到，这些投机者耗尽了其可用的资金供给，银行的准备金也大幅度下降了。

1899 年 9 月 12 日

昨日，由于更高利率所导致的进一步的资产清算，使得看跌情绪继续大行其道。空方无疑尽可能地显示了他们的优势，竭尽全力来加强这种熊市预期，并且制造更多的破产清算。

在这一周剩下的时间里，空方压力持续存在是自然而然的。他们通过动摇那些利用保证金进行股票交易并且可能被套牢的投资者的信心，进一步制造市场恐慌。投资者受到的指导都是在下跌过程中不要持股，所以这样就会使得卖盘力量越发强大，而买盘则无支撑。

由于股价频繁回调，逢低点买入就有利可图。如果空方能够把股价重新打压回去，卖空力量就会使市场价格的下降趋势进一步得到确认。而实际上常常发生的事情是，卖空型投资者会允许价格在短时期内有一定幅度的回调，这样才能使自己的卖空价格能够保持在一个高位。而在某些特殊情况下，高股价位上卖空的头寸，会对股价产生持续的压力，由于多头因此而遭受平仓和清算，故股价越是下行其卖空利润空间就越大，这是显而易见的。

高企的货币利率和市场价格，进一步加强了市场上抛空投机者的力量。在 90 天的时间里，市场一直处于震荡状态中，而对这种高价格的反应，一般会伴随着多方力量稍微抬头并且股价会有一段时间的上升。

虽然市场对越来越高的利率有一定程度的心理准备，但不管其准备得多好，事实上高利率的盛行会使得一部分股票持有者卖掉股票转而购置其他类型的资产。当市场上货币紧缺时，放款人担心在这种普遍不景气的经济环境中借款者会出现违约而令自己陷于不利状况中，由此而产生的贷款歧视使得人们获得贷款支持的难度增大。

带动股价大幅上涨的牛市因素在这时被认为十分强大，预期的繁荣不仅由一系列的贸易报告和票据交易结算总额得到确认，而且越来越高的货币利率本身也是一种证明。

那些为了投资目的购买股票的投资者，证实了市场的繁荣性，并且大部分投资者预期不会被市场的震荡所影响，他们不会对华尔街的动向做出反应而一直持有手中的股票。这些投资者对信息没有特殊的关注，他们购买股票并且决定持有一段时间以获得固定的股息收益。

这类投资型的买方力量以前很大，现在也依然不小。事实上，这是市场上一种持续存在的力量，它使得投机者大规模抛售股票不至于大幅震荡市场，而空方力量也不会取得完全的胜利，这是制衡市场的一种重要力量。

1900 年 1 月 26 日

由于英国股市的成功，使得全球市场处于一种开放性格局中，伦敦市场上价格一路上扬，但很多市场参与者并非迫切地抓住机会来增强市场的趋势性走势。他们会适量卖出一部分股票，来使市场产生一定的反复，这种反复在上午前一直持续，而在下午得到确认。目前的趋势至少是牛市成形的一部分。而且这一现象并非有意为之，而是市场的需求所导致。

空方可能会在一定程度上抛售股票，企图阻止股票上涨，因为他们认为经济将陷入麻烦。空方的特征是建议说由于其担心可能变为现实，他们会在出现利好消息的时候，择机抛售资产以获得现款。多头账户则持有完全不同的观点。

空方力量促使证券经纪公司牵制多方力量，并且建议投资者获利抛售进行止盈，这一效果在下午得到了体现。

我们看到的很多因素，将会在未来某一时点影响市场向好的方向转化，之后市场条件则可能发生逆转。观察过今天市场状态的人，没有谁会说工业趋势或商业条件在与证券价值逆向而行。那些持有股票看跌头寸的投机者必须按照经济会往不利方向逆转的预期来进行投资，以期在九月份市场真的转为熊市时能够凭借高息资产获得大量利息收入。

我们可以说商品价格已经达到了一个很高的程度，在其进一步上涨之前可能会有一定幅度的回调。然而实际上，为了使商品需求有一定幅度的提升，至少在当前价格上应与商品供给达成一致。我们也可以说，铁路公司盈利的同比增速将会下降，那是因为他们在和去年太高的盈利基点相比较，而实际上今年的盈利并没有下降。我们也可以说，货币利息可能会上升，但目前银行准备金的状况却暗示未来至少六个星期内资金供应是盈余的，甚至在更长时间内都是如此。

我们可以说公众都不会再购买股票，而已经持有股票的个人和机构一旦股价达到其扭亏持平的点位时就会将股票立即出售。当然这些只有在事件发生时才能确认。这个国家的财富在过去三年内获得了巨大的增长。债券在上个月坚挺地保持了4%的利率水平，债券方面这个月的成交量和价格的上涨展示了市场上还是有很多的投资资金，并且证明了这些投资资金流向何处。如果人们相信买盘将会存在公平的获利机会，则市场上永远都不乏投机资金。那些现在宣称如能解套目前套牢的股票则将卖掉股票脱身股市之外的投资者，其实和那些当市场趋势好转时加大投资的投资者一样，因为他们都认为顺势而为是一种明智的做法。

所有这些行为的影响证明：当市场确定会向不利趋势发展时，我们并不能说现在就已经陷入颓势。任何人都无法精准地预测市场转向的准确时点。目前市场上繁荣的势头相当强大。它将扫清一切阻碍市场达到一个个小高点进程中的障碍。一些擅长商业领域评论的专家认为，目前的繁荣时期会持续好几年而非仅仅几个月而已。如果这个观点正确，那么市场将会出现比以往任何时候都要强劲的上涨趋势。我们认为这种情况不太可能出现，并且极有可能出现的是市场马上会出现一段时期的重大下跌行情。华尔街无疑会低估工业板块的这种回调，但那些低估下跌周期长度的人可能不得不修正他们的观点。

在我们看来，就像我们一开始就曾说过的，价格可能在短时间内出现一定幅度的上涨，这种上涨可能是缓慢的，并且可能仅仅只是小幅度的。但是无论如何也不可能在未来六个星期内出现价格一路飙升的局面。

1900 年 2 月 9 日

受稳健性意识和目前买盘被大批量撤单的影响，股价出现了一定幅度的下降，成交额也出现了下降。市场上没有一方做出努力来鼓励投机，其状况看起来好像是价格领导者已经暂时离场，来测试市场本身的供给和需求。

如果真的如此，则最终达成的结果将是市场的平均预期。市场上足够的卖单足够引起 0.5%～1% 的微跌，但不会疲软得引起大规模的恐慌和不安。食糖像往常一样与大市反其道而行之。联合太平洋（Union Pacific）铁路公司发表公告称：在避免股价大幅波动的前提下，公司将按照 1.5% 的比例进行分红派息。西部联合电报公司（Western Union）公告将发行 200 万债券，替代其最初提出的 100 万债券发行计划，消息一出，公司股价应声下跌 2%。公司称此次发行的债券部分在今年到期，部分在 1902 年到期，其中至少有 100 万美元的筹款发行目的是进行基础建设。

牛市价格引导者，可能假装自己拥有有关需求的特别消息，而坐观市场发展。如果买方认为此观点准确无误并且据此进行操作，市场将变为一个大牛市并且稳固运行，可能会鼓励投资者提前进行买入操作。假定价格上涨周期仅仅限制在这十天之内则基本上很不合理，除非价格引导者真的可以看到一些其他观察家没有观察到的经济疲软因素。

测试的真正结果是，善意的买盘一天天地增加。资金量大的操盘手很容易影响市场价格。但除非是由该操盘手引起的价格上涨并伴随买盘的普遍进入，否则这种操纵价格的行为，将随着事态发展而逐渐明晰，最终被市场抛弃，令价格上行无以为继。

最成功的股价操纵者是那些能够紧跟现货市场趋势，不会过快操作使能获得跟风盘超出自己能力范围之外，或者操作过慢而使得公众投资者失去价格引导的领头羊。这需要很好的管理能力，它解释了为什么不是每个处于该位置的人都能承担责任成为一名成功的价格引导者。

生铁生产量月报表公布的那天，有些细节是公布在另外的专栏上边的。宽泛地说，目前生铁产量处于其历史最高点，每周有将近 30 万吨的产量。一年前，生铁的产量还是每周 237639 吨，两年前则更低，为每周 228338 吨。正在鼓风生产的炼铁炉数量由 1898 年二月份的 184 上升到了现在的 296 座。生铁库存从去年十月以来每月都在上涨，由 120541 吨上涨到 148336 吨，但是代表其存储价值的股票价格却几乎也下跌了同样的幅度。

生铁产量方面异常的增长，似乎引起了人们对销售保障存储系统的兴趣。这些所谓的担保是指可要求获得特定等级生铁的可转让仓单。交易这些可转让仓单使得承包商有机会提前决定自己原材料的成本，同时也允许生产者能够提前预售其产品。考虑到生铁的贸易状况，出售生铁的可转让仓单在未来进行期货交割是一种明智的做法，由于生铁的价格相对于现价来说更趋于实质性下跌。

皮革的周报显示，这个行业走势相当疲软，但实际上皮革类价格并没有发生多大的改变。皮革贸易中一个最大的特点就是持续的出口要求，使得企业成本相对降低。而该项贸易中一个很不好的特征则是经销商不能按照他们预期的程度交易橡胶类产品，所以，有时候公司没有足够的资金去偿还到期债务。橡胶的销售量在过去一个星期有了很大的增长，网球鞋方面的需求量大幅跃升。由于鞋业市场在国内缺乏有效需求，今年的出口装运数目达到 563917 起，相比之下 1890 年同期是

387231 起，而 1880 年同期为 219976 起。

1900 年 5 月 9 日

市场已经开始脱离上行区间，而开始向更低的价位运行。我们并不清楚其下降的动能是什么。这一两天都没有什么实质性的可以引领市场的重要消息。可能是因为市场上卖单长期累积，一些相对较小的原因引发了本轮下跌并且扩展开来。本轮下跌伴随着一定量的短线卖单，无疑也存在一些非投机性的买单，但是基本上主要还是多方面卖单的结果。

我们可以从两方面来看待这轮下跌。乐观的解读是：本轮下跌形成市场持续 30 天疲软走势的终结信号；悲观的解读是：过去几个星期以来不利的贸易条件逐渐浮出水面，市场对这种不利条件的综合反应导致了本轮下跌。如果基本面情况仍然保持乐观，我们可以合理推测说这是空方操纵市场以期获得短期利益的行为。而实际上，这种说法缺乏实证，看起来只是自欺欺人。

机械工业和钢铁行业股票，普遍来说有一个大幅的下跌，但市场却基本上保持一种炙热的状态。行情自今年年初开始运行，现已达到一个制高点，从去年九月以来的最高点是行业 20 种股票指数价格 82.91，周一晚指数平均为 79.21，仅仅从最高点滑落了 2.5%。由于机械工业方面的利好消息，铁路方面股票仅仅下降了 1.5 个百分点，也没有对目前大家公认的市场环境会有明显改善这个消息作出普遍的反应。实际上，在过去的两个星期中，与大宗交易相关的所有消息都或多或少有些利空因素。进一步来说，我们发现公布给公众的报表与给企业股东的私人报表不一致，有夸大利好消息的成分。

因此，我们有理由做好准备，一旦市场转为弱势运行，一旦企业继续预付款则停止股票买单。遍及整个国家的股票持有者随着自己交易做大，或多或少可能会需要发出指令卖出股票，来追加预付款。由于市场上相当数量的这种行为的存在，或许可以准确地解释目前市场上发生的现象。

如果关于本轮市场下跌原因的理论解释是充分的，如果出现了下跌持续很久的结果，空间交易者可能会用短线操作来替代已经到期的长线投资。多数投资者并没有积极看涨。如果由市场反弹所形成的回升，并没有带来大量的外围买盘，则不需要多长时间我们就可以看到，交易者会重新着力于短线投机，压低预期的销售价格。因为他们觉得，额外的下跌不会超预期出现。

熊市的发展总是遵循同样的规律。交易者和市场操作者用卖空来打压价格。如果大众进而跟风，出售本来准备长期持有的股票，这些市场投机者就会择机买入，等待市场反弹时卖出，并不断重复这样的操作来获利。只要普通公众投资者提供可供短线操作者买入的、值得长期持有的优质股票，这样的活动就会一直持续下去。如果没有一直出现支持空方观点的资产清算等事件出现，熊市走势则会出现摇摆，而大众观点则会倾向于市场重新出现复苏，此时股票市场就会重新达到供需平衡。

极大数量的股票持仓成本是高于现在的股价水平的，整个国家的股民现在都在思考及时止损是不是一个好的策略，抑或在下跌途中一直持有股票期待拐点的到来，或者还可以逢低买入来降低持仓成本。有些人也许会有另外的决定或另外的方法，但最大的可能性是相对于一年前、甚至六个星期前的情况而言，更多的人会愿意迅速止损。在股市上能够赚钱，来源于让利润实现及时增长，这是一条古老且十分有效的规律。或许很多交易者的经验之谈都是：股市中主要损失并非来源于一些小额亏损的积累，而主要是由于没能及时止损，带着盲目的希望觉得股价在某一时点会重新涨回来而继续持有下跌趋势的股票，导致亏损不断放大。

从一个股票持有者的观点来看，牛市和熊市的最大区别在于：牛市周期中，即使持有下跌的股票，也是安全的，因为牛市的进程会把股价重新带回一个最佳价位，除非你是接了最后一棒。而在熊市周期中道理则相反，价格不会回到高点，相反市场是朝更低的价位靠近。牛市时的损失应该会被持有多头的获利抵补。而处于熊市时，抛弃股票多头而进行卖空则是最好的策略。

熊市周期是不是正在酝酿这一点？我们并不能确定无疑地下结论。唯一可以确定的事情是，九月份的高点完全无法和 1899 年 4 月的高点相提并论。1900 年 4 月股市的高点，也达不到 1899 年 9 月或今年 4 月前的高点。这是市场转为熊市的一个信号。不然，股市将会出现一个高点接一个高点的现象。只有当经济出现一些不确定性因素时，才会存在一个调整的间歇时段，不然市场会一直上升，或者下跌通道将会打开。那些相信熊市已经来临的投资者应该进行建仓来止损。

1900 年 5 月 16 日

我们下面的调查似乎可以从以下细节中找到答案：

"我希望我的股票操作，可以小规模地基于你们所说的主流趋势。只有当股价出现在报纸上，并且明显看出短期内交易价位不会发生很大波动时，我才能确认掌握股价状况。我不希望冒超过 1000 美元损失的风险。那我能做什么呢？"

首先，不要让你的单笔交易超过 1000 美元的股票额度。在实际操作中，认为 1000 美元购买 100 股股票是达到安全边际的这种想法，可能是破坏性的。你不能保证自己一直都正确，也不能期望你总是在最低点买入、最高点卖出。如果股价出现两三个点的波动，就可能耗尽你四分之一到一半的资金，全部保证金被耗尽也只是时间问题。当你持有 1000 美元资金时，你可以先购入 10 股股票，并逐渐增加你的持仓，这样可能最终达到 100 股，如果市场按你的想法运行的话。

你可能会因为部分交易而损失少量资金，但长期来看，这种操作策略会带给你丰厚的回报。如果你的经纪人说他不愿意去卖空你挑选的 10 股股票，你可以请教经纪人，在类同价位的股票中，他愿意操作的股票是哪只。如果他都不愿意，那么更换你的经纪人，因为市场上有很多愿意不辞劳苦为保守的、注重安全边际的、每次都只进行小额交易的顾客进行操作的经纪人。

你应该选定少数几只特定的股票进行交易，对你希望进行交易的股票每天坚持写交易日志，按照一定的格式记录这些股票的开盘价、收盘价、最高价、最低价，以便自己可以在一个观察期内考察股票价格波动的趋势。同时你需要记录每天自己所做过的交易，观察日报上给出的股票交易的报告，观察成交量与价格上行同步还是与价格下跌同步。股价在狭小区间波动了相当长时间的股票，通常意味着会朝一个方向进行大的突破，虽然这个突破的方向可能是向上，也可能是向下。如果一只股票在一个价位上基本保持稳定，并且成交量寡淡，通常意味着这只股票不值得持有。

告诉自己你想进行交易股票的公司类型，了解该公司的资本化过程，以及其固定支出、产量等方面的特征。了解农业、商业或者同业竞争方面的因素是怎样影响公司的，了解是不是有人可以操纵公司的股价，知晓公司最大的持股股东。如果某只股票存在分红派息，还要在该公司分红派息之前了解其股价大体会承受多大的影响；如果某只股票不进行分红派息，则要密切跟踪其盈利情况，辨别该公司的实际价值是否有所增长。

要对市场的主要趋势有一个准确的把握。理解市场总是在一个四年的上升或者下降周期中摇摆。要在心里决定你是在牛市周期中还是熊市周期中进行交易。如果市场处于牛市周期，除非你选择的股票从前期的最高点滑落了几个点，否则不要追高买入；每下降两个点可购入 10 股，然后一直持有直到该股票价格超过前期的最高点再卖出，或者直至你有其他更好的理由时卖出。在连续进行了 5~6 次操作之后，最好有计划地设置一个止损位。当股价从最高点回落三个百分点时执行止损，并且随着市场趋势的上行适当提高止损价位。通常这将阻碍你过快地获利。

同样的规则也可以运用于市场价格下跌期间，不要轻易买入股票，除非市场有实质性的上升。买入后可以大规模卖空，且不要急于获利，应选择那些基本面十分脆弱的股票进行卖空，但心里要清楚其他人可能也做同样的操作。一只值得投资的好股票，有时候也可能处于过度卖空状态，这样空方的力量会使得股价一路下行。

我们可以通过每日新闻中公布的贷款利率，大致精准地推测到空方的力量其范围。如果贷款利率和货币基准利率十分接近，则空方力量就比较薄弱。如果贷款利率相对货币基准利率处于升水状态，股票市场就可能倾向于产生一个大的快速回升，虽然这并不必然意味着价格只升不降。长期来说，股价是由股票的内在价值决定的。

在牛市行情中，多头一般不会出现亏损，除非买方过度交易；也就是说，相对于该投资者的资本，他拥有过多的股票，从而被其经纪人要求强制出售。在熊市行情中，做空一般不会出现亏损，除非市场状况出现突如其来直转急下的逆转。所以，我们在投资伊始就要做出周详的两手准备。这样的投资者在一开始就能处于一个有利位置，获得更多有利的投资机会。

在这方面还有很多东西可以阐述，所有与投机相关的规则，都必须当作尝试来思考使用。但是在这个案例以及其他一些案例中，我们处于同样处境的投资者将会在未来两到三年中赚更多的钱，因为他们遵循这方面的投资常识和规则，而不是试图去猜测股市价格的上下波动。

1901 年 3 月 19 日

市场上的位置

很多通讯员和记者带给我们诸如此类的询问："你觉得市场还会继续上涨创下新高吗？"

这事只有上帝才知道。但是，我们有很多的与之相关的事实或许可以帮助我们对这一问题进行判断。其中一部分事实证明，现在的市场价位已经够高的了，而另外一部分人的观点则是推动股价继续上行并创新高的因素仍然存在。

首先让我们来分析一下第一组观点：股价已经达到近 20 年来的高点，近四年来铁路股票的平均股价，基本达到 20 年股票均价的两倍。商贸板块已经达到了一个如此高的点位，随时都可能回调。我们对铁路行业的盈利水平也有同样的担忧。银行的存款和贷款规模已经达到了一个巨大的数额，相对于银行目前所作的业务来说，超额存款准备金相对较小。

铁路建设方面，相对较新的规则正在试验当中。我们可能会发现这个股东群体并没有持续维护团队利益，很多人大量抛售所持股票。美国钢铁公司（United States Steel Company）股票挂牌上市时，投资者做梦也想不到在发行了如此大规模股票之后股价还能如此大幅度上涨。一些大的行业，特别是棉花和羊毛类的制造企业，并没有特别繁荣。欧洲因为陷入与美国制造产业的竞争而危机意识十足，欧洲将会竭尽全力来干预这一竞争。此外，目前牛市行情已经持续了与以往牛市一样长的时期。

现在我们转向另外一幅场景：美国近几年来的出超顺差状况，已经达到历史记录的最大值。出口商品总值可能达到 15 亿美元。棉花一直处于高价位，小麦出口逐年上升，使农民赚取了超过平均水平的利润。劳动力被大量雇佣，并且就业条件十分优厚，以保证这个国家投资资金以不变的速度增长。

到目前为止，铁路部门的盈利并没有出现衰减的现象。其负责运营的行政官员给出的报告对未来相当看好。根据宾夕法尼亚州的报告，由于沥青煤价格小幅上涨，该州获得了额外的收益。这一上涨也向我们展示出：当价格以明确的趋势上涨并且保持一个宽幅的区间时，操纵价格的力量可能逐渐集中到几个人手里。用无烟煤浇筑道路的社区其所有制仍然处于试验阶段，支持其成功的观点认为试验成功时就可以大规模应用于道路建设。

应用的必要性原则在于保护可能获得的额外收益，并且刺激整体市场的发展。这一发展在柏林顿（Burlington）公司可能已经出现了，在圣保罗（St. Paul）、沃巴什（Wabash）、密苏里太平洋铁路公司（Missouri Pacific Railroad）、芝加哥大西部公司（Chicago Great Western）、丹佛和格兰德河（Denver & Rio Grande）、沿海航线（Seaboard Air Line）、李海山谷铁路（Lehigh Valley）等其他一些公司也可能有了一定的进展。由于铁路建设规模相当大，这些公司的股息极可能会有一定的上升。

联邦钢铁公司（United States Steel Company），又一个很高的架构，且有广泛坚实的基础。在辛迪加集团的掌控下，该公司近期成为一个能人，拥有 2 亿美元资产的支持。该辛迪加集团当然希望对联邦钢铁公司股票无论是投资还是投机都能取得极大的成功。然而这一点将无法做到，除非股票市场整体非常活跃，并且普遍上涨。

最可靠的吸引投资者来购买某一股票的方法，是使他们确信可以在自己希望卖出该股时马上就可以成交。换句话说，必须形成并且维持一个广阔的市场来保证股票的迅速发行和交易。而这一点也是增强市场整体力量的一种途径。事实上，如此大量的金钱涌入这一企业，证明华尔街上最有能耐的人仍然相信自然因素会带动该企业股价一路上涨。

当经济以周期运行，并且我们始终如一地假设该经济周期以膨胀的特点运行时，市场按照其原动力生存和发展，这一原动力可能由每天 70 万股到 150 万股的交易量所代表，它明显比每天仅仅一半的成交量要大得多。20 年前的牛市行情很难达到每天 70 万股的成交量，而现在成交量则很少会降到这个水平之下，这也就意味着我们现在的股票市场产生的动力更加广阔也更加强大，相对于现在的股价来说，我们预期这种原动力能够持续更长的时间。

摩根先生通过引证发表声明说，他认为现在的牛市行情还能持续两到三年时间。无人有充分的资格对其进行评判。银行系统资金发行额增加了 2 亿美元，黄金供给增加了 9 亿美元，导致了信用基础如此大量的额外增加。这个国家的整体资源并不能用股票价格的应用来进行估测和衡量，但可以肯定的是，在过去几年中资源有了巨大的增加。

还有很多观点我们可以引用，这些也许足以说明在这样一个维度上平衡项目的难度。实际上，我们认为交易者一直坚守多头头寸直到市场特点发生逆转是明智的。投资者应该以次优投资为基准来交易最好的股票，并且及时设置止损单。只有在市场上行到一定程度的时候才进行卖空操作，并且设置止损单来保护自己的资金，以防自己的预期发生错误。华尔街对市场判断最准确的分析师认为市场上涨仍将走得更远。

1901 年 4 月 13 日

股票市场上的动量，是一个很重要的因素，就像物理学上一样。由每天超过 100 万股的成交量代表的市场趋势并不是那么容易被颠覆的。对市场趋势的确认是真实的，它反映了主流交易者的操作方向，并且能够提前预测到后市的发展。市场上大量的投资者一开始根本就没有意识到风险的存在，经过暂时的衰退之后，这些投资者代表的多方力量使市场趋向于回暖。

准确地说，其实这一切发生在昨天。一股明显的对星期四走势的担忧浪潮袭击了专业投资者。大量争购伯灵顿股票，使市场产生了分歧，而且这可能演变成影响货币市场和股票市场的重大因素。聪明的投资者已经进行了大规模的减持。

然而昨天，人们忽略了上述这些因素，或者说对后果漠不关心。由于那些仍然坚持大额多头头寸的投资者的支撑，使得市场上自由购买情绪和移仓情绪十分强烈，出现了实质性的复苏。联合太平洋（Union Pacific）公司股价表现十分强劲，其他相关股票的持续走强，也使得市场出现了新的并购谣言。据报告，大量的债券买单出现，使得市场看涨情绪浓厚。

这就强调了一个观点：和之前相比，我们目前所面对的市场可能更多的是一种双边行情。货币供应、出口额、国外经济状况、价格水平、伯灵顿事件并发症等等，都预示我们在持有多头时要多加小心，市场的大规模恐慌，可能会随时出现。

只要公众信心一直保持积极状态，绝大多数的市场投资者继续看涨，我们就可以确信，衰退之后会有一轮强的回调和复苏，股票市场或许会有一些特别的进展，这些进展极有可能被操纵。现在市场可能处于这样一种状况中，即投资者应该在短时间里及时获利，而不是长时间持有股票等待获利。市场不再适合利用累积收益连续投资。

可能钢铁类股票暂时得到了很大的保护。我们不要忘记其证券包销集团用了一切可用的方法来支持钢铁行业。如果没有股价的支持并且不能被投资者广泛持有，钢铁类股票就不能在充分长的一段时间内，在足够大的范围内给予公众以信心支持。大量的资金被快速吸纳进联邦钢铁（U. S. Steel）这一事态表明，这类股票的持股从来就没有分散化。这在很大程度上取决于内幕人士和投机者。他们的目的无疑是通过满足投资者关于稳定的股息派送的预期，从而使得钢铁行业能够得到投资者偏爱。这可能需要花费一些时间，但也意味着在这段时间内，钢铁类股票将是交易所中交易最安全的板块之一。

铁路状况受到两个不利因素的影响。实际上，目前所有的铁路股票都凭借其实力处于一个很高的价位上。有些股票可能比其他的高，但很多股票相对于其内在价值来说，仍然处于被低估的状态。目前还不确定对伯灵顿股票的购买将带来和平还是战争。正是因为这些不确定性的存在，投资者有必要保持谨慎。

其他行业的股票并没有和铁路股连袂上涨，有技能的操盘手认为自己知道股票的内在价值，他们将把资金投资于优质股票。这种影响使得投资者将更多的目光集中于市场的某些领域。这一趋势由美国钢铁集团的强势力量而得以强化，通用电气（General Electric）和统一天然气公司（Consolidated Natural Gas，CNG）股价一路上涨，也将有助于向我们展示一个行业的股票是否有实力，其股票价格能否更上一层楼。我们至少存在一定的可能性，可以通过努力鼓励更广泛的投机者参与到这个板块中来，以期有助于挖掘该行业的内在价值。

1901 年 5 月 29 日

关于五大恐慌的报道

我们给出了 1873 年、1884 年、1893 年、1895 年和 1901 年一些活

跃的股票陷入恐慌的起因，并对其后续发展列表做一个介绍。这些数据包括在股市恐慌前该股票所达到的最高价位，包括恐慌性下跌时达到的最低价位。对于复苏后的价格，我们给出了恐慌性下跌之后一周之内的最低价。在一些极个别的案例中，这一最低价直到将近一个星期之后才显现出来。

我们习惯于认为"1873年大恐慌"是一项十分严重的事件，该事件严重到迫使证券交易所关闭的程度。但所谓湖岸公司（Lake Shore）和西部联合电报公司（Western Union）的衰退，相比我们所看到的损失来说却小得多。此次恐慌出现于市场持续一个星期极度兴奋的最高潮之后，周六时实现了最后一跃。此次恐慌中9只活跃股票的平均跌幅达到10.32%，如下表所示：

1873年恐慌中相关股票下跌统计

股票名称	最高价	下跌前	下跌后	复苏阶段
纽约中央铁路公司 N. Y. Central	93	89	6	6
伊利公司 Erie	56.125	50.75	5.375	2.125
湖岸公司 Lake Shore	88	68	20	11
沃巴什挂车公司 Wabash	50	42.5	7.5	7
罗克岛公司 Rock Island	95	86	9	10.75
圣保罗公司 St. Paul	37.5	30	7.5	5.5
雷克万纳公司 Lackawanna	92.5	86	6.5	7.125
西部联盟公司 Western Union	76	54.25	21.75	19.25

"1881年大恐慌"所反映的平均价格变动其实更大，仅5月13日到16日四天时间就造成了8%~15%的损失。这种恐慌情绪在两天内完全笼罩了市场，交易最活跃的10只股票，至少损失了八分之五的价值。如下表所示：

1881 年恐慌中相关股票下跌统计

股票名称	最高价	下跌前	下跌后	复苏阶段
湖岸公司 Lake Shore	94	81	13	8.875
罗克岛公司 Rock Island	116.25	109.5	6.75	6.25
圣保罗公司 St. Paul	77	65	12	7.5
伯灵顿公司 Burlington	118	114.25	3.75	3.25
路易斯维尔公司 Louisville	44	30.25	14.75	5
密苏里太平洋公司 Missouri Pacific	80	65	15	7.25
联合太平洋公司 Union Pacific	50	41.25	8.5	3.875
西部联盟公司 Western Union	60	51.75	8.25	5.875

　　"1893 年大恐慌"在损失的幅度上并没有那么严重，交易最活跃的 13 只股票平均股价下滑了 7.34%，只有少数股票跌幅超过 10%。领跌股票的跌幅范围从 7% 到 9%，但复苏阶段股价普遍回复到恐慌性下跌后的水平之上。

1893 年恐慌中相关股票下跌统计

股票名称	最高价	下跌前	下跌后	复苏阶段
伯灵顿公司 Burlington	71	69.25	4.75	10.75
圣保罗公司 St. Paul	52	46.375	5.625	9
罗克岛公司 Rock Island	58	53	5	8.375
路易斯维尔公司 Louisville	53	47.5	7.5	10.125
密苏里太平洋公司 Missouri Pacific	23	16.5	6.5	6.5
糖业公司 Sugar	73	66	6.25	8.375
芝加哥燃气公司 Chicago Gas	53	43.5	9.5	8.375
西部联盟公司 Western Union	75	67.5	7.5	10.625

　　1895 年委内瑞拉（Venezuela）股灾在强度方面基本和 1873 年和 1884 年的大恐慌相媲美。15 只股票平均跌幅为 9.42%，相当大一部分股票跌幅超过 10%。复苏阶段十分正常，股票损失了下跌阶段后大约 2/3 的价值。如下表所示：

1895 年委内瑞拉大恐慌中相关股票下跌统计

股票名称	最高价	下跌前	下跌后	复苏阶段
伯灵顿公司 Burlington	81.625	70	11.625	7.5
圣保罗公司 St. Paul	72.125	60.5	11.875	7.5
罗克岛公司 Rock Island	72.5	59	13.5	10
纽约中央铁路公司 N. Y. Central	98	90.5	7.5	7.25
路易斯维尔公司 Louisville	49.125	39	10.125	6.25
密苏里太平洋公司 Missouri Pacific	27.625	19.5	8.125	6.25
泽西中心公司 Jersey Central	105.5	93	12.5	8.25
糖业公司 Sugar	100.5	92	8.5	7.875
芝加哥燃气公司 Chicago Gas	68.5	57.5	11	7.875
西部联盟公司 Western Union	88.25	82.5	5.75	1.25

下面的表格向我们展示了 1901 年大恐慌中股票的价格波动，与以往的大恐慌相比，本次下跌实在有些骇人听闻。艾奇逊—托皮卡—圣菲铁路公司（Atchison）、圣保罗公司（St. Paul）、罗克岛公司（Rock Island）、曼哈顿公司（Manhattan）、密苏里太平洋铁路公司（Missouri Pacific）、联合太平洋铁路公司（Union Pacific）等股价下滑超过 40%。表中的数据展示了在某些案例中，1895 年的最高价比大恐慌后的最低价还要低。但很多股票都是从 5 月 8 日开始下跌，并且在 5 月 9 日达到了总跌幅中的最大单日跌幅。

复苏阶段更值得我们注意，联合太平洋铁路公司股价在一周内先重挫了 57%，之后又狂涨 47.5%；与此同时，密苏里太平洋铁路公司在重挫 41.75% 后又回升了 36.5%。有关宣言声称，本次恐慌性下跌中，相关股票的波动幅度无疑是过去任何一次大恐慌都无法比拟的。

这次恐慌来得如此之快，使得很多旁观者都觉得头昏脑胀，摸不清头绪。本次休整的速度和幅度使得金融市场从一场大的金融灾难中得以幸免。

在过去的股市恐慌中，小幅下跌后伴随着一系列的利空因素。这些不利因素是一场大的灾难，它导致 5 月 9 日持续 24 小时的下跌。或许仍然要很长时间才能使得本次大跌的作用完全显现出来。

1901 年恐慌中相关股票波动幅度统计

股票名称	最高价	下跌前	下跌后	复苏阶段
艾奇逊联合公司 Atchison common	90.5	43	17.5	33
伯灵顿公司 Burlington	199.875	178	21.875	14.5
圣保罗公司 St. Paul	188	134	54	29.5
罗克岛公司 Rock Island	169.875	125	44.875	28
路易斯维尔公司 Louisville	111.5	76	35.5	27.75
曼哈顿公司 Manhattan	131.75	83	48.75	32.75
密苏里太平洋公司 Missouri Pacific	116.75	72	44.75	36.5
纽约中央铁路公司 N.Y. Central	170	140	30	15
联合太平洋公司 Union Pacific	133	76	57	47.5
汞合金公司 Amalgam Corp	128.5	90	38.5	32
烟草公司 Tobacco	30.875	99	31.875	25.75
大众燃气公司 People's Gas	119.5	98.5	21	13.25
联邦钢铁公司 U.S. Steel com	55	24	31	22

股市这一大涨大跌的现象显示：股票投资并没有被完全搅乱。事实证明，证券经纪公司有足够强大的能力可以忍耐市场失败的负担。这一年市场的特征是成交量巨大，投资者匆忙卖出股票使得股价下跌到远低于正常售价的水平。

换句话说，由每天两三百万股成交量所代表的大市场，使得股价超出正常的剧烈波动，极有可能引发高于正常水平的成交量。股价和成交量之间存在着一种相关关系。巨大的股价波动意味着巨大的成交量变动，因为此时市场上买方和卖方通过极其猛烈的博弈过程，来企图达到正常的市场均衡。

1901 年 12 月 5 日

交易成功的基本原理

拿破仑曾经说过："有耐心才能成功"。格兰特将军（General Grant，南北战争后期的联邦军总司令，后当选美国第 18 任总统——译者注）在回答关于军队指挥官的第一必备素质什么时，他的答案也是"耐心"。古尔德（Jay Gould）先生曾经宣称耐心绝对是任何一个企图在股市中有所成就的投资者必备的素质。每个进行大额交易的人，可以通过查看其交易记录而确认其股票价值，也可以看到他因为不愿意耐心地等待机会而导致的利润损失。

对上述观点的解释是：那些没有耐心的人不愿意应用他们在别处学到的投机基本原则。没有一个种植玉米的人会在一两天内就掘地三尺，看看自己所种的玉米是不是发芽了，但在股票市场上很多人妄想早上开户下午就能获利。如果一个投资者看跌，他希望市场能马上跌到他计划进行平仓的点位，或者另一个投资者持有相反的观点，他就希望市场能马上扶摇直上。

当人们期望的这些行情没有出现时，投资者就开始丧失耐心，开始改变他们最初的预期，以至于对自己的账户进行平仓。如果一个投资者判断股市看跌，他往往会从短期内股票的短暂上涨就得出结论，认为自己的观点错了，从而反手再开空仓。这样的投资者其实被市场的波动所操控，而不是按照自己基于事实的判断来引导投资。

所有的这些都是基于现存的条件。那些研究经济状况的投资者，很难逃脱价格已经达到高位的想法。他们看到市场在过去四年的大部分时间里都是一路上涨，他们不能从过去的数据中找到任何记录，表明价格上涨在没有严重干扰的情况下通常能够持续很长时间。他们会观察到海外事件中不利因素的变动，并且知道这些变动可能同时发生在几个国家时，将怎样互相传播。他们看到相比前一年来说，今年农业发生的损失可能更大。他们观察到黄金在源源不断输出国外，而其实黄金应该多进口。出口商品下降而进口商品上升、对国会信任的轰动风潮、对西北铁路联合的微词、铁路盈利目前随时会下降的可能性，新股发行数量等现在仍然无人知晓。

这些当然使看涨的投资者产生了迟疑。要求他们对支持未来价格进一步上涨的原因进行仔细审慎的反思。这些既定的利好因素，可能包括如下几点：根据至今披露的信息来看，铁路盈利水平仍然在增长，目前所推行的这一股权投资机制，将会使铁路盈利仍然保持在一个高的水准。根据相关数据，这个国家的实体经济仍然处于繁荣状态，在很多行业领域的贸易中都保持了高利润率，在大部分贸易中，都处于供不应求状态。从这些事实中得出的结论是，价格由内在价值决定，而现在内在价值仍然在增长。还有一个附加的事实是，很多以地产商持有很多证券，并且大部分可以算是市场上的多头。

每位想在股市上参与交易的投资者，都应该对这些事实进行独立的判断，而不应随波逐流，盲目相信他人的观点。如果有人认为价格太高，则他可能偏向于持有空头；如果有人认为价格较低，则他可能持有多头。但无论这个投资者做出什么样的决定，耐心都是必需的。

如果市场确实已处于高位，我们就需要时间来确认股票价值，以此判断是否进行看涨投机。如果市场正处于下行通道，我们必须记住很多人持有相反的观点，市场需要时间来对这些利空消息进行消化和评价，从而瓦解过去五年来多头成功建立的市场信心。

在股票市场上动量是十分实在的一个因素，正如物理学里一样。将价格从1892打压到1890的动量是如此之大，使得市场在下一个上升浪到来之前维持了8个月严重而频繁的市场颓势。而将价格从1877提升到1881的动能又是如此之大，从而给予了市场惊人的能量，从1882年仲夏的市场衰退中恢复过来。

当市场达到高位后，同样的事情现在再次可能出现。市场将会类似五月份那样顽固地下跌并高频率产生短暂的回调。这一震荡趋势将一直持续直到市场上看涨的信心完全被动摇，而看跌的信心被完全确立下来。

目前市场上看跌的投资者应该保持耐心，等待股价从低点大幅度回升，直到有信号显示市场上看涨的动能已近消耗殆尽。这时投资者应该适度卖空，等待股票跌无可跌时买进平仓，并且等待机会重复进行这一操作。而作为看涨型的投资者，则应该等待市场有了一个相当大的跌幅后，在低价位趋于稳定时再进行买入，并一路持有直至价格上涨到在他看来没有进一步的上升空间时卖出股票，实现获利时为止。

所有的这些都需要锻炼自己的忍耐力。等待市场卖空高点或者买入低点，都是让人烦恼的事情，等待市场达到预期的价格变动幅度，也是让人相当厌烦的事情，特别是市场上小幅的价格变动频繁发生，并且可能使你前期的小额盈利受到威胁。这个时候就需要我们有极大的忍耐力，这也是在实体企业赚得巨额利润的实业家和那些采取了正确的行动，但是却没有获得满盘利润的投资者之间的差别。

大师级的投资者们成功的秘诀，在于他们持有正确的头寸，在有利好消息时继续持有，而当出现虚假消息，即那些看起来正确而实际上并非如此的时候，不理会那些令人不安的谣言，忽略那些潜在的威胁，而将主要精力集中在某一特定股票价值的发掘上，坚信自己要求的结果正在实现。

在这个城市，有这样一批投资者，他们持有某一只特定股票相当大的数量，并且坚持了 10 个月左右。他们对抗各种各样的困难，抛弃各式各样的疑虑，坚定地持有自己所选择的这只股票。他们的同伴中大部分都受到价格下降的影响而心慌气馁，将股票卖出了。而这些坚持下来的投资者现在已拥有超过 50 万美元的获利，这主要是对他们在持股耐心方面的奖赏。

1902 年 1 月 21 日

市场情绪

目前，华尔街情绪普遍悲观，活跃的交易者中，基本上四分之三倾向于持有空仓，证券交易所更倾向于建议投资者进行卖出而不是买入。随着时间的推移，当前经济状况下所有的有利因素都被市场忽视了。

这种情绪大部分源于市场本身。那些想通过持有多头头寸赚钱的投资者发现价格变动幅度如此之小，使持仓者的股票处于一种悬而不决的非确定性状态。如果不是产生小额损失，市场上经常有强势爆发的力量，投资者发现很难从持有多头来赚到钱。这样的市场很容易酝酿形成看跌的情绪。

几个月以来，虽然市场价格下跌次数频繁，但幅度却不是很大。因为多头在一定的范围内都不会被动摇。市场有规律性的发展是温和的衰退，然后产生供给的不足，由此而产生一定幅度的回调。意识到这一点，就会引发很多投资者进行短期交易，这一群体中的买方频繁操作，导致价格在一定空间范围内波动。

目前交易的要点，在于观察股票的供给方面，以此判断历史是否会重演。如果股票的交易量变得很小，可能在接下来的几天里会有一波回升，这种回升可能会持续一段时间。但是当经济形势发生逆转时，股市将应声下跌并且跌幅可能超过 4~5 个点。那些在前期对空头平仓并且反手开仓的投资者，此时或许会有一段痛苦的经历。

这些市场变盘都是我们无法提前预测的，它取决于外部的公众的力量，取决于是否存在普遍的买卖方压力。但是这一事实可能会在一定程度上对成交量这一指标产生误导。如果明天市场发现价格下跌，但是成交量很小，可能意味着有庄家操盘无量打压股价。如果股价真的十分疲软而成交量活跃，通常表示市场处在底部，同时清算事件时常发生。

1901 年，45 种商品的沙巴克斯价格指数（Sawbuck's index）已经在伦敦公布。国际数据的主要变化在于：1900 年该指数平均值为 75，但是 1901 年的平均值仅为 70。进一步说，今年 1 月到 7 月，指数平均值在逐月下滑，到 12 月保持稳定，这时候它已经跌至全年的最低点。1月份指数的平均值为 72.2，而 12 月份的平均值仅为 68.1。相比 1900年的最高点来说下降了 7 个点。这个下滑主要归因于矿石、纺织品、食糖、咖啡、茶叶等商品价格下降。矿产品价格下降了 21 个点，食糖、咖啡和茶下降了 18 个点，肉类和黄油下跌了 5 个点，纺织品则下降了 4个点。引起此轮下跌的原因很多，但主要因素是市场对前段时间行业大涨的回调反应。

说到后市的发展问题，沙巴克斯（Sauerbeck）先生说："美国十分喜欢持续不断的繁荣，但目前我们已经达到如此一个高位，就难免有些危险。今年可能还会有一定幅度的上升，但我们不能期望太高。破产清算将会在这个国家持续发生，交易将受到很大的影响。南非矿山的开采对贸易影响很大，但这种影响可能达不到之前产生的影响那么大。大繁荣过去了，这种经历教诲我们：在一轮新行情开始前，总是要花费数年的时间。"

第六部分

在明确的反转信号出现之前
趋势始终有效

　　道氏的优势在于，他亲眼目睹了股市反转的艰难——很多时候即便是华尔街最有权威的专家，也可能会出错。他指出：华尔街"最能干的领导人，常常会因为过于超前而犯错。"

概述

道氏理论有一个贯穿始终的特点：充满尊重。尊重金融市场的功能，重视趋势改变时计量的难度。承认市场永远是对的，违背这种观念的想法是狂妄自大的，它会带来金融亏损甚至市场毁灭。因此道氏认为，在道氏理论中的牛市或熊市反转信号明确出现前，一种趋势会持续发生效应。

道氏理论的这一原则也是极其实用的。市场中存在许多不同的现象，这些现象与最初的趋势联系不大。因此，等到明确认定后再行动可以避免不必要的市场动摇或被迫追价。调整的意义在于通过新的信息来支撑投资公众形成的潮流趋势。正确地完成调整时，人们会觉得趋势开始有变化。当调整不再引起公众的质疑时，我们就应该开始担心主流趋势是否发生了变化。

因此，道氏理论是一个趋势跟踪系统，它直到确认趋势已经改变时，才采取行动，而不是投资者依照该理论来寻找证据，以寻求确认最终拐点位置的一个逆势而为的系统。逆势而为要承担在期望获得巨大收益时却发生巨大亏损的风险。跟风的投资者为获取更高的安全性，可以接受较低的回报。只要你愿意，可以不见兔子不撒鹰。具有讽刺意味的是，道氏理论本身很关注趋势何时成熟这个问题，因为这样能更好地衡量牛市和熊市信号的强度。而且当反转接近时，道氏几乎比华尔街上任何高手都定位得更好。

"我们已经说过多次，牛市已经运行了足够长的时间，在许多情况下，股票收益小于债券回报，并且股票长期处在这个水平状态下风险很大。"道氏 1902 年 2 月 11 日这样写道，"除非回头去看高点，否则没有人能确定市场是否已经达到了顶端。无论价格有多高，它是否会继续上涨都与积极形势有关。"

道氏理论采取谨慎态度的部分原因，在于确定市场反转拐点的困难程度。趋势，就其本质而言，可能已远超出人们认为的合理程度，因此，在清仓前等待明确反转的交易商，往往比逆势而为者出手更晚。

汉密尔顿认为，市场顶峰比低谷更难定位，这对于现今的分析师们来说依然如此。这也许是股票价格的长期上涨造成的。这种明显的升势在出现过度投机行为后仍然继续。

"确定主流趋势的实际顶点，比确定其他的变化标志更难。"汉密尔顿在 1923 年 6 月如是写道。他还补充说：若没有明显的过度投机，这将会更难。

这种困难是道氏理论家坚持等待明确的顶部拐点出现的原因之一。而顶部拐点出现后价格剧烈下滑的风险，让人们不得不重视道氏理论中这类信号的出现。

"人们应该牢记，一个国家无论多么繁荣，价格的优势也不会永远持续下去，当头重脚轻的市场破灭时，提高价格——至少使价格部分上涨——的行为更易于展现出一些与正常的必然反应不同的东西。"汉密尔顿 1909 年 8 月这样写道。

道氏的优势在于，他亲眼目睹了股市反转的艰难——很多时候即便是华尔街最有权威的专家，也可能会出错。他指出：华尔街"最能干的领导人，常常会因为过于超前而犯错。"

价值和情感虽然重要，却也有其局限性。例如，20 世纪 90 年代末的互联网泡沫，一直持续到 2000 年后，以至于那些没有可能盈利的公司将价格抬得很高。尽管情绪调查显示，直到 2008 年底公众一如既往对股市缺乏信心，股市仍存在压力。公众可能判断对了市场趋势，却估计错了周期。

"需要记住的第一件事，是处理股市时无法提前预知顶部与底部何时出现。"道氏 1902 年 5 月 14 日写道，"有时人们能够猜到价格的顶部与底部的出现，但这样的猜测大多是出于他们的直觉，没有什么实际价值。在华尔街有一条谚语，只有愚蠢的投机者会希望在股票价格最低时买入，在最高时卖出。有经验的投机者知道，没有人能有把握有规律地做到这一点。我们首先要确定的是……市场最近是否达到了新的高点，现在是否发生了明显偏移。"

在评估完大众的反应和市场状况后，他总结说："在交易市场上很难找到趋势反转的明确指示信号。"

但是他警告说："在过去 12 个月里，人们不希望看到这样的信号。这种信念导致在未来出现大于正常幅度的降价，人们愿意在商业和金融领域进行一场规模前所未有的实验。"

股票在 1903 年暴跌之前走边线的情况，再次验证了道氏对市场理解的正确性。他判断反转就要到来，他所要做的只不过是等待市场来证实。

从道氏的著作中，我们可以看出，他对金融市场的理解比任何同时期的人都要强，但他仍然谦虚地接受那些优于他的市场判断。这是我们所有人，不论是政策制定者、华尔街巨头、还是个人投资者，都要记住的一课。

朱比特传媒集团编辑、特许金融市场技术分析师（CMT）
保罗·施瑞德

道氏发表于《华尔街日报》的文章

1899 年 4 月 24 日

　　操盘者控制的牛市与那些由大众控制的牛市之间有一个明显的差异。前者代表着少数人的努力，后者在价值上具有集体感。可以通过适当的操纵创造有限的民情情绪。但那些忍耐并排除与之相反的最大的股份的情感，在通常情况下对几乎所有人意见的影响都足够广足够强。

　　大众对价值观念理解的增长必然是缓慢的。股市的低谷通常发生于商品的价值远低于生产成本，制造业的利润降低，铁路的收益减少，一般企业无利可图时。人们因为业务或生活中对钱的需求而售出他们投资的项目，所有人都现买现吃，这一切都只因为前几年的经验告诉他们物价正在下降。

　　在这样的时候，一些行业开始改变。其他行业逐步跟进。通常一些重大事件会对此产生影响，比如说异常高的粮价。此时人们发现自己开始挣钱而非亏损，他们消耗的原料或半成品价格持续上升。商家和厂家开始增加库存。有钱人开始投资。在这段上涨期间每个人都赚到了钱，他们信心膨胀，认为无论做什么都会成功。一个不太敢在冬季库存煤的人，会发现两年后考虑到社会的需要，他会很愿意买一座煤矿。这种变化需要两到三年来实现，因为成千上万的人只有亲身体验到条件的改变，才愿意接受它们是真的这一事实。

　　让一个拥有75 000 000人口的国家（原文如此——译者注）由气馁、多疑变得自信、进取，这种变化效果在包括股市在内的所有业务线中是最惊人的。它清楚地展现出当它作用于投机市场时所能产生的强大能量。它也揭示出牛市和熊市持久的原因。

当在公众心目中对趋势有一个良好的定义时，看涨或看跌的想法是不会轻易改变的。成百上千人可能会改变，但转变的方向大多相同。当公众的想法偏于长线时，就像现在，除非发生了一些重大事件否则他们的观点是不太会改变的。当国家发生灾难引起人们重视和警惕时，公众可能会对股票失去信心。当为防止出现价格提升而出现一波新创股票出售浪潮而给买家带来巨大利润损失或使他们只有微薄利润，以至于大量群众买家退出市场时公众信心会改变。资金链疲惫难以应对股票价格上涨也将阻碍交易，降低人们交易的积极性。

1872 年市场上公共股份受损一方面是因为金钱紧缺，一方面是因为担心美元紧缩政策会带来全国基金降价。这种忧虑是很有道理，1873年的恐慌，本质上是钱的恐慌。1879 年的牛市就被在此期间西部和西南部的铁路创立的新铁路证券日益扩展打断。钱是一方面因素，但它不是主要原因。1890 年的牛市因伦敦的美国证券市场低迷，特别是巴林银行事件（1762 年成立的巴林银行是英国历史最悠久的银行之一。1890 年该银行在南美的投资随着阿根廷革命而被蒸发——译者注）而中断。

当发行的股票超出公众的承受能力时，牛市必然被终结。基金盈余的动力远不如国家印发钞票的压力。然而，我们认为，因为牛市结束的特点十分清晰，我们至少还有 1 年的时间，甚至可能远不止 1 年。

关于这一点的证据就是我们所经常提及的。近些年新发行的证券并不太多。还来不及扩散开来。公众很难知道许多新证券的名称。公众只有确定了这些证券流动性良好且有利可图时才会买入。在购买前公众必然看到它们的报价，并或多或少对其有些了解。假设牛市今年春天结束，国内最精明的金融家手中将只剩下大量的新股票。不少人持有的股票无疑会比想要的多。因为他们认为，既然银行家和集团仍然愿意收购新工业股票，公众股份投机必然可以稳定地进行下去。

1899 年 5 月 27 日

熊市中股票投资似乎主要集中于新兴的工业板块。当发生天然气资源竞争令股市红利减低时，投资者在天然气类股票上有不错的实际收益。这压抑了其他一些工业股票的发行，并威胁到了工业股票的交易。考虑到工业股票持仓较多，目前人们更愿意保留铁路股票。短期股市内对这类股票的品牌信任度及投资利润的降低，逐渐变得与熊市的发展态势相似。

与此同时，市场多头坚持等待政策。他们购买有一定规模且受到打压的股票，但他们并不具有主动攻击性。他们或是满意地看到股市下跌出现买入机会，或是不愿在当前的价格水平卖出。他们的等待政策机会和危险并存。其机会在于当公司股票降价时虽然自己的权益缩水，但随着股价下降，投资者买盘将有望增加。危险的是，当持仓等待可能会持续蒙受损失，这将阻碍牛市实质性的产生和发展。牛市的产生不可能体现在太多的公司股票上，因此，牛市发起者要引导公众避免在整个市场上分散投资。

到目前为止，熊市思维还拥有相当分量的市场。这将持续多久尚未可知。当时机合适时，推进牛市思维能吸引多少资金入场也得视情况而定。亏损的投资者肯定不会未进行一番争斗前就认输出局。公众投资者在两个月前买入股票的信心中含有一定的保守元素，他们遵循普通的理念，或在他们认为股价便宜时买入。尽管最好的股票收益率还不足以吸引公众仅为了红利就去买入，但现在已有人开始购买这些股票了。

股市迅速下跌，导致许多人认为牛市结束了。他们认为在过去一两年都没有这样的下跌，现在出现意味着情况改变了。持这种观点的人忘记了历史上有据可查的每一次牛市期间的巨大下跌。1879 年的春天发生过这样一次下跌，那次下跌被认为是牛市终结的明确标志。1888 年春天的又一次下跌，使前些年上涨的股价下降了一半。当前股价下降的幅度并不大于过去牛市进程中经常发生的下跌幅度，也并不大于股市反转理论上所需要的价格涨幅。

有许多的交易者通过观察每天股市报价而非考虑大盘的特点来做出判断。从大的层面上看，并没有出现能证明牛市已经结束的证据。唯一清楚的是，随着冬小麦的受损，仓位的快进快出及暂时的投机超买状态，意味着股价已经达到了一定的临界点，这造成了暂时的熊市效应。

但这并不意味着目前的熊市效应将是永久性的，也不意味着那些现在承受着亏损的人将永无翻身之日。古尔德先生于1879年春引发股市大跌，却在当年的秋天导致更大的上涨。基恩先生在过去的一个月已考虑抛售股票，这并不意味着在今年下半年他仍将囿于熊市思维。这些主要都是由事件决定的。熊市行情会和所有投资者一起见证未来几个月内农作物价格、商业、货币价值和收入的下降。但肯定不会违背已经确定的趋势。如果证实市场达到了牛市行情恢复的条件，毫无疑义就必将会恢复。

1899 年 10 月 13 日

许多人认为，市场现在已达到这样一种程度，即空方阵营必然会采取侵略性措施，来保护自己的持仓。他们认为，规定的定期清算，两个星期前已经进行了，现在的市场无法反映新的清算结果或资金进出状况。他们认为，空方应该动手了，因为赚钱开始变得比较容易了。这意味着自然的力量变化，迟早会将牛市进程向前推动。就这一理论而言，空方阵营若想带来新一轮跌势，就必须马上开始行动。

当然，这种观点并不被普通大众所接受。那些期待股市下跌的人，并不认为时间在与他们作对。他们相信有些事情将会发生，从而引发新一轮大规模的股票上市发行。有些人认为，保险财团及其他人的抛售会带来下跌效应，另一些人对黄金出口等贸易的前景，感到失望。

市场形势出现了一些不争的事实：第一就是伴随着股价进一步上涨，乐观情绪已普遍高涨。在正常情况下，从西部和南部回笼的资金，将会缓解本月底的货币市场。

资金什么时候回笼，能回笼多少？尚有待观察。通常情况下，每年11月，资金总体上呈现稳定回流的趋势。同时我们要承认，最糟糕的情况发生在另一个方面：欧洲货币市场的变化，更可能导致利率下降。

但市场投机的环境仍不明确。没有人知道大众使用低到什么程度的保证金比例，或者哪些具体的这样那样的股票交易中的隐患会浮现。如果新股发行，不能使用保证金借贷，40%的利率也不能吸引资金流入，那可能就没有别的什么力量能做到这一点了。

从以往的经验来看，在推出新的政策措施前，市场应该比较平静。如果再过一两个星期，市场仍旧横盘整理，波澜不惊，则将强有力地证明，市场下一步将会上涨而非下跌。此外，市场平稳横盘的时间越长，主力资金动作的效果就越大。

1900 年 1 月 17 日

市场窄幅盘整是完全正常的。这意味着那些抛售股票的人并不着急，而那些买家则相信卖家会做出让步。只有一些特别的新闻，会引发一些市场波动。地下隧道概念，影响着铁路机车动力牵引系统板块的股票，竞争将压低蔗糖和烟草板块的股票价格，良好的年度报告出台时，人们会买入铁路股票。但就整体而言，市场尚处于休养生息阶段。

这样的时期很容易出现一些反常现象。对此我们有很好的解释。如果是处于下跌期间，卖方厌倦了等待买盘。于是会有人开始更低价卖出并引发其他人跟风；如果是处于反弹期间，代理运营商认为这是好转的时机，那些希望低价买入股票的人就可能通过制造热点来推高市场。

在过去三年期间，市场常常在没有稳固基础时就由低迷期转入一波快速拉升。这是因为多方阵营的领头羊感觉上涨趋势明显，就变得比平常粗心大意，不耐烦从低起点开始缓慢吸筹。在过去的一两年时间里，有很长时间市场处于单边倒的状态。

这种情况将不复存在。一些重要的持股人从上升浪中撤出，其他重要的持股人在下跌浪中加仓。在目前的情况下，积极的上升行情无法如一年前那般轻松愉快。突发下跌行情的可能性很大，甚至高于平均概率。

在几天之内就出现了另一个重要的事实。人们对主力资金的关注，被那些获得个人贷款的投资者强行带到所谓的信托投资机构方面。有人认为，如果一些大资本家有大量滞留的贷款，其他大资本家就可能获得这些贷款，这可能是一个大漏洞的根源。基恩先生一再公开呼吁，重视这种状况对市场的危害。人们认为他的观点有些夸张，但他的观点毫无疑问比以前的熟视无睹受到了更普遍的关注。如果市场注意力集中到这一观点上，将会有很好的效果。

在我们看来，这些情况较之于未来三个月更适应目前的市场。那些买入了未来两周会下跌的优势股票的人和那些愿意持股等待的人，可能获得不菲的回报。据说不论年内市场总的趋势如何，由于人们考虑到某一时段股价将会高于现在，故今年前六个月内多半会有较大的行情发生。

在这个牛市初期，以低价买入是非常重要的。当市场总体呈下降趋势时，两三个点的股票价差也非常重要，但当市场主力板块呈上涨趋势时，这样的差距相对而言就不那么重要了。没有人能确切预知市场的动向，但近期投机交易的低迷市道显示，当前阶段还会惯性下降，然后一段时间会有起伏波动。

1900 年 4 月 5 日

市场仍然在高价水平上。但因为其他低价股票的抵消作用，技术指标的变盘征兆随处可见。单边趋势的变化很小。自 3 月 26 日起，平均股价在 81.50 美元和 82.40 美元之间波动。这可能有两种原因：一是大型运营商让市场自行运转，买入量和卖出量几乎相等；二是市场监管者低价上市发售新股，以保持市场的相对稳定。

我们不知道怎样确定到底是哪一种原因，虽然我们更偏向于后一种观点。可以说股市正在积累动力。牛市时股票在普遍上涨后积累动能，但这种情况更可能发生于股价低迷时而非高昂时。投机交易逐渐退潮的效果，在于降低了人们看涨的感觉，并带动中等批量的散户出逃。

今天，有证据表明范德比尔特的能量已牢牢掌控了雷丁公司（Reading），实际上将雷丁公司、伊利公司和利哈伊谷融合成一个整体，尽管名义上并非如此。这种判断或多或少受到了明确否认，表面上看来这种状况不大可能继续进行下去。宾夕法尼亚州几乎不可能允许他人哪怕是友好的竞争对手控制雷丁，因为这将影响到宾夕法尼亚州东部的整体利益。但如果雷丁和利哈伊谷的状况发生改变，将有可能形成宾夕法尼亚州和范德比尔特体系共治的局面。

官方关于巴尔的摩和俄亥俄联合公司（Baltimore & Ohio）执行委员会将持有的 640 万股库存股以 80 元出售的声明，部分解释了该股票的最新走势，并暗示政府可能将采取这种措施来建立高价股票。如果巴尔的摩和俄亥俄联合公司股价保持在 80 元以上，政府可以肯定投资者将以 80 元购买新股票，哪怕他们只是为了马上以高价倒手。投资者是否想要持有这只股票？一定程度上取决于该股夏季收益和公司的分红政策。

该股股票平均价格由 60 元以下涨至 84 元，证明高价售出库存的未流通股票计划是存在的。从公司的角度来看，这毫无疑问是个好政策。此外，它体现了那些愿意将股票价格提升 20 元的投资者，以及那些愿意承担股票上涨的成本来推动公司库存股票升值的人重大举措。该公司的任何资金都不应用于此次运作。那些拉升股价的人，可能是期望能够以某种形式获利，比如出售一些手中现有的股票，换购预计在未来几个月会升值的库存股票。

一个新的观点应运而生。由于交易所近日正式报告称巴尔的摩和俄亥俄联合公司的普通股票有 4250 万股未偿还，但未偿还的数额实际上仅为 3867.8 万股。由此可推断交易所不愿意列出库存未售出的股票，同时表明有必要建立有关这类问题的查询机制。

与钢材线材联合公司相比，联邦钢铁公司的报告全文都是有关收益的。通常钢材线材联合公司股价略高于联邦钢铁公司。数字显示，钢材与线材的盈利是 18%，联邦钢铁公司以相同的规模运营时盈利为 15%。这一切都表明，对于工业股票，价格能很好地体现出其相应价值。业内人士是唯一知道真相的，但他们的认知仅停留在对他们所在的证券公司有压力的那些操作上。

1900 年 5 月 5 日

有一位代理商让我们假设交易股市繁荣期过后，必然出现量减价跌的阶段，然后基于交易操作的普遍规律适合于市场的所有阶段，于是这位代理商要以实际效果证明股市的上述周期并不存在。

我们对以上观点有不同意见。价格和经济变化的研究者很久前就得出结论，企业经营状况的上升和下降，是有内在规律并且可以预测的。有关这个问题的记录可追溯到许多年前，那时因特殊原因，主要是战争原因，导致了上涨行情中断，市场产生很大的波动。而事态发展的最后结果仍与周期理论相近。

因为价格是趋势运动的指标，因此我们可以在价格当中看到更多关于股票市场的真相。我们其实已经给出了近期价格波动的图表，但这不妨碍我们再给一次。股票价格从 1868 年一直涨到 1872 年，此后一直下跌到 1877 年，再之后又上涨到 1881 年，又再次下跌直到 1885 年，而后再上涨直到 1890 年，周而复始。1892 年美国股市发生了和 1890 年德国股票市场暴跌类似的事件。德国股市 1890 年 3 月暴跌后股价连续下降两年多，美国股市更一路下跌到 1896 年，此后依旧跌跌不休。去年也许出现过一个高点。这种颓势可能需要相当长时间才能恢复。

商品的价格随股价上涨而提升到了一定的程度。但这很难准确体现出来，因为我们主要通过指数来指代大宗商品总的走势，而各类商品的价格变动，目前已并非齐涨齐跌，没有明显的规律可循。但不论怎样，普遍的结果是相同的。

形成这样的格局是不可避免的，因为股市不是诱因，而是结果。股价上涨是因为价值增加了。下跌则是因为价值降低了。人为的市场操纵炒作了表面现象，却掩盖了更深层次的动向。但那种更深层次的动向确实存在，从长远来看，价值最终不可避免地决定着价格。

当生意好，销售量增加，收入增加，广大消费者开始自由购买商品时，工业的每一个行业主管部门都受到刺激。于是需要更多的原材料和半成品，劳动力就业形势向好，食品价格上升。一切民用物品的交通运输，都意味着收入和增值。从萧条时期到复苏和繁荣时期的变化非常明显，反之亦然。

商业呈周期运动，因为经商的人在可以挣钱时都尽可能地去挣钱，在只能存钱时把钱存起来。举例来说，在萧条时期，商店的老板只买入足以满足当前需求的商品。当有一天，他发现当地的消费需求有所增加时，为了更多销售商品，他会向最邻近的批发商增加订单。而眼下他发现自己无法以先前的价格从批发商那里进货，因为其他零售商的需求也都在增加。这种情况已经发生了三四次，每次零售商都后悔自己没能在低价时大量买进。在这种想法的驱动下，根据零售商所需商品的价格累积效应，他会一次性提前买进现在及未来需要的商品。这种情形发生在全国各地。经验表明，需要三四年时间，才能让上述价值观得到普遍认同，使消费者大众愿意为未来的需求去提前购买。

但有时批发商又会发现自己买入的量太多了，如果等一段时间就能以更低的价格买到货物。在努力维持价格不成功后，他只好降价出售。与此同时当地其他经销商也发现自己买多了。他们也试着维持价格，不成功时被迫降价，并说服零售商认识到自己太过乐观了。交易圈子变小。零售商购买量减少，批发商进货相应再减少。如此持续下去直到对生产商产品的需求减少，实际上迫使工资减少，工厂倒闭，反过来又打击了广大消费者对各种商品的购买力，带来新一轮恶性循环，即劳动力贬值、价格下降。这种情况将持续到产品产量与实际需求接近平衡为止。

国家经济状况从来不会一成不变，本来看起来好好的，后来就会变得更好一点或稍差一点。现在似乎需要大约十年来完成一次普遍的工业和技术革新。上升的趋势比下降要快，也更充满活力，容易被广大投资者所接受。

下降比较慢，是因为除了那些卖空者在快速打压价格外，更系统的经济知识、更广泛的财富效应和更明智的策略方法使市场下跌的程度有可能减小，但很难设想可以出台禁止业务异常扩张收缩的法律，并终止异常行为对股价的影响，除非人性发生重大的变化。

1900 年 9 月 22 日

市场在中午前承受着相当大的压力，使股价持续下降，但这导致了下午的反弹。

原因可能是，市场主力在中午前下跌时买入了相当数量的股票。星期四的下降导致了许多犹豫不决的投资者抛售股票，这符合市场主力所希望看到的交易情况。当市场处在下降阶段时，有一些人受雇去买入，但普通投资者是不买的，他们宁愿等到上涨的趋势很明显时再买。这一特征使市场主力能以低价买到股票，他们近期就这样买入了不少股票。

上涨可能随时发生，但现在的情况是，那些已经成功地使市场下跌的人不会放弃他们现有的优势，除非他们发现股票价格不再下降。罢工、选举和货币发行，都可能长期威胁到股价的变化。当股票持有者对这些坏消息漠不关心时，将会发现其现在的效应比 10 天前更强。

没有哪个了解投机市场缺乏稳定性的人可以确定下跌可能走多远，也不能确定投资股市的最佳时机。鉴于此种不确定性恒久不变，买那些实际已经很便宜再下降 5 个点的股票确实很明智。此时部分购进看好的股票更明智，因为这样可以当股价进一步下降时再加仓。

不少好的股票价格下降了 5 个点，其实当下跌开始时它们本身并不贵。我们认为这一现象对圣保罗、伯灵顿、艾奇逊、联合太平洋公司及其他一些股票是真实的。只要保持类似于目前的盈利水平，这些股票的价值就是上述观点的证明。收益可能会有所减少，但现在行情所体现出的损失要更大，损害更严重。

1901 年 1 月 30 日

如果市场遵循一般的运行流程，在未来两三周内它会下降。20 只股票的平均指数将低于 90 点。那些研究平均股价水平的人，看看我们过去几年的杂志，就会发现下跌之后必然出现上涨，在大量的案例中，这种涨幅为三分之一到一半不等。

消零取整后平均指数由 73 上涨到 97。而后回落到 93 附近，目前在该水平附近波动。4 个点的下降并不能抵消 24 个点的上涨。因此，统计数据表明，将会有进一步的下降。即使之后牛市恢复，平均指数仍会上涨。只要平均指数不超过 98，我们就可以推断下跌将会到来，指数将跌到一个新的低谷。如果平均指数高于 98，我们则可推断上涨趋势将会恢复。

在分析近期有关这一问题的文章中，我们谨慎地指出，暗箱联合操作可以阻止那些可能随时作用于特种股票上的正常波动。圣保罗公司（St. Paul）明显处于利益漩涡的中心。当我们开始查明现在的头寸时，市场的变化显示目前表面上没有什么交易。圣保罗的价位一直以来都如此。市场在狭窄的范围内对其作出回应，但圣保罗截止目前每天都没有交易的事实，证实了上述观点。

在一些新的报道上，每隔几天都会出现有关该交易的谣传。先是租赁，然后通过收购去控制圣保罗，然后建立跨州的联盟，通过发行抵押信托债券来购买圣保罗股票。然而在每一种情况下，虽然慢但肯定会出现在有技术的逃避真相之余必定存在的否定现象。我们可以采纳美国西北铁路网董事局主席希尔的话。希尔主席公开声明说，美国西北铁路网和圣保罗之间没有交易。圣保罗董事局主席米勒和北太平洋公司执行委员会的成员也都做出了全盘否认。

这样做很重要，因为那些准备进行圣保罗股票交易的人现在准备放弃他们的计划。而其他对市场有兴趣的人，在有关圣保罗股票的交易理论中发现了一种促使他们毫不迟疑地进行投机操作的手段。这种手段可能对他们有用，却不一定符合公众利益。

这产生了一种诱发市场情绪的方式。希望股市走牛的小集团不再谈论盈利或股息，而是推出一些企业合并的故事，用以引起人们的注意，吸引人们来购买相关股票，使这些小集团的操作变得轻而易举。在铁路变革中酝酿的计划仿佛成了实际发生的事，使见多识广的投资者趋于相信还有其他的计划或幕后交易可能正在进行，于是上述故事的股市效果立竿见影。

我们认为，在这些问题上，相当比例的谣言永远不会成真，人们会逐渐对其失去信心。当它不再有用时，那些没有基础的谣言就会消失，而有一定真实基础的故事则将延续。但除非确有一些实际的发展，否则这些股票不会有什么投机的价值。

需要大量的时间才能终止那些影响到大公司发展的谈判。因此有这类计划的人必然会放慢速度，还会很高兴地看到经过足够长的时间，许多谣言不攻自破，让广大投资者学会去伪存真，而不去抢购似是而非的股票，对市场的传言也不再那么敏感。

在我们看来，这非常适合于当意识到有一次持续到跨月份的较温和下跌时，市场会维持一段小交易量的行情，而不是出现狂热跟风炒作故事题材的投资理论。

1901 年 1 月 31 日

看趋势

一个看潮水上涨并且想要知道潮水最高点的人，会在沙滩上插根小木棍，随着潮水挺进的边缘线不断移动木棍的位置，直到潮水不能达到最远位置就回调，最终就能确定潮水最高和回调的点位。

这种方法在观察、确定股市大潮中的最高和回调点位时也很有用。这 20 只铁路股价的平均值就是标示股市大潮高度的小木棍。在股市大潮中股价像水一般，并不是马上从顶端降下来。推进它的作用力会逐步带动市场流入，时间足够持续到人们能明确看出高潮是否来到时为止。

过去几个星期的股票市场，股价如下面的表格所示：

20 只铁路股票价格

1 月 12 日	97. 85
1 月 19 日	93. 56
1 月 23 日	95. 00
1 月 24 日	93. 90
1 月 30 日	96. 08

这就是股市大潮波动的表现。1 月 12 日达到高点。19 日衰退，23 日出现又一次波动，24 日再次衰退，30 日出现一个高于 23 日的次高点，但它比 12 日要低不止 1 个点。

谁也不能肯定高潮是否已经出现。如果平均值高于 12 日的水平，这将增加在不久的将来出现新高点的概率。如果这种新高点未能发生，那将会出现一次下跌潮，跌破 19 日记录。

通常占市场很大比率的大收益都是在上涨时获得的。这一毋庸置疑的事实显示出股市上涨的强大作用。但只要行情持续，股价就会下跌而非上涨不止。圣保罗公司的突然上涨，摧毁了前期计划应对准备的可能。其他不少股票的上涨，使人们意识并感应到那些突出、成功的操盘机构的存在，迫使人们谨慎行事，而非盲目自信。

另一方面，它导致一些运营商产生了利用有利条件扩大自己盈利的想法。如果这些运营商获得公众的支持，他们一定会成功，但公众对于跟风强势股往往没有很强的兴趣。

有迹象表明有长期处于市场中的操盘机构，为能在其卖出股票同时吸引到大众的注意，一只接一只地轮番拉高股票价格。大众普遍认为这就是对圣保罗公司股票的近期举动以及罗克岛公司股票昨日上涨的解释。大型运营商需要一段时间实现变盘。他们有时为了中等量级的股票交易需要进行大量的操作，这种现象今后还可能继续下去。

1901 年 6 月 8 日

下一次下跌的原因

在人们的心目中总有一种倾向，认为现在的条件似乎是永久性的。当市场下跌、行情低迷时，人们很难相信这是活跃和上涨的序幕；当股价上涨、经济繁荣时，人们总认为即使以前的繁荣都没能持久，但现在的经济环境使这次与以往历次都不一样，肯定能持续繁荣下去。

一个适用于所有环境条件的真相就是变盘。这种变盘与供求规律的改变有关。贸易周期是众所周知的。以萧条开始，小的经销商发现自己无法以之前那般便宜的价格买到满足现买现卖数量的货物。因此他多买了一点。这种增量的聚集增加了批发和零售消费的业务量，这使得制造商提高产量，同时雇用更多的劳动力，形成农产品、原材料和半成品被大量采购，然后又循环到零售商和生产商头上。

在这个过程中，每一步价格的上涨都带来购买力和信心的上涨，直到零售商多次毫不犹豫地买入在上涨周期中他敢于买入的最大数量，甚至将这个数量提高千百万倍，造成货物需求量有时似乎显得无穷无尽，需要成吨成吨地依靠铁路大量运输货物。这种现象向各领域分散发展，形成不少机构需要在华尔街雇佣专人从事的证券投资活动。

伴随着不同的行情发展周期，变盘和衰退接踵而至。当零售商和批发商发现提前购置囤货不再盈利而造成损失时，即使进货成本降低他们也减少购买量。他们信心趋弱、需求缩减。随着经济收缩过程的进行，变盘和衰退也分散延伸到经济的方方面面。这是一种行情演变的催化剂。

经验表明，这样的循环需要大约 5 年完成一次。大约 5 年时间国家才能由储备稀缺变得储备充实，然后又需要 5 年左右让国家或世界过度储备的市场完全放空。

　　由于股市始终只是经济变化效果而非诱因，它就必须应对上述情况。例如，不论股市起什么效果，它都是对经济状况的贴现。股票价格的下降，通常预示着商品价格的下降，因为股价的操纵者在他们预见到经济状况发生变化之前就会提前抛售。

　　下一次股票降价的原因是一般性贸易规模的下降。外汇结算款项总额减少，铁路收益下降，固定商品需求降低，外汇交易所交易量减少，闲置资金增加，国家财富增长放缓，这些都是明显的表现。

　　也有地方原因产生的影响。其一是现有公司所承担义务的影响。有时铁路的预计收益被高估，净短缺量被仔细地划分成股息基金。降价的可能或过去不理想的分红方案直接打低许多股票的价格。工业利润的损失会造成一些工业资产设备降价。新的铁路建设，将威胁到一些旧的有铁路产业的稳定。

　　现有交通线路的买家主要是通过提高集中度来减少竞争。这将一直有效，并在许多情况下会走得很远。但为了控股而提高股票价格也将诱发竞争。人们认为，如果建造现有道路的投资与控股普通股票的投入相等，则在同一地区建一条新道路的投入就要高于其实际的建设成本；因此，可以通过将运营利润返还给建设者的方式来融资。而股票上市销售时也会给股权拥有者带来巨大利益。

　　这无疑是重要的。当得知从一个地方到另一个地方的双行线正在兴建时，现有公司的股票就会降价。因为据说，新道路要么会抢走原有道路的公司业务；要么会使老公司增加投资的负担。

　　在工业领域更是这样。工业企业并购的困难，除少数情况以外，比铁路并购要小得多。但在这之中盈利的机会是如此之大，以至于这种并购必然存在。他们在未来几年里逐渐建仓做空一只工业股票，然后建立一个竞争机构，通过适当操作挣走该公司的利润，从而导致该公司股票大幅降价，然后用空头头寸的获利买下这家公司。然后，当下降周期结束上涨周期开始时，这两个机构可以结合，以象征性的价格将新股票转给发起人，通过业务发展和股息分红在两三年后为该股票赢得高价市场。

我们不知道衰退期何时开始，也不知道什么资产的盈利模式效果最明显，但上面列举事件的普遍做法，可以通过以往的发展周期来准确预测。

1902 年 2 月 11 日

市场的位置

推进价格的努力是系统、智能的。无论何时价格一降低就会得到扶持。上涨虽小但却稳定。新股票不时成立的目的，是通过显示对现行价格的信心来吸引公众合作。

市场昨天午前的行动明显就是有关于此。银行星期六的对账单引发了不安。贷款和存款的大量增加不被理解，因为人们认为这种增加意味着盈余将会降低，直到剩余的钱仅足以起到中间代理商的作用。

然而，大型运营商在星期六封盘前提升价格，并在昨天第一个小时买入股票。这引起的补进会给在开盘时乡镇股票买家带来利益。公众的信心得到了加强，比前几天更多的购买订单进入市场。

四大银行，即标准石油和摩根系银行，大量增加贷款和存款。上涨显然是大股东操作的。他们可能已经与市场的企业部联合，但他们更可能代理与市场有关的贷款。

当大型运营商参入股票运作时，他们做的第一件事情是提供一笔与企业等值的资金。他们借用或安排筹借大笔的钱。这笔钱，或者其等值信贷，是银行贷给个人的，但这种个人贷款就变成了银行存款。这也是为什么贷款和存款通常一起增长。银行给出的是贷款，获得的是存款。因此，贷款和存款的大量扩张，意味着一些投资人借了大量的金钱，他们或将其用于过去的交易或持有以备将来使用。

因此，将贷款和存款数量的扩大视作纯粹为了市场，或为了资助预计可能产生一定市场效应的交易进行的资金积累的证据，而非对市场的威胁，是有道理的。

我们说过多次牛市已经运行了足够长的时间，股票价格在许多情况下使得回报率少于红利，这时股票持久的风险比普通时候要高。

但是，除非回头看过去的走势，没有人能确切地说市场已达到顶点。不管价格多高，总要考虑市场才能确定价格是否会再次调高。

一些条件可能在近期继续调高价格。这些条件是：价值持续上涨了8个月，而价格却没有真正的变化。工业和铁路情况预示着收入和利润的进一步增长。一些以公司方式进行的重要的交易都是在暗中进行的。如果它们在明面进行，它们可能会带来足够的价值，激发投机活动。大的股份持有者有股票和债券出售，如果发行公众股票肯定会加强市场。

这有各种可能性，而市场本身就说明了领导者正在试图做什么。在这种情况下，寻求适度涨价是合理的，通过不断记录市场高度，我们发现升值在这时的影响比价格低时要小得多。

1902 年 3 月 7 日

价格为什么变化？

我们已收到题为《市场出现利空之后是否总会下跌?》的文章。

这是一篇许多运营商都相信的文章，他们认为市场出现利空之后总会下跌。这种信念的依据基础是：在特定时期出现过这种情况，这种情况的重复出现使它成为了一种规律。

然而，事实是出现利空之后市场的动向取决于市场处于牛市还是熊市。牛市时，市场出现利空后会上涨，熊市时会下跌。这种规律在熊市中产生效应的时间比在牛市中长，因此，人们认为出现利空后只会下跌而不会上涨。当然也有例外，但它们不会改变普遍规律。

牛市中出现利空之后会上涨的原因在于：牛市代表着价值上涨。市场不变时价值却在持续上涨。因为对于小机构或个人来说，股票价值都明显高于购入价格且还有上升空间，所以股票价格会出现上涨。这与熊市市场不景气时的规律恰恰相反。熊市时股票价格随着价值下降，不景气仅仅是允许公司价值先于股票价格下降。

　　闲置一段时间后重新开始，一般是由于发生了一些特殊事件或人为操纵。在前一种情况下，行动的原因是显而易见的。在后一种情况下，操纵者首先研究市场情况，得出了改变价格会获利的结论。而后他们调查市场投机情况，了解一些交易商的情况，看他们是否持有相当数量的股票，他们是否愿意交易，差额是大是小，特种经纪人是否会进行大规模的订单买卖。这确定了操纵市场开始的起跑线。市民有时依靠自身的经验优势，有时追随操盘主力的资金优势。

　　但这仅是在整体上符合由盈亏变化演变出价值变化的主流趋势中的小插曲。股价临时变动始终无法偏离其所在市场主潮流的方向。公众所犯的最大错误在于关注价格而非价值。那些确认某只股票在稳定的、排除发展和营业收入上涨的条件下价格仍会上升的投资者，应在该股与其他股票同时下跌时随时买入并持有该股票，直到其股价格到预期的价位时为止。

　　这暗含着以价值来选择股票的知识，同时也标志着明智的交易和单纯的赌博之间的差异。任何人都可以猜测一支股票是涨是跌，但这只是猜测。猜测的代价是丧失掉大部分纯猜测性交易的净利润。

　　明智的交易开始于对情况的深入研究，得出一般条件下某只股票价值变好还是变坏的合理意见。如果一般条件正在改善，确定要处理的目标股票是否在这种改善中占有一个合理的份额？其股票价值上升了吗？

　　如果是这样，就能确定该股票的价格相对于其价值而言是高还是低。如果低，则买入该股票并等待。市场低迷不动时不要气馁。价值上涨越多该股票价格就越有可能上涨。当上涨开始时，不要在上涨两三个点时就急于卖出。要等待市场的真实反应，同时要评估该股票在当前上涨后是否仍算便宜。若是，则应更多地买入，而不是在价格预期会上涨时匆忙出手。持股不动，直到该股票价格看上去高于价值时出手，才可能获得最大的利润。

　　这是大型运营商的赚钱方式。即不再来回交易，而是通过准确预测未来价值的变化，然后大量买入股票使其股价高于价值。小型运营商无法把价格提起来，但如果小运营商基础坚实，他们可以在确信大型运营商和投资者会帮他把股价拉升时，一路持有该股票。

这一切在过去几年都很容易。现在却没那么容易了。因为现在价格水平太高，在这个程度上收益也许回落。在估算股价时，要考虑到高收入和高价格都可能不持久。这使得长线与短线投资都非常重要。因为适用于增值的规律也适用于贬值。在所有情况下都应注意股票价格和背后的价值。

1902 年 5 月 14 日

牛市

我们已经收到了如下的查询——"你认为牛市结束了吗？"考虑到这个问题的答案可能其他许多读者也感兴趣，我们在此做出较详细的公开答复。

首先需要注意的是，在处理股市时无法确定顶峰、低谷何时出现。有时人们能猜到价格是否处于顶峰或低谷，但那样的猜测只是他们的直觉，并没有什么实际价值。华尔街有一条谚语：只有愚蠢的投机者才希望在最低点买入股票，又在最高点卖出。有经验的投机者都知道，没有人能肯定地或有规律地做到这一点。我们首先要确定的是——市场最近是否达到了新的高点，现在行情是否在发生明显偏激？

奇怪的是，一如昨日指出的，我们的平均值显示，1901 年的高点已出现于 5 月 1 日，20 支活跃股平均价格为 117.86 美元。而 1902 年 5 月 1 日大盘只触及 67.11 点，收盘点或许还要低 9 点。如果我们给出的平均值一如它们过去证明的那样，是铁路股票的一个真实指标，那就说明如果牛市结束了，它结束于 1902 年 5 月 1 日，或不到两个星期前。现在很显然，两个星期对于完成一次永久的变盘来说太短了，尤其是在上周结束时，20 只股票的最高价格仅下降了两点。总之，我们可能对上述问题做出的唯一回答就是，我们不知道始于 1896 年 7 月的牛市是否结束了。在这个阶段没有人能知道。人们最多只能总结那些表示反对和尝试取得市场平衡的迹象。

在这种情况下，有一些不争的事实让人相信，牛市还没有结束。大家都知道，除去年的玉米交易外，其他业务的交易量比美国历史上任何时候都大。铁路运营的收益、铁路股票价值的最终测定当然也令人满意。在 4 月的第三周，51 铁路公司（51 Roads）给《华尔街日报》的报告显示其总值增长 12%～13%，是许多周以来增加比例最大的。4 月第四周的最后信息披露，可能会显示其增长率为 11%。这一事实不会令人意外，因为盈利与股价互相作用。截至 5 月 1 日，在过去 12 个月中就收入而言，铁路价值的增幅高于价格。

铁路收入的增加，是所有领域中业务活跃的结果。没有必要讨论各行业的细节，除有劳动争议的行业外，几乎所有行业的情况都很好。大家必须承认各行业盈利都很可观。很难在各行各业的任何地方发现有什么明确的迹象表明股市潮流在发生逆转。

另一方面，不能忘记过去一直存在的周期循环：运作之后一定会有反应，繁荣之后一定会出现不景气，上涨之后必然下跌。有五年多时间铁路盈利稳步增长，体现出国民经济在非凡地迅速发展。有五年多，全美上下各行各业几乎都在不间断地扩张，公众的信心出现了国内经济发展史上无与伦比的增长。在过去 12 个月里，我们不希望看到的现象是，信心导致人们对未来的预期的贴现比以往要大得多，以及人们在商业和金融组织中进行一场规模前所未有的实验的意愿。与此同时，银行信贷规模的扩展，使一些旁观者感到不安。授信额度非常大地影响到了外汇市场，国家在货币市场上成了欧洲的大债权国。当然，若根基扎实，这本身并没有什么可担心。截至目前除了在金融中心汇聚了过量的一手证券外，这些条件都很坚实。

整个事情看上去似乎是在持续强化基本设施建设，因为如果这个目标达成了，就可以很方便地完成财务结算。大家都承认，今年农作物的生长情况将决定未来 12 个月市场的基本走势。因此从某种意义上可以说，已经持续 5 年的牛市依托于农作物良好的生长状况。

在我们看来，就此问题可以给出的答案是：市场走势在很大程度上取决于今年的收成。如果农作物丰收，这种迹象表明，在农产品高价的同时，货币政策可能会出现相当程度的收缩。如果农作物不幸欠收，这种迹象表明，牛市状态最终会结束。因此，未来三个月对金融市场将是一个极为重要的时期。

第七部分

道氏其他评论文章

股票市场无疑会因国家日益繁荣而适量提升人们的入市冲动。那些离开市场很久的人，又重新买进好的股票。

1899 年 4 月 27 日

1879 年的牛市，见证了铁路板块炒作的产生与第一轮大发展。1899 年的牛市，见证了整个市场炒作的产生与第一轮大的发展。我们有理由相信上述时期有一定的相似性，因为使市场上升的因素，在许多方面是类似的。很有可能，目前工业股价的上下波动与 20 年前新诞生的铁路板块股票行情相似。

简要回顾一下 1879 年的发展，我们发现它与公司股份息息相关。当时的市场跳出了 1876 年到 1877 年的低迷期。基恩先生发掘了牛市的第一只龙头股，他收购了古尔德先生占很大比例的股票。古尔德先生则成为 1878 年秋天的第一只熊股，并影响到了 1879 年春季的股市。他在那年的春末变熊为牛，其相当大一部分的财富是 1879 年下半年和 1880 年牛市行情中挣到的。范德比尔特先生、基恩先生和维里休弗（Woer-ishoffer）先生，都是这波上涨潮流中的突出代表。

最初售价低于 20 美元的股票，最终售价都在 115 美元以上。那些有分红预期的股票，甚至比 1880 年股价增长 50~70 美元。证券发行和交易的可行性导致了铁路建设的大发展，并最终诱发了熊市。这在 1881 年尤为明显，许多铁路干线不能获得足够的合理收入以维持股票现行价格。这一事实还导致一些最能干的经营者给 1881 年夏季玉米市场带来了灾难。直到 1885 年熊市才结束，而铁路干线成了被攻击的主要对象。格兰杰、太平洋和西南铁路公司股票都出现了持续性的大幅下跌。

工业证券市值的创建正以比铁路股票快得多的速度进展，因为工业板块目前的市值，是建立在现有工厂及设备基础上，而铁路则还需要去重新建设。这些证券的市场板块在当前或来年的市场特征体现，可能会见证股价的快速上涨和获利机会的反复无常。

然而最终，股票价格不可能与利润无关。那些在许多情况下力争在所持股票的长线收益中增加一系列短线收益的内部人士对此都有所了解。当变盘到来的时候，工业股票将面临严厉的审判。由那些希望和信心很高的强大专业机构所推出的项目并购，将在几年内根据艰难时期的资产市值水平进行重组。

对于进行工业股票交易的投资者，有一点很重要：他们想购买的重组公司股票的市值，相比较于这些公司在重组之前的经济萧条时期的各种收益之和，是否平衡或者充盈。新重组公司在今后一段低价时期内的收益，可能与联合体组成公司在最后阶段的总收益相等。因此工业投资的基础，就 1896 年而言，应该是去了解这些公司 1893 年的盈利，再加上在合并时获得合理的补贴。这样的盈利为现在活跃的工业板块提供了股息，对于这些股票来说，这是非常重要的。

当然，在许多情况下投资者很难获得这种信息，企业的经理人应该考虑到这些问题。当铁路公司渐渐地不得不频繁发布盈利报告时，公众控股的工业企业也将面临同样的要求。田纳西州煤炭和钢铁有限公司就是这方面一个很好的例子。该企业似乎并未被要求定期公布其毛利润及净盈利。

没有什么比公司公布的每月收入和支出报表更能影响投资者对工业股票的信心。那些能诚信地做到这一点的公司更容易赢得大众的青睐。这也能促使那些表现不好的公司无法压制所有相关信息。当然，这也使得不愿公布收支的公司丧失其本应拥有的且易于取得的优势。

1880 年无论是为了投机或投资而选定最强股票的投资者，斩获了股市上升赢利中不小的一部分。当下跌周期到来时，他们的优势更为明显。这在未来几年工业板块的运作过程中将得到真实的体现。

1899 年 5 月 15 日

弗劳沃总督（Governor Flower）的去世并未引起市场感伤。但弗劳沃对自己的信念有信心。当布鲁克林捷运公司股价为 20 美元时，他敢说其股票价值应当在 75 美元；当布鲁克林捷运股价为 50 美元时，他敢说其股票价值应当在 125 美元。当市场证实了这些预测，当世人承认这位先知不仅做出预言，还积极巧妙地使预言向兑现演变时，广大投资者倾向于将他视为市场领导者，并几乎盲目地追随其言论。弗劳沃在过去一年中便处于这种状态。据说存在这种可能：只要是弗劳沃不断地对办公室中的人宣称他相信某支股票会上涨，该股就将会上涨10点。

弗劳沃总督的突然死亡，形同于向公众宣布牛市已经失去领导者，让人们觉得华尔街将缺乏主见真实可靠、操作建议有利可图的操盘手。那些仅在股市上听说过弗劳沃总督的人，有很多人会在得知他死亡后考虑出售其推荐的股票。通常，当一个杰出的人突然死亡时，市场在得到突发消息之后的初始阶段能够支撑住，然后开始缓慢下降。范德比尔特先生去世、时任总统加菲尔德被枪击之后发生的情况，便是如此。乐观的判断者认为这种事情将会再度发生。

承认弗劳沃总督的死亡，对投机是一种冲击，将对本周的价格有不利影响。效果是短暂的还是持久的，尚有待观察。如果在熊市发生这样的悲惨事件，股价通常会加速下跌。而在牛市中，其利空效果会被市场普遍的良好条件部分抵消。这种部分被抵消，是因为其他杰出的意见领袖在做长线投资，且他们不可能什么挽救措施都不实施就抛弃自己手头的持仓。

从某种意义上说，星期六的买盘和银行发出的通知证明了这一点。银行声称一时不还款可以，但是想赖账是不可能的，无论保证金是否只是一时降低。这句话看似严峻，但存在言外之意，因为这表明了大银行和大公司确保稳定维持信心。因此，市场可能会下跌，但不会崩盘。

在充分肯定弗劳沃总督的灵活、稳健、勇气和能力的同时，我们必须记住，他只是有足够能力和大量资源的众多绅士之一。众多绅士与弗劳沃总督互动联合操作，使弗劳沃总督赢得了格外的信誉。那些在市场上不为人知的绅士们，可能在上涨中起到了重要作用。官方关于弗劳沃总督没有未支付的证券和投资较少的说法，也澄清了相关情况。

弗劳沃总督的死亡，并不意味着与之相联系的罚款可以被一笔勾销，他所创机构的名气也不太可能因行业领袖的死亡而被削弱。那些有能力在过去几年里实际管理着金融机构的人更有可能获利。那些被认为是行业领袖的机构威信也获得了增长。弗劳沃总督的死亡，从各个角度来看都值得感叹，但这并不意味他创立的银行将黯然失色或他的强大的金融机构会分崩离析。

1899 年 5 月 18 日

市场发展的速度比预期要快。然而，这符合突然下跌时的市场演变规律。出现低谷后 8 个交易日会出现可观的上涨。人们怀疑此次上涨与昨晚收盘时的上涨类似，事实证明，这一规律适用于许多不同的情况。

反弹会持续多久，是无法预见的。但如果市场遵循普遍规律，上涨将很快停止，股价将有相当大的回落。在一般情况下，股价可能一直下降到最低点。但上周六的下降是如此之大和如此奇特，以至于就普通下跌行情而言，不可能再看到如此的暴跌。这可能是一种普遍现象，即不论股价下跌多少，其跌幅大体都与过去几天的涨幅相当。

这种观点有理论以外的实际案例支撑。在过去几天里，几乎所有活跃的牛市行情领袖都认为市场不应该迅速而应该缓慢上涨，直到在正常情况下出现新一轮牛市情绪。可以肯定，不同所有权方式组成的股权结构，都是为了支持市场投资者在本周初买入股票，这些股票过不了多久就会被售出。

当听说股价高企且不稳定时，至少有一家大型运营商能看得见。因此从大的利益角度来看，有期待更优股价的可能。这并不意味着主体趋势会有变化。主体趋势仍是上涨。它仅适用于未来两三周的市场，当然，看涨的公众情绪，有可能排斥现有的投资理论和那些寻求控盘股价的人。

那些认为牛市已经结束的人，讨论的最根本问题是全国冬小麦短缺造成的损害。据称，这会影响铁路的运营收入，会更严重地影响农民的收入，包括他们来年购买商品的能力。

毫无疑问，这些影响将是不利的，但必须记住，农耕社会 1899 年的条件比 1896 年有很大的不同。1896 年之后，小麦、玉米、燕麦和其他粮食价格会有一段时间走低。农民发现他们的收入严重减少，而他们承担的抵押贷款本金和利息却并没能减少。1896、1897 和 1898 年的农产品高价和大丰收，极大地减少了农民的债务。所有西方国家的记录表明，很多按揭贷款已被还清。而银行，特别是农业地区的银行表明，存款额上涨的比率为有史以来最大。

在密苏里州、堪萨斯州、内布拉斯加州和南达科他州的小城镇中，原先借高利贷的人，现在能按低利率借贷。这表明西方的投资基金已推广到大城市以外，同时表明农民今后贷款可能享受到低利率。

那些以 5% 利率贷款的农民和那些仅依靠小麦为生的人，在利率涨到 9% 或 10% 以上时，虽然其小麦价格很不理想，但他们仍很满足。

1899 年 5 月 22 日

市场在持续下跌。可以预测，就目前市场而言股价会进一步下降。上周中期结束的反弹与这种复发现象并无关系。然而值得注意的是，牛股板块对这种下跌很少甚至根本没有抵抗。强势股票同样没有停止下跌步伐。因此我们推断，这种股价下跌是可接受的。因为我们相信暂时的股价回调，意味着市场将长期处于上涨趋势。下降的程度由跌价引发的融券数量决定。融券越多，价格越低。若无融券，则短线卖家很快就会发现手中持股已弹尽粮绝。因此，市场行情本身将是对下跌持续时间的最好证明。

银行对账单，出人意料地对银行准备金的增加或贷款减少双向有利。放松银根的影响，保障了长线投资是安全的。从长远来看，没有比放松银根更有力的利好因素了。其他地方的城镇银行继续买进商业票据，没有任何实质性的发行。

银行资金回笼的强度，部分取决于巴尔的摩和俄亥俄公司所在位置。它使一些黄金兑付外流，但可能不久之后将会体现在商品期货合约的卖方供给上。清除纽约周边地区的清算再次表明收益是自去年 5 月以来最大的，约在 30% 左右，而损失是有史以来最小的。没有什么比这些基本情况更有说服力。

对贸易环境条件的考察表明生铁的良好贸易环境前所未有。生铁成品需求量几乎没有减少。锡略高,铜略次之,铅与生铁相同。煤炭贸易因零售需求未增而保持不变。焦炭生产依然超过以往的记录。靴子和鞋子的产量依旧为有史以来最大,不考虑检查的成本则价格在增长。虽然兽皮销售较不理想,但皮革贸易比以往都要好。

虽然制造业的需求只处于中等,羊毛价格依然坚挺。本周棉制品价格略有上涨,产量高于正常状况,但相关股票却未上涨。羊毛出口需求很大。呢绒贸易却有点令人失望。

谷物价格出现明显下降。西部上周仓单注册量为 2 110 300 蒲式耳,而去年同期的仓单注册量为 5 876 716 蒲式耳。最近三周的收入为 6 523 593 蒲式耳,去年同期为 14 581 002 蒲式耳。西部的作物年度收益为 211 610 390 蒲式耳,去年同期为 213 596 843 蒲式耳。本周纽约商品出口额为 8 389 281 美元,去年同期为 11 352 103 美元。最近两周的数据则要好一些,为 17 432 171 美元,而去年同期为 18 258 976 美元。

最近几周的总收入比去年同期增长约 6.5%。格兰杰公司和东部道路公司的情况最好,远高于平均水平。铁路干线的情况最差。芝加哥和圣路易斯的吨通行费表明,去年汽车销售有所上涨,而印第安纳波利斯的表现却并不好。

上述有关贸易条件的分析略微造成一些不安。在某些情况下,贸易记录并未达到最佳水平。但在大多数情况下,过去一周的报告与市场主流变盘后任意一周的报告同样不错。这种状况必定对全国各地的投机情绪产生影响。他们可以止损出局,并在股价下降时适度鼓励买入。

1899 年 5 月 25 日

近期市场表明下降的趋势尚未确立。事实上,行情的性质是炒作而非建设性。这使人感到失望,因为市场没有明确地追随当时的牛市领导者。人们认为不论有没有活跃的牛股或实力明确的买盘,星期二下午都会出现强力的回升。但这种行情并没有出现，致使星期三成为整个市场的抛售日，而并非在某些情况下的局部跌势。

目前市场上缺乏领头的牛股，缺乏公众可以跟随的多头意向。部分公众还没有明确的出手意向，其所持股票不会轻易出售。只有迫不得已时才会卖出。空中力量（Air Power）那样的下跌可能提高抛售的倾向，使市场对打压更加敏感。毫无疑问，除非有一些股东愿意积极购买的股票，否则这种下跌趋势不会改变。这些股票可能是历史证明的牛股，或有大机构持股，持股人认为这些股票已经下降得差不多了。但买家的冷漠意味着若任市场自行发展则将会继续疲软，脆弱而易受打压。

来自芝加哥的抛售，一方面表现出对农作物方面的焦虑，一方面显示出一年或更长时间以前，大量购入的工业股票收益在上涨。这些工业股票有一部分是在任何价位买入都会产生利润时被收购的，因此，人们一有市场机会就要出售，而非等到特定价位时才出售。我们必须记住，还有大量的股票正处于相似的情况，原始持有者可能在他们认为时机最佳时，以极低的价格抛售股票。

承认了目前的市场趋势，我们仍不能确定这是否与主流方向相符合。股市不会不间断地下跌，公众至少不会不等到牛股庄家重新控股和炒作就斩仓出局。有相当数量的重要牛股还有待出现。范德比尔特的操盘计划还没有落实，他的资产还未配置到位。标准石油对铜的控盘能力是毫无疑问的，不过其态度还不是非常坚决。有几十家工业企业股票有坚强的机构后盾，但他们仍在期望着被市场发现。市场领跑者的盈利仍占总收益中不小的一部分。人们对除冬小麦外的农作物并不气馁。这一切都将适时发生。

必须要记住，市场在过去几个月里已出现大幅下跌，其跌幅之大已经达到市场正常波动的限定范围，到了一年中股价见底的时候。在牛市过程中，低价产生于今年上半年，高价产生于下半年。今年春天的下跌产生出价格低谷，目前这将吸引买家进场，并将牛股炒作延续到今年年底。

市场很可能继续下跌，但除非运营商或交易商认为牛市已经结束，否则他们会利用目前股价走势的断裂适量购进股票，适量持有并期待市场重新触底回升。像这样买入股票的买家是那些至少能将其部分视为一种投资的投资者。若股市并未上涨，他们在行情恢复时仍有合理的股息收入；若市场能恢复到一般水平，他们就能有可观的收入。

1899 年 6 月 23 日

初步的市场举动表明，至少有一些股市领头人对股价上涨相当自信。关于一旦未来形势不明朗，哪些股票不该持有的讨论，每天都在进行。范德比尔特系的股票应该会被推高价格，并帮助股市整体上涨，具体操作正在一步步进行。但是，最终如何呈现仍不明朗。可能从纽约中部的高股息股票开始，紧跟着是三 C 和圣路易斯公司（CCC & St. L.），或者是西北公司（Northwest）。各铁路公司传出的"横贯大陆合并方案"仍在欺骗大众并成为这一阶段的背景。

煤炭行业的局势正以刺激煤炭股炒作的速度在改善。"白糖战争"的解决只是时间问题，更准确地说，前一段时间的报告称"白糖战争"将马上结束。长期以来影响着小麦生产的天气情况似乎已好转，周三晚上西北地区的降雨，就其缓解前一段时间的高温而言，利大于弊。

新的资源重组给那些死气沉沉的企业股票带来了新的投机机会。"天然气战争"将会结束，这将带来一种新的组合机会。

这些不同的事态表明：市场不缺乏可能性。从一些委员会办公室的资料来看，公众的主要想法是：只要市场出现盈利的可能就马上抛售出局。但是，通常那些在股价下降时急于出手的人，在股价上升趋势变得明显时，又非常希望马上取消沽售的卖单。

全国各地都有人在赚钱。投资基金持续攀升的基本事实表明，可炒作的牛股仍然存在。市民可能不愿持有那些表现不好的股票。而投资基金的不断增加，意味着市场需要为投资者带来信心的证券。

牛市的炒作恢复还要很长时间。大的运营商希望慢慢来。卖空股票的人很可能会想重新回购股票。那些目前规模小的运营商若能获利就可能增大入市规模，并投资牛股。与此同时，春小麦将成熟收获，玉米种植开始显露出七月份行情前景。随着上述情况的发展，市场会有一个缓慢而不同寻常的上涨，并在突发的火爆行情中结束。

最重要的是要记住：好股票的涨幅与以往的牛股相似，而跌幅却小于其他股票。这至少在牛市前景令人失望和熊市取代牛市主宰行情起伏时，能让持股者较为安心。

1899 年 7 月 14 日

市场是狭窄的，买家十分谨慎并具备辨别能力。市场交易的主体格局，在于上市公司内部利益或多或少支撑着自己的股价。然而值得注意的是，在行情上涨时的连续运作会引起整个市场的跟风行为。股票发行委员会的业务仍然良好。这是好的迹象之一，并反映了一般企业的自信心和良好经营业绩。

仍有大量资金在股市寻求投资的目标，而且很容易进入有良好业绩支持和信誉的股票。对墨西哥政府贷款的超额认购，反映出投资市场的普遍现象。对美国公众而言，政府债券以外的股票投资是一件新事物，但有很多人准备投入这类新型投资。

市场在低迷期后将再一次出现上涨。前几个星期的交易清淡成功地压抑了股市，造成股价下跌。这种下跌在小范围内使那些集资组建共同基金集中操盘的合作模式不断加强，并逐渐从幕后走到了前台，这种情况可能在牛股板块中已经存在一段时间了。当这些共同基金顺势而为避免逆势操作时更容易成功。而由对股市运作有经验的专业人士发起组建共同基金的事实，也有力印证了他们坚信股市将会上涨的信念。

各个铁路公司逐渐展露出互相合并的意愿，受此影响，铁路巨头们逐渐自发形成了古尔德系统。此前很长时间一直有猜测，认为新系统的建立方式应该类似于范德比尔特先生曾经实行的纽约中部铁路联合方案，现在果然已经体现在古尔德的案例中。最终结果是什么样的，只有古尔德先生自己才能完全知晓，但很明显，这次铁路合并已经板上钉钉，也许比我们猜想的进度还要快得多。

这样就为我们出了一道计算题，以新系统为基础，重新计算现有资产的价值。其中一部分是从未曾经过验证的，另一部分是在市场中根据供需而确定了较高价格的。看起来共识是合并之后的管理和运营成本将会大大节约。

债券市场同股市一样能反映出这一切。无论在哪儿出现资产整合过程，相应的债券总会上涨到出现较小风险的价位，甚至如密苏里州太平洋债券这样的中型债券也同样如此。

上述情况迄今已导致股票价格维持横盘在目前的水平。鼓吹熊市反转的带头人承诺，要加快速度加大力度推动牛市的运行。

1899 年 7 月 15 日

股票交易的短期影响力对市场波动发挥了临时的控制作用。在这种情况下，银行对账单，成为交易元素中重要的一环。毫无疑问，在当前股价水平下大家对银行对账单有不同寻常的兴趣。在每年的这个时候更多的钱被用于国家投资业务，尤其是农业方面。银行的规划在时间超前且规模放大的基础上制定，这种情况已引起一些投资者担心，唯恐通常的下跌周期在几周内就会到来，并且可能比目前态势更为严重。

以近期市场的最高股价为依据，使股市投机交易活跃起来需要很多资金流入。当然大家都知道这一点，每个人都在非常谨慎地买入，投资者非常希望盈利这一事实，有效抵消了那些对市场发展特别不利的消极悲观因素。但市场似乎缺乏炒作的领头羊，或者这种引领作用对股市形成的支持，除一些特殊题材的股票外，总体表现并不明显。

然而那些先知先觉能准确判断行情趋势的人确信，每天 1% 或 2% 的波动与他们大体掌控市场的目标并不矛盾。而这种掌控无疑是由具备国家背景的实力机构操纵着的。

就目前看来，并没有超出特定范围的反应。期待那些明显的劣势股出现反弹也是可能的，就像昨天发生的那样。人们会觉得银行对账单可能再次表明储蓄出现负增长，这可以通过股价来预期。若银行对账单表明储蓄有所增长，无疑这就会推动股票价格上涨。

经纪商融资利率（call money rate）较上一个月有所上涨，但时间货币利率没有太大的变化，这是资金融出方在市场中最关注的部分。时间货币利率对于银行和个人在月初时准备好的短期贷款放款额度非常重要。时间货币利率是局势发展的真正关键所在。

主要的控制因素仍在充分发挥作用。若无意外，可以放心地指望平均股价将自然上涨。由过去 60 天的市场走势来看，这些指数正指向更高的价位。

如前所述，公众购买股票时存在多种多样的谨慎心理和挑剔因素，而随着股价的正常波动，那些谨慎的股票持有者获得的利润，可能会超出预期，达到满意的水平。

1899 年 7 月 20 日

市场低迷沉闷，靠停盘来等待下一阶段的进展。这已使一些股票和债券市场倒闭。本周最引人注目的牛市新闻，就是圣保罗公司的经营收入明显增加。这样本应该把圣保罗股票价格拉高，但他们却没有这么做，相反该股股价还略有下降。投资者已经充分知晓一些股市的潜规则，其中之一就是：如果出现利好时股价并不上涨，该股就可能在此价位持续一段时间，但迟早会下跌。目前这种潜规则就适用于圣保罗公司。

那些以现有价格持有圣保罗和其他股票的人并不急于出手，因为他们在一般的金融循环周期中具备有利条件。但显然，他们认为这类股票只适合临时投资，所以不会更多地买入。

因此需要新的买家，需要持续的买盘来推升现在的股价。但罢工的消息和货币市场银根收缩，使人们的注意力转向熊市预期，可能促使人们进一步寻找熊市题材，这种情形对熊市的领导者有利。

事实表明，全国的经济总量仍在增加，且比去年同期乃至历史上任何一年的规模都要大。行业衰退仍是全局中最小的因素，而铁路行业的增收惊人。小麦和玉米市场也很好，全国的出口量也在增加。

市场正等待进一步发展。在全国范围的自然发展中必然隐含着一些不利因素。在商业贸易活跃并带动其各行业活跃起来之前，这些不利因素影响和压抑着所有那些精神和物质方面的能量，而只有激活这些能量，才能使华尔街的投机市场摆脱低迷沉闷状态。

在这种情况下，股票持有人似乎想要利用这些利好消息来抛售股票。空气制动（air break）的决定是一个很好的案例，证明只要有好消息出台，股价就反而会下跌。而坏消息出台，更会带来抛售浪潮。例如联邦钢铁公司拒绝支付股息的决定导致股票价格急剧暴跌。

现在的问题是，金钱的力量能否支撑起股价不再下跌。由于目前在许多重要问题上存在风险需要在发展中解决，才产生了重新构造铁路发展格局的庞大计划，据推断，目前必需要牛市才能支撑铁路行业实现他们的规划。然而这一推断也可能不完全正确，一些铁路股票昨天有一些支持上涨的证据，但只有一小部分。当事实表明这些铁路发展计划目前尚不成熟时，市场 4 月 3 日出现了 10 点上下的波动，因此可以假设，这些股票需要的是长期牛市，而非 30 天或 60 天的上下波动，并且这些股票对未来 10 点左右的市场波动很可能无动于衷。

1899 年 7 月 29 日

股票市场无疑会因国家日益繁荣而适量提升人们的入市冲动。那些离开市场很久的人，又重新买进好的股票。

交易情况已经远超出股票市场在目前基础上使投资者恢复上涨信心的关键时期。

人们滞后的迟钝反应，曾经阻碍了资金的活跃和升值，而现在又一次带来了股价上涨。

投机资金的增加是否会立即抬高市场的底部仍有待观察。毫无疑问是会的，但有证据表明那些资金充足的持股者已在仔细考虑目前阶段的市场态势，针对市场演变慢慢地去执行他们的计划。

只有那些有价值或看起来能够吸引人们投资目光的股票，才会被市场领跑者选中。这笔钱被一种与华尔街金融市场不直接挂钩的方式捆绑集结起来。无论如何这也是投资资金，资金肯定会被使用，且不太可能对货币市场产生直接影响。

这是一个活跃的、能最快速吸引华尔街资金来源的、用于股市投机的保证金账户。

因此，市场的重要特点之一是选股，是挑选可供投资运作的优质股票的标准。人们会注意到，这些标准已经转变，正在向基于投资目的的企业利润靠近。不少投资收益都来自于股息，这一事实和投资收益的光明前景，刺激着投资者购买的冲动。

这种投资性的买盘刺激了股市运营商和操盘人士，他们开始制造活跃、高价但不靠股息来赢利的股票，吸引人们的投资，这些股票因立即升值的可能性而非长远的股息而引人注目。

迄今为止，目前的市场展现出了各式各样的股票投机的特点，这或许是需要共同观察思考的问题。热门股票从价值发现到行情活跃，再到产生积极稳定的投资资金流入，并不需要很长时间。在繁荣期对这类热门股票的"冒险买卖"，除了获得相当数量的收益之外还能得到很多。人类的本性就是这样，想迅速赢得大量利润的欲望，很快导致背离优质股票根本优势的盲目热炒行为。

目前资金对选股还十分谨慎和挑剔，这也是一种好征兆。但投机的欲望使人们对股票交易的期望值发展到了很高的程度。如果继续下去，就会给各类证券市场带来更广泛、更热闹的变化。

1899 年 8 月 9 日

股市丰厚的回报使人们更加相信，货币的利率将不会立即提升。

毫无疑问，人们对货币利率的提升心有余悸，那会使得股市交易变得清淡和低迷，促成了股票筹码向富有的个人沉淀。

这些股票似乎进展得很好，当宣称已经完成一定量的发行和销售时，人们会觉得马上将有更普遍的结算效果而感到宽慰。

公众无疑是在稳定地吸收优势股票。虽然缓慢但却有效。

只要铁路行业收入和国家的繁荣能令人满意，那些购买证券的人就不会心慌意乱。只有从事保证金交易的投机者，才最关心其他条件，如货币利率的变化。

这些保证金账户变得迟疑不决，而且没有人比华尔街富有的持股者知道更多的信息。

因此，在大机构广泛长远的投资计划中，为了在目前的特殊情况下维持牛市投机的信心，计划实施的第一步需要做一些事情，以舒缓从事保证金交易的、持有股票的投机者的情绪。

银行上周六的对账单动摇了大众信心的事实，也提供了一种怎样才能恢复信心的提示。

未来的银行对账单，应能显示账户转移的信息，以体现贷款和现金变化的真实情况。

无论如何，华尔街从某些处于领导地位的银行家们那里得到消息：未来的银行对账单将比之前的更好。

这种保证源自于他们自己随意购买股票所体现出的信心。

若是这样，我们应注意到，股价即时波动似乎是由银行对账单数据决定的。

这很自然会导致紧张情绪。但这种情绪在大多数情况下的市场效应趋于降低。研究人员和位高权重有影响力的金融巨富意识到，这种银行对账单数据，对掌控市场行情非常有效。

在这种环境条件下，通过银行对账单之类的外部数据信息来刺激股价走牛，例如资金从华盛顿金币到纽约银行的转移，这可能会暂时使市场中部分板块上涨，但只是暂时和不可靠的。

这是为了让市民更好地了解此时高利率的原因，而不是通过降价的影响来维持低利率。

高利率是自然的，符合市场逻辑的。高利率反映出健康可靠的商业繁荣，只是需要承受新情况下股价的重新调整洗牌。

市场已经带来了相当大的短期利益，其即时反应与股票的投机运作有关。

可以肯定地说，目前尚处于熊市行情的股票面对那些牛股的高价水平并不心灰气短。除非有证据表明牛市行情的领跑者更加积极，否则只要多头稍微放松努力，抛售浪潮马上就会出现。

1899 年 8 月 14 日

周六的股市因其在股票投机中的显著特点而刷新了一周的顶点。

在市场运作中，每周都或多或少地明显存在着庄家意识。

自然的力量正朝好的方向发挥着效果。

在这个意义上说，强劲的市场表现几乎任何时候都处于牛股领跑的完美控盘之下。

有时候，活跃的牛股会促使股价波动加大，但到目前为止还没有多大的持久效果。

表面上，货币市场正在发生明确的转变，这已直接对股市的投机活动产生效果。

主要的银行家们在一周的前期就自信地认为，银行周六的对账单将令人非常满意，这并非没有影响作用。

其实，有足够的信心促使人们在狭窄的市场中比较宽松地选股买入。

尽管熊市板块的领头羊会对银行对账单的作用有所抵制，但买盘仍在继续入市。那些因担心资金紧张而抛售股票的人，将银行对账单视为最重要的交易参数，他们的行为会对银行对账单产生决定性影响的事实增强了人们的投资信心。

因此，我们可以对牛股板块作出合理的推测，如果可以放心地存钱，并且银行对账单数据令人满意，它必然是因为实现了一种对以下两方面都有利的目的：首先，这使人们质疑熊股板块的真实状况及其前景；其次，这消除了未来新的银行对账单成为影响行情的主要因素。

牛股板块的市场表现，在这方面无疑得到了很大的加强。因为公众现在可能会从更广泛的层面去看问题，感觉到当银行对账单令人满意时，经过慎重考虑后，人们对牛市会更有信心，只要牛股板块的领导地位不变，公众多头阵营就会是市场绝对的主人。

只要工业企业兼并重组题材和铁路行业发展题材的大规模投资计划日益成熟，这种领导地位很可能就会持续下去。

由于牛市板块涉及到很多股票，他们也面临着种种的不确定性。一旦目前的牛市炒作崩溃，他们所要应对的危机将会很多很多。

然而必须牢记，熊股板块是警觉而坚定的。在这个股价水平上，只要对牛市板块任何可用资金力量的控制权有任何放松，就必然导致抛售浪潮。

或许在目前形势下，对于牛股板块领导地位可利用且已经产生效应的薄弱环节，就是对周六的银行对账单太过于明显的题材炒作。

仅有的投资建议好得令人难以置信，这就具有重要的意义，就像是为了不引起广大投资者的戒心，以免影响到年底的炒作。

银行对账单出现了太多的"6"、太多的一致性、太多的华丽外表。

广大投资者仍充满猜疑和警惕，很难被骗。

公众已拥有足够的专业知识，去了解市场表面的投机操作。

因此，全国各地关于上市公司经营状况的一般性新闻，将更多地集中到影响股票即时操作的因素。

随后将出现的对生铁产量信息的炒作，极有可能赶上对生铁需求信息的炒作。

如果其他行业报告有类似的情况，就会对未来的股价变动产生迅速而深远的影响。

1899 年 8 月 22 日

牛市行情因弗劳沃概念股票下跌而停步。这些股票的特点是缺乏资金支持。交易商要降低报价并不困难，但缺乏买盘就会迫使弗劳沃概念股票的长线投资者在股票下跌时抛售出局。

如果不恢复上涨的趋势，其他板块就将趋于放弃股价的零头并维持目前的整数位。昨晚投资者情绪几乎普遍倾向于认为铁路板块业绩报表令人满意，目前没有证据表明铁路板块预期下降。

看似各自阵营的投资团体，实际上通过信心组成了一个整体。他们说，公众持股状况良好，公司目前没有财务上带来的麻烦，收入有可能上涨。

目前有一个重磅的积极消息，生铁行业眼下的繁荣业务能一直维持到明年。因此，生铁板块这个重要的贸易景气度晴雨表在本年度余下时间里看上去没有开始下降的可能。

农作物板块的局势正在迅速接近担忧化解的阶段。本周末堪萨斯州的玉米状况还是安全的。内布拉斯加到9月初时农作物就会告别风险。如果月内没有霜冻则情况还会更好。大体上，在9月第二周的霜冻中玉米将会是安全的。

巴黎的局势在一定程度上对市场具有威胁，但巴黎的美国人很少，哪怕是一场革命对市场价格也只有一些间接的影响。私人电缆（private cables）昨日表示：新闻报道夸大了事态，巴黎人在伦敦只是销售法国特产而已。

市场大体上完全按预料的方向发展。中产阶级在股市中兴起的时机已经到来，而那正是我们日常所看到的。那些记得该题材的股票板块在1880年出现巨幅上涨的人们，现在同样可以预见这类股票上涨的可能性。

挑选出涨幅相对较低仅在1%或2%的股票并持股待涨。在此期间收益可能会上升到3%或4%。不论对投资者还是从事投机的人今年都有利可图。人们普遍认为这一结论是正确的。

1899 年 8 月 24 日

股市昨天再次明确地证明，一些重点股票正在被炒作。

一段时间以前，旨在于引导投机和促进工业企业整合并购、推动股市交易的成熟计划开始实施，那些相关的股票不引人注意地悄无声息地被买走。

不可避免的是，同样的这类现象迟早会公开出现在媒体上，同时会产生价格波动，吸引公众的投机兴趣。

公众似乎已经了解了价格的惊人变化，这意味着投资者会有巨大的收益，逆势而为的人将损失惨重。

全国各地各行业的业绩状况无疑有效地推动了牛市进程，而这或多或少与农作物种植情况直接相关。

此外，这是自然发展的牛市进程。经历了过去十年的运作尝试，对于市场变化经验丰富的运营商迅速地抓住事态当前有利的一面，顺应发展的趋势，从而在某些股票板块中建立起炒作的测评机制。

这种扩张的直接利益很大，为那些占据有利市场地位的人带来了名声和追随者，牛市进程的发展将给他们带来巨大的利益。

上述内容触及了个别股票或股票板块某些运作的内部情况。

因此，有必要学习那些改变并掌控这些股票投机活动的人的特点，或在各种程度上接近他们，以了解他们对市场的预期和运作的力度。

一支股票或股票板块，正因其固有价值而发生着股价上涨或下降的调整，同时，在大多数情况下，就分别与一个或多个运营商给出的刺激因素有关，这些运营商尝试使那些被公众广泛追求的、价值被认可的股票价格能超出安全价位。

显然，股票的内在价值最终会形成一个安全的标准价位区间，无论在目前活跃的内部操控下该股显得多么有吸引力。而那些对股市运作没有经验的运营商会持谨慎态度，直到他们获得足够详细的专家审核意见。

有时候，那些证券投资者的特性适用于投机，而不完全出于投资目的。

有一个人们可以信赖的、用于评估铁路股票和债券实际价值的标准。

可能会有一个近似的标准来衡量重工业股票的价值。

对有些标准的研究无疑有利于明智的投资。可以说在目前市场上会有野性狂热的投机炒作，这将使得市场在一段时期内成为任何人都被吸引的市场，在那段时期对证券和股市知之甚少的人，也许是最大的赢家，而那些了解甚多的专业人士即使没有损失，也不太可能从异常上涨中盈利。

现在的股价使得那些常年持有股票的人进行大规模清算。

每天都有以前没买过股票的人入市炒股。

目前的市场需要稳健保守的进取策略。

1899 年 8 月 25 日

股市已经意识到大量抛售赢利造成的影响。然而，牛市行情仍牢牢地控制着股价。

在这个价位获利了结是自然而然的事情，此后更多的卖盘是可以预料到的。

这种获利自然应当继续。

市场在这种情况下并不一定必须以调整作为回应。

很显然，好股票不仅在持有时可因红利派发而获利，由于良好的交易环境和有关个别证券的利好新闻，也会刺激产生买入浪潮，使股价上涨。

目前稳定地影响投资者的因素为圣保罗和联合太平洋公司的股票分红比率的提高。

这些股票和其他类似的高股息股票慢慢远离了没有好前景的股票的名单。

公众吸收好股票是永久性的，必须维持市场的质量。

不过，因为怀疑其他股票是否值得信任而在任一只或任一个股票板块上汇聚的熊市力量，无疑会导致降价，并会在某种程度上影响大盘。

在当前这个价格水平，这样的抛售随时可能发生。

若银行本周六的对账单令人失望，就可能马上会在一些小的方面产生影响。

希望从当前的股价波动中或多或少获利的交易模式是狭隘的，公众投资者极少参与。

那些真正控制公众的重大基本事实导致较长线的投资行为，导致比单纯的、交易商希望的短期效果更大的转变。

这些事实，可能会作为在当前股价水平上采取行动的基础而被人们牢记。

农作物种植和生长状况本身，使美国吸引着国际贸易的目光。而我们在制造业上也有巨大的增长，这使得整个世界因商品生产而向美国的制造商致敬。

这些事实还不足以刺激来自本国以及欧洲的、对美国证券市场的持续投资。

还有其他许多有现实意义的事实，被那些投资的群体不断重申。例如国家的人口大量增加，各种天然矿产开采的超常规发展。

人民的财富从来没有如此之大，这反映了人们收入增加。尤其铁路运输行业的收益，即使最乐观的经理人也会为此感到吃惊。

在如此大的上涨之后出现的当前水平的股价波动，确实给经销商带来了可观的公平的收益。因为他们的股票收益不仅来自于分红，还来自于股价持续走高带来的收益。

近期欧洲投资者在美国股市所起的作用，在于激活了那些带来交易激情的股票。

太平洋股票表明其资产占据着广阔的领土，该股包含着许多对投机者和投资者颇具吸引力的项目题材。

这些资产也存在相当的风险，表现为在新的领域中，在适当的时机会引入做空力量来形成冲击。

这些股票通常也会以特别吸引投机者和投资者的股价水平出手。

1899 年 9 月 13 日

昨天的股票清算仍在全面检查任何股票的短期反弹之外的情况。这次下午开始的反弹可能会持续一段时间，短期反弹被这些股票用于在下一次下跌前建立一个更高的抛售价位。

只要可以强行平仓，熊股板块就很难中断其影响。这样的尝试迄今为止都是成功和盈利的。人们期待进一步的尝试，直到有充分的证据表明用更多的股票来继续影响股价是无效的。

在股价长期上涨之后的回落行情现在已持续了不到一周的时间。空头阵营有效地集结起来。回落行情至少会持续 30 天。

较高的货币利率导致贷款被调用和抵押资产被低估。由此产生的不安，自然会或多或少地带来清算。

范德比尔特先生的去世，马上被空头阵营利用。行情变得更倾向于熊市。

范德比尔特先生的证券资产，对广大投资者会有怎样的影响，仍有待观察。可能有一些人会抛售股票，但只能是小规模并且不会长远。

主要的问题在于货币利率。投机行为与之密切相关。国家正从东部筹集资金，并会持续下去。欧洲没有发放基金，因此股市缓解危机的最大希望在于对高价股票和债券的清算。

这也是有钱的持股人在出现上述紧急情况后可借鉴的原始资料。政府可以提供临时救济，但只是暂时的，因此对股市也只会有暂时的影响。

由于银行储备低于法定上限，它可能会进一步干扰贷款，但不一定会造成大的恐慌。这种在法定上限之下达到平衡的行为，可被看作银行对国家的普遍繁荣拥有信心。

随着市场下跌，大的牛股板块必然会开始压缩购买规模。市场似乎对目前的抛售无动于衷，这清楚地表明，投资者已经做好了下跌的心理准备。这可能会鼓舞人心，消除盛行的悲观情绪。因为通过降低股价，反弹的力量可能将随着之后的牛市行情一起恢复。

1899 年 9 月 18 日

本周股市以大量抛售收场。引领牛市行情的庄家特别容易受到攻击，因为一些领先的持股人明显持股时间过久。他们对未来太过于热忱，还没有准备好应对资金紧张的投资周期。

华尔街一些具有领导性地位的富有的持股人，对盘面的走势表现出袖手旁观，听任空方阵营打压股价取得进展。很显然，短期股市已经发展到可以或多或少在出现严重突发行情时起到支撑作用。

目前的下跌带来了一个值得注意的、公众无疑会牢记不忘的特点：当引领牛市行情的庄家水平较高时，牛股便能够依赖谣言和那些使股票持有者大量抛售的战术来维系股价。

熊股板块，正压迫着同类股票的交易，并转而使那些没有太大的现实意义、或有没有事实基础的炒作不断循环。

但这只是简单地强调了一句华尔街格言：上涨时不要过于相信牛市的故事，下跌时也不要怀疑熊市的强度。

目前的抛售行情已获得足够的进展，使股票持有者在未来市场的止损业务上变得比其他因素更有必要。保证金被追加，或通过忽略其价值的强制平仓完成止损。

在这种情况下，华尔街以低价向投资者推出可通过不断比较再做出抉择的股票。但进一步降价后市民是否愿意购买仍有待观察。

今年大选临近，市场上资金仍然紧张。因此，多头买方本季可能更愿意在投资前先等待。如果是这样的话，这意味着我们将面对一个沉闷和被动的市场，也许要 30 天之久。

银行对账单清楚地表明，银行仍处于亏损状态，贷款将继续被调用。而华尔街在将其转换为现金时，自然会起到安全掌控市场的作用。

1899 年 9 月 21 日

股市昨天被紧张忧虑的股票持有者和一些有实力的牛市行情庄家所控制，导致重要交通干线股票被清算。

有大量的股票需要出售，需要花时间为它们找到合适的市场需求，在找到市场需求前，那些内部知情人都会十分紧张。可能是种种不确定性导致他们对后市过度担忧。

很多人都做了最坏的准备，并愿意在未发生严重事件的情况下承担恢复自己持仓的风险。布鲁克林捷运指明了问题的根源，并在有实力的持股人占 50 000 份股份时救援那些弱势的持股人，这是该股票当天反弹的转折点。股票的反弹带动大盘的反弹，从而使收盘状况令人满意。

华尔街那些具备领导地位的实力大腕们，肯定已经充分认识到了市场的危险，并在一段时间之前就开始为现在的清算准备证据。

市场显然是处于一些实力大腕们的控制下，且控制得很巧妙。迄今为止已通过了清算并未引起恐慌。这些推动市场沿着目前行情发展的巨大力量，肯定是为了达成一些更大的目的。

清算当然可以单独地使股价剧烈下降，但许多清算也被幕后操控，通过精心设计达到最终目的。

运作的特性导致股市巨头的争斗。单一股票会产生不同于大盘的特殊效果。无论计划的目的是否已经达成，仍需从其他方向验证。例如当地的天然气类股票，或牛市行情庄家等。当资金状况受到损害时，有些人因他人的原因被迫放弃。

市场顺利通过了特别清算，表明公众虽然有意识地警惕投机行为方面的熊市因素，但仍然对市场抱有相当的信心。

市场正在等待消息。预期会有利空，但失败不会公开到来。若利空未出现，人们又会有新的预期，他们更倾向于继续操作几只大幅下跌的股票。

这种倾向会因持续繁华的商业贸易环境条件和公司盈利的增长而变

得更为显着。

那些手中有钱需要投资的人，倾向于考虑通过高利率贷款来达到增值的目的，从而使他们的投资在目前股价和高利率的情况下，比低利率时期更有利可图。

1899 年 9 月 27 日

货币市场投机陷入冰点。昨日市场波动主要是受到两股明显趋势的影响。一股趋势旨在释放证券以获得现金，另一股趋势则在证券价格变得有吸引力时投入现金买入证券。

在当时这个特殊的时点，市场推高资金利率的影响十分巨大。资金在月初之前的一周已经出现短缺，需要迅速筹集一笔罕见的巨量贷款来满足十月份的支出需求。市场内部也持续出现资金回撤。

在接下来的几天里，来访者大量涌入中心（原文如此）从而带来资金，但是由于资金总量是一定的，如果从市场外部带来超乎寻常的大量资金，那么外部的资金就会变得短缺，从而再次引起资金的回流来满足外部市场的资金需求。

黄金的进口量相对较少，但是毫无疑问，黄金的进口将会降低利率。然而，当务之急是即刻满足当前的资金需求，但问题是如何采取补救措施，用借款人的钱来拿到贷款。

有些人很可能会卖出证券；另一些人将会为贷款支付高额利息。无论是这两种情况中的哪一种，暂时都不利于市场的上涨。

人们可以通过一定的代价获取资金，并且与前些年的某些时期相比，即使收取百分之二十的资金利率也不算高，对此人们感到满意。

人们努力把股票市场价格的疲软与空头主力对市场的操纵联系在一起，但是这并未全面说明价格总体走势的原因。

熟悉交易大户操作手法的人都知道，由于掌握了优越的信息来源以及丰富的市场经验，这些人的主要目的，就是获悉可能出现的价格的自然波动，并且跟随价格的波动。任何一个人或是任何一群人企图对抗价格的自然波动，都会更倾向于毁灭而非成功，当前的市场主力有着足够的经验，所以他们深知这个道理。

即使股票市场上存在着人为操纵，它的影响也不可否认的比不过当前抵抗价格的自然力的作用。

投机盘的暗流涌动，似乎已经积蓄了足够强大的力量，多头因素正在聚集，未来合适的时机股票市场可能出现多头市场，但是与此同时，市场表面的价格波动，仍然被那些掌握着资金的人所控制，他们为了获取资金，被迫将无法继续持有的证券或是在这种情况下不会继续持有的证券卖出。

对于有钱投资的人而言，这是一个绝佳的市场。通过借出资金买入股票买权或买入股票持有，他都可以暂时从这笔资金中获得良好的回报。他还可以撤回资金，并在股票价格急速回落时，趁机买入资质良好的股票。

1899 年 10 月 4 日

即使资金利率从20%变动到40%，为什么市场还是从1点上涨到了2点？关于这个问题，不同的人有着不同的解答，大家的意见也各不相同。有人说这是因为资金利率被人为操纵从而为回补创造了机会。有人说这是因为市场遭受到了冲击，直到所有股票都无法脱手。还有人说多头在公众情绪的作用下推动了价格的上涨。我们无可争辩的是，股票并不是被强制卖出，无论买盘是回补还是看涨，它对价格的影响都远远大于平日的影响。

当市场在不利的消息或情况面前保持坚挺时，通常随后就会出现一波上涨。交易商们总是致力于沿着最小的阻力操作，因为市场不是朝着这个方向波动就是朝着那个方向波动。如果资金利率在未来几天跌回5%或6%，市场上就很可能会出现利用当前的自然趋势的买盘。

有一点我们可以肯定，那就是资金利率不会一直维持在25%。但是，它可能会维持在较高的水平，对价格形成阻力，使得价格只能维持短暂的上涨。全世界的资金成本显然正在变得越来越昂贵，随着投机对于资金依赖程度的加深，它在整个市场中所占据的比例可能较平日更少，而这种状况可能还会持续一段时间。

市场上的不利局面得到缓解，比起投资者愿意或能够长期支付的资金利率，投机商在短期内能够支付更高的资金利率，从而令市场恢复平衡，并使得股票交易商获得资金并投向企业，可能带来较之平常更丰厚的利润。

因此，资金市场应该跌回 5% 的正常利率水平，只要出现暂时的供求错乱，也就是一方过度增加或一方过度减少，资金利率就会迅速上涨。这可能对于价格昂贵的付息股票是个不利因素，但是对于最佳的工业优先股却可能是个利好。不过，买入这类工业优先股，一定要仔细考虑清楚它的稳定性。

国外形势并未好转，但其对市场的影响仍然不及快艇比赛。后者对于市场的影响主要是，几乎所有人都跑到港口上，撤回他们的交易商和操盘手。总体来说，伦敦作为卖方，卖出了大约 25 000 股。

盘终卖盘占据优势。晶糖公司（Sugar）、布鲁克林捷运公司（Brooklyn Rapid Transit）以及艾奇逊—托皮卡—圣菲铁路公司（Atchison）的股票价格支撑似乎进一步下移。上涨中的卖盘似乎主要是早盘买入的获利了结盘。交易商原本以为市场开盘的表现会更为坚挺，也许还会出现进一步的上涨。

1899 年 10 月 5 日

由于确信人为操纵是资金利率高企的主要原因，加之实际资金状况也并非十分紧张，因此市场表现坚挺。想要持有股票的利益集团，大多并不是卖方，而一些实力雄厚的利益集团似乎也有买入的倾向，进一步强化了市场的坚挺表现。空头回补仓单也向他们证实了股价下跌有限，市场将在空头发动进攻前迎来一波上涨行情。所有这一切对于那些在低点买入并趁机推动价格上涨的交易商而言，都十分清楚。尾盘给人的感觉是反弹将会延续，但是不会出现大幅的上涨。

毋庸置疑的是，市场上存在着通过对资金的人为操纵，来获得高利率回报或是吸引定期贷款的情况。然而，如果无法承受至少6%的资金利率，那么这种人为操纵就不会成功。通过在多家银行仔细调查，我们发现数家银行几乎一致认为，资金成本除了极短期的回落之外，在11月中旬之前都不会降低，今年剩余的时间资金利率都将维持在6%的水平。本周大量资金被纳入国库，财政部仍然向银行索取大量资金。政府不停征收大量税金，目前全市的税收账户每天收入数百万美元。

尽管有着以上的情况，大部分地区用于商业用途的资金仍然相当宽松。如果把世界作为一个整体来看，资金得到了充分的利用，利率必然会将资金从一个点拉到另一个点，并最终达到均衡。

从理论上来讲，股票市场下跌的低点应该出现在10月份。这一低点到底会出现在本周初还是会出现在这之后，目前尚且不能确定。本月初的合理推测是，10月份的市场价格可能会在某个时间跌至9月的低点。目前，有些股票的价格已经跌至9月的低点，有些股票尚未跌至9月低点。

如果在本月接下来的日子里，资金成本普遍高企，很可能会耗尽股票持有者的资金。例如，以12%的资金利率持有晶糖公司（Sugar）股票的资金成本，大约是一周28美元，对于能够抓住波段操作的人来说，这个数目也许并不算大，但是对于恰好持有晶糖公司（Sugar）多单，并且等待机会卖出的人而言，这个数目相当令人沮丧。

前几天的借贷需求显示，许多股票在9月份的下跌中被回补，空头主力也在拖延时间，可能是在等待行情进一步上涨之后再行发力。

从多头的立场来看，现在要做的是发现那些尚未达到实际价值的股票。买入这类股票，就意味着价值总有一天会升值。

1899 年 10 月 16 日

周六的市场，主要表现为空头继续将布鲁克林捷运公司（Brooklyn

Rapid Transit）变现，并顺带从总清单中卖出。而究竟有多少人看涨布鲁克林捷运公司（Brooklyn Rapid Transit）是一个见仁见智的问题。肯定有人看涨布鲁克林捷运公司（Brooklyn Rapid Transit），但是大部分都被挤出了市场。

空头认为，当前的形势令人满意，但是其他人认为市场面对冲击表现十分坚挺，显示出相当大的内在动能。一些最优秀的交易商认为，市场正在稳固，在市场遭受冲击时买入股票，要比跟随空头卖出股票更为安全。

这个时机是否已经来临仍然是一个疑问，但是一旦它确实来临了，一般的交易商就应该抓住这个时机做多。当市场遭受冲击仍然保持坚挺时，继续打压市场不会带来利润。空头主力也十分清楚这一点，因此他们不会继续浪费时间去打压市场，这就好像是苹果不再从树上掉下来时，他们也就不再浪费时间去晃动苹果树一样。

虽然大家可能很难理解，但是我们认为这个时机已经来临了。这个时机通常不会突然来临，而是一天天地逐渐演变。当市场在遭遇打压并以少量成交迅速反弹，并且这种情况在不同的股票价格上反复出现时，通常就能给我们充分的理由去做多。我们应该密切观察市场，当市场出现上述特征时，做多的时机就来临了。

银行报表显示，由于存款的进一步取出，储备金出现小幅增加。如果存款的减幅超过贷款，根据法定要求，盈余就会变成赤字。存款的损失对于减少法定存款准备金而言是件好事，但是可贷资金的供应量受限却是件坏事，并且正如报表显示，现金可能会进一步增加或者贷款可能会进一步减少。在下个月之前，资金很难大笔回流到这个城市，即便是到了下个月，资金回流的确切情况还是一个问题。

似乎十分明显的是，纽约银行的盈余资金，将在一段时间内持续低于过去的水平。全国商业活动的繁荣意味着信贷的繁荣，而信贷的增加则意味着为了保护存款安全更多人选择持有现金。这就是说原本投向各处的资金将被更多的持有在手中。

这并不是说华尔街将会出现不合理的供应。一个投机性的市场，通常会依赖国家的盈余资金，但是它并不会为了使用资金而支付不合法的费用。1879 年，市场由于资金短缺强烈上涨。在一个上涨趋势明显的市场中，交易商有条件忽视资金利率，因为倘若市场波动剧烈，买入股票能够迅速获得巨额回报，那么无论是 6% 的资金利率，还是 12% 的资金利率，在股票交易成本中所占的比例都十分有限。但是当市场处于萧条时，高成本的资金就会令人难以承受。

1899 年 10 月 24 日

收盘后，市场上看涨情绪较两到三周前行情突破时明显好转。支持行情看涨的新消息相对有限。汇率的下跌以及伦敦市场越发确信几乎不会进口美国黄金来缓解英国的燃眉之急，都与市场信心的恢复有着很大关系。

或许这波上涨的主要特征就是单笔交易的成交规模。这表明目前最强的势力已经联合了，华尔街下定决心提振市场——至少直到大选结束。在交易大户当中，越来越多的人相信俄亥俄州和肯达基州将会支持共和党，这些财团之间的选举对于市场人气的影响，足以诱使他们重新买入更优质的股票。

证券经纪公司有证据表明，公众只是在等待买入时机，市场从近期的急速下跌行情所带来的不良后果中恢复后公众便会买入。通常情况下，某一只或某几只热门股票会作为市场中的主导来提振市场信心，尽管这些股票可能并不是引发市场剧烈波动的直接原因。美国皮革公司（Leather）股票似乎正在充当这一角色。但是，其股价上涨的原因可能只是由于人们对重组计划将获成功的信心不断增加。有人预计 11 月 10 日之前，美国皮革公司的大部分股份都会支持这一重组计划。

目前，货币市场似乎十分平静，制造业、战况报道也没有新的利多因素支撑市场走高，因此当前的市场波动方向并不明确。但是，我们有充分的理由认为，在下跌时买入比在上涨时卖空更安全。

优质的工业股十分受欢迎，并且在当前的价格水平，一年期以上的付息股票处于供不应求的状态。

铁路公司的业务空前繁忙，铁路的运载力似乎已无法满足目前的货运订单。运输业最重要的一项业务是客运列车服务，如果把列车时刻表考虑在内，目前客运列车服务已经成为运输业继货运之后的第二大特色。

另一个迹象是，人们普遍认为在一个稳定的市场中，每当有迹象表明市场行情将出现上涨时，就会有大量股票被交易。当然，衰退还是会出现，但是这些并不能被看作是市场处于弱势的迹象。

1899 年 10 月 26 日

我们很难找到愿意看空股票市场的人。有时候这本身就是一个利空的因素。然而，常规的交易规则在过去两年中经常受挫，即便是职业交易商，也开始越来越倾向于买入股票而不是卖出股票。

周二盘面的波动清楚地表明，我们正处于一波上涨强烈的牛市行情，行情的震荡也似乎只是由于一些获利了结盘的出现，随后这些获利了结盘又迅速重新买入。很少有人会停下手头的交易谈论自己为什么看多后市，但是相反，他们会通过股票价值的不断攀升，来展示自己对于市场的无限信心。市场不断扩大的趋势显示出，资金持有人愿意买入那些存续了足够长时间并且早已通过试验阶段的公司发行的股票。

资金面趋于宽松，对于黄金将会提前运达的不情愿，极其有利的贸易声明，铁路公司公布的惊人收入，伦敦的自由购买，以及人们一般倾向于忽视所有的不利因素，这些似乎都是目前市场表现坚挺的基础。

通常情况下，在强烈的多头行情中，由于某些特殊的原因，往往会形成新的共同资金推高股票价格。这些对于股票价格能够产生明确的情绪效应，即便是与其他股票毫无关联的股票，也不例外。对于美国皮革公司（Leather）和美国晶糖公司（Sugar）而言，显然没有什么理由让人们相信目前的贸易状况能够支撑股票价格走高。对于那些盈利能力尚未得到公众认可的工业股而言，像美国麦芽公司（American Malt）、美国钢和线材公司（American Steel & Wire）、联邦钢铁公司（Federal Steel）等等，公众的倾向是要么观望，要么卖出持仓并重新买入公认的没有疑义的股票。有时候市场上也会出现这种担心，那就是当一只股票在强烈上涨的牛市行情中遭遇抛售时，它也会对整个市场造成一定的不利影响。不过，目前市场上出现的这种下跌，对于行情似乎并没有什么威胁。

市场最重要的一个特征，就是倾向于买入价格低廉的股票。而市场从整体上获得更大的支撑，在很大程度上，也是由于这些低价股票的广泛分销所致。

1899 年 10 月 30 日

银行报表的披露，无疑令市场松了一口气。由于周五活期贷款利率触及 10%，市场非常担忧银行报表不尽如人意，因此场内交易员倾向于打压价格。这可能会着重引起广泛的讨论。因此，银行报表的公布所带来的正面影响更为明显。就是在那个时候，市场才在最后半小时的活跃交易中显示出自己真正的力量。在等待报表公布之际的这些交易并不完全是回补盘，还包括大量暂不实施的委托指令，这也是由于资金成本走高的理由并非完全站得住脚。在这种情况下，市场走势留给人的印象是货币市场并没有人们此前普遍担心的那么危险。这也证明了货币市场的状况是目前最为敏感的一个因素。

具有轰动效应的战况报道，对于市场走向起着决定性的作用。虽然关于欧洲介入德兰士瓦战争调停可能需要进一步讨论，但是这一事件很难占据主导。

众所周知，在战争年代市场上散布着各种各样的谣言，在人们得知真相之前，这些谣言会持续数天甚至数周之久。市场似乎承认，尽管由于这场战争的特殊性以及武器装备需要进行远距离运输需要花费一些时间，但是英格兰仍将获得镇压布尔人的最终胜利。

铁路收益继续繁荣，而钢铁行业的状况是，可以合理假定全国的收益将被征收至少一年的税。美国钢和线材公司（American Steel & Wire）股价的疲软并不能代表钢铁行业的真实状况。这一点很好理解，因为这只股票的交易对于其他股票，甚至是密切相关的股票的人气几乎没有什么影响。

当周行情在多头氛围中结束，在这波行情中多头优势十分明显。实际上，除了获利了结之外，如果感觉卖出股票并非明智之举，至少存在一些尚不为人所知的令人忧虑的因素。

1899 年 10 月 31 日

股票市场似乎主要围绕活期贷款利率波动。尽管收盘之后活期贷款利率的出价通常在 40 左右，但是昨天放出的大部分贷款利率都在 12% 到 13% 之间。我们认为，在某几节交易时段中，部分涨幅是由于人为操纵，但是对于这点市场尚未确认。上周六银行报表的良好表现带来大量证券经纪公司买盘，以至于职业操盘手也倾向于以高于合理需求的价格买入。这自然而然带来了一些反对情绪。我们很好理解 11 月 1 日的资金流动是由于利息的支付。出于这个原因，未来将会调用更多的贷款。这两件事都有着促进未被归为金边证券（国债）的销售量的趋势。

从近期这样的上涨中我们可以明显看出，在股票市场上继续操作将会需要大量的资金。过去两三周里对于专门股票的联合运行，已经花费了大量资金。实际上，有人声称仅仅是晶糖公司（Sugar）的上涨，就把资金需求提高到了 400 万美元以上，据说这当中的大部分能够从两家信托公司以及另外一个渠道获得。因此，如果把现有情况考虑进去，活期贷款的需求如此旺盛，也就不足为奇了。看涨行情增加了市场需求，而这种市场需求又会带来回调阶段。

我们很难从周一的市场走软趋势中看出市场正处于极度弱势行情。我们注意到，虽然市场上出现了大量套现盘，但这其中的大部分都是来自较小的交易商。在这波行情中占据主导地位的交易大户，似乎没有任何平仓的意愿，而是心甘情愿买入更为优质的股票。异地客户的交易量也似乎出现大幅增加，这很可能是由于市场范围的不断扩大引起的，这些异地客户也倾向于在股价触及最高点前买入。除了资金面的情况之外，市场还有两个显著特征，一个是大选的最终结果，另一个是英国在德兰士瓦战争中的立场多少有点令人不安。不过，长期以来，英格兰一直是做多美国证券的买家，所以与其说担忧这里的局势，倒不如担忧伦敦的局势。尽管华尔街盛传麦克莱恩将在大选中落败，但是俄亥俄州仍然是唯一存在争议的州。

那些学识渊博的人似乎认为，不健康的市场总会出现一些回调趋势。

1899 年 11 月 8 日

周一市场呈现出强烈的特点。实际上，我们经常会留意到这些特点在许多方面十分异常。银行报表六年来首次出现亏损，而市场在这种情况下延续涨势确实值得关注。市场上的利空因素对于空方的影响似乎十分有限。职业空头持续强调如果英国在德兰士瓦战争中失败可能带来的不良后果：联营银行的盈余准备金出现亏损；黄金运送的预期导致活期贷款利率高企；对大选造成不确定性，总之，空头寻找一切证据来达到他们的目的。

另一方面包括对国家整体经济繁荣的坚定信念；在利率高企时合理利用资金；增加的铁路收益；制成品的超常收益；几乎所有商品的合理需求以及对于市场并未显示出任何疲软势头的信念。大选被视为不可避免的问题，有人指出，即便是民主党胜出，也无法对股票市场造成重大影响。周一整个市场的交易情况都明确显示出股票市场尽在主力的掌握之中，公众也十分愿意抓住短暂回调机会买入股票。这引发了公众大规模购入股票，特别是优质股和发行时间较长的股票。出现投机性空头的股票可能只包括美国皮革公司（Leather）的普通股、晶糖公司（Sugar）、布鲁克林捷运公司（Brooklyn Rapid Transit）以及南太平洋铁路公司（Southern Pacific）。美国皮革公司（Leather）的空头再次被挤出；晶糖公司（Sugar）同时出现多头买盘和空头买盘；而南太平洋铁路公司（Southern Pacific）的表现，则好像是空头仍在蓄势，尚未形成上涨动能。

根据战争收入法案对活期贷款征税的问题并不十分重要，因为它的条款被认为是不公平的。人们似乎普遍认为，授权征税的这一规定不出几天就会被修正。对活期贷款的征税也被视为分级课税，实际在很大程度上，小额贷款人都可以免于纳税之苦。

与目前影响市场走势的大多数因素相比，活期资金面的状况可能能够创造更多的利息。由于周一贷款利率下降到6%，一些即将到期的长期贷款很可能会对维持当周利率的坚挺造成一定影响。大的交易商在筹措资金方面似乎毫无困难。不过，如果利率高企，可能会对证券经纪公司的业务造成一定影响，但是公众内心仍然认为，与其等待利率下调后在下跌的市场中借入资金，还不如在上涨的市场中支付高额的利率。

1899 年 11 月 9 日

市场在大选的影响下开盘。此前市场已预计到，尤其是在俄亥俄州，大选结果将对资金面产生利空影响，并且间接影响现行的国家政策。处于对政治前景的看好，早盘出现大量买盘。然而，市场很快证实那些在本周早些时候入场的买家实际上是获利了结盘，这对市场构成了第一波阻力。

南太平洋铁路公司（Southern Pacific）和晶糖公司（Sugar）股价的坚挺恢复了市场的基调，直到下午高息资金令市场陷入犹豫，空方在尾盘抓住时机突袭市场。市场成交放量，证券经纪公司表现相当活跃。

毋庸置疑，市场的主要气氛在于资金面状况。人们普遍认为英国在德兰士瓦战争中获胜只是时间的问题。随着秋季选举的结束，未来几个月国内不太可能出现令人不安的政治因素，因此只剩下了货币供应量的威胁。然而，由于国家经济繁荣以及资金可以自由使用而提高贷款利率，跟由于对货币的稳定性或商业状况缺乏信心而提高贷款利率大不相同。

由经济繁荣带来的高息贷款的成本只是相对昂贵。经济的繁荣通常表现为铁路收益大幅增加，工业利润大幅上涨，平均投机每天高达700 000股。在经济繁荣的情况下支付6%或8%的资金成本，明显要比在经济衰退中支付1½%的资金成本好得多。股票交投活跃时，利息只是投机中的一个很小的方面。只有在市场交投清淡时，利息才变得难以承担。因此，只要投机商的利润能够覆盖资金的成本，市场上就不会缺乏投机性资金。

财政部确实锁住了过多的资金，但是政府依赖并且希望经济的繁荣能够延续，而给各家银行增加不必要负担的可能性也微乎其微。当市场对这种流通手段存在明显需求时，它会努力寻找方法来恢复资金的流通。关于财政部购买债券的谈判正在进行当中。他们可能会达成一致。

据悉，比起增加政府银行存款而言，国务卿更赞成购买债券，因为政府银行存款数额已经相对较大。政府需要考虑整个国家的情况，有些时候这会与华尔街的观点相悖，但是就目前来看，不论怎样，华尔街都是需要关注的焦点，并且很可能会受到关注。

1899 年 11 月 15 日

大部分市场被赞成活期贷款利率波动的交易商所控制。与往常无异，当交易商占据市场时，大部分交易都集中在专门的股票。南太平洋铁路公司（Southern Pacific）、晶糖公司（Sugar）、曼哈顿公司（Manhattan）和布鲁克林捷运公司（Brooklyn Rapid Transit）这四只股票占到了当天交易量的一半以上。在这些股票当中，没有一只股票不符合此前的预期，尽管交易商努力打压这四只股票，并且通过执行止损指令改变它们的走势，但是这四只股票还是获得了朋友的支持。

虽然市场表现沉闷并出现下跌趋势，但是获利了结盘的数量仍然非常稀少。由职业操盘手组成的小团体同时在多空双方进行交易，似乎已成为市场的一个组成部分。实际上，他们的操盘手表现相当出色，也由此强调了一个普遍的信念，那就是与其对抗市场，不如顺应市场。

就活期贷款利率而言，它们的走势与周一正好相反。周一活期贷款利率高开低走。周二早盘，活期贷款利率以低点开盘，证券经纪公司和交易商都倾向于等待利率进一步下跌后买入。遗憾的是，他们未能如愿以偿，活期贷款利率迅速转为空头行情。

即便做最乐观的估计，市场可能也只能被称为回调，尽管成交量只有 500 000 股，也不能就此断定市场陷入弱势行情。实际上，在下跌过程中显然存在买入的良机。财政部两天损失 1 100 000 美元引发了一些议论。尽管现在预测下周六的银行报表为时尚早，但是市场似乎觉得如果财政部继续筹措资金，股票市场将会进一步出现回调。但是，与此相比，就交易大户而言，他们似乎并没有什么平仓的意向。一旦出现紧急情况，就需要向他们提供资金支持。我们并不清楚资金的来源，但是市场暗藏的观点似乎是只要是明智的投资，就会引来资金。

在这样的市场当中，根据多空实力以及可能借出的流通股的供应量，特色股票很可能会成为市场打压或提振的焦点。由于市场在过去几周里表现坚挺，因此即便市场看上去走势低迷，在行情急转直下时，与其卖出股票，不如保持谨慎，适量买入。

1899 年 11 月 16 日

那些依靠基本面分析进行操作的交易商的预测，在周三下午收盘之前的市场波动中变成了现实。当然，南太平洋铁路公司（Southern Pacific）公布的业绩利好，以及大量委托买入的出现暂时为活期贷款利率的上涨提供了利好消息。

空方主力在很长一段时间里占据着上风，并且根据在看涨行情中卖出的理论大量做空。事实上，当前市场的一个主要特点是相对缺乏阻碍行情进一步上涨的意愿。

另一个似乎占据主导地位的特点是任何哄抬价格的情况都只是出现在一两只股票上。职业操盘手经常会齐心协力拉高大盘，然后当价格出现温和上扬时，他们很快就会获利了结。因此可以说，市场似乎特别缺乏表面的影响。众所周知，除了暂时的银根紧缩，市场对于资金面并不担忧。市场整体情绪可能被合理的解释为有些异常。

这种情况确实罕见，广大公众、职业操盘手、小型交易商、伦敦以及几乎每一个市场参与者对于市场的观点都相差无几。许多保守的投资者喜欢按照以前的交易规则在出现回调之后再行买入。这类投资者一般不缺资金，并且他们的资金是从股票市场上赚到的。他们保守的操作方式主要是基于市场过去的表现。现在，他们几乎全部相信市场将会进一步走高，但他们不愿在所谓的"高价位"买入。对他们来说，很难相信那些古老的、优质的股票会突然出现真正的哄抢，他们认为所有股票都是逐渐上涨到更高的价格水平。与此同时，他们当中有许多人会密切关注市场行情，发表看涨的观点，但是当需要为自己的观点寻找支撑时，他们却很少提及历史行情。实际上我们可以说，这些掌握着大量资金自由买入股票的投资者，虽然毫无疑问赚到了一大笔钱，但对于大部分利润，他们却并没有获利了结。

非常肯定的一点是，当前市场表现坚挺，并且将会在整体情绪的推动下继续走高。尽管如此，比起去推测买入任何股票都会有利可图而言，温和买入似乎更为明智。要注意分辨哪些股票能够带来巨大收益，如果你所选择的这些股票能够带来比方说6%的收益，那么买入的风险就会相对较小。

1899 年 11 月 18 日

今天市场上最重要的进展，可能就是主力和一般公众对于活期贷款利率的关注十分有限。显然，本周行情看涨，在结束周四的上涨行情之后，周五盘面应该出现回调趋势。但是，由于利空因素有限，回调幅度也相对较小。一些人认为当市场在某天出现急速上涨时，应该在第二天出现回调，周五的获利了结盘主要来自遵循这一理论的交易商。重要人士此时倾向于离场观望，来判断在小型持有者进行平仓的考验下市场上是否存在着真正的弱点。当他们发现击穿价格的努力只是徒劳时，他们就会在接近收盘的时候进场买入。

本周在职业操盘手的操作下，市场短期利率大幅上扬。我们很难判断这一短期利率的持续时间，但是我们有理由相信它将会再次带动市场行情上涨。除非银行报表或活期贷款利率出现轰动消息，否则市场几乎完全不关注这两个因素。即使银行报表并不像一些人预想的那么有吸引力，它对于市场走势的影响也相对有限。

可以确定的是，从道德效应来讲，购买债券要比动用可用资金好的多。关于是否全额筹集资金目前仍然存在分歧。如果临近 11 月 30 日还没有人提供这 25 000 000 美元，若是政府没有刻意要求，这些不介意将债券卖给政府的人，很可能就会直接将这笔债券提供给政府。这似乎十分反常，但是华尔街早已习惯了这样的波动。

毫无疑问，专门股票仍然占据着市场的主导。当前交易范围的一个主要特征是，不同于以前股票的人为操纵，专门股票现在被更多地作为象征主力操作的晴雨表。除了极少数的例外，中级股票似乎最受青睐，在许多情况下，华尔街对近期未被派息的股票进行贴现。格兰杰公司（Grangers）的表现表明市场重新活跃起来，并且可能会在短时间内出现人为操纵。市场对工业股票的需求更为旺盛，工业股价格也继续上扬。尽管这些工业股并未像人们期待的那样将业绩完全公之于众，但是市场却并未忽视这样一个事实，那就是在年报公布之后，大部分工业股票都有着巨大的收益潜力。

1899 年 12 月 5 日

周一股票市场表现令多头失望。股价的持续缩水令许多重仓的多头感到不安，许多股票出现止损指令。

毫无疑问，股价缩水的主要原因是资金利率持续高企。在最近几个周六公布的银行报表中，鉴于银行获得的现金，目前高企的资金利率确实令人始料不及。

然而，在现金收入显著的银行当中，似乎有几家银行明显不愿将增加的货币供应出借给金融业。

虽然如此，还是存在着大规模的借贷需求，而这一借贷需求已经超过了利率上涨后的货币供应量。在这种情况下，证券经纪公司果断阻止投资者进行更多的投机性买入以及保证金买入，甚至鼓励保证金不足的账户进行卖出操作。

目前的价格走势令许多人更加坚信，在全国经济能够更好地提供从贸易领域到金融投机领域的资金流动以前，华尔街必须耐心等待牛市的到来。

英格兰不仅在南非战争中失利，德兰士瓦与伦敦之间正常的黄金流动也被中断，在英格兰遭遇双重尴尬的情况下，市场上缺乏足够的资金来保持目前的活跃交易以及大规模的金融投机活动。

国内金融和商业环境阳光普照，人们对市场前景充满希望，但是由于国外局势阴云密布，一些主力十分担心国外局势迟早会影响到国内的状况。

然而，无可否认的是，由于国内可以用于投资的资金十分充足，所以出于投资的目的，优质的股票在下跌过程中会被持续买入。

交易商们会使用一些随机因素来暂时压低价格。其中一个例子就是美国最高法院在艾迪斯顿管子公司（Addyston Pipe）一案中的决议，虽然该公司与目前的工业股缺少一些直接的关系，但是它仍然会威胁到整个工业股的股价。与此同时，艾迪斯顿管子公司股价本身的不确定性，令工业股板块的投机踌躇不决。

还有一点就是，国会的召集很少能够在股票市场引爆牛市行情。迄今为止，普通国会议员似乎更倾向于批评而不是鼓励华尔街的投机行为。

不管怎么说，我们可以肯定的是，如果华尔街强大的利益集团经过思考后确信国会将通过对他们有重要帮助的措施，这些利益集团至少会暂时阻止华尔街的纷纷扰扰。

1899 年 12 月 11 日

上周，多只股票遭遇大量平仓，虽然这无疑给许多投资者造成了亏损，但是市场上的紧张气氛已经得到了很大缓解。周六盘面显示，空头实力较强占据主动，空头对于工业股票的打压也初见成效。

资金面状况引发了许多账户的波动，这也使得空头主力不得不继续打压市场。然而，银行报表显示的现金亏损不及预期，令此前担忧银行报表预期糟糕的人士如释重负，并促使他们继续增仓。

由于某些特殊原因，市场的主要弱点可能就在于晶糖公司（Sugar）和美国烟草公司（Tobacco）这两只股票。当然，这两只股票和其他一些股票的卖出价不仅令交易商很难从这些股票的收盘保证金中借到资金，而且令买方，特别是空头，很容易通过售出这些股票获得大量的资金供应。

铁路股买盘旺盛，虽然当前市场处于萧条阶段，但是从周六盘面来看，铁路股的表现依然坚挺。

总之，总体情况并不令人沮丧。全国的公司都在盈利，并且有证据显示，某些商品已经触及目前的最高价，还有证据显示，钢铁股和其他类似股票的行情将在相当长的一段时间内保持稳定。

股票市场确实遭受重创，预计短期内无法恢复，因此空头理所当然为自己的成功感到洋洋得意，只要做空仍然存在获利的可能，空头就会继续充分利用自身的优势。

本周有几个重要因素需要我们密切关注，其中包括南非的局势以及对持有重要财产可能做出的重新安排，这些都令纽约股票交易所成为当前的特殊攻击目标。

经过一段时间的下跌，持有资金的人士会在某个点位投资买入公认有价值的证券。从几家主要证券经纪公司的询价，就可以判断出市场已经触及或即将触及买入点位。

如果华尔街一些强大的利益集团为了达到巩固利益的目的一直大量买入，注意某些板块股票价格的明显变化，尤其是最近的明显变化就变得至关重要。

可以肯定的是，当损失严重到足以令利益冲突各方联合一致时，股票市场的下跌，就会倾向于平衡利益冲突各方。当利益冲突各方达到了平衡，我们就可以肯定地说，市场再次大幅上涨的时机已经成熟了。

1899 年 12 月 12 日

许多人在股票市场上遭受了严重损失，并对市场感到心灰意冷。但是，华尔街那些保守的大利益集团却对市场上涌现出的平仓盘感到满意。

平仓变现明显消除了市场上的紧张情绪，并为华尔街带来了大量的资金，贷款金额也出现大幅减少。

由于农作物生长状况不佳或是经历了灭顶之灾导致销售压力巨大，从而引发市场下跌是一回事，由于商业活动高度紧张导致资金利率高企，从而引发平仓变现则是另外一回事。

市场的下跌令许多交易商遭受重创，濒临破产。而平仓变现的涌现虽然使得一些人的资产出现缩水，却为化解令人不安的因素带来了良方，并将市场从衰退中恢复变成了一件相对简单的事。

在华尔街摸爬滚打的投资者，一次又一次发现与当前相似的行情。市场震荡剧烈，但这并非预示着全国经济将会陷入长期的困境。

因此，在不久的将来，市场可能就会从衰退中恢复。

1 月 1 日的支出金额将会十分巨大。因此，对于大型机构而言需要早作准备，而市场上涌现出的平仓盘，也为 1 月 1 日的支出提供了准备。

迄今为止，本周股票价格低廉，一些大财团也将大量新鲜资金投入市场。

毫无疑问，由于英国的失败，南非局势引发市场担忧，但是伦敦并未卖出而是继续买入美国证券这一事实说明，国内市场的恐慌情绪比英国市场要大的多。

研究过当前形势的学者们坚信英国将会获胜，而英国在这场战争中所表现出来的决心，也向南非传达了这样一个信念，那就是英国有信心以破竹之势取得最后的胜利。

然而，所有利益集团都强烈预期，如果英国取得最后的胜利，将会令目前整体看好后市的情绪大大增加。

在所有下跌的股票当中，铁路股表现最为抗跌。工业股下跌明显，但最终在触及内部利益的点位获得支撑。

可以预见，一些绩优债券的平仓盘，是由保护不良抵押持仓所决定的。不了解内幕的人将新资金注入华尔街，正是买入这些绩优的债券。

由于从工业集团中心买入了大量股票，市场的注意力也集中在华盛顿的局势上。

美国国会针对大型工业集团，出台了多项法案，正是由于这些法案，我们才能有把握地说，未来对于工业股票的投机，将会受到国会各项措施的约束。

1899 年 12 月 21 日

最有可能影响市场走势的两个方面，均未出现确切消息，昨日盘面走势也基本符合市场预期。

几乎可以肯定的是，在一波大幅下跌之后，价格总是会先出现一波急速反弹，然后再缓慢下跌。关于这一点，我们在近期的文章中有所提及，而过去 15 年金融危机中的价格记录也清楚地说明了这一点。

市场试图通过攻击几只普遍认为处于弱势的股票，来解决天然气的难题。在这种情况下，布鲁克林捷运公司（Brooklyn Rapid Transit）和联邦钢铁公司（Federal Steel）虽然开盘向好，但随后走势一路下跌，重创市场。盘终，这两只股票明显出现大举平仓，价格回升明显。

纽约中央铁路公司（New York Central）表现出的良好收益以及已经支付的股息，不仅对于这只股票十分重要，还预示了范德比尔特公司（Vanderbilt）股票所有权未来的成长。

显然，范德比尔特公司（Vanderbilt）的政策，对于所有相关股票都有着十分重要的影响，这也可以被看做是最初的收获。湖岸公司（Lake Shore）、大四星公司（Big Four）和加拿大南方公司（Canada Southern），无疑值得聪明的交易商密切关注，这几只股票未来的走势也值得他们高度重视。

截止到写这篇文章时，英格兰银行的操作动向仍需打上一个大大的问号，但是最新建议并未表明市场将会出现上涨。如果英格兰银行未能从美国和欧洲引入黄金，那么这一过程可能必不可少。

必须记住，英格兰银行与财政部之间的关系，对于伦敦整体局势的影响，远比其他方面要大得多。出于政治考虑，他们很可能会对政策进行修正。大家都知道，英国政府将筹集新的贷款用来支付战争费用，货币市场的紧张，则将成为这一举措的障碍。

由于特殊原因，昨日市场行情颇不稳定，因此无法清楚地判断价格的走势。如果布鲁克林捷运公司（Brooklyn Rapid Transit）和联邦钢铁公司（Federal Steel）的股价并未下跌，在近期的跌势之后，可能就会出现一波较大的反弹。

此前看好后市的理由依然存在。贸易前景向好，铁路收益也从未如此乐观。不管怎样，英国银行利率只是短暂上涨，其影响也只是暂时性的，投机账户空前繁荣，持续下跌所带来的平仓盘，也令行情的持续疲软得到了缓解。

1899 年 12 月 26 日

人们可能认为，市场上最关键问题是调查为什么所谓的多头组合会在此时形成；或者说为什么它不应该在此时形成。

支持这一多头组合的原因，或者说为什么人们应该买入股票，十分显而易见。一般情况下，买入是明智之举。本周结算价较去年同期上涨逾 33%，较 1892 年上涨逾 50%。铁路收益较去年同期增加了 10%。

纽约出口量较去年上涨了 20%，几乎所有的工业生产线都有所增加，其利润也十分丰厚。破产企业数量与去年相比仅有二分之一，与 1896 年相比仅有不到三分之一。从投机的角度来看，股票价格的大幅下跌，进一步促进了商业的繁荣，其中工业股价格平均下跌了将近 25%，铁路股的价格则下跌了 15%~20%。

本地资金面宽松。最近一两天，一些大型银行已无法将贷款利率维持在 6%。全国资金利率大约为 6%，对于资金缺乏的抱怨也销声匿迹了。所有这些都表明，无论是对机构而言还是对个人而言，目前都是买入股票的有利时机。

现存的不利因素是什么呢？首先可能就是国外紧张的经济形势。目前，伦敦的贴现率是 6⅛%，柏林的贴现率是 6⅞%，巴黎的贴现率约为 5%，显然信贷得到了扩张。南非战争的代价也成为额外的负担，因为在最需要黄金的时候，德兰士瓦的黄金供应却被切断了。

这一黄金供应来源十分重要，其黄金产量在过去十年间从 7 000 000 美元上升到 79 000 000 美元。德兰士瓦过去四年的黄金产量粗略估计为：1895 年，41 000 000 美元；1896 年，41 000 000 美元；1897 年，55 000 000 美元；1898 年，79 000 000 美元。据估计，1898 年全球黄金产量仅有 287 000 000 美元。从纽约的黄金出口可以看出，南非黄金供应的切断，增加了英格兰的黄金需求。

几个巨大的市场之间关系十分紧密。一个市场受影响，其他的市场或多或少也会受到牵连，因此国外的局势一定会继续对市场产生影响。股票价格的下跌，大大减少了华尔街的借贷需求，但是同时也减少了上市公司的融资能力。举例来说，现在晶糖公司股本的融资能力，较之股价高于160美元时明显减少。价格的缩水也暂时减少了上市公司的购买力。

当机构再度将此前买入的股票卖出时，他们自然而然会考虑当价格被人为操纵拉高后，公众对于高价股票的吸纳能力。在未来的一段时间内，大量资金将被保证金所占用。这也符合人性原则，也就是一旦人们在股票市场上出现亏损，就会停止投机交易并回归常规业务，直到因亏损引发的不适被重新燃起的投机利润所取代。

人们几乎一致认为，在像上周一那样的大幅下跌之后，接着就会出现像上周那样的反弹行情，而后市场会陷入一段时间的低迷，并以市场的沉闷与价格的稳定而告终。

1899 年 12 月 27 日

由于一月份的支出款项，我们预测行情可能会在一月份出现上涨。有一个古老的投机理念是，行情总是会在一月份上涨。尽管除了七月份之外，一月份像其他月份一样经常出现上涨，但是绝不能认为一月份总是会出现上涨。一月行情上涨的迹象建立在资金面的基础之上。去年的新年伊始曾经出现过大量资金流出。由于全年商品价格的大幅上涨将会占用超乎寻常的货币，因此今年资金回笼的规模很可能会比较小。而资金回笼必须始于众多银行盈余存款的增加。在堪萨斯城银行内部的资金多于他们能够有效利用的金额以前，堪萨斯城并没有积攒起资金。

芝加哥、圣路易斯、辛辛那提等中心城市的报告显示，资金的回笼较之往常速度更慢，规模更小，这就意味着这些城市的资金回笼肯定比去年速度慢，并且很可能比去年规模小。不过，资金流入一定会出现，而国内汇兑的趋势也有利于纽约。

银行持有的超过法定准备金的盈余准备金

银行名称	法定存款准备金	持有准备金	盈余准备金
纽约银行	3,331,250 美元	3,792,000 美元	460,750 美元
花旗银行	26,899,400 美元	30,876,200 美元	3,976,800 美元
商业国民银行（Mercantile National）	2,909,900 美元	3,203,200 美元	293,300 美元
大通银行	9,151,275 美元	10,787,600 美元	1,636,325 美元
汉诺威银行	10,302,650 美元	11,791,400 美元	1,488,750 美元
美国银行	4,758,500 美元	5,253,700 美元	495,200 美元
进口交易银行	5,975,750 美元	6,874,000 美元	898,250 美元
国家商业银行	4,946,100 美元	5,076,300 美元	130,200 美元
曼哈顿银行	5,493,500 美元	6,386,000 美元	892,500 美元
华友银行	5,643,625 美元	6,011,300 美元	367,675 美元
加勒廷国家银行	1,620,925 美元	1,998,500 美元	377,575 美元

上周的银行资金回笼报告显示出这些银行所持有的超过法定存款准备金的可用盈余准备金。

然而，在某种程度上，这会被正在造成黄金外流的国际汇兑所抵消。上周的黄金出口，虽然没有计入银行报表，但将会在本周的报表中呈现，并且很可能会抵消内部回笼的资金。此外，由于一月支出款项之前的资金集中，贷款困难的局面很可能会在本周上演。虽然这一影响可能十分短暂，但是还是能被市场所感觉到。

合理的结论似乎应该是，当市场上由于一月份的支出款项而出现额外的投资资金时，至少在当月的前半个月，可以用作股票投机的资金供应不太可能出现大幅的增长。而进行多头投机，则必须首先获得银行的资金支持。

从前面的数字（见上表）可以明显看出，最大的城市中心银行（原文如此）所持有的盈余准备金比较少。只有花旗银行（City Bank）、大通银行（Chase）和汉诺威银行（Hanover）的可用资金多于1 000 000美元。那些贷款低于25%限度的银行也应该涵盖在内。它们包括纽约银行（the Bank of New York）、公园银行（the Park）、第一国家银行（First National）、第四国家银行（Fourth National）、美国证券交易所（American Exchange）以及其他实力雄厚的银行，这些银行最近意识到盈余准备金的用途是为不时之需建立储备，并且在需要资金的时候，可以适当放宽贷款比率的限制，过去这种贷款比率一直被视为一般情况下的一个明智的安全界限。

虽然我们把25%视为一个基本的限度，英国的银行却并未如此，似乎也没有对英国银行产生任何特别的危害。如果纽约银行可用的盈余准备金能够超过存款余额的20%或15%，那么从投机的角度来看，结果将会大不相同。然而，就贷款而言，只要存在25%的限度，银行就必须提供所谓的投机性安全界限。

目前的盈余准备金仅为去年的一半，并且与去年的不费吹灰之力相比，今年则需要花费一些功夫。国外形势愈发紧张，国内的资金需求也不断扩大；因此在接下来的一个月，可能不利于储备大量以投机为目的的盈余准备金。

1899 年 12 月 28 日

目前市场的上涨是上周疲软行情的自然回升。那些此前买入股票的利益集团，如今正在促使价格进一步上涨，而那些一周以前卖出平仓的投资者，开始大量回补并重新买入。价格更为昂贵的平均股也出现了一些买盘，这些零星交易显示出华尔街投资了相当数量的股票。

这给我们带来了一个问题，那就是人们期望行情的坚挺能够持续多长时间。在一般情况下，行情跌至最低点后的一周之内就会出现反弹，行情会触及顶点。如果一般规律是有效的，市场就会很快归于平静，甚至陷入沉闷，价格也出现回落，这种情况将会一直持续到下个月。

然而，一些善于判断股票价值的老手认为，这波行情可能是个例外。他们声称行情的恢复尚未正常，而国内极其有利的条件也将会带来类似于1879年市场出现暴跌之后的反弹。价格数次出现先迅速下跌10

个点，而后在一两周内又涨回最高点的情况。

反对这一推测的最强有力的理由，来自于投机性资金的情况。我们在昨天的文章中指出，华尔街最大的几家银行的可用盈余准备金都相对较少，不足以刺激任何大型机构大规模的看多后市。

然而，就这一点来说，情况正在改善而不是恶化。国内的资金流入仍在继续，并且将在未来两周内达到一个相当大的总量。国外的财政状况将会在年初之后迅速改善，缓解市场上对于黄金的需求，甚至可能会刺激国外市场的看多投机。一月份的支出款项，将会增加他们用于投机的资金份额。然而，所有这些都符合市场在沉闷之后总会出现反弹的理论。

那些利益很可能会在一二月份推高价格，并且会密切关注各种情况的出现，如果他们的意图是大幅推高市场行情，他们可能会预先对市场进行打压。与此同时，货币法案将于下个月得到参议院的通过及众议院的实施，这将成为一波长期牛市的一个非常自然的起点。

那些考虑到行情迟早会恢复而打算买入股票的投资者不应该忘记，一定不能在一年前充满信心的下跌行情中持有股票。因此，人们十分满意于内在价值接近甚至超过市场价格时买入股票，并且如果可能的话，即便资金市场利率为 5% 到 6%，投资者也不会出现亏损。

人们对于哪些股票便宜或是哪些股票价格将会走高的问题观点各异，但是买家一定要有自己清晰的见解，只有做到这一点，一旦市场未涨反跌，他才能有勇气在确信自己所持有的股票价值将会及时恢复的情况下平衡自己的持仓。

1900 年 1 月 6 日

我们可以把当前的市场比作是穆罕默德的悬棺①（原文如此），悬

---

① 穆罕默德悬棺的素描图画，曾于麦地那出售并由朝圣者购得。这一购图事件，再度引发了关于穆罕默德棺木悬置于天堂与人世之间传说的热议，致使该传说于 19 世纪至 20 世纪初名噪一时。

浮在天地之间。我们进一步假设，一部分势力正在努力将棺材拉至地面，而另一部分势力正在努力将棺材拉至更高的空中；我们还假设，这些人在不停的变换位置，因为他们总是认为另一方的做法会更容易成功，这就是对当前市场的一个完整的模拟。当压力处于不平衡的状态时，市场会回应占有优势的一方；当市场停滞不前时，人们可能会认为两方的力量处于均势。

自去年 12 月 20 日，大部分进行交易的投资者致力于提高市场价格，结果 12 月 19 日，20 只股票的平均价格上涨了 1.38 点；12 月 21 日，20 只股票的平均价格上涨了 1.29 点；12 月 23 日，20 只股票的平均价格上涨了 1.39 点；12 月 27 日，20 只股票的平均价格上涨了 1.85 点。相当一部分投资者在这个点位改变了多空方向，导致市场上出现了接下来的下跌行情：12 月 28 日，20 只股票的平均价格下跌了 23 点；12 月 29 日，20 只股票的平均价格下跌了 73 点；12 月 30 日，20 只股票的平均价格下跌了 37 点。1 月 1 日，行情出现了 1.13 点的上涨，接着又出现了 1.43 点的下跌，而后又是 0.52 点的上涨。

这些数字显示出作用于市场的力量正在日趋平衡。尽管有多个利多消息，在接近一周的时间里，20 只股票的平均价格几乎没有出现什么变化。我们的利多因素能够获得低息贷款，能够享有更低的汇率，取得了显著的贸易结果，并且有影响力十足的新闻左右天然气及管道干线的情况。市场犹豫不前的事实也显示出，由于某种原因，许多此前参与拉高市场的投资者已经放手并且观望那些继续拉高市场的投资者能够取得什么成果。

我们可以假定，过去两周的相当一部分交易，都是 12 月 18 日市场陷入恐慌的副产品。那些不得不在那时买入的投资者必须拉高市场。那些低价卖空的投资者不得不打压市场。那些总是在这种转折点入场的投资者正在调转多空方向。但是这种交易将会趋于减少。其实，眼下及长期需要的交易大部分都是由公众进行的。人们理想的市场是，有许许多多人感兴趣，并且在许多资产中能够反映出个人学识的市场。

市场在上个月出现了类似的衰退，抑制了这类交易。想要获利 10%

的投资者不得不放弃这一目标或者着手出清股票。一些投资者深受其害，所有投资者都或多或少因为公众交易被大幅缩减，市场行情至今没有出现任何明显改善而感到恐惧。

如果没有这次交易，市场将会逐渐陷入沉闷，波动区间也会震荡收窄。一些善于判断股票价值的资深人士认为，这种情况将会出现在等待市场主力忽视行情的下一次转折期间。

1900 年 1 月 13 日

市场正在经历无规律的下跌阶段，在恐慌性下跌之后，市场总会出现一波强劲的反弹。在此期间，内在疲弱的股票跌幅最深，跌势最猛。较为坚挺的股票的跌势更为温和，有着更多的反弹，并且净损失更小。而这一下跌阶段持续的时间，通常是从价格反弹至最高点后的 30 天左右。不过，从时间上来讲，下跌的天数是不确定的。

一些股票从反弹行情中下跌，跌幅正中人们预期。晶糖公司（Sugar）、布鲁克林捷运公司（Brooklyn Rapid Transit），在某种程度上甚至还包括曼哈顿公司（Manhattan）都是十分引人注目的例子。这几只股票既没有如预期一样下跌，其震荡区间迄今也没有回归正常。价格在 1 月 2 日触及反弹行情的最高点。当时，20 只股票的平均价格为 78.86。而后 20 只股票的平均价格下跌至 75.95，至当天收盘时价格已跌至 73.60。然而，这一收盘价高出当日最低价 1 个多点，因此行情从高点实质性的回落，几乎占到了整个反弹幅度的二分之一。

我们认为对于市场会在月底之前继续下探的预测是合理的。市场很可能会呈现无规律下跌的状态，一些股票甚至根本不会出现下跌。在过去几天当中，铁路股的顽强走势，显示出市场中的买盘仍多于卖盘。在我们看来有一个相当实用的建议是，任何打算买入股票的投资者，都应该从大量买入的角度看看究竟是哪些股票跌幅最深，如果没有什么特殊的原因，为什么这些股票的跌幅超过了市场平均水平。这一理念就是关注市场的下跌，并从中挑选出那些已经回吐了二分之一到三分之一反弹幅度的优质股票。这种操作手法的优点在于，如果市场确实走低，优质股票会更加抗跌。如果市场并未走低，那些并不稳定的股票才有可能获得确定的恢复。

关于接下来几个月的市场走势的一个重要问题取决于多种因素，但是一般而言，行情很可能会在 2 月 1 日到 6 月 1 日期间出现大幅的上涨。条件十分有利于证实人们的预期，并且无论我们是否仍然处于牛市行情，或者说无论熊市行情是否已经来临，我们都有一个额外的理由相信每年的高点和低点之间的正常价差正如同 1900 年上半年报价的大幅改善。

如果我们仍然处于牛市行情当中，市场毫无疑问会出现上涨。如果我们正处于熊市行情的初始阶段，1900 年的最高价很可能会出现在当年的上半年，这就要求价格从 1899 年的低点大幅回升。1900 年，交投活跃的股票的最高价和最低价之间的价差可能会达到 20 点以上，因此在最坏的情况下，当年的最高价也会大幅高于当年的最低价。

在接下来的几天里，有几个因素可能会对市场构成利多。由于从国库分库中获得的大量资金以及资金的流入，银行报表的表现将会格外优秀。国外资金面趋于宽松，看多美元的趋势也愈加明显。抵消利多因素的条件依然包括在南非局势变得更加明朗以前，大型投机商对于强烈看多或看空后市的犹豫。如果英格兰能够取得确定的军事胜利，将会成为一个重要的利多，而一旦英国战败，则将为行情走熊提供论据。

1900 年 1 月 17 日

市场波动区间的收窄完全正常。这意味着那些持有股票的投资者并不急于卖出，而那些打算买入的投资者则认为卖家将在价格上做出让步。市场上出现的小幅波动源自于一些特殊的消息。地铁隧道的兴建，影响着运输股的价格，竞争的加剧，对晶糖公司（Sugar）和烟草公司（Tabacco）的股价构成利空，而一些铁路股则由于年报的良好表现出现大量买盘。然而总体而言，当前的市场正处于修整和恢复的阶段。

在这个阶段，市场常常会表现得十分疲弱。关于这一点有一个很好的理由。如果市场正处于熊市行情，卖家就会对等待买家出现感到疲惫。一些人开始在价格上做出让步，其他人也紧跟着下调卖价。如果市场正处于牛市行情，在价格波动归于平静的阶段，投机商就会决定展开翻转行情，在那些企图以尽可能低的价格买入股票的投机商的操纵之下，市场将会陷入弱势行情。

在过去的三年中，市场有时候也会在没有先期暴跌的沉闷行情中上涨。不过，这是因为多头主力已经清楚地预见到行情将会出现上涨，从而令他们不像往常一样关注（原文如此）价格是否是从低位上涨。在过去一两年中，行情在相当多的时间里都是单边市场。

如今，这种情况已不复存在。大利益集团已经撤出了多方阵营，其他大的利益集团也公然加入了空方阵营。活跃的多头目前无法以一年前的轻松心态面对与空头的厮杀。因此，市场出现短暂性下跌的概率大于一年以前，并且可能与历史平均水平持平。

在短短数天之内又形成了另外一个重要因素。通过对某些个人所获贷款的展示，那些被称为信托公司的机构，有力的将大型证券公司的注意力吸引到自己身上。有人辩解说，如果一些大资本家拥有大量的不能上市出售的贷款，另外一些大资本家就可能会获得这些贷款，这可能会成为一个非常大的利空因素。基恩先生曾经多次公开提醒市场注意这个危险的点位。他的观点虽然被认为过于夸大其实，但是无可非议，较之以往这一危险点位得到了更为广泛的关注。如果市场以这一点位为中心，其结果一定会是利空的。

我们认为，与今后三个月的市场相比，所有这些都更适用于当前的市场。接下来的两周行情可能会出现下跌，而在这一下跌趋势中买入股票的投资者以及愿意稍加等待的投资者，都可能获得丰厚的回报。无论今年市场的趋势是上涨还是下跌，价格都将在今年上半年刷新当前的高点，我们有许多论据能够支撑这个论点。

然而，在当前的牛市行情下，以尽可能低的价格买入，是一件相当重要的事。在整体趋势向下的情况下，买入价格相差两三个点至关重要，而在整体趋势向上的情况下，买入价相差两三个点就会没有那么重要。没有人能保证市场将会走向哪里，但是目前投机活动承受的压力，预示着市场将会先迎来一波下跌，然后是一段时间的坚挺以及持续相当长一段时间的温和上涨。

1900 年 1 月 18 日

市场在南非局势的利多作用下上涨。出于对利多消息仅能对市场构成短暂利多的担忧，交易商在收盘前获利了结。总体来看，人们推测英国的胜利必将被视为英国市场上的利多因素，而这场决定性的胜利也可能给市场带来明显的影响。

一个最主要的投机难题是，市场是否会在当前的价位水平出现反弹性的上涨，以及市场是否会先出现数天乃至数周的下跌。大型投机商们在这个问题上存在分歧，证券经纪公司对这一问题也不清楚。那些对自己的预测持确定态度的投资者，在很大程度上忽视了对手方所提供的事实。从这一点我们可以清楚地知道，华尔街根本不在他们的预测当中，而这很可能将会在市场人气倒向任何一方之前，令市场波动区间收窄。

关于今年的交易，有一个因素变得日益突出。那就是就业情况。在过去一年里，许多情况下商品价格的上涨幅度总体较大。生活成本明显高于一年前的水平。工资水平虽然出现了一定的上涨，但是这种情况并不普遍，因此在许多情况下，经济繁荣时期给劳动力带来了不利影响。当然，额外增加的就业，缓解了失业所带来的压力，发放的工资总量也远远大于此前的金额，但是这只是帮助了那些不得不支付更多费用的人们，却并未帮到那些无法增加收入的人们。

这种状况肯定将会具体转化为各行各业的劳动力对于增加工资的需求。一些企业宁愿在现有劳动合同的基础上向工人多支付一定的报酬，也不愿去冒工人罢工的风险，但是还有一些企业认为，经济的繁荣难以持续，而暂时获得的超额利润也只不过是对这些年公司在不赚不赔的情况下并未遣散工人且为工人提供工作机会的合理报酬。工人们很难接受这一理由，今年很可能会出现一段时期的罢工及劳工争议。

我们在昨天的文章中指出，由于一些成立较早的机构获取了巨额的利润，一些新的信托公司涌现出来。今天，我们就可以用数据来反映一些主要的信托公司的账面价值。这些公司的票面价值是每股 100 美元。其股份的账面价值分别是：中央信托公司（Central Trust），1126；联合信托公司（Union Trust），717；美国信托公司（U. S. Trust），637；纽约人寿保险公司（New York Life），443；纽约证券公司（New York Security），314；商业交易所（Mercantile），311. 这些公司去年的净收益从 15% 到 88% 不等。

对于看到资本家们在过去两年中大量开设新的信托公司，我们并不惊讶。从逻辑上来说，如果成立较早的信托公司能够从铁路企业中获得如此丰厚的利润，那么这一工业资本总值就能够为新公司提供充足的业务。

毫无疑问，许多案例都能证明这一点。不过，铁路的发展过程是渐进的，信托机构有时间进行自我调整以适应现实情况。工业的发展突然到来，其中既包括好的企业也包括差的企业。一些组建时条件较差的公司，可能会在优秀管理的拯救下存活下来，而一些组建条件时条件并不差的公司，却可能毁于管理不善。那些能够选择优质公司，抵制终将走向没落的公司的信托机构，将会获得丰厚的盈利。

然而目前的情况是，对于公司的财务状况，代表公司董事的一方要求谨慎对待，代表股东的一方则要求展开调查。虽然中央信托公司（Central Trust Co.）的盈余在 14 年里增加了超过 8 000 000 美元，但这并不意味着每家信托公司都能获得成功。

1900 年 1 月 27 日

周四，英国在南非的胜利带动伦敦市场上涨 1%，但是美国市场却在强劲的开盘之后回吐涨势，表现沉闷。今天，布尔战争胜利的消息导致伦敦市场疲弱，但是美国市场却先是表现坚挺，而后归于平静。这明显说明了我们近期经常提及的多空双方实力的均衡。多头发现很容易阻止不利消息导致的下跌，空头也能轻而易举地阻止有利消息带动的上涨。

因此，整个问题又回到了带来行情转折的条件上面来。行情的转折一定会出现。多空双方总会有一方占据优势，有远见的投资者会根据具体情况的变化加入多方或空方阵营。而迄今为止多空双方如此确定的对阵正是行情走势尚不明朗的最好证据。

三个月前，没有人会怀疑证券经纪公司强烈看多股市。大约在 11 月份，才出现了关于市场从 9 月的高点下跌并未引发平仓的议论。每逢行情疲弱的交易日，经纪人经常会在收盘的时候说他们虽然卖出了一些股票，但是还是买进的股票更多。现在没有人怀疑当前的局势已经出现了巨大的转折。证券经纪公司的底线很有可能低于市场水平。股票尚存，因此有人会买进它们。

这些股票可能由那些难以实现盈利的机构掌握；被那些迫于需要或选择攫取客户股票的经纪人控制；为那些支付了真金白银的投资者所有；或是在那些可能以更高或更低的价格买入股票的投机商的账户中。出于对股价走高的期待，这些人都会持有股票，他们将希望寄托在坚信增加的收益和增加的利润都会提高股票的价值、从而吸引其他投资者以更高的价格买入股票上面。

除非他们相信情况会越来越糟，否则他们当中几乎没有人会卖出股票。人为造成的价格下跌，可能会带来一些卖盘，尤其是那些盘面有盈利的股票，但是机构投资者、实力雄厚的证券经纪公司以及投资者不会卖出股票，除非他们确信继续持仓将意味着进一步亏损。当前的形势还没有令持仓者感到忧虑。他们认为市场的全面繁荣大有希望持续相当长的一段时间。没有什么能够令人感到担忧。因此，目前似乎找不到理由进行平仓。

当然，空头会问究竟哪些因素能够诱使其他投资者以更高的价格买入。从某种程度而言，这个问题的答案既显而易见又需要推理。当市场总体状况良好时，常常会出现牛市行情。此外，人们很容易沉湎于由希望产生的错觉当中，并且错觉越清晰，人们怀抱的希望越强烈。

如果当前的形势不会令大量持有股票的投资者感到忧虑而卖出，那么总会存在着一种可能性，那就是市场上可能会出现人为制造的上涨假象以活跃交易，刺激看多投机。这种情况经常发生在主要趋势明确向下的行情当中。即使是在熊市行情当中，市场上涨的天数也几乎与下跌的天数持平，在这种行情下回升 10 个点毫不稀奇。在主要趋势确定向下但实际可能明显向上的情况下，我们有着更多的理由期待出现这样的波动。

在我们看来，所有这些似乎都支持这样一个观点，那就是当市场可能会继续维持窄幅震荡时，暂时应该从事短线交易，下个月价格走高的概率大于走低的概率。

1900 年 3 月 1 日

市场上弥漫着坚挺的气息，铁路股照例出现上涨。一些特色股票温和反弹。由于感觉市场忽视了可能发生的最糟糕的情况，第三大道公司（Third Avenue）股价在上午盘中回升了 6 个点。由于管理中没有出现新的利润点，年报中也显示 1899 年优先股的利润仅为 6% 多一点点，因此皮革公司（Leather）普通股出现回落。由于年报中显示特许经营税低于预期，运输股的表现更为坚挺。

皮革公司（Leather）召开的会议将会令许多人失望。近期我们收到了大量关于皮革公司普通股的咨询。这意味着几个月前的多头投机导致了这只股票的大量分销，现在外部人士期待能够提高对这只股票的价值评估。显然，这一期待注定会令人失望。200 000 股皮革公司普通股转让至约翰·D·洛克菲勒二世先生名下并未令他跻身于股东前列。如果洛克菲勒先生保留了这样一个数量的持仓，他很可能会要求参与董事会。

如果不存在这样的举动，我们可以认为要么是他的持仓量从一开始就被夸大其实，要么就是价格的上涨促使他以满意的价格卖出了股票。

从获利的角度来看，持有这只普通股的前景并不十分确定。优先股的累积利润是6%，截至1900年1月1日，皮革公司优先股已经累积了31%的逾期股息。皮革公司去年的利润额为3 940 243美元，也就相当于支付完6%的优先股股息后还剩20 000美元。这使得62 000 000股普通股的内在价值得以微弱上涨。

我们接受到的咨询显示出市场上存在着投资性买入工业股的倾向。如果一家公司向其优先股支付7%的股息，许多人就会认为这家公司总是会按时支付股息，这只股票也可以不受消息影响安心地收于囊中。人们只会关注股息，却不会关注这只股票的安全性。他们来咨询卖出第一抵押债券买入工业普通股的可行性，因为第一抵押债券的利息只有4%，而工业普通股的收益据说能达到10%。

每一个有钱用于投资的人心中都应该坚信以下几点。人们应该知道，利息或股息越高，风险就会越大。一项投资的安全性主要取决于超过平均每年要求支付的利息或股息的部分。当前安全性较好的铁路债券的收益应该是在4%到4½%之间。公司董事必须支付债券利息，但是却没有义务必须支付股票的股息，除非这是保息股票，或者公司董事认为适宜支付股息。

一般来讲，与投资相比，股票更适合投机；当许多工业优先股价超所值并且很有可能支付股息时，它们大多都是新发行的没有经过市场检验的股票。它们被安排在繁荣时期发行，因为此时公司通常会有非凡的业绩表现。基于这个原因，即便是最优质的工业优先股和那些能够获得最高安全收益的股票，我们也只能认为它们可能不错，而并非绝对不错，买入这类股票时，我们要深信糟糕的行情可能会导致股息的减少或是推迟发放。此前，业内首推的一只工业优先股是美国麦芽公司（American Malt）。结果证实这只优先股几乎没有价值。面粉加工公司（Flour Milling）股价的暴跌也是一个例证。

请不要误以为我们反对买入任何一只工业优先股作为投资。一些工业优先股无疑是非常棒的投资，但我们要说的是，有些人不能彻底区分第一抵押债券与普通股的区别，认为二者是同一回事儿，都能带来4%

的收益，这些人在买入工业优先股时应该适量，并且应该十分清楚买入工业优先股的风险，远远大于买入联合太平洋铁路公司（Union Pacific）债券的风险。

1900年3月3日

无论从哪个方面来看，工业委员会提交给议会的报告都值得关注。人们有理由认为，这一题材的重要性得到了美国政府的重视，无论是在政治层面还是经济层面，政府都会努力推动工业委员会的结论进入立法程序。工业委员会达成的基本结论是，人们可能认为工业公司发行的优先股代表了粗略的价值，但是普通股，甚至在某些情况下一些优先股只是被视为投机的工具；此外，为了保护投资者，应该要求工业联盟对他们的经营结果进行合理的公布。

正如所有未来的事情一样，工业股票将成为美国最主要的投机媒介。成立工业公司的前景十分广阔，形色各异的管理技巧，加上繁荣和衰退的连续交替，都会带来股价的持续波动。

有一点无论是从华尔街的证券经纪公司的角度来看，还是从投机商和投资者的角度来看都同样重要，那就是应该对上市公司的资产定期进行公布，以便外部人士有机会及时了解到事实的真相。这些公司的内部人士可能认为他们有权利独享这些内部消息，但是，从长期来看，为股票创造一个公平的市场，对于工业联盟而言是有利的，而创建公平市场最好的办法，就是让公众感觉到市场上的信息是公开的，并且不存在任何的秘密操纵。

当然，内部消息的公布也会为竞争对手提供便利。大多数大型工业联盟都期望能够掌控足够多的业务，从而令那些小的竞争对手徒劳无功。他们唯一需要担心的是，在利益的驱使下，可能会涌现出一些大的竞争联盟。这恰恰是法规能够合法的发挥作用之处。法规主张，应当要求获得三分之二控制权的公司不得以非正常利润从事该行业。无论是从公司所有者及管理者的角度来看，还是从公众的角度来看，授予公司权力的利润以及买入该联盟所生产商品的利润都应该公平合理。

此外，投资者所要求的信息，并不需要披露商业机密。田纳西煤炭钢铁公司（Tennessee Coal & Iron Co.）连续数年按月公布公司净收益、固定费用及股票收益。我们不知道这家公司是否曾经为此蒙受损失。尽管由于独立审计一家公司全面的状况，至少还应该加上半年度的资产负债表和年度报告，但是公司的月度净利润仍然是公众和股票持有者最为关注的事情。公司的月度净利润报表之所以重要，是因为它能够帮助股票持有者判断出持仓股票的概算价值，还能够帮助股票持有者判断这家公司的业务究竟是趋于改善还是趋于恶化。

铁路公司经常用到的一个借口是，市场衰退时，公布每周的收益和月度的报表会吓到股票持有者，并引发折本出售。一直以来，我们都反对这一说法，并且乐于看到我们仍然完全持有着本世纪80年代初期买入的仓位。铁路公司现在公布收益报告的数量是80年代初期的5倍，而认为公布这种报告不利于股票持有人的观点早就已经被遗弃了。与此相反，即使是出现了像1893年那样的严重的衰退行情，对于公司收益下滑的了解，也会使得股票持有人逐步改变持仓，股票价格的波动也会呈现出渐进的、温和的态势，但是如果股票持有人是突然得知可获得的股息收益或利息收益不复存在了，那么股票价格将会剧烈波动。

我们认为，无论工业公司公布这些报表是出于自愿还是出于强制，结果将会完全相同。人们得知利润将被公之于众能够增加市场信心，投机商和投资者也会根据公布的结果调整交易策略，从而增加利润，降低风险。如果美国想要形成一个非常大的工业市场，并且对于工业股票的投资和投机都十分活跃，我们相信，工业公司应该经常向公众提供正式报表来帮助他们进行交易判断，这一点是绝对必要的。

1900 年 3 月 10 日

市场行情拖沓。市场操纵者看不到任何公平交易的迹象，公众也在等待操纵者的引导。即使是专门股票的走势也变得相当平静，暗示着内部人士认为当前的价格与市场现状相一致。对于股票市场而言，确实是无论什么样的行情都会过去。股票市场反映了现实情况的变化。在成百上千的上市股票当中，每只股票的价格都在起起伏伏，不断变化，当股票的波动幅度大到一定程度时，价格一定会触及顶部或底部。所有投机活动都是努力将几周或几个月前预估的价值带到适当的价位水平。在表现沉闷的市场中，市场操纵者和股票经纪人时刻警惕着可能会出现转折的地方并随时准备按照相同的方向进行操作。目前市场上投机清淡说明，当前的价格和价值基本一致。

针对再融资方案的资金转移很可能会对整体投资产生一定的影响。现在我们收到的关于投资证券的咨询明显多于投机股票的咨询。关于债券最常见的问题是，哪些债券能够支付5%左右的利息，并且还有着非常好的安全性。显然，当安全性只能保证4%的收益时，那些能够支付5%利息的债券一定存在着某些弊端。这些弊端主要包括两个方面。一个方面是超过费用的盈余如此之小，以至于在投资者看来，定期支付利息在某种程度上有些危险；另一个方面是这只债券本身可能存在一些小问题，要么是新上市发行的，要么是缺少具有相同安全风险率的其他债券那种市场议价能力。

想要在铁路债券投资中获得5%收益的人必须愿意做出一些让步。然而，我们总是能找到安全风险大致相同，而收益率接近5%的债券。为了确定这一点，投资者应该了解这家铁路公司连续数年的净收益。如果这些年的净收益足够支付固定费用，并且剩下的结余能占到净收益的30%，即使这是一只次级质押债，它也可能被视为优质债券。假如净收益的90%都要用来支付固定费用，那么优先留置权债券可能是优质债券，它的收益率可能会在4¾%左右。许多担保债券的券面上明确印有债券的义务，虽然保守的投资者更愿意选择那些立足于本身价值的铁路债券，但是作出明确的承诺也是一件好事。

一般来讲，人们更青睐大公司的债券。支付股息的铁路公司比没有这样做的铁路公司能够提供更好的安全风险，因为通过发放股息的决定将会是一个不可能被忽视的危险的信号。获得5%收益率的一个最好方法，就是谨慎进行优质债券的交易。假设一个投资者抓住了市场整体下跌的机会，买入了艾奇逊-托皮卡-圣菲铁路公司（Atchison）债券，利息为4%，联合太平洋铁路公司（Union Pacific）债券，利息为4%，或其他相同级别的债券，那么他能够获得的安全收益为4%。如果这些债券出现了上涨，因为它们在急速下跌之后经常会出现上涨，他所能获得的收益率通常会上升到5%。因此，如果这些债券是环绕着平价买入的，那么他至少能够保证4%的收益率，并且有可能获得5%的收益率。

一些投资者向我们咨询说不太理解我们在昨天的文章中提到的在新的法规下，在小型国家银行开户的门槛。我们并不是说在银行开立一个25 000美元的账户，只需要3 000美元的初始资金，但是这笔钱就是需要冻结或锁定的全部金额。因此，投资者若要开立一个25 000美元的账户，必须先存入大约28 000美元。他需要为2%债券支付一笔钱，这样他的账户才能开出25 000美元的支票。因此投资者得到了价值25 000美元的等价债券以及利息，但是除非偿债准备金全额亏损，否则他却不能得到这些债券的溢价，虽然这些债券的溢价实际上也占他冻结资金的一部分。如果投资者借钱买入债券，他可以用自己账户的支票进行抵押，但是由于他无法使用支票进行银行业务的办理，这很可能会导致适得其反的效果。

1900年3月20日

今日早盘，运输业股票受到预测的特许经营税的谣传影响。谣传的特许经营税额非常之高，如果这一金额得到证实，从运输业股票的股息来看，它所带来的负担将会非常沉重。随后，中级铁路股出现上涨，艾奇逊-托皮卡-圣菲铁路公司（Atchison）触及近期的最高价，其他同级别的股票也呈现出温和上涨的趋势。由于无担保债权人为第三大道公司（Third Avenue）提供了价格持稳的理由，因此，这只股票表现坚挺。

第三大道公司（Third Avenue）的无担保债权人包括了大部分著名的银行和信托公司，这份名单的公布令一些人拒绝相信这家公司的贷款是无担保的，但是从总体来看，这份名单似乎是正确的。从这份名单可以看出，一些最优秀的机构在向第三大道公司（Third Avenue）提供从100 000美元到300 000美元不等的贷款时并未因为没有担保而犹豫。可能这个例子的情况关乎众多银行业务中的最敏感的利益，可能随之而来的亏损，也将会促进这些机构在今后更加谨慎。一个很奇怪的事实是，即使该借款人每季度公布的报表中流动负债约高达15 000 000美元，华尔街上最好的机构还是会要求小规模的借款人提供抵押担保。

举个例子，银行发行了超过50 000 000美元的债券，利息为2%。在新法规实施后，财政部对银行的这一做法感到满意。我们预计发行债券的申请，将会在几周之内保持稳定，但是财政部并不希望全部债券同时发行。没有个人债券持有者愿意进行债券交易。财政部已经收到了大约200份申请，都是来自想要在新法规下进行操作的州立银行和个人。

据最新的财政部预算显示，首期增加的债券发行量将会达到约12 000 000美元。目前银行拿出11 200 000美元的债券，作为政府存款的抵押担保。在新法规将得以通过的预期下，大约15 000 000美元的现金被预定。该法规为货币制度提供了价值100 000 000美元的银币及辅币，在这当中有大约20 000 000美元将被用于扩充现有的货币储备，近几年货币储备从未出现过如此大幅的增加，这一举措将十分有用。

人们似乎认为，股票市场在总统选举年不会出现大幅上涨。这其实是一个谬误。市场总是周而复始的波动。当总统选举年出现在上升趋势的市场行情中时，价格上涨。而当总统选举年出现在下跌趋势的市场行情中时，无论谁被选为总统，价格都会下跌。例如，在1872年、1880年和1888年这几个总统选举年，价格普遍上涨。而在1884年、1802年和1806年这几个总统选举年，价格在总统提名之前普遍下跌，在那之后，行情才开始出现转折。

当存在一些重大问题时，比如关税或货币的巨变，总统选举年才会对市场交易产生影响。在总统游说拉选票阶段，这种担忧并不罕见。由于缺少这种担忧，目前似乎没有什么影响市场上涨或下跌的问题。

中级股票表现坚挺，这与近期我们在专栏评论中的观点一致。一年以来，市场上几乎都没有出现多头行情。那一年，铁路股收益带来的巨额回报被分散到多只股票上。艾奇逊－托皮卡－圣菲铁路公司（Atchison）、联合太平洋铁路公司（Union Pacific）、北方太平洋铁路公司（Northern Pacific）、诺福克斯西部铁路公司（Norfolk & Western）、南方铁路公司（Southern Railway）、密苏里太平洋铁路公司（Missouri Pacific）、路易斯维尔 & 纳斯维尔铁路公司（Louisville & Nashville）等等。因此人们很自然地认为，无论谁在今年从事投机活动，都会把这几只股票视为最好的投机机会。1889 年初的问题在于优先股的股息，普通股几乎完全不值得考虑。现在的问题不在于优先股能不能获得 4% 或 3% 的股息，而是在于有多少公司董事认为支付普通股的股息是明智之举，这将为普通股股票带来很好的投机机会。

1900 年 4 月 5 日

市场价格维持高位运行。虽然到处显出疲弱态势，但其他股票表现坚挺。与前一日收盘价相比，市场波动有限。自 3 月 26 日，平均价格就维持在 81.50 到 82.40 之间震荡波动。对此，可以有两种解释——要么是大型交易商不干涉市场的自由波动，买盘数量和卖盘数量基本持平，要么就是市场主力为了卖出某些股票而令市场保持在相对稳定的状态。

虽然从某种程度而言，机会更有利于最后提到的理论，但是我们还是没有办法准确地判断出正在发生的事情。人们可能会说，股票会不断积蓄力量。在牛市行情当中，股票会在普遍上涨之后蓄势，但是它在相对高位的表现与在相对低位的表现并不相同。投机活动中出现的中断会令市场中的看多情绪减弱，并导致小型交易商出现少量的卖盘。

据今天一条颇有自信的报道称，范德比尔特公司（Vanderbilts）已经做出决定，加紧对雷丁公司（Reading）的控制，并准备在实际上而不是名义上将雷丁公司（Reading）、伊利铁路公司（Erie）和李海山谷铁路公司（Lehigh Valley）合并成一家公司。该报道多少有些令人难以相信，而该事件本身的真实性也不太可能。鉴于这样要横穿东部宾夕法尼亚州的整个盈利的领地，我们很难假设宾夕法尼亚铁路公司（Pennsylvania）会允许哪怕是友好的竞争对手去控制雷丁公司（Reading）。范德比尔特公司（Vanderbilts）很可能会控制位于范德比尔特公司（Vanderbilts）领地上的伊利铁路公司（Erie），但是如果雷丁公司（Reading）和李海山谷铁路公司（Lehigh Valley）的情况发生了任何变化，那么宾夕法尼亚铁路公司（Pennsylvania）和范德比尔特公司（Vanderbilts）可能就会以共同所有的形式插手这两家公司。

巴尔的摩 & 俄亥俄铁路公司（Baltimore & Ohio）执行委员会发布的官方消息，建议在 80 点卖出 6 400 000 美元的库存股票，这部分解释了这只股票近期的上涨，并且暗示了这一举措可能会让股票价格更上一个台阶。如果巴尔的摩 & 俄亥俄铁路公司（Baltimore & Ohio）普通股的价格维持在 80 点上方，即使只是高抛低吸的短线操作，这只股票的股票持有者，肯定也会在 80 点继续买入。股票持有者是否想要这只股票，一定程度上取决于夏季的收益情况和公司的股息政策。

普通股的价格从 60 点下方上涨至 84 点，正是对高价卖出库存股票策略的证明。从企业的角度来看，这无疑是一个好的策略。另外，为了让这家公司从库存股价格的上涨中获得利润，有些人愿意将这只股票推高 20 个点，有些人愿意维持这只股票的涨势，对于这些人而言，这也是一件好事。人们不会认为，这家公司有任何资金用于这笔交易。然而，如果有可能这样做，也是期望能够获得一定形式的回报，这种回报可能是在接下来的几个月里以明显占据优势的高价卖出一些他们自己的股票或库存股票。

市场上偶然出现了一个突破点。股票交易所的官方名单最近公布了巴尔的摩 & 俄亥俄铁路公司（Baltimore & Ohio）普通股的未偿贷款为 42 500 000 美元。实际上，这家公司的未偿贷款只有 38 678 000 美元。人们也许会推测，股票交易所并不打算列出未售出的股票，而对于这一问题的咨询也符合逻辑。

如果我们把联邦钢铁公司（Federal Steel）和西北钢和线材公司

（Steel & Wire）进行对比，就会发现联邦钢铁公司（Federal Steel）的详细报告十分有趣。通常，西北钢和线材公司（Steel & Wire）股票的卖出价，会略高于联邦钢铁公司（Federal Steel）普通股的价格。数据显示，西北钢和线材公司（Steel & Wire）的收益率为18%，如果减扣几乎相同数量的损耗，联邦钢铁公司（Federal Steel）的收益率约为15%。这进一步表明，在工业股票当中，股价是对于相对价值的一个相当不错的证据。内部人士是唯一知道全部真相的群体，而当这一切对他们公司的股票产生影响时，他们所掌握的内部消息在交易中显露出来。

1900 年 4 月 11 日

市场上涨跌互现。由于阿巴克尔的精炼，晶糖公司（Sugar）的股价继续上涨。在大都会公司（Metropolitan）宣布为第三大道公司（Third Avenue）35 000 000 美元的债券的本金与利息提供担保后，第三大道公司（Third Avenue）的股价上涨了 5 个点。谣传特许经营税的估值将会极大减少，这令曼哈顿公司（Manhattan）股价上涨。公司法律顾问在支持将特许经营税估值从 55 000 000 美元减少到 7 000 000 美元的问题上产生了分歧。一个对大众天然气公司（People's Gas）十分友好的财团明确声明，已经买下了奥格登公司（Ogden）和大都会公司（Metropolitan）的所有权，但是这条消息对于大众天然气公司（People's Gas）股价影响甚微。格兰杰铁路集团公司（The Grangers）和太平洋铁路公司（Pacific）的股票则无缘无故表现疲软（原文如此）。

利多消息刺激部分股票上扬，但是实际上下跌趋势却相当稳定。上一次上涨中的主力价格回落了 2 到 4 个点。格兰杰铁路集团公司（The Grangers）股票和太平洋铁路集团公司的主要股票均是如此。无论这些股票何时反弹，卖盘数量都会增加，以温和的方式跟随跌势。没人能够自信地说下跌趋势不会间断，但是那些近期上涨了 10 个点的股票，可能会在本月从最高点回落 5 个点，这就为人们提供了投机机会。市场上可能会经常出现反弹，但是当趋势向下时，总是会阻止行情的上涨并将价格打压至更低的水平。

平均股价的最高点低于 9 月的水平，这对于行情利空。然而，整体情况却明显利多。收益的稳定上升以及由此带来的股息资金的增加，都十分不利于行情出现大的下跌。目前市场上没有任何收益减少的迹象。东部与西部之间的交通，继续保持超乎寻常的均等，使得铁路公司能够以最低的费用正常运转。据称，西部或西北部不只一家铁路公司的业务量超过去年的水平。

去年秋天，铁路公司看起来似乎将要严重受到粮食载运量减少的牵连，人们认为这一点将会对西北部的铁路公司极其不利。虽然粮食的载运量出现了减少，但是这一减少得到了其他载运量的弥补，现在的粮食载运量已经重新恢复到较高水平。

上周主要地点的粮食运输量达到 11 359 000 蒲式耳，较去年同期上升了 25%。仅仅三月份当月，格兰杰铁路集团公司的主要铁路就将 21 958 车粮食运至芝加哥，而 1899 年这个数量为 14 914 车，1898 年为 19 793 车。

八月之前，市场将对高息贷款存在更多担忧。银行准备金虽然处于低位，却也能够满足目前的需要，在资金再度流出之前，资金将会继续流入。去年，银行盈余准备金先是从 4 月第二周的 15 000 000 美元上升到 6 月第一周的 44 000 000 美元，然后在超乎寻常的盛夏需求中迅速回落。1898 年，银行盈余准备金从 3 月第二周的 21 000 000 美元上升到 6 月最后一周的 62 000 000 美元。

人均流通量在美国历史上首次超过 26 美元，而美国的总资金量也首次达到 20 亿美元。1890 年 4 月，美国国内的总资金量达到 1 437 494 052 美元。现在这一金额为 2 021 274 506 美元。十年来，黄金储备和黄金券从 508 562 567 美元上升到 785 845 549 美元。国库状况得到了一定改善。1890 年，黄金占到总资金量的 35%，而今这一比例已经上升到 39% 左右，这是由于人们对于美元这个词不再心存疑虑，而美钞的无限循环，也不可能将国内的黄金储备消耗殆尽。

在如此有利的条件之下，市场不太可能出现大幅的下跌。在局势出现重大的转折之前，市场更可能表现为一系列窄幅的上涨和下跌，幅度在4个点到8个点之间。虽然目前的价格处于高位，但是市场局势为高价提供了支撑，并且可能会推动价格进一步上涨。当前肯定不支持任何看跌后市的预期。

1900 年 4 月 12 日

午前盘面整体表现沉重，间或伴随着价格的坚挺。由于交易商回补其他股票，第三大道公司（Third Avenue）和晶糖公司（Sugar）的股价也随之上涨，下午盘面在这两只股票上涨的带动下表现稍强。巴尔的摩&俄亥俄铁路公司（Baltimore & Ohio）和密苏里太平洋铁路公司（Missouri Pacific）似乎正处于多头的操纵之下。

市场经历了从最高价的大幅下跌。虽然整体局势没有任何征兆，但是跌势仍然相当迅猛。这就意味着这波下跌是由获利变现以及基于整体变现的场内卖空交易所致。

在这样的市场环境下，交易商的策略是设法抢在变现指令之前进行操作。当这些变现指令被撤回或者买入指令开始占据主导地位时，交易商会进行回补从而令价格出现反弹，这在下跌行情中经常出现。从今天的盘面来看，交易商似乎反应过快，并且似乎不得不买回股票，等待卖出时机的再次出现。

虽然铁路股或工业股基本面没有任何消息刺激艾奇逊－托皮卡－圣菲铁路公司（Atchison）股票获利了结，但是艾奇逊－托皮卡－圣菲铁路公司（Atchison）股价一度徘徊在74点，却在70点处匆忙遭遇获利了结。因此，市场很可能从这一水平恢复部分跌势，而后继续密切关注新的卖盘迹象。如果出现了这种卖盘迹象，我们几乎就可以断定之前的交易商会立刻反手做空，并怀着从回补盘获利的希望打压价格。如果这种卖盘迹象并未出现，或者说如果多头操纵再次占据主动，那么价格就可能会再创新高。不过，如果出现反弹，这一点就只能通过观察市场表现来判断了。

　　由于今年普通股收益的增加，我们最近多次提到各式各样的铁路股的价值出现增加。对于某些铁路股而言，其价值的增加程度十分明显。举个例子，艾奇逊-托皮卡-圣菲铁路公司（Atchison）优先股去年的收益为3.66%。今年，该公司可能会增加150 000美元的固定费用，但是其净收入也增加了将近4 000 000美元。伯灵顿&昆西铁路公司（Burlington & Quincy）股票去年的收益率为6.84%，今年的股息收入也增加了大约1 000 000美元。

　　圣保罗铁路公司（St. Paul）是一个例外，今年的收益未能像其他公司一样超过去年的水平，造成这种差异的原因，在于对财产收益的利用。伊利铁路公司（Erie）的第一优先股去年的收益率大约是1½%，今年的收益已经增加了1 000 000美元。伊利诺伊中央铁路公司（Illinois Central）去年的收益率是7%，今年的收益已经增加了将近1 500 000美元。路易斯维尔&纳斯维尔铁路公司（Louisville & Nashville）去年的收益率为5%，今年的收益已经增加了1 250 000美元。纽约中央铁路公司（New York Central）去年的收益率为5⅝%，今年的收益已经增加了超过2 000 000美元。由于铁路体系的差异，各家公司收益增加的程度也各不相同。

　　将这些股票当前的价格与一年前的价格相比较，我们就会发现股票价格的明显上涨反映了股票内在价值的大幅增加。大幅的下跌几乎全部发生在那些因收益减少而价值缩水或是预期股息收入减少的股票上面。

　　不难理解，目前只有运输类股票和晶糖公司股票出现了大幅的下跌。就人们所知道的真相而言，钢铁股的下跌与事实的真相一致。钢铁股的下跌暗示了，要么人们并未完全了解一些主要钢铁公司的现实情况，要么就是这些股票可能在今年投机活动和上涨的预期下遭遇了过度的压制。

　　运输类公司对于减少特许经营税的争议为本专栏评论的观点提供了支撑。大都会公司（Metropolitan）的法律顾问可能会发布偏激的声明，声称支付估值的税费将会从经济上摧毁大都会公司（Metropolitan），同时不能否认该项税费的征收将会严重影响公司的股息收益。曼哈顿公司

（Manhattan）的情况也大致如此。

值得注意的是，立法机关和税收委员会委员，应该把每一家企业视为由不同所有者控制的独特的个体。假设资金来源是出自公司而非股票持有人，那么政府似乎有可能对一家有轨电车公司征收重税。一次性大量买入的公司股票通常不会被持有很长时间。它们被分销给准备持有的投资者。超出往常的税赋落在股票持有人的肩上，他们以股息减少的形式来支付这项税赋。

因此，特许经营税的征收几乎是在向公众宣告，政府不仅想从他们的股息收入中拿走一部分，有些情况下甚至是拿走全部，而且还要通过降低股票价值的 50 到 75% 来达到保护政府收入的目的。如果以这种形式明确说明这件事并向个人征税，人们肯定会认为非常不公平。当这一税赋落在未知的股票持有人肩上，并通过银行或金融机构进行分解，这件事似乎就变得不那么不公平了。

这件事情的解决办法是，希望股票持有人能够通过公司的法律顾问战胜法律或是修正法律，从而降低它的不利影响。人们可能会指出，过去两周股票持有人对于征税一事已经有了足够的关注，他们可能已经卖出了自己的持仓。但是股票持有人在很大程度上并未这样做，显示出他们对可能带来的后果并不担忧，或者是他们相信自己能够找到回旋的余地。

1900 年 4 月 24 日

钢和线材公司（Steel & Wire）宣布对其产品降价 25% 到 30%，这被看作是尽可能的接近执行委员会重新开展业务所需要的跌幅。其他公司是否会被迫作出类似的降价尚不清楚。

显然，由于价格高企导致的业务量的减少，必然首先冲击工业制成品的制造商。如果利润相同，那些倒买倒卖的中间商很快便会形成统一的价格，但是每一种商品最终都会到消费者手中，由于消费者不会继续卖出商品，所以他们对于价格十分敏感。

从某种意义上讲，工业制成品能够自由流向消费者，对于整个钢铁贸易而言至关重要。如果做不到这一点，工业制成品的制造商就必须减少购买半成品的数量，这必然会导致原材料购买量的减少，而原材料购买量的减少又必然会引起雇佣劳动力的减少，从而减少公众对于食品及其他商品的购买力。市场交易就这样不断循环往复，而这个过程当中的每一步都构成了市场上涨与下跌之间的差异。

钢和线材公司（Steel & Wire）产品的降价，是否能够恢复工作机会并为零售商创造正常的销售环境尚不确定。如果答案是肯定的，那么钢铁贸易目前正在经历的危机将只是暂时的；钢铁贸易将会恢复正常，而钢和线材公司（Steel & Wire）的降价也将被很快遗忘。但是，如果公众不能或不愿以新价格购买，那么在钢铁板块或其他新的板块爆发危机只是迟早的事。

降价可能会刺激需求；其他制造商也可能会降价，在接下来的几周里，形形色色的钢铁制品的业务将会大量开展。如果在降价初期出现适量的买入，那就说明顾客愿意以这样的价位买入，而增加的业务量也是利好的。

这一理论同样适用于除钢铁贸易之外的其他行业。所有制造商都有必要知道，他们的产品正在自由地流向消费终端。如果由于价格的高企，阻碍了商品的自由流通，更好的做法应该是，适当降低价格来满足顾客的需要，而不是宣布进行大幅度的降价，来达到刺激半投机性质的买入目的。我们一定不能忘记，消费者的购买力主要取决于商品的价格，农作物的产量，矿山的采掘量以及劳动力的工资水平。目前所有行业在这几个方面都是增加的，但是很少有公司从这个角度对上涨进行考量。

以百分比表示，对比1899年1月和1900年4月的商品价格，我们发现，皮革从92上升到了106.38，鞋靴从85.94上升到95.70，生铁从51.2上升到108.5，铁制品从48上升到94.88，毛织品从58.8上升到74.4，棉织品从49.9上升到67.8。

以价格表示，对比1899年1月和1900年4月的商品价格，我们发现，石油从 7.50 上涨到 9.90，锡从 19.70 上涨到 31.50，铜从 13.25 上涨到 17，铅从 2.92½ 上涨到 4.90，镀锡铁皮从 2.85 上涨到 4.80，桑蚕丝从 3.76 上涨到 5.07。

这些商品价格的上涨不仅意味着生活成本的增加，还在某种程度上解释了劳动者为什么会以罢工为手段来争取更高的薪水，分享雇主由于商品价格的上涨而获得的红利。

从市场目前的表现来看，多头对于受利空消息影响的钢铁的价格的支撑，很可能是为了提振市场信心，阻止卖出看多股票。在接下来的几天当中出现反弹行情十分正常，特别是如果市场上没有出现不利的交易。相当比例的活跃股票都出现了适当平均的下跌。然而，在新观点统治投机意识以前，市场上不太可能出现持续的上涨。在今天的盘面中，人们猜测市场上能够出现足够幅度的反弹使得他们能够获利离场，这就意味着在上涨过程中存在着变现盘，而这恰恰是多头操纵者所不希望出现的。不过，变现盘的出现并不会阻止短期内价格的上涨。

1900 年 4 月 25 日

基于暂时延缓向钢和线材公司（Steel & Wire）交货的协议，联邦钢铁公司（Federal Steel）宣布关闭旗下一家工厂，这一事件符合市场预期。当所有工业制成品的销售出现下跌时，市场对于半成品的需求一定会随之减少。联邦钢铁公司（Federal Steel）工厂的关闭，将会限制其他方面的需求，这个收缩的过程将会一直持续到损失被不同合同的灵活需求所弥补。当需求的下降遍及全国时，生产的收缩也会在全国范围内上演。正如本文提到的案例，当需求的下降仅仅局限于一个行业或者一个行业的一部分时，它对市场整体的影响就会小很多。

然而，钢和线材公司（Steel & Wire）产品价格的大幅下跌，必然会导致市场对钢铁的需求较降价前大幅减少。怀着对价格走跌的希望，每位买主都会尽可能地推迟购买。两周以前那些正准备签订购买合同的买主，现在更倾向于等到最后时刻。

对于某些铁路公司的购买而言，这一点尤为正确。铁路公司也是消费者。铁路公司并不会把买来的铁路、螺栓和火车头再度卖出，因此这些东西的价格对于铁路公司而言最为重要。数月以来，大家已经认识到，原料成本的上升，一定会严重影响铁路公司今年的净收益。铁路行业外部很难意识到原料成本上升的幅度，但是铁路公司官员已经强烈感觉到，好的政策要求在原材料供应价格出现回落之前，推迟需要大量原材料的生产活动。

当然，在美国众多类似于铁路的行业中，肯定存在大量不考虑价格的紧迫需求，但是可以推迟的需求的数量也十分巨大。在不久的将来，铁路物资的生产制造很可能会被迫长期缩减。

换而言之，华尔街目前面临着全新的局面。我们已经经历过了价格上涨、日益繁荣的阶段。现在我们将要迎来一个价值重新调整的阶段。由于萧条的下跌，这个阶段的到来将会伴随着价格的急剧下跌，而这一过程可能迅速，也可能缓慢，但是不论是以何种方式，买方和卖方都会在稍微低一些的价位进行交易，可能产量也会有一些减少，利润也会出现一定的缩减。我们所举的钢铁贸易的例子同样适用于其他行业的贸易。

它对于市场的影响不会立刻利多。市场上可能会出现短期的上涨，但是可能性更大的是全国各处爆发贸易纷争，而短期价格的上涨也会导致股票需求的减少和供应的增加。这种局面很可能会一直持续到价值确立的观念占据上风，一直持续到市场对那些价值重新恢复信心。但是我们不能由此推断，在这个过程当中市场每天都在下跌。这可能意味着市场会在下跌趋势中维持窄幅震荡。

在这种局势下，还有一个因素可能变得十分重要。今年民主党和共和党对于信托公司的谴责肯定会达成一个结果：政治演说家们不会准确区分合法的资金组合和被禁止的资金组合。处于政治目的，每个大型工业公司都是一个信托公司。

共和党将会像民主党一样谴责信托公司，并且他们具备一个重要的优势。他们在国会中掌权，能够发起反对资金组合的立法。我们有理由相信，国会正在认真考虑采取措施干预某些公司的特权。夏季结束以前，工业状况可能会受到谢尔曼反托拉斯法（Sherman antitrust act）修正案的威胁，由此产生的投机性影响或将十分显著。

一些工业联盟采用了其产品在国外的价格略低于国内价格的政策，在总统选举年中，这个政策所引发的争议，不太可能被寻求完善的立法和良好的政治结果完美结合的国会所忽视。

1900 年 4 月 26 日

在今后几个月当中，股票市场最重要的影响因素很可能相当不利。

今年的总统大选虽然不可能像 1896 年那样令人不安，但尤其是在工业联盟的表现上，大选结果还是会对市场产生一定的影响。通常情况下，参加总统大选的两个政党对于某项政策的态度是一方攻击，一方辩护。两个政党会站在消费者和工资的角度，争相谴责所有可能对价格产生不利影响的事情。而从证券持有人的角度来看，这种公开谴责所带来的影响，多少会对市场造成一定的压力。

在今年春天到夏天期间，黄金可能会大量出口。国外局势，特别是柏林的局势非常紧张，财政困难几乎随时可能爆发。即使没有出现财政困难，德国对于黄金储备的需求也会非常巨大。只有德国的资金利率出现上涨，才能阻止黄金的出口，而德国国内的资金状况，可能对于股票价格利空。

证据显示，消费者逐渐开始感觉到大宗商品价格高企所带来的影响，这就意味着市场将会在高位出现波动。这倾向于令人产生一种感觉，那就是经济增长阶段已经结束了，行情也将在一段时间内趋于下跌而非上涨。在贸易当中，生产能力绝对已经超过了当前的需求，而这也将是贸易形势下的一个痛处。

直到去年 6 月份，铁路公司的收益才开始大幅增长。去年 1-5 月份铁路公司的收益仅仅增长了 6% 左右。而在 6 月、7 月、8 月、9 月和 10 月期间，平均增长大约 14%。去年夏天与秋天，铁路公司收益都出现了较大的增长；因此，从增长幅度来看，可能有限，并且很可能出现负增长。

今年4月，股票平均价格既没有触及去年9月份的高点，也没有触及去年4月份的高点，这说明人们持有那些目前报表上显示亏损，但是价格仍然高企的股票。这通常会趋于使公众在下跌趋势中的购买意愿减少，而在上涨趋势中的卖出意愿增加。当外部人士处于获利状态时，他十分乐于增加交易次数。而当市场外部人士处于亏损时，他的主要想法是怎样做更为明智，是立刻认亏止损，还是怀着行情反弹的希望继续持有？当行情恢复到足够的程度，这些人就会卖出了结，从而令那些继续等待行情上涨的投资者打消念头。

大型交易商和大型证券公司并未强烈看涨。市场普遍感觉目前存在着太多的困难，难以实现持续上涨的预期。市场会出现频繁的反弹，上涨的天数也可能会几乎与下跌天数持平，但是市场上买盘多为空头买入，而非公众买入，操盘手们意识到短期利益并非价格持续坚挺的因素之一，他们一旦发现空头账户出现大幅减少的迹象，就会选择卖空。

当前的市场正处于利多的支撑下，股票经纪人也会建议大量买入。我们已经经历了上涨之后的自然下跌。此前我们曾经明确指出，即使后市重新出现涨势，价格再创新高，股票平均价格也可能会将上涨的幅度回吐二分之一。这样的情况已经发生了，但是由于整体市场看上去上涨动能不足，经纪人对于建议买入持谨慎态度。他们担心近期的下跌不是上涨行情中的自然回撤，而是一波下跌行情中的一部分，因此在一段时间内，市场中的多头实力将会回落，而空头实力则会上升。

我们认为，那些对这种市场局势持反对观点的人，应该开始着手大量买入优质股票。这种股票可能包括伯灵顿铁路公司（Burlington）、圣保罗铁路公司（St. Paul）、太平洋铁路集团（the Pacific group）、路易斯维尔＆纳斯维尔铁路公司（Louisville & Nashville）和南方铁路公司（Southern Railway）。我们认为，无论是谁将这类股票持有足够长的时间，都不会出现亏损，因为市场不会崩溃，因为现存的困难将会逐渐自我化解。唯一的问题就是，这类股票是否难以获得，作为一项一般政策，在未来的几个月的反弹过程中卖出，是否并不比在下跌过程中买入更安全。

1900 年 5 月 2 日

尽管前几天利空消息和失望情绪弥漫，但是市场表现相当不错。市场上频繁出现价格的压低和价值的让步，但是从整体来看，跌幅小于预期。

与刺激买入相比，其对于阻止买入的影响更为明显。相当一部分交易商目前并未看到市场将会出现持续上涨的迹象。但是，他们相信，市场上仍然存在着足够的利多来阻止大幅的下跌，并且很快实现恢复上涨的希望。一些交易商认为市场将在 30 天内恢复上涨，而一些交易商则认为市场将在 6 个月内恢复上涨。

市场本身反映了这种思想。以较高的价格买入股票的投资者，通常并没有做好承受损失的准备。他们宁可怀着不赔不赚或是稍有盈利的希望持仓等待。因此当交易商在利空消息的刺激下卖出一定数量的空头仓单时，下跌趋势将会暂时停止，直到某些因素刺激其他交易商再次卖出或者市场坚挺的气息带来回补盘，即使表现最为疲弱的股票，日常也会出现小幅的上涨。另一方面表现为，市场价格坚挺缺乏内在的动能。回补盘一停止，市场就开始停滞不前。无论是职业操盘手还是公众投资者，似乎都认为当前的市场并不利多。

由于新特许经营税的计算，运输类股票表现疲弱。法律顾问上诉的结果首先是调低了新特许经营税的计算，但是这一税赋还是足以对股息产生重大的影响。大都会公司（Metropolitan）的特许经营税是 1 307 307 美元，由于这是在旧的法规下进行的支付，因此免税额较少。这些金额不会对新的税赋造成太大的改变，除非立法机构决定用特许经营税取代所有其他税收项目。

曼哈顿公司（Manhattan）需缴纳的税金为 1 153 175 美元，刚好与正在诉讼中的旧的纽约高架协议相抵消。布鲁克林捷运公司（Brooklyn

Rapid Transit）需要缴纳 596 691 美元，抵消金额十分有限。各项税收从 1%~3% 不等，均对股价产生一定影响。不用说，如果曼哈顿公司（Manhattan）需要在当前税率的基础上再额外支付 2.4% 的税金，以当前的收益水平个人所得税预计不会超 2%。法庭上的争抢将会继续上演，但是在诉讼过程中，公司最终落败的可能性将会对股票价格构成威胁。

密苏里太平洋铁路公司（Missouri Pacific）的操作令市场确信，债券问题将被视为一项复杂计划发展过程中的一步。该股票出现支撑，在其卖盘之后通常伴随着关于债券问题的声明，股票价格也会出现上涨。这件事的基本事实是，债券发行权暂时不会增加密苏里太平洋铁路公司（Missouri Pacific）的费用支出，但却令公司免于偿还短期债务，并为股息的申报做好了铺垫。

我们有理由认为，晶糖公司之战的谈判可能结束，也可能引发对于这只股票的投机兴趣上升。目前的问题似乎取决于都谢精炼厂（Doscher refinery），这个工厂在现在的所有者眼中比在晶糖公司（Sugar Co.）的眼中更有价值。现在市场上存在这样一种观点，如果都谢精炼厂（Doscher refinery）被晶糖公司（Sugar）收购，晶糖公司（Sugar）和阿巴克尔精炼厂（Arbuckles）之间就能够相互理解，这样在装罐时期所有公司都能够盈利。然而，当投机活动就像最近晶糖公司股票一样活跃时，我们对于所有关于白糖的观点都应该适当持怀疑态度。

上周铁路谷物载运量的减少，影响巨大。运到芝加哥的谷物为 2 626 000 蒲式耳，相比之下，1899 年运到芝加哥的谷物为 3 546 000 蒲式耳，1898 年为 5 574 000 蒲式耳。运到的分割肉、猪油和生猪都出现大幅减少。本周运到的谷物比上周明显减少，部分原因是因为农民正忙于春耕，还有一部分原因是始于钢铁贸易的阻力正在向其他工业部门蔓延。在受到新关税的影响，从芝加哥向东的铁路线的业务量相对较小，接下来可能会对关税进行削减。

1900 年 5 月 3 日

市场继续维持窄幅震荡，没有规律可循。一些股票表现出较强的抗跌性，另一些股票则表现出较差的抗跌性。众多股票涨跌互现。市场有时没有供应，有时则没有需求。

换句话说，市场的波动反映了基本面的情况。市场上的投机活动能够反映出业务的停滞。一些实力雄厚的利益集团，将行情的中断视为微不足道的小事，并对未来走势充满信心，继续推进重要的操作计划。如果市场上存在这些计划，就会存在购买力和向上的动能。而另一些实力雄厚的利益集团则受到基本面的困扰将证券进行变现。这些利益集团接下来自然而然会对后市持悲观的看跌观点。最重要的问题是，哪一方利益集团将会控制下一个大的波段。最有远见的交易商也承认，他们无法在这一点上达成一个令人满意的结论。

下面来分析一下利多因素。谈判很可能正在进行，以解决白糖战争。根据一些内部消息，白糖的大幅波动以及庞大的投机反映了持仓之间的争夺。白糖战争的解决意味着，白糖的价格会在合适的时候在 150 和 200 点之间区间波动。解决方案可能不会很快发布，但是有足够多的谈判能够令白糖的基本面趋于利多。

铁路主要干线的情况，也是行情改善的一个持续因素。宾夕法尼亚铁路公司（Pennsylvania）和范德比尔特公司（Vanderbilt）之间的协议影响十分深远。目前双方已达成多项共识，还有许多问题有待探讨商定。只要宾夕法尼亚铁路公司（Pennsylvania）和范德比尔特公司（Vanderbilt）的所有权之间达成一致，结果就会集中力量结束东部的利率之争。

西南部地区正在考虑成立所有者联盟。几乎可以确定的是，从圣路易斯市西南部领土延伸出来的铁路之间的联系日益密切，特别是对密苏里太平洋铁路公司（Missouri Pacific）的影响，将会十分明显和有利。从过去的收益来看，密苏里太平洋铁路公司（Missouri Pacific）的股票可能偏贵，但是洛克菲勒集团显然想要以稍稍低于当前的价格买入大量股票，所以我们可以合理地预测，这件事无论是从经济上还是从现代铁路发展上，都远远没有结束。

现在我们来分析利空因素。自 1896 年以来，价格一直维持涨势。去年总统选举期间，以低于 20 的价格卖出的股票，目前的卖出价已经超过了 50。而那时需要去支付评估费用的股票，现在也已经开始发放股息了。市场的车轮已经调转了方向，但是波动从未停止。当市场的车轮触及顶点，它就开始向下转动。大型的铁路公司和金融巨头，最敏锐的操盘手和最有经验的经纪人，过去都只是拘泥于买入大量的证券，后来经证实，他们买入的位置恰恰是市场的最高点。因此，实力雄厚的利益集团正在买入股票，并且正在进行商讨成立新的联盟，这一事实并不能确切说明市场大的循环周期尚未开始向下波动。

商业明显出现阻力。钢铁价格极不稳定，并且充满了不确定性。其他商品的价格出现下跌，卖方正在寻找买主。在经济急速发展之后，这通常是一个危险的信号。美国的上涨势头仍然强劲，可能足以带动商业度过相当长的困难阶段，但是如果困难阶段不断累积，不断增加的摩擦只会导致一个结果。

工业的过度资本化已经开始奏效，优先股的股息从 7% 上涨到 60% 多，而去年收益率高于 10% 的普通股已经上涨到 40% 或 30%。这就说明市场对于工业产权缺乏信心。铁路公司收益的丝毫减少，都会削减普通股的股息。特许经营税严重威胁着本地股票的价值，特别是运输类公司以及合成天然气公司的股票。

选举结果还是一个未知数。两大政党中都有许多骑墙派，他们宣称自己既不能为自己的政党投票，也不能为对方政党投票。两大政党均对资金状况不满，并且都将尽可能地反对垄断。遗憾的是，对于这些指控，工业公司已经提供了实质性材料。这些公司的产品在国外的售价低于在国内的售价，没有人准备好为这些公司辩护。但是，这件事不太可能引发严重的司法处罚。

罢工比比皆是，工人威胁称将会继续增加罢工次数，扩大罢工影响。一年前愿意提高工资水平的公司，现在更愿意接受罢工，而在下跌行情中目光较为短浅的劳动者则总是接受现实。

在多空双方的作用之下，市场的不规则波动似乎不可避免。

1900 年 5 月 12 日

市场回调是必然的，因为这次上涨的行情是由空方平仓推动的，而不是由多方看好市场大量买进引起的。因此，当空方头寸渐少，出售意愿占主要地位时，价格随之回落。这次的价格下跌并没有大范围地出现，而是集中在一部分股票中，特别是西部联合（Western Union）、曼哈顿（Manhattan）、布鲁克林捷运（Brooklyn Rapid Transit）、大众燃气（People's Gas）等。

这次抛售主要集中在特定的股票中，那么是由哪些个股开始抛空而导致的呢？还是大家普遍觉得考虑到其各自的影响因素，这些股票价格相对较高。如曼哈顿的下跌可以说是由于其季度财报不如预期，布鲁克林捷运没有公布财报，无法证明其 2% 的股票收益率是否利好。绩优股如格兰杰（Grangers）等相对稳定的表现表明，它们在下跌时被买进。密苏里太平洋（Missouri Pacific）的走势显示，其中有大量的投机头寸，开始出现逼空的迹象，导致股价急剧下跌，出现一定的获利了结后又快速上涨，明显针对空头的操作。当前传言密苏里太平洋受到逼空，但市场对此反应不一。

这表明，必须牢记市场交易的基本原则，即市场整体是由经济环境控制的，经济环境可以反映为股票内在价值增加或减少。经济形势是否出现好转，要由市场进行检验。至少在钢铁贸易行业，有迹象表明，股价回稳以及需求恢复正常还需要一点时间。钢铁贸易这个行业不确定性这么大，其他行业也必然或多或少会受到一定的干扰，因此，市场的主要影响因素短期来说还是对市场不利。

对此，市场往最坏的情况发展，绩优股价格迅速下降了 10 个点，下降幅度可能还会加大。但在绩优股下降 10 个点后马上卖出并不太明智，当然在恐慌出现时不适用，但在正常条件下，拥有稳定股息的股票在下跌超过 10 个点后，通常会伴随着大幅度的反弹。

因此，现在的一个基本情况就是：对圣保罗（St. Paul）这类股票的投资购买力将会逐渐吸收当前的卖单。在正常情况下，圣保罗将会从 112 美元的价位缓慢下跌。导致投资购买力转向圣保罗的因素同时也会引导投机购买需求指向价值较小、价格较低的股票。

如果股票价格受操纵而下跌，且没有出现看好后市的买单，市场上行的拐点将会出现。活跃的空头也意识到这个情况。当股票持有者害怕市场出现暴跌的时候，就出现了买入绩优股的机会。股票的买入并非来自于投资理念，而是来自那些对事实足够了解，能坚定自己的立场并排除流言干扰的人。

因此，前景最好的股票价格将会更加稳定，即使出现下跌，也会非常缓慢。而将会受到打压的股票，则是对市场反应敏感的股票，而且通常有很大可能投资者会遭到洗盘退出市场。这些股票一旦遭遇袭击，股价将会下跌，直到空方没有后续力量支持，那时股价可能会接近当前价格或者处于一个相当远的位置。同时，良好的空头头寸的存在，对市场来说是一份后备力量，因为在市场整体价值受到短暂威胁时，这可以提供一份买入平仓的力量。

1900 年 5 月 17 日

市场表现出了进一步复苏的迹象。密苏里太平洋（Missouri Pacific）、大众燃气（People's Gas）及 烟草公司（Tobacco） 早前的下跌由于伯灵顿（Burlington）、北方太平洋（Northern Pacific）及联合太平洋（Union Pacific）的强势表现得以抵消，从而在整体上看还是趋于上涨。购买力量部分来自于空头平仓，部分出于其他特殊目的，不是十分明显。

促使短期价格走高的影响因素有很多。毫无疑问，有一股主要来自银行的力量在囤积伯灵顿这只股票。购买该股的目的，估计不是为了获得控制权就是伯灵顿公司管理层为了向竞争对手展示其公众控股的力量。可以合理地认为这只股票的价格已经足够低了，现价还会维持下去，但如果市场意识到囤积的情况，股价将会有所上涨，因为相信将有庞大的买单跟进。

几乎可以确定艾奇逊（Atchison）公司将于下月公布的优先股股息率为 2.5%，因此优先股自然会上涨，因为 2.5% 的股息率相当于 5% 的红利基准（2½% meant a 5% dividend basis）。北方太平洋普通股的股息率为 4%，将有可能进入资金的重新调整配置期。密苏里太平洋正考虑让洛克菲勒势力加入进管理层，并且提及分红的可能性。工业股在经历了大幅度下跌之后，普遍认为其股价将会有一定的恢复。

在上述以及其他利好因素影响下，看多的观点对市场好转更加坚定，而看空观点则认为这只是短暂的反弹。也就是说，从专业的庄家角度来看，多方认为这是市场复苏的好机会，而空方则是更倾向于隔岸观火，静待反弹结束。

唯一的问题是：这股推动反弹的力量是否足够让市场进一步复苏？领涨的这些股票中都没有特别令人看好的方面，某些股票还不被看好。市场表现出不愿意持有股票多头的现象。也有迹象表明，大家倾向于在反弹时抛售而不是买入。

这就使市场的购买力量集中在空头头寸持有方，这方面的力量大小仍然不确定，但可以肯定的是，空头平仓的力量并不像股价下行时期那么大。因为在股价下跌时期，几乎所有融券业务表现平淡，而较活跃的股票则普遍存在溢价。

如果空头平仓就是主要的购买力来源的话，可以很确定地预计已经表现出来的或者将要来临的反弹行情不会太大。如果发现多头追高开仓持股，大庄家在股价上涨时卖出以压低股价，则考虑到他们的库存股票进入到多方的阵营中，可以预测牛市行情即将到来。

从另一方面看，如果公众可以自由获取股票，则逼迫空头平仓止损从而拉高股价亦属可行。这种情形有时在熊市中发生，推动内在价值较小的股票大幅度飙升。但这需要市场上存在大量的空头持仓，而远非当前的持仓可比。

相信牛市即将到来的人应该购入股票，因为当前整体复苏的规模，相对下跌幅度来说是比较小的，但即使这样，持有绩优股还是比价值低估的股票更加安全。如果牛市重现，伯灵顿及圣保罗等股票也会像其他股票一样上涨。而如果牛市不出现，这些股票的下跌幅度则会比其他股票下跌幅度小，因此，综合考虑，还是持有这些股票更有优势。

对整体形势持悲观观点的人，则需要密切关注反弹的走势，同时开始大量抛售他们认为内在价值最小的股票。抛售可能会过快，但交易不可能不承担风险，想要在熊市赚钱的人，必须在股价回升而不是走低时卖出。

1900 年 5 月 25 日

普锐斯—麦考密克（Price，McCormick & Co）这家华尔街比较活跃的经纪商宣布其经营失败后，市场的运行特点主要受此影响。由于该公司的原因，大量证券按规定强制平仓。导致破产的具体原因没有公布，但可以知道的是，股票大范围操作以及棉花大宗交易，是这次事件的重要影响因素。

该公司的倒闭对整个市场一个重要影响就是不利于投资氛围。人们会很自然地认为：一家这么活跃又很有名的经纪商在相对平和的投机环境中都会倒闭，意味着其必定承受了相当大的损失。同时也可以看到金融市场必定还存在其他不利因素的影响。

在这次事件中受到教训的人，也都意识到了危险所在。延续了3、4年的牛市行情，就像不断攀高的浪潮，把可以漂起来抬高的东西统统抬高。而当浪潮退去，最后发现大部分被抬高的都是价值低且很难出手的垃圾股。

换句话说，在牛市行情时，经纪商的资金一般会由于客户购买无法售出的股票而被冻结，但是当客户的保证金耗尽，或没有能力继续持股时，可以在经纪商那里得到喘息的机会。一般经纪商的类似上述情况，也在其他金融机构身上上演。由于承销融资业务，他们的资本从流动资本转换成为固定资本，而且如果需要挣脱就必须承受重大的损失。

全国范围内都或多或少存在着上述情况。由于过去两年工业股的大量诞生，这种情况更加严重。许多经纪商及其他金融机构很清楚其中的危险性，但这些证券已经产生了，而且有些已经从发起人的手上抛出，流到其他地方，其中大部分还是不需要这些证券的地方。

当市场由于这样那样的事件影响开始下行时，后果将会慢慢显现，随后就会被解释为：这是证券的原生问题，当初是无法意识到的。这将会使多方表现得更加谨慎。虽然市场整体处于优势，但对个人投资者来说则是劣势，因为未持有那些股票的投资者不会贸然出手购入。这对持有这些股票并想出手的人来说，将会增加售出的难度。这将会违背持股公众的利益，因为有能力购入的投资者将要被迫不断买入这些股票，甚至需要牺牲他们在市场的其他权益，以及削弱对其他更优质股票的购买力。

我们并不认为股票市场的一次失误就会令大变革浮出水面，我们只希望把背后的事实呈现给大家，这样大家就可以对上述影响有所预防。当然，影响的发生都是缓慢的。当衰退来临时，总是断断续续并伴随着有力的反弹。在这个情况下，很可能庄家会根据市场的特点，在反弹时抛售不够优质的股票，并在下跌时暗中收集绩优股。

伯灵顿和圣保罗在恐慌性环境下将会下跌，就像任何内在价值较低的股票那样。但了解这两家公司实际情况的人，都会用投资的目光继续观察，并不是想着它们会不会反弹，而是考虑什么时候才是长期持有的介入时机。伯灵顿在120美元价位并没有5%收益率的投机吸引力这么大，而且投资型买入将会面临下跌的可能性。在没有这种投资价值的股票方面，情况则会相反。当价格下跌时，自身缺少投资价值的股票，将无法吸引购买力，因此它们将继续下跌，而反弹的力度也比其他优质的股票小。

1900 年 6 月 8 日

市场今天的表现没有特别值得关注之处，早盘有少量获利离场，午盘有少量空头补进，但市场的整体变动很小。考虑到市场广度不够，如果一两天内市场出现好转也属正常。交易员并不喜欢守株待兔等天上掉馅饼。如果他们不能在卖空操作上获利，就会尝试刺激其他空头的提高报价，从而使自己的股票能以更高的股价水平卖出。

这时候，交易员上述两种行为都不甚重要。重要的是大众的情绪及操作。外围的购买行为将会很快改变整个市场形势，而外围的抛售在大幅度下滑的行情中，则是必备条件。因此，需要十分仔细地分析公众的情绪。从多方角度看，最乐观的观点是认为公众抛售的反应会比较慢，而不会受到恐慌主导。他们几乎不买入股票，不像经纪商那样大笔买入，等待股价飙升时卖出而不用承受损失。

换句话说，公众正是可以精确反映商业运营中突发性重大变化的因素。有人会发现在各行各业中的账面利润正在减少，有人会发现他们货架上堆满了卖不出去的商品，有人则会为手上无法获利的合约而烦恼，还有人面对产量过剩而无计可施。这些人是不会贸然买入股票的。在多数情况下，他们只会关注股票市场的空头机会，借此对冲商业运营上的多头头寸。

钢铁贸易行情周度报告，再次为市场蒙上了消极的气氛，对市场买家的积极性以及钢铁市场寻找订单的能力都会有所削弱。贝塞麦（Bessemer，以英国工程师贝塞麦名字命名的转炉冶炼法——译者注）品牌的生铁名义报价一直是 24.90 美元/吨，而其在匹兹堡的价格则降到 20 美元/吨。相信这种筑底价位可以为钢铁贸易建立牛市的基础。这个价格是由几个大型生产商决定的，因此可以作为对当前形势非常透彻的理解。降价幅度达到 4.5 美元/吨，但不要忘记贝塞麦品牌生铁一年前价格是 17.65 美元/吨，而在 1899 年初价格只有 10.85 美元/吨，是现在这个筑底价的一半。

钢铁成品价格需要稍作调整以达到贝塞麦的基准价，而实际上价格也已经考虑到了该因素。钢坯价格基准为 28 美元/吨，正是反映了当前的行业状况。相对今年初的 35 美元/吨有所下滑，但相对 1899 年的 16.50 美元/吨来说，则有所上涨。

现在开始价格不是大问题，真正的问题是第二年的产量水平。生铁的产量两年来已经急剧减少约 400 万吨。全行业必须先经历一番收缩，才有可能再次腾飞。报告显示德国柏林的情况和这里没有不同，也是产量过剩，行业股票行情不济。

其中有一个因素在未来 30 天内将会变得相对重要，即小麦的前景。密西西比河以东的各州条件并不理想，但与堪萨斯州的较好预期对比，就显得把问题过分放大了。六月初发表的州报已经显得过分强调困难，这也正影响着小麦市场的行情。

西北地区的干旱，开始在市场引起不安。北方地区提出的解决方案，并没有得到大家的支持，可能还会对公司经营造成一定的干扰，影响对普通股额外分红的计划。但值得一提的是，西北地区春末时节，一般会有足够的降水，来满足小麦当前的生长需求。需要担心的是，对较晚期农作物的伤害。不管怎么说，现在已经出现了担忧。

1900 年 7 月 10 日

有一群交易员尝试了好几天，想要把行情拉涨。外界认为，他们身后定有一位大庄家的支持，但这无法确定。他们将行情成功拉高几次，但随后跟进的买盘数量，并不理想。他们其中有人开始怀疑，自己的操作是否正确，但也不太可能从多头撤离，除非有更多买家跟进。

大型股票操盘手们，总体来说不认为现在是买入拉升行情的时机。他们承认，华尔街掌握的股票并不多，股价的下跌幅度已经非常大了，许多不利条件被忽略和低估了。但他们认为，既然经纪商手中的股票并不多，在高价时买入的国内其他持股人，将会关注着走势，随时准备卖出，好让自己的损失降到最低。大选也可能会对市场造成担忧，重大的一揽子交易问题仍未解决。玉米作物现在也不可能脱离危险。铁路收益预期下降。而当所有这些问题都解决之后，资金成本才会因转移到南方及西方而有所增加。

因此，大型股票操盘手们不是站在空方立场，就是没有意愿拉升市场。而缺了他们的参与，市场大幅度上涨的机会更加渺茫，通常都是在他们的推动下，大众购买的意愿才会开始加强。

国外经纪商表示：今年伦敦的投资者不可能大量买入美国股票。伦敦的资金成本更高，而且对操作成本提高的担忧将会减少分红派息。国际形势复杂，麻烦不断，这也抑制了大量投机购买的积极性。

玉米市场强势的同时，市场上有传言农作物雪灾正在玉米种植带移动，将会有报告出来报忧。这可能是玉米投机力量的来源之一，但是玉米价格牛市加上农作物灾害报告，对于股市这个月接下来的表现并不会有所帮助。

布鲁克林捷运（Brooklyn Rapid Transit）公司表现不佳，行情持续走弱。对该公司年收益的非官方预测比想象更低，有迹象表明，布鲁克林内部人士决定让市场决定其股价水平，这导致了多方在反弹时纷纷出逃。

钢铁行业会议并没有达成明确的决议。我们了解到他们正在讨论两项措施：一是为几个优秀的品牌铁矿石设定价格，同时降低最低报价；二是允许不同的生产商根据自己认为合适的基准定价。会议最后没有达成一致，这似乎表明可能只会采取前一项措施从今天匹兹堡的钢坯价格降到 22 美元/吨这个情况可以得到证实。几个月前当地钢坯的价格是 35 美元/吨。

虽然钢铁行业形势由于降价而有所改善，但钢坯价格还没调整到新的水平，还不能说行情已经到底了。钢筋的名义报价仍旧是 35 美元/吨，到 1901 年报价有可能会下降至少 10 美元/吨。生产商宣称如果降低价格，一定会影响全年的运营，这意味着当前钢铁市场的不确定性将会延续，直到生产商为明年的钢筋定价做好准备。

有迹象显示路易斯维尔和纳斯维尔（Louisville & Nashville）公司的

分红可能是 2%，这相对来说比较保守，表现在当前的股价上也是如此。投资者似乎认为分红 4% 的铁路股票卖价应该在 70-80 美元之间，在行情上涨时达到高点，下跌时触及低点。联合太平洋、北方太平洋、诺福克和西方（Norfolk & Western）公司及艾奇逊优先股，以及路易斯维尔和纳斯维尔、巴尔的摩和俄亥俄（Baltimore & Ohio）普通股的股价处于相同的水平。这 6 只股票中有 4 只的分红为 1%，艾奇逊优先股为 5%，而巴尔的摩和俄亥俄不分红，虽然之前预测为 4%。艾奇逊优先股的股价也应验了其公布分红之前的市场预测，当时预测无论分红是 4% 或者 5%，卖价都将不变。

1900 年 7 月 11 日

交易员的操作，整体上让市场形成了更好的价格。这需要技术娴熟的场内操盘手，抓住机会在价格完全反映价值时买入，这样，他们会比策略较差的操盘手影响力更大。

他们在一两天内可以从经纪商处得到协助，市场在这个趋势上的气氛变化非常明显，几天前，18 家经纪商中有 12 个倾向于看空，而今天，15 家经纪商中有 12 家看多市场。这意味着这些经纪商给出的建议多数是买入，且每家经纪商的建议都有足够的号召力可以带来买单。

周一布鲁克林捷运停盘，而期间大盘的走势则鼓励买方力量。感觉如果市场在这种情况都可以维持强势，那么在有利条件下也会足够强势上行。因此，当布鲁克林捷运走强时，大盘迅速反应，伊利诺伊中央（Illinois Central）公司强势占据了上风。

天气周报利好，同时抵消了从堪萨斯州传出的关于玉米传言带来的影响。很明显，市场想要利用农作物灾害报告，来推动玉米价格上涨。这次对当地的损害，可能会形成一部分的支撑力量，但到目前为止，损害并不足以干扰该地区的铁路运输。

政府的农作物报告收集了六月份的灾害对春小麦的影响，但报告结果却与一个月前听证会上的结果相反。该次严重灾害是在报告日之后出现的，而报告日后局势已得到一定的改善。棉花报告极其不乐观，产量只达到近几年的最低平均数。德克萨斯州的条件比预想更差，考虑到该州在市场中的地位，其环境对市场的影响非常大。

或许当前对股价利好的一个主要因素，就是大家普遍认为共和党全国选举的结果已经毫无悬念了，在未来的60天里，这个预期可能会受到撼动，但当下投资者不愿意再受到恐吓，他们把民主党的"金银双本位"纲领，看作是民主党候选人的败笔。

似乎市场在未来几个月将会积极参与交易。股票价格已经大幅度下跌，但相对4年前来说还是较高。当然，股票价值也已经有所提高，但是股票价值是不断波动的，在未来一年中也可能变化。然而许多股票的高股价，已足够鼓励投机卖空，也足够刺激市场在下探时买入。

例如圣保罗这只股票，一旦出现从110美元价位大幅下滑的行情，投资买入盘将会增加；而一旦出现从120美元的价格攀升行情，考虑到灾害对小麦的影响，会有人卖出等待以后价格下降时买入。伯灵顿也是这种情况。

在中档次的股票中，联合太平洋优先股、北方太平洋优先股、诺福克和西方优先股、艾奇逊优先股、路易斯维尔和纳斯维尔以及其他一些股票的卖价，基本上可以产生较好的投资收益，但是考虑到大幅度分红的可能性不高，这个价位相对来说就不算好了。在71美元的价位买入联合太平洋的操盘手，可能随时准备在80美元价位卖出并转入空方阵营。

北方太平洋、联合太平洋、密苏里太平洋等的普通股以及南方铁路优先股的操作思路，也与上述情况相同，这些股票的卖价大约都在51.5美元的水平。在当前条件下，这些股票的售价不可能很快上涨超过8个或10个点，也不会下跌太多，直到收益发生急剧的变化时，情况才有可能改变。

这样可以产生一个良好的交易氛围，存在大量的买入及卖出机会。同时大家都相信，只要有足够的耐心，在当前报价附近的价位都可以获利。

1900 年 8 月 2 日

经济萧条大约 20 年出现一次，较小而敏感的不景气现象，则会 10 年出现一次。这似乎已经成为周期性的规律。发生时间较近的几次恐慌和商业危机，分别出现在 1837、1857、1873 以及 1893 年，期间每十年即 1846、1867 及 1884 年出现很明显的不景气阶段。如果这个规律持续下去，当前这 10 年的不景气现象将是小规模的，而且不会引起商业恐慌。

原因有很多，最重要的因素之一是对外贸易异常快速发展。1873 年至 1896 年间的萧条如此严重，其中一个原因就是制造商无法为其产品找到销售市场。国内的生产能力很明显已经超过了消费能力，因此应对办法不是向国外寻找市场就是削减产量。

竞争促使价格下降以开发海外市场，而当这些市场经历过开拓期的痛苦开发出来后，随之而来的，则是外贸业务的增长，这将会在接下来的几年为国内工厂创造额外的工作岗位。

国内的产量不会退回到 1896 年的水平。国内需求的增长则表现在自那时起的财富增长。国外需求也会对增长做出很大的贡献。事实证明，即使国内劳动力成本比欧洲高，仍然可以在竞争中胜出。薪酬的付出可以通过较好的生产机器以及较高的个人产出得到补偿。

以下数据对上述情况更有说服力。

今年截至 6 月 20 日，商品出口额为 1 370 476 158 美元，比之前出口额最高的年份增加 317 749 250 美元。相对 1899 年，向欧洲出口量增长 50%，向北美地区其他出口量增长 95%，亚洲为 237%，非洲为 324%。也就是说，相对那些被誉为制造业的新兴强国来说，美国的外贸增长幅度是最大的。

美国在这场竞争中的筹码，可以在以下数据中有所体现：从 1890 年至 1899 年间，英国的出口额仅从 13.17 亿增长到 13.20 亿，德国出口额从 8.11 亿增长到 9.50 亿，而美国的出口额则从 8.58 亿猛增到

12.52 亿，1900 年更增长至 13.70 亿。过去 10 年英国增长额相对较小，德国有一定的增长，而美国的增长幅度则非常惊人。

其中制成品的增长贡献非常大。1900 年制成品总额为 432 284 366 美元，年增长 92 608 808 美元。制成品占 1900 年出口总量的 31.50%，1895 年这个数字为 23.14%，1885 年为 20.25%，1870 年为 15%。1890 年的总出口是 1860 年的 4 倍，而制造业的出口，则是 1860 年的 10 倍。

1870 年英国的制成品出口约为 9 亿，美国为 6800 万；1890 年英国的制成品出口为 10.89 亿，美国增长到 1.51 亿；1898 年根据获得的最新数据，英国制造业出口为 9.36 亿，1900 年可能超过 10 亿，而美国 1900 年达到 4.32 亿。

从这些数据可以看出，美国已经进入了快速增长的通道，在全球市场上的份额正在不断增大。在过去 5 年中，对外扩张政策起到很重要的作用，把 1900 年的数据和 1896 年比较，对古巴出口从 7400 万增长到 2.64 亿，对波多黎各出口从 200 万增长到 4500 万，对夏威夷出口从 100 万增长至 1350 万，对菲律宾出口则从 162 166 美元增长至 2 640 449 美元。

在各种增长数据喜人的同时，有一组数据不太理想。在出口总额中，美国蒸汽船运输商品价值为 66 186 540 美元，美国帆船承载商品价值为 21 632 981 美元，合计约 8800 万，而全球船运的总价值为 12 亿。

外国蒸汽船所占份额为 1 113 645 666 美元。英国轮船约占三分之一。外国帆船承载的数量约为美国所有蒸汽船数量的总和。考虑到该市场容量如此巨大，发展美国商船的前景不容忽视。

1900 年 8 月 4 日

当前市场形势是个股走势比平时更难保持独立性。有时候市场整体的上行或者下行趋势非常明显，所有股票都会一致向一个方向行动。在这种情况下，区分股票的好坏没有用，虽然长期来看，买入优质的股票，卖出不太优质的股票是非常明智的。

当市场大行情结束时，会出现大回调，然后步入停滞，就像 1899 年 4 月所发生的情况一样，华尔街的精英们则会动手研究发现所谓的衰退点和增长点。大型操盘手试图寻找超过自身价值的股票来卖空，同时寻找报价低于价值的股票来买入以拉升股价。这就导致了市场的无序，而且很可能会持续下去，直到大众的力量足够强大到推动大盘上行或者下行。

近来的选举进展是糖业（Sugar）公司股价攀升和随后下跌的影响因素，布鲁克林捷运的下跌及随后的上涨、联合太平洋的稳定增长以及北方太平洋的下滑都与此相关。当然市场操纵以及现实不及预期等也是原因之一，但这些都是股价向价值调整的方向中发现的。

至于今天的情况，根据对个别股票的头寸分析，有不少投机的成分参与。我们已经多次指出联合太平洋很可能突破 60 美元，而事实也的确如此，但还是没有达到该股的价值水平。它的卖价应该超过 63 美元，甚至超过 65 美元。如果股价跌破 60 美元，则是非常值得购买的。联合太平洋优先股的卖价很可能达到 80 美元左右，此时可以投资性买入。

另外一只卖价较低的股票是艾奇逊优先股，董事们把分红定为 5%，与预测完全一致。表面上看起来分红太高，但实际上并非如此。董事们只是看数据行事，当形势进一步明确之后，艾奇逊优先股的卖价还是可以和其同级别的优先股一样高，甚至会更高。

北方太平洋在 50 美元左右的价位表现强劲，但由于农作物灾害的影响，不太可能被投机力量优先炒作，如果该股在其他市场的感染下上涨，则很可能会由于其预期收益的下降而遭到卖空。

密苏里太平洋的实际价值虽然在增加，但近期不太可能分红，这会阻碍股价的上行，除非有内部人士知道在新的管理层带领下公司的净收益异常增长。密苏里太平洋是没有公布月度净收益的少数公司之一，这也不利于市场对其建立起信心。

巴尔的摩和俄亥俄的持仓量不太正常，估计其中有较大的投机力量参与，非常急迫地想要把股价拉高以提高利润。对总利润和净利润采取的会计方法，以及董事会宣布一年而不是半年分红的反常举动，很可能让公众对该股望而却步,从而给专业操盘手获得出击的机会,以实现其利润。

路易斯维尔和纳斯维尔的情况主要由南方钢铁行业的环境所决定。如果行业盈利状况良好,就有可能维持净收益,如大约有1%的分红。股价估值就应在70到80美元之间。如果盈利下降,分红则不确定。目前该股的价位可以说是处于低位,但上涨前提是保持4%的分红。

南方铁路优先股对未来盈利状况反应非常敏感,如果维持当前的盈利水平,则该股价值也会保持,或许还会上涨。如盈利维持增长,无论时间多长,其当前股价都显得过于便宜。

雷丁优先股当前的价格还是反映了其价值,计划由范德比尔特先生管控其无烟煤贸易以换取更大收益的可能,以及确立对稳定分红的更大信心。

这种推断方式在无序的市场且大盘方向不明的情况下可行。当动力出现,推动市场往特定方向前进时,个股的特殊条件则会暂时消失。而当大盘再次停滞之时,它又会重新出现。

1900 年 8 月 7 日

我们遇到过这样的质疑:"为什么你们总是推荐收益率低的股票,而没有推荐价值相等,可是明显收益率较高的股票?

在投资以及投机操作上同时出现大量损失的时候,这种质疑非常普遍。购买者通常认为一只股票的吸引力,一定与其收益率息息相关,同时也设想所有受到推荐的股票,其内在价值在一定程度上都是相似的。

其实这根本不是事实,股票的收益绝不是首先需要考虑的因素。成千上万的人在去年买入工业股,因为他们认为这项投资可以获得7%的收益率因而非常好,其中有不少人该项投资的确获得了7%的收益率。但他们本金则亏损10-40%,其中有人写信向我们抱怨说,他们在工业股方面不走运,打算在铁路股上再博一次。

在投资方面,存在着几个接近真理的事实。首先,价格通常反映了内部人士以及大众投资者对该股票的看法。如果价格相对较高，表示这是大家都看好的股票；如果价格相对较低，表明这股票有什么猫腻，或者市场的广度不够，投资者不能发现该资产的价值。

目前，优质的股票是指收益率在3.75%-4.25%之间的股票，潜在优质股票，是指收益率在4.25%-4.75%之间的股票，有良好销售通道的股票或发行渠道不畅的债券，其收益率大约在4.5%到5.5%之间。在良好的市场中，收益率高于这个水平的，其资产或者收益的稳定性值得怀疑。

有些股票可能是优质的，而且派发较多的分红，但聪明的投资者会持怀疑态度，知道所有事实的内部人士以及对情况毫不了解的鲁莽投资者共同作用形成了当前这个股价水平。

经验丰富的投资者经常会说他们尝试使收益率达到5%到6%，但因为个别一两只股票的崩盘，会让他们损失更多。如果他们只追求4.5到4%的收益率，则损失反而没这么多。如果这就是华尔街上抓住一切机会研究市场的高手们身上发生的情况的话，那其他局外人的情况又会怎样呢？

证券的价值最好用超出支付利息或者分红所需的部分来衡量。通过研究，可以发现收益率在4%的债券大多数情况下收益都可以达到需要支付利息的两倍；收益率为4.5%的债券一般情况下除去需要支付的固定费用外，只剩下净收益的60%；而收益率在5%的债券，剩余5%到15%的净收益。

当然，情况也有例外。也是从这里看债券或股票是否低于其价值，从而判断其是否有一定的上涨空间。我们会不时谈到这种股票或者债券。如果是股票，其价值取决于价格超过需要支付分红的金额的大小，但有时这会受到收益稳定性的影响。像纽约中央（New York Central）公司这种股票，本地业务让其维持了部分收益。如果收益更多是受到特殊原因的影响变动的，那么上述那种衡量指标就显得不太重要了。

如果某只股票被投机资金看中，投资法则还是适用。股票持有人经常承受损失，是因为他们在股票处于低位具有上涨空间时，认为自己之前的看法有错，现在最好离场。如果他以投资的目的适量持有股票，则会认为股价下滑是低价买入的好机会，很多情况下这样做都会获利。

这也就是我为什么经常推荐优质股，而外行人总是纠缠于追求最优价格的指令中。如果他能更好地坚持价值投资，考虑可以评估的事实，则损失的可能会比较少。请接受较低的收益率，不要老盯着收益率高的股票，适度投机于优质股，而不是猜别人怎么做。这样的投资收益会更好，更何况别人的做法你根本就猜不到。

1900 年 8 月 15 日

市场在经历一段时间调整后，正处在明显的上扬恢复阶段。近期的低点出现在 6 月 23 日，当日市场均值为 72.99 美元，与去年 12 月时的市场低点状态类似。其后市场一直处在上扬阶段，直至 7 月 23 日为止，市场均值达到 77.55 美元。而自 7 月下旬开始，市场似乎又出现了一段时间的停滞和盘整。根据基本面状况，由于中国局势和选举结果的不确定性，市场已出现 2.5 到 3 个点的下挫。但利空的情况并没有真正出现，这就意味着由于向上力量的存在，负面消息带来的影响只是抑制了市场的上扬，尚不足以造成其下跌。

在过去的两天里，占据市场主要份额的蓝筹股主导着大盘的走势，这是一个很好的信号。当然，股票市场的向好，对实体经济的影响并不显著，但乐观的市场情绪，却可以引致投资性购买行为的增长，同时还将影响社会大众对地产板块投资热情的大幅提升，这与证券公司对客户提出的投资参考意见是不谋而合的。既然散户对盘整的大市缺乏投资兴趣，证券公司就侧面出击，全力向投资者推荐其眼中的高价值股票。市场经验告诉经纪商，当市场趋势不明朗时，推荐优秀的股票是最恰当的选择，因为当市场上扬时，这些蓝筹股的表现丝毫不逊于其他股票，而且它们在高位的表现比其他股票更稳定更持久。因此在一般情况下，选择这类股票总是安全的，当然其所在板块被强力操控的情况除外。

没有人可以确切地预见目前的市场趋势是否能够长久。如果散户接盘，市场中的持股者获得了盈利从而受到鼓励，就会继续行动。这样的话市场交易就会愈发活跃，市场的深度和活力就能得以激发，而这时，在一旁观望的投机者也将加入进来。一旦公众都从投资中获利，投资的热情就会更为高涨，这是一个良性循坏的过程。因此，这一切能否发生取决于市场外部力量，且依赖于目前已经发生的市场表现。

在这样的市场中，最明智的举动就是选择稳涨抗跌型的股票，也就是牛市中表现得像投机类、熊市中表现得像投资类股票的股票。目前市场中究竟哪种股票属于这一类型呢？让我们来看一看。据我们观察，在高价大盘股中，圣保罗（St. Paul）是稳涨抗跌类股票的典范。圣保罗的红利在近几年决无缩减的可能，投资者的收益只会越来越高。圣保罗在上年度的价格率为136.125美元，现阶段这支股票的价值应该比当时更高了。若正如我们所料，股价继续上涨，那自然好。若股价下跌，那么购买者仍然能获得最低不小于4%的收益，这仍不失为一项安全的投资。

在中等价位的股票中，诺福克和西方（Norfolk and Western）、联合太平洋（Union Pacific）和艾奇逊（Atchison）这三只优先股是稳涨抗跌类股票的代表。它们中的任何一只都可以作为投资的上上之选，现阶段仍有一定的上升空间。目前，艾奇逊优先股具有较高的股息率，因此回报率最高，它可以说是三只股票中最实惠的投资选择。

而艾奇逊的普通股是同类低价股中最活跃的，也可以说是同等价位的铁路股中前景最好的一只股票。它在今年可能会拥有超过5%的收益率，这将可能使其股价达到28美元。

值得注意的是，并不是说上述我们的推荐就已经囊括了所有的好股票。可能有些我们没有提到的股票会比我们的推荐涨得更快、涨得更高，但可以保证的是，我们所推荐的股票会给投资者提供最安全、最可靠的收益。圣保罗或联合太平洋股票的买家，拥有的是这些股票的内在和成长价值，是在选举和金融危机的负面风潮之下即时跌价也能回归原值的稳定性。

八月通常是一个上涨的月份，而九月的股市则常常表现出下跌的趋势。因此，从七月的上扬开始，如果我们选择八月的二次回升作为投资切入点的话，这个上升过程持续的时间会比较短。因此在这期间，投资者把买卖股票的收益率控制在 3~4 个点为宜。对于拥有特殊信息而内在价值不确定的股票的把握，这个投资理念更应贯穿始终。布鲁克林捷运（Brooklyn Rapid Transit）和糖业公司（Sugar）正是这类股票的代表。业界普遍认为，巴尔的摩 & 俄亥俄铁路公司（Baltimore & Ohio）股票的走低与美国铁路大亨亨廷顿先生的去世不无关联，而亨廷顿公司（Huntington）股票却只是略受影响。

1900 年 8 月 24 日

我们常遇到以下质疑："你们推荐什么样的投资方式？"

其实这完全取决于投资者自身的因素。投资方式有高安全性、一般中性和投机性之分。许多较为明智的投资者会依据自己可承担的风险程度，来选择一种或几种方式做投资。对于把资产存入银行的人们，法律通过对银行的投资行为进行限制来保护存款者的利益，这是从维护资产安全性的角度出发的。如果你进行房地产投资的话，你的投资额最好占总资产的50%左右。如果你投资的是铁路债券，最好选择连续五年以内都能提供4%甚至以上红利回报的铁路券种。如果投资市政债券（Municipal Bonds），则市政公债（municipalities）为最安全的选择。

如果投资者以安全第一为投资原则，其投资对象应以上述类型为主，其收益率应在 3.5 到 4.5 个点之间。以铁路债券为例，诺福克西方、伯灵顿（Burlington）、圣保罗、罗克岛（Rock Island）、伊利诺伊中央（Illinois Central）、宾夕法尼亚（Pennsylvania）、纽约中央铁路（New York Central）、湖岸铁路（Lake Shore），还有联合太平洋、北方太平洋（Northern Pacific）、艾奇逊公司的首次抵押公司债等诸如此类的券种都可以列入考虑范围。特别值得一提的是，艾奇逊股票正是此类投资的代表，其收益率为4%。

愿意承担一些风险但又不愿过度投机的投资者，可以考虑投资房地产的二次抵押或七成的首次抵押产品。另外还可以选择发行量较小的或安全性较弱的市政债券。如果倾向于选择铁路债券的话，他可以选择首次抵押的、净收益用于支付固定费率但安全性较高的铁路债券。或可以投资公开发行的、收益率波动较小的初级债券。这类投资的典型代表有：艾奇逊调整性债券、密苏里太平洋长期债券（Missouri Pacific consuls）、北方太平洋3期债券（Nor. Pac. 3's）、雷丁公司4期普通债券（Reading general 4's）以及能提供同等档次回报的金融产品。这种投资方式适合于有时间盯盘、且能利用证券过去的收益率等公开信息来判断证券价值的投资者。需要特别说明的是，上述几种证券并非完全相同，也不具有同等的价值，但它们同属于中等风险的投资方式。

第三类投资者愿意为了高收益而承担高风险。其投资对象可以是价格较低但会随着收益增长而上涨的证券。这包括波动相对较大的铁路板块股票，和以该行业的利润提供高收益以回报高风险的工业类优先股。这种投资方式非常普遍，所以我们在此不一一列举。

铁路类股票可算是这类投资的最佳选择。如果联合太平洋公司的普通股能够持续提供4%的红利，那么它的股价将超过60美元大关。对于持有者来说，联合太平洋公司提供了几乎达7%的回报率。而风险在于公司未来的收益情况不一定足以支撑4%的红利率。同样的问题存在于提供5%红利的艾奇逊优先股，由于未来收益的不确定性，其股价一直在低于4%红利的水准徘徊。如果艾奇逊优先股能够提供稳定的红利，其股价将有所提升。

出于上述原因，一些目前处于价格低位的工业类优先股成为了此类投资的最佳选择。社会大众对于新兴工业领域毫无信心。然而毋庸置疑的是，新兴工业板块中有许多上市公司都未被过度投资，故其公司净收益可全部用于回报股东，因此其优先股的持有者将享受更好的红利。购买这类股票的投资者，将有望获取更好的投资回报。这对于有资本、能承受风险的投资者来说，是最佳之选。

资金规模较小的投资者，在长期投资领域拥有较好的表现，他们较适宜于投资严格意义上的债券，不期望于获取更高的回报，坐而享受

4%稳定的市场平均收益率。如果他们试图在高风险领域谋取暴利，最终十有八九会损失掉自己为数不多的本金。因为高回报的另一面就是高亏损，那还不如为了保全本金只谋取低收益率。

面对寻求专业咨询的投资者，许多华尔街的经纪商通常会问清楚投资主体的性别。如果对方是女性，那么他们绝对不会推荐高风险的股票。

这从另一方面说明，如果投资者自身不具备专业投资所必备的分析工具或专业知识，那么最佳投资对象便是在数年之内能稳定、安全地用价格反映其价值的证券。对市场的观察和判断是必需的，但一个以面值或稍高的价格发行、回报率为4%的铁路长期债券，应是我们所能推荐的最安全和最不需要观察判断的投资工具。

1900 年 9 月 21 日

事实证明，无烟煤矿的罢工，是将市场背离常规的决定因素，并使得股价逐渐形成了向下的趋势。因此，我们完全可以假设，市场对此罢工行为的持续与否，存在一定程度的敏感性。到目前为止，本次罢工及工人与管理层之间可能存在的摩擦给无烟煤公司造成的损失，已经在股价下跌中得到了充分的消化。业界有人认为，罢工规模如此之大，势必将给公司今后的管理和生产带来负面影响，如若罢工不能在该影响显现之前妥善解决，那么股价的下跌将会成为常态。因此，倘若罢工依然进行并依然刺激着市场，那么牛市的基调恐怕也不能改变无烟煤矿的股价走势，故后市被看空、交易量减少的现象也将可能发生。

从更长远的角度来看这个问题，罢工不可能造成永久性下跌。虽然有时影响相对较大，但决不会持续过久。因为好股票总是不愁没买家，而此番股价的下跌，吸引了不受罢工直接冲击的买家来接盘，这将为这类股票的后期持续上涨打下基础。

如果罢工的负面效应没有被其他消极因素加以巩固，那么市场的反弹在最近几天很快就将发生。罢工是否将延伸至公路领域，对于后市的发展至关重要。最近聚焦的热点问题、布朗先生的选举结果等，将是更大的影响因素。

原则上虽不可以这么说，但我们认为，支持布朗当选的投资者应及早卖出股票，尤其是其超额收益率不足以迫使公司高价购买黄金以支付债券利息的黄金债券（存在违约风险）。证券市场的大跌势必然引发其他市场的动荡，因此布朗因素将引起下跌，这给少数希望能够抄底的投资者造成了冲击。

剔除选举带来的影响，现阶段的衰退行情给投资者带来了两方面的机遇：其一是卖出高于其内在价值的股票，其二是购买低于其内在价值的股票。比起其他股票，弱势股牛市时涨得慢，熊市时跌得快，除非存在有异常卖空兴趣的人在操盘；而强势股牛市时涨得快，熊市时跌得慢，除非有以账面价值买进此类股票的投资者故意打压市场。

如果一只股票明显被高估，且在应该回归内在价值的时候并没有回归，那就说明它的持有者已经被套并希望通过炒高股价而获利。许多人认为北方太平洋股票正是属于这一类型。如果一只公认具有投资价值的股票在遭受冲击时表现不佳，则说明该股的投资者都还没有得到想要的收益率。联合太平洋股票在过去几周内的表现某种程度上就是这种情形的反映。同样，排除有人操盘的可能性，圣保罗股票的异常反应也可归结为这种原因所造成。

九月往往是下跌的月份，看样子今年也不例外。九月的股价下滑常常在十月得到弥补。如若不考虑大选的影响，潜在的获利机会在于：不管市场最终走势如何，基于月份原因，本月所购买的好股票将在下月有机会获得合理回报。

1900 年 11 月 6 日

在威廉·麦金莱（William McKinley）连任及货币体系维稳这两大利好消息的影响之下，市场强势高开。不愿承担风险的投资者们选择了大量抛售手中持股，而实质上风险并不是由于政治因素造成，而仅仅源于投资者自身的投资风格所决定。直到下午，买盘再次盛行，市场高位收盘。

假设麦金莱连任成功，那么周三及以后多日市场都将走强。毋庸置疑，过去20天内坚持持股者，都将因其勇气与毅力而收获甘甜的胜利果实。随之而来的强力买盘，将继续支撑和推动市场向上，远远超出了保守投资者的预计。

许多人认为内幕交易者会低买高卖炒作题材股，因此他们选择在此时利好消息中将股票卖出。然而必须有购买需求才能产生交易。当然在这种情况下，做市商也会尽全力创造一个有效的卖方市场。

我们认为，买家可以选择中等价位的股票，因为这类股票可以实现单位最大收益，同时最不容易被套。尤其是联合太平洋、北方太平洋和艾奇逊等股票。这些股票价格在前期也有所上涨，但它们的内在价值比股价的上涨幅度更大更迅速。艾奇逊优先股在四年之中由23.75美元上升至75美元，但其背后的公司资产从一无所有上升到9亿美元。联合太平洋从4年前的9.25美元升值到62.5美元，反观其公司更是从濒临破产状态，奇迹般发展到去年每股盈利率8.25%的盛况。

比起四年前，市场指数有了大幅度增长，企业的资本化程度通过各种方式也有了很大程度提升。同时，实体经济的价值水平也相应有了整体性增长。值得注意的是，如果公司本身没有实质性发展和提升的话，其股价也同样不会有变化。××和糖业板块就是典型的案例，前者的股价从1986年起只增长了5美分，后者也只增长了区区9美分。

银行的财务报表也是显示公司异常情况的证据之一。比如，少部分公司的收益并没有完全作为盈余公积而留存下来。银行的财务往来备受关注，是因为财务表单能反映出其资产和负债规模都有较大幅度缩减，但有部分银行的报表却显示出大幅增长。最为典型的是花旗银行，尽管其流动资产仅增长了250 000美元，但其存款却增长了5 634 300美元，而贷款增长了5 010 200美元。而美国商业银行存款与负债均增长了1 609 400美元，同时其流动资产增长了1 000 000美元。

货币借贷成本近期的上升，是因为选举不确定性导致的溢价。债权人都要求债务人有较强的偿债能力和抵押担保。作为一个偿债能力较弱而抵押不足的借款者，必须付出足够高的利率，以鼓励债权人承担这一风险。

选举过后两至三周之内，市场资金面情况将有所松动，随后另一波对弱势借款人的调整将开始。受财政部控制，市场流动资金规模已由 8 720 000 美元上升至 15 599 000 美元，货币体系负债量上升了一倍。

西部地区的资金流动性情况与去年趋同，而北方地区则由于冬小麦产量下降而资金偏紧。但新奥尔良州的通货量从 8 740 000 美元上升至 3 970 000 美元。

国外的资金供应环境相对来说要宽松一些。例如德国的浮动市政债券就被看好，德国以低于票面 4% 的价格折价发行了 3 种公债，其中汉堡州公债以 99.25 美元折价发行，而美因兹州政府债折价为 97.40 美元。

1900 年 11 月 9 日

若想推测后市，我们需要关注之前发生的事情。在大选带来的重重阴云之下，过去 40 天市场经历了一段一往直前、强势向上的过程。经纪商建议客户卖出股票的同时，许多股票也应声显示出日渐乏力的发展势态。而另一方面，在散户大量抛售的过程中，机构投资者正悄悄通过接收卖盘而从选举因素带来的波动中获利，这一迹象在近期大盘的交易数据中明显表现出来。

股票持有者希望通过卖出行为来实现收益，他们已经承担了选举因素所带来的风险，同时也希望因此获得对等的回报。他们的打算能否实现，取决于市场未来几天的表现。

如果所有人都对市场充满信心并且愿意进行买卖的话，交易的活跃程度将使得股票控制权在短时间内迅速集中起来。1898 年至 1899 年初的股票买卖狂潮时就出现过如此高强度的市场需求，今年的股市可对照当年情形来进行操作。但如果受市场供给条件所限，公众并不能按自己的意愿来进行买卖的话，就需要做市商通过一般的预付方式来吸引买盘，以推动市场；或通过强压股价造成小幅下跌来刺激交易，并吸引公众购买。如果这些都不足以刺激散户热情，做市商基于自我保护，就会力求维护市场走势稳定，静候散户的信心回归。

因此，只要解套盘还在倾其所有继续卖出股票，或乐观派还在努力寻求接盘之时，市场就仍将维持上涨趋势，至少会保持相对稳定的状态。过去两天中，市场买盘表现活跃。但如此小规模的支撑力量无法满足卖家的胃口，最大程度地获利是投机者一贯的交易风格。持股在手的市场赢家们，总是希望能熬到赚无可赚的程度再卖出股票，心满意足地凯旋罢手。因此他们还将尽力把股价拉高，北方太平洋和宾夕法尼亚、纽约中央等交通运输股票股的飞速飙升，正是这种市场心态的明证。

许多投资者为规避大选带来的风险，选择了在较早时期抛售股票。现在他们既不想冒高风险在高位追入，也不想白白丧失顺势而为的盈利机会。在这种情况下，如果我们对前期市场的分析没错的话，那么市场虽不会立刻出现大跌，但某些时候的小幅调整和波动，就将给这些投资者带来不少他们所期盼的机会。

此时值得注意的是，当小幅波动来临时，投资者应该选择买入内在价值较高的股票。因为在这种情况下风险如影随形，市场随时可能回调整理。如果继续向上，好股票不会始终在低位徘徊；如果市场崩盘，它们也不会跌得比其他股票更低。

至于哪些股票内在价值较高，我们认为，诺福克西方、联合太平洋、艾奇逊、南方太平洋等都可以归为此类。这里我们把北方太平洋排除在外，是因为今年农作物受灾严重。另外由于基本面情况造成该股投资者信心不足，一旦该股连续遭遇抛售，就会引起"跌跌不休"的恶性循环。

股票买家可分为两种类型：一种是趋势投资者，即只看行情而不管交易量和股票内在价值的投机者；另一种是价值投资者，即时刻把股票本身价值和成长性放在首位，超跌则买，超涨则卖的投资者。一个有实力支撑整个市场的操盘力量，应该设法将两类投资者都吸引过来。他可以时而拉高股价以吸引投机者，时而压低股价以吸引投资者。如果市场中存在超强买盘，就如同目前市场的状态，那么这个市场就是一个投资与投机势力并存的市场。

然而，我们必须时刻提醒自己：现在的市场价格已经是四年前的 2 倍，甚至是 9 月 24 日的 1.1 倍。在暴跌之前，市场看起来总是很强势的，且价格飙升并不一定能够引发强大的买盘。因此，如果投机势力倾向于做多，他们也会细心选择最好的股票、最适宜的持股规模，并以 10 个点跌幅的止损计划纳入整个投资实施过程中。

1900 年 11 月 22 日

人们常说，速度是把双刃剑，这句话某些时候在股票市场也同样适用。投资者是否已经根据市场的变化调整了头寸尚未可知，但显而易见的是，北太平洋股、布鲁克林快运公司之类股票的异常波动，已经严重影响了市场。

寄希望于股价上涨的乐观者和预测市场会出现崩盘的投资者，都在尽快地将所持股票抛售出去。基于同样原因，经纪商建议投资者谨慎购买。他们意识到，近期的市场波动是非常规的，因为历史经验证明，市场在经历持续飙升过后，随之而来的往往是同样持续的暴跌。究其背后原因，可能是因为许多股票的超涨程度，已经逾越了谨慎投资者的预期。但对于市场整体来说，却又并非如此。市场上聚集的炒盘已经将股价过快地推高到骑虎难下的地步，超出了保守的经纪商和交易者可接受的程度。

事实上，当一手推高大盘的庄家们意识到这一问题时，他们将停止造市。其时市场的回落将致使许多未超涨的潜力股开始显露其超越其他股票的实力和走势。比起一个月前，这类潜力股的数量已有较大幅度的减少，其价格也相对有所提升。投资者将愿意以 70 美元的价格买进联合太平洋，或以 80 美元的价格买入艾奇逊优先股。而当市场价格整体较低时，这些股票的价格往往比目前可接受价位还低 10 个点左右。

如果市场没有出现暴跌，照这样发展下去将由两类投资群体占据市场。一类是专业的牛市玩家，另一类则是追涨杀跌的入市交易者。可能这两类人的存在足以支撑整个市场交易持续活跃。若非如此，他们抛出的卖盘将给处于观望状态的谨慎投资者提供许多低价买入优质股的投资机会。

拨开关于铁路股票各种传言的层层迷雾，我们可以看到不可回避的事实是：大北方（Great Northern）和北方太平洋，属于同一利益集团，而其幕后操控者希尔（Hill）在北方太平洋公司的股权比例更大。基于这个原因，北方太平洋的股票走势受到了普遍的关注，但至于这个消息使该股价在两个月内增长了 25 个点还是更多，目前无法判断。而对于联合太平洋和艾奇逊股票来说，增长趋势则非常明了，但迄今为止其股价都是相当低的。

许多领涨的股票都拥有坚实的基本面因素支撑，例如曼哈顿公司（Manhattan）。有的却受投机力量影响，例如布鲁克林捷运公司。

弗里兰先生（Vreeland）及其团队能否将布鲁克林捷运公司运作得比过去好，将决定布鲁克林股票的价格走向。然而毋庸置疑的是，投资者期待改进和完善，因为人们购买这只股票是由于他们认可该公司整体，或认可能代表该公司的某位高层管理者及管理团队。

钢铁股目前已经调整到位，且比其他板块拥有更多的获利空间。有消息显示：联邦钢铁公司（Federal Steel Company）今年利润将超 1500 万美元。如果这个消息被证明属实，将提升普通股价值并支撑市场做多势力。

但就现阶段情况来看，股价已经飙升了 20 个点位，此时再追高买入已经不合适。投资者可将联邦钢铁列入备选股票池中，择机再买。平时领涨市场的糖业板块目前少有人关注，这一板块如果在下个月中期之前没有出现交易活跃的小牛市，那么它将出现与钢铁板块截然相反的走向。

对市场发展最有利的情况是，出现小幅盘整以对市场交易群体的持股结构进行自然调整，使谨慎、理智的投资者适当实现获利，从而鼓励其继续保留在市场中做多，而不是因市场不理性而被迫清仓，从而帮助都能在这个朝生暮死的市场中获取一定的赢利机会。

1900 年 12 月 12 日

市场在强势基调下一路向上，大盘非常活跃。许多活跃个股价格上涨了一个到多个点位，业界做多情绪高涨。大多数股票顺势而为，显示出买入信号，其中北方太平洋表现突出，领涨群雄。

本月以来，市场已经承受了多次下跌，似乎跌幅已到尽头。业界起先意欲把这一现象看成是新一轮大幅上涨行情的开启。在这一思潮影响下，做空者清仓，做多者开始买入股票。尽管情形看似乐观，谨慎的投资者则仍在作壁上观，等待确认牛市的明确信号。

在局部市场中，制造一个看似强势的市场，与形成一个貌似的弱市同样易如反掌。星期一，根据市场的资金活跃程度和 6 个点的收益情况，经纪商们出于谨慎，提出了卖出建议。这是基于多数大银行家态度的突然转变。平日里充足而唾手可得的定期贷款，在一夜之间突然变得稀缺起来，经纪商取得 30 日贷款的日常渠道——信托公司和银行瞬间缩减了提供贷款的规模。少数与大银行相关的经纪商提供了借贷资金，稍稍缓和了短期借款和市场资金紧张的局面，但这并不能扭转市场趋势。接下来一段时间，市场资金成本的相对提升将成为定局。

现阶段如果出现价格上涨当然情有可原，然而更有可能出现的情形是，持续一段时间的市场强弱更迭，最终结果究竟是上涨还是下跌尚不得而知。倘若后一种情形真的发生，基于投资者买高卖低的原则影响，由于股价高时买入、股价低时卖出，市场的小幅波动将持续。

为数不多的高价铁路股由于受到追捧，变成了稀缺资源。近年来该类股票数量没有发生大的增长，然而相对于供给，铁路股的投资需求发生了持续的较大增长。如果控盘者希望诺福克西方股票有三个点的提升，通过杠杆效应，他们可以在不动用任何其他股票的条件下，通过区区几百股的交易就达到目的。

美国财政部近期将采取两方面行动，以调控当前货币市场形势。第一是向公众发布购买债券公告，显而易见，财政部将首先对 1904 年 2 月到期、利息率为 5% 的公债提出报价. 除目前市场上流通的券种外，此类债券总价值已缩减至约 3000 万美元。财政部将采取政府回购还是发行其他债券的形式进行整体置换，目前尚不得而知。据推测，这一行动将在一月份进行。

第二是对国内税收，在银行的短期存放进行征集。存放在银行的国内税收，主要用于购买债券，此项措施将阻止近期内货币从银行进一步实际流出。

有人问我们，能否依据一月份市场点位，明确地预测下一步股价走势。通过对 15 年来的市场表现，进行观察和分析后，我们得出的结论是：我们无法对接下来一整年的市场波动，进行肯定的预测。截取上年度 11 月 15 日至本年度 1 月 20 日的市场走势，以 8 年均价为基准，股价是上涨的，而以 7 年均价为基准，股价则是下跌的。在牛市中市场是向上的，在熊市中市场是向下的。

人们常说的"1 月效应"，实质上毫无事实依据。基于人们对于 1 月效应的预期，11 月时，债券价格有所上升，但 1 月份的债券价格波动，却并没有显示出这一效应。

1900 年 12 月 14 日

是否存在"科学投机"这一现象和技术？这是投资者们关注度较高的焦点问题。许多人对此持肯定态度，但他们对于"科学投机"的前提和条件的设定，非常之苛刻，以至于现实生活中的投资者和市场环境无法达到这一标准。然而众多成功的市场交易者的经验，给我们提供了许多接近于"科学投机"水平的、有案可循的行为规则。

著名的"低买高卖"原则与投机交易相伴相生，但如何定义股价的"高"和"低"并以此作为这一原则的核心内容，也是这一原则在实践运用中的难点所在。

下面，我们以著名投资专家老罗斯柴尔德（Rothschild）的投资行为，作为这一原则的独特注脚和实践蓝本来加以解释。罗斯柴尔德的投资原则是这样的：当你清楚地了解某一股票的价值时，那么你应该在别人卖出时买入，在别人买入时卖出。这句简单的话语中包含着深刻的投资智慧。股票市场中公众投资者的交易行为，整体上说基本是不理性的，他们总是在错误的时间买入和卖出。究其原因，是因为市场在相当程度上是由投机因素促成的，是基于投机因素造成的虚假繁荣和泡沫式上涨，是公众投资者进行的盲目操作。综上所述，市场下跌实质是投机势力卖出造成的，反之则是投机者在买入，那么逆势而动就成了最踏实、最理性的行为。

根据上述分析，我们可以察觉，交易所场内专业投资者的买卖行为，往往与一般交易者反向而动。当交易所或经纪商对外发布市场买盘居多的消息时，他们实际是在卖出；而交易所或经纪商确认市场卖出较多时，他们正在积极地买入。这些场内专业投资者遵循上述操作规则，若无意外，最后都收获颇丰。当然，市场的魅力正在于其无处不在的意外。当市场意外出现非常规上涨时，公众投资者依旧如常进行错误的买入持有而不是卖出操作的话，也会在市场中获利。此时专业投资者如不割肉以实现此前从一般投资者手中攫取收益的话，也会将面临亏损。

综上所述，罗斯柴尔德原则的实质就是：面对具有明确价值的股票，当市场偏向于做多时应做空，市场偏向于做空时则反之。

金融家丹尼尔·德鲁（Daniel Drew）曾经说过："及时止损，与勇于追求收益同等重要"。然而知易行难，回首纵观他自身多年来的交易行为，也并没有践行这一重要的投资规则，而留下了许多遗憾。毫无疑问，丹尼尔规则也是交易中需要遵循的重要原则。这一原则的主旨是：一旦买入某一股票且市场向好，持仓等待更多的获利是正确的；而一旦股票出现亏损，那么事实已向你证明买入是错误的决定，则及早终止这一错误以免更大亏损，就是最明智的选择。

市场上绝大部分交易者却完全违背了这一原则。一般的交易者喜欢在股票账户里出现两到三个点的盈利时毫不犹豫地卖出，却在存在同样比例的亏损时持仓固守，以期价格回升。事实上，他们的期待常常落空，最后本来仅有三个点的亏损扩大至十个点以上，他们才迫不得已在价格底部清仓。此时原本盈利的账户，已被犹豫不决导致的亏损吞噬得所剩无几。

当你回头检视自己的投资账户，你是否也会发现，某一笔交易中的小额盈利，总是被另一笔投资的大额亏损所吞噬呢？如果你的状况与上述情形正好相反，单笔盈利总是大于单笔亏损的话，则说明你已经学会如何投资了。

履行丹尼尔原则的难点在于情绪控制。当投资者遭遇一点五到两个点的账面亏损时，往往会因沮丧而影响抉择。账面损失达到两个点的两到三倍时，投资者往往会受到心理因素的负面影响，避重就轻地现实的账面亏损视而不见，一味寄希望于股价走势反转带来理想的收益。然而，这只是投资者的一厢情愿而已，实际上反转回升很难如期发生。

以投机闻名的富商杰·古德（Jay Gould）称：他的方法是勇敢、清醒地面对可能出现坏情形的可能性，然后理智地思考，谨慎地决策，并以极大的耐心等待市场发展变化。这个方法同样是值得遵循的好办法，但同样难以实践。就拿预测未来走势这一点来说，已经非常难以做到。许多人曾经尝试预测，但他们发现，由于市场中的关键因素难以察觉，他们的预测往往毫无作用。

这样一来，等待和情绪调整也就失去了原有的意义。然而，我们也不能因其操作的高难度就全盘否定上述方法的作用，在一定条件下，未来是可预测的。现在的走势是未来发展的基础。细心观察，我们可以从中发现判断未来走势的征兆和迹象。

关于这些交易技巧的运用方法，我们将在下文中作专题阐述。

1900 年 12 月 28 日

在前述文章中，我们已介绍了几种重要的交易技巧和原则。根据市场经验，我们认为所有投资者都应在以下两种方法中选择自己的交易模式：一是及时止损，一是谨慎投资。下面我们将就及时止损这一理念的具体操作进行详细分析。

投资者对某只股票的买入行为，总是基于特定的理由。可能是他听说股票即将暴涨，也可能他认为股票现价低于其内在价值，或是他预测不久的将来牛市即将带来个股的大幅上涨。诸如此类各式各样的原因，促使投资者出手买入股票。

上述情况下，人们通常对自己买入的股票都有充分的观察分析和理性把握；而有一种情况则并非如此，那就是投资者简单听从别人的建议或推荐，而没有经过自己的考察和理性分析。通常在这种情况下，如果推荐者较为专业则问题不大，有时听从别人的意见也会产生理想的结果。能够提前得知大机构投资者或运营商的合法头寸变动，以及由此对股价产生的影响，对投资者个人是非常有利的。

然而从过去的失败经历中，我们学到了"芸芸众生的锦囊妙计往往一场空"（出自诗人彭斯的苏格兰方言名句："best laid plans of mice and men gang aft agley"——译者注）。机构投资者的投资计划，往往并非固定和一成不变，而是随市场走势灵活调整，围绕获利目标随时变动头寸结构。因此，个人投资者很难管中窥豹地根据部分信息去模拟机构投资者的全盘操作，并从中获利。

真正对交易者的投资能起到保护作用的，莫过于止损指令。如果价格上升，那自然好；但如果价格下跌，那么止损指令能及时终止投资者的亏损。而听从推荐人士有关市场向好的保证，而没有设置止损指令的投资者，往往最终会遭受较大的损失。

一般止损价位应设置为低于买入价两到三个点的价格。一切基于信息、市场趋势及推荐的操作都可定义为无根据的操作，应预设止损指令加以保护。止损指令的作用可以用"防微杜渐"来形容。设置了止损指令的投资者，通常对账户中因指令而产生的 200 美元以下的损失记录毫不在意。但若是因为过分自信而不设置止损指令的话，当账户中出现1500 或 2500 美元甚至以上的亏损时，投资者会相当沮丧，后悔当初对该指令的轻视。

　　止损指令的缺憾之一在于，有些对走势并不产生实质影响的临时价格波动，也会触发指令执行，使其偏离了指令"保护"的原意。对此我们没有技术上的解决办法。但这提醒我们，指令的设置确实需要根据实际情况而因时制宜，灵活调整。举例来说，假设市场显示5年期的上升浪正在形成，那么股票的止损价位应设置为自高点往下5个点为宜。

　　在上述案例中，如果股价下滑2个点以上，就意味着可能有超预期的大幅下跌形成，那么执行止损指令是明智的。这与1899年底的市场情形相同。此时运行止损指令能保护原本形成的较高收益。如果价格随后出现回升，那么我们可以断定，股价的再次回落不大可能会超过之前的水平，那么第二阶段的止损价位可适当拓宽1个点，也就是将止损指令设置到股价以下3个点左右，以保证指令不会轻易被触发。

　　如果这个假设成立，股价持续上涨，那么以股价出现见顶迹象为界，之前我们可将止损位设置为即时股价以下3个点处，第二阶段我们可将止损位设置到即时股价以下2个点处以静观后市发展。对于首次投资且把握不足的交易者来说，止损价位的设置至关重要。对于处于上升趋势的股票，止损指令也是关键的。因为在这种情况下，止损价位应随着升势而逐渐移高，应步步为营防止市场状况急转直下，令前期的胜利果实瞬间化为乌有。当股价出现调整时，为达到最大赢利，最重要的是持股待机。当股票是投资者经过深思熟虑才买下的，并且正处于稳健上升阶段时，止损指令作用不大。此时应将止损价位设置在较远离市场时价的点位，以避免小幅波动触发指令而中断投资进程。

　　交易者通过止损指令这一工具，可以安全地进行波幅较大的投机性交易而不承担过大的风险。在止损工具的保护下，投资者可以进行更大规模的交易，而无须为其进行对应数额的亏损准备。因此，对于期望"四两拨千斤"而又不愿承担过大亏损的投机者来说，止损指令可算是放心开展频频操作的保护伞。同时它还是小额交易者、场外交易者和谨慎投资者的秘密武器。但这一指令的运用仅限于交易活跃的大盘股，不应运用于交易量不大的冷门股票，否则也可能因价格设置不当而产生弊端。

以 75 美元的止损价位卖出 100 股联合太平洋股票的指令为例，意味着一旦市场触及 75 美元的成交价，交易所就应以尽可能高的价格尽快将该客户的股票卖出。也就是说，如果指令触发后当时最高买价是 74 美元或 73 美元，也应卖出。因此，对于波幅过宽的股票，我们通常建议投资者最好不要设置止损指令。

1900 年 12 月 29 日

典型的阶段性投机市场具有明显的特征和原因。1867 年至 1872 年的大牛市，是由战后复苏的生产建设阶段 2 亿多国民投资热潮所推动的。战争把民众，尤其把北方地区的民众从原本的领地与环境中驱逐出来，恢复生活后的他们面对着工业大革命带来的全新时代。

1877 年到 1881 年的牛市，则是由铁路建设的盛况所造成。这一建设高峰期使美国的交通从 1878 年百余里规模的小公路体系发展成为 1881 年全套完整的交通干道体系。圣保罗、诺福克西方及伯灵顿（burlington）、罗克岛（Rock Island）等几家大公司都是在那个年代形成或壮大的。从金融的角度看待这一现象，这一时期的"铁路热"，几乎完全是为了盈利的目标而脱离了原本的建设意义。这一时期最红火的产业，莫过于以制造业和铁路为标的的债券了。

铁路公司的盛况，使得相关板块的各类证券从常价一路飙升，投机商与大批做多者的盈利也达到了谨慎投资者难以企及的数额。在随后的熊市中，市场为这一时期的非理性繁荣付出了沉重的代价。这 4 年中所进行的铁路建设投资，全美国用 10 到 15 年的时间才得以消化。事实上，美国的总体发展遵循了激进型的扩张模式。而今看来，如果当时政府采取更为保守的发展模式，那么西部将不会有如此发达而完善的体系。

从 1896 年开始的牛市，股指已上涨了两倍而仍未见顶。这个牛市开始于工业的飞速发展，随后由铁路公司的兼并潮所推动。

制造业领域的企业发展模式是：集中力量发展现有企业，随后将其兼并整合，并通过股票真实反映其公司价值。这是大型工业企业的专有兼并模式。

而铁路公司的发展方式则正好相反，是以收缩促发展的。这里的收缩，指的不是铁路长度，而是公司所占股份比例的集中。实际上，这是用股份控制权的收缩集中来换取公司规模和铁路运营体系的扩张。比如纽约中央铁路公司把一条又一条铁路收购于其旗下，直到其里程规模达到了全美第一，在交通领域达到了牵一发而动全身的控制力。彭尼斯公司（Pennies）也沿用了同样的扩张模式。

如今28个铁路集团控制着超过147,080英里的道路，即全国60%以上的交通。15个铁路公司掌握着全美绝大部分交通事务的决策权。8位金融巨头站在交通领域的核心位置，他们分别是：杰姆斯·希尔（James J. Hill）、威廉·基萨姆·范德比尔特（William Kissam Vander-bilt）、乔治·古尔德（Geroge Gould）、A. J. 卡萨特（A. J. Cassatt）、雅各布·亨利·斯齐夫（Jacob Herry Schiff）、约翰·皮尔庞特·摩根（J. P. Morgan）、J. H. 施派尔（J. H. Speyer）、E·H·哈里曼（E.H. Harriman）。他们分别代表纽约中央铁路公司（New York Central）、宾夕法尼亚的伊利铁路（Erie）和无烟煤运输专线（the anthracite coal roads）、巴尔的摩与俄亥俄公司（Baltimore & Ohio）、诺福克西方（norfolk & western）、南部地区的芝加哥和艾尔顿公司（chicago & Alton）、伊利诺伊中央铁路（Illinois Central）、圣保罗（St. Paul）和西北铁路（Northwest），还有占据北部地区的联合太平洋公司、南德州铁路、密苏里太平洋铁路（Missouri Pacific）。实际上，他们控制了除伯灵顿、艾奇逊、丹佛、路易斯维尔和纳什维尔铁路公司（Louisville & Nashville）之外的所有线路。目前几大阵营相对独立，势均力敌，交通系统的终极大集权尚未实现。

实体经济的过度资本化，带来的资本市场混乱已然显现，亡羊补牢之策只有减缓资本化进程，并谨慎控制公司资产规模和结构。

交通领域的发展带来的影响，目前正全面显现，其中包括对长期缓慢下降的投资收益率的调整。但是基于目前的数据都指向下降，收益率的上升幅度估计不会太大。但如果铁路公司每英里的收益从 3 美元上升至 10 美元的话，那么平均投资收益率随之上升到较高程度也极有可能。收益率调整后，公司盈利将更为稳定。这将使该板块的证券投资更为安全。然而公司运营策略的变化和项目间利润的差异等一系列的因素还将对股价产生影响。从投机的角度来看，这些对投资者构成了一定的操作空间和机会。

投资性股票与投机性股票有较为明显的差异，有专业知识的谨慎投资者在这方面往往更有优势。因此，20 年之后再回头来看当时的兼并潮，我们会发现，这是在随后较长一段时间内铁路板块持续向好、谨慎投资者收益率偏高的基础和动因所在。

1901 年 1 月 12 日

市场怎样失去动力？

在一般的拔河比赛中，为公平起见，绳子的两方人数一样，哪一方力量大就能获胜。而在股市的拔河比赛中，交易者自由地选择他们认为会取胜的方向，在某些情况下大多数人的选择都是相同的，因此都能成为股市的赢家。这种股市特有的拔河较量，被称为"三个臭皮匠胜过一个诸葛亮"（everybody is stronger than anybody）。在牛市中，当每个交易者都做多时，市场自然会上涨；但如果市场接二连三地出现上涨，那么明智的做法是清仓以静待其变。一直活跃在市场中的交易者，这时也往往会转变操作方向。

市场目前似乎正处于这样一个转向的过程中。由于近期的上涨，部分投资账户收益有所增加的投资者，打算卖出股票，将账面价值转为实际收益。而以年或者月为操作周期的中长期投资者也认为清仓时机已到，故此时抛盘会较重。当然，市场中依然存在追高者，但根据市场经验我们可以推测，经历了非理性飙升后的市场，目前持币观望的场外散户，并不存在过于狂热的追高热情。受理财机构指导的准专业投资者和有经验的散户同样深知，在股市中，快速上涨和垂直降落是相伴相生的。

目前圣保罗的股票价格，已经由近段的最高位162美元跌至152美元，北方太平洋也由90美元高位下降回归了6个点，罗克岛、宾夕法尼亚、纽约中央、德拉瓦和哈德逊（Delaware and Hudson）、雷克万纳（Lackawanna）、新泽西中央 Jersey Central）和田纳西煤业及糖业股票，都从其先前的高位下跌了4个点到7、8个点。由以上情形我们不难看出，那些一周多以前曾一度将密苏里太平洋、田纳西煤业、曼哈顿、西太平洋等一篮子股票价格推至高点的投机者，目前已将其全部清仓，转而去炒作其他板块了。他们继续操作的部分原因是为了将市场投资力量的注意力集中在持续上涨的股票上，另一部分原因是为了从已无获利空间的、逐渐趋弱的板块全身而退。

市场的压力来自于投资者们不愿意接受牛市即将结束的事实，而期望着市场依然繁荣。纵然将理由说得冠冕堂皇，但不可争辩的事实是，我们都从来自两大巨头希尔先生和摩根先生近期对外公布的财务报告和声明中发现：其对未来的天花乱坠的描述，是为了竭力掩盖其经营惨淡的现状。尤其是摩根公司股票的情况颇为危险。投资者若不想承受股价的低潮，可尽早退出。

如此看来，现今市场的上涨势头被做空者的卖出行为打翻，是极大概率事件。而下跌将获得压抑已久的、主张规范市场操作秩序的投资者们的热烈欢迎，并受到抛售者的响应。更进一步我们可以看到，此时市场回落并不意味着下一段上涨蓄势的开始。

机构做市商比谁都明白，并非每一次推高股价都会出现趋之若鹜的现象。有时在交易中价格被拉高只是表面现象，但持有者的结构并无实质变化。这种时候，做市商唯一可做的就是逐渐降低股价，以探测何种价位才能使投资者重拾信心并激活市场交易氛围。

在市场中，所有股票的波动方向往往都大致相同，而同一档次和类型的股票，在同一时间几乎不可能反向而动。因此，过去一段时间内市场中个股毫无头绪的上下波动，实际上是非正常现象。

股市从交通领域的整合兼并中能得到何种结果和启示？我们无法做出准确的界定。从公司运营管理者及整个行业发展的角度来说，合并是有积极意义的。整体来说，交通板块的证券价格因合并而全面提升了一个挡次，稳定性也有所增强。但这一影响并非立竿见影，这将需要一个循序渐进的发展过程。在这一过程中，市场可能有反复，有波动，有倒退。正是在波动和反复中，投机类和投资类股票泾渭分明。

1901 年 1 月 16 日

股市上涨及反应

相比昨天的市场定位，我们希望在这篇文章中更加强调市场定位这个因素。我们的市场是这样一个市场：资产会因为追寻了正确的政策而很容易获得增值，也会因为坚持了错误的政策而很容易遭受亏损。

所有的市场都可以简略地分为两种时期：市场价格从一个价格水平向另一个价格水平移动，或者价格在一个很高或很低的价位上窄幅震荡。去年夏天，市场价格长时间在低价位窄幅震荡。而在过去的几个月中价格却连续不断地推进到目前的高水平。就目前而言，股价正保持在高位进行温和的波动。

根据上周的市场价格来看，目前的市场力量不足以维持当前的股价水平，结果往往是目前稳定的市场格局被打破，向两端进行发展。而后来的发展却表明，市场本身存在一种内在力量防止价格崩盘。这意味着市场价格将继续保持窄幅震荡，直到有一两件重要事件发生。或者市场力量在当前股价水平上不断积聚，推动股价进一步上涨；或者卖方抛压进一步加强，迫使股价转而向下。

当市场价格的运行突破窄幅震荡区间，止损指令是十分必要的；而当市场价格保持在这一窄幅区间里震荡时，止损指令则完全没必要，它无异于浪费金钱。想要事先知道市场什么时候摆脱窄幅震荡实现持续上升趋势是不可能的，除非能对市场上发生的所有事件进行有效的预测。

如果根据对数日交易情况的观察结果表明疲态增加，则股价下行的可能性较大；相反，如果市场表现比较强势，则股价上行的可能性比较大。而如果多空双方力量互相平衡不相上下，则市场会进行短暂的震荡调整。

过去一周的市场走势表明，目前市场处于一系列的短期趋势之中。当股价下降时，就会有大量的需求从伊利（Erie）、圣保罗（St. Paul）或者北方太平洋（Northern Pacific）公司涌现，或者其他股票会确认短期的买方趋势而出现一个短期的回升。随着本轮回升的展开，某些种类的股票卖单将增加，一旦卖方力量足够强大，就会终止当前的上升趋势，使市场朝相反的方向发展。在这种情况下，一旦市场疲弱，买方力量就将开始增加；而当行情走强时，卖方力量又开始占主导，希望能在这种频繁的买卖中获取一两个点的利润。

大企业家卡耐基先生（Mr. Carnegie）对工业的发展有着重大的影响。他的言论和观点受到主张牛市的领导者们大量的关注，并且引发了一些重要的疑问和争论。卡耐基先生是否可以左右其他钢铁公司？从卡耐基钢铁公司（Carnegie Company）的市场地位可见一斑。该公司可以要求其他公司购买某种产品，不然就会有成为卡耐基钢铁公司竞争对手的风险。人们也争论说卡耐基钢铁公司是否会制定新的竞争规则，猜测卡耐基公司是否会在沿海一带修建新的铁路线；公众还不断分析卡耐基公司和摩根财团之间利益分歧的重要特点，以及发展前景如何等等。

反过来，这也产生了另外一个疑问，摩根财团因利益使然，可能不会购买或控股卡耐基公司，通用公司却有着联合各主要钢铁公司组成巨大的钢铁托拉斯的动机。有些事情从表象看，似乎摩根正计划在钢铁领域实现集中经营。若果真如此，将会对钢铁类股票产生强烈的影响，对这个行业的部分市场产生强有力的推动。

处于敏感位置的当事人的一些表述，或者当局针对该主题的发言含糊不清，都似乎意味着什么。但是卡耐基公司和摩根财团的立场会对铁路行业形成压力，轻而易举地产生巨大影响，并左右着市场的下一个决定性的走向。

相关利益双方的激烈碰撞，可能打破市场的趋势而引起严重的下跌。而另一方面，例如摩根决定通过产业联合来控股卡耐基公司这样的举措，则不可避免会推动市场的上涨。

1901 年 1 月 18 日

熊市重获勇气

看起来似乎大部分时间里市场都在摇摆不定，并且经过一系列短期波动，业已处于停滞状态。目前的情势是：熊市带来的快速下跌和牛市带来的迅速回升双方互相争斗，但双方都不能决定性地控制市场。然而在最后关头，空方力量爆发，引发市场价格全面快速下降，这种下跌比迄今为止的任何时候都来得猛烈。

迹象表明，空方的胜利不容忽视。证据表明，除了少数几只股票外，多方力量倾向于不给予任何支持。市场走势也同样明确显示出，前几日空方力量表现出压倒性的优势。在某种程度上，公众已经倾向于在一定时间内抛售股票，来使自己处于安全线内。

市场可能会发生回调，还有可能是强有力的回升，但如果进行充分的判断分析，可以发现市场已处于下降通道，并且这种下降将会一直持续，直到股市处于超卖状态，或者证券经纪商觉得主要的股票已经相当廉价。但至少还有这样一种可能，即牛市引领者将联合阻止市场的下滑。他们觉得毫无疑问市场价格已经到达低位，公众可以开始买入。而报纸和媒体则认为股价仍处于高位，要防止高位接盘的危险。

站在多方的立场来看，公众将会重新入市购买，这最好通过一到两个方法来完成。或者是推进市场价格上行直到公众力量进入，或者使得价格尽量降低，直到股票看起来已过分廉价，在这个价位上完全值得购买。在进入牛市的上行时期或者进入熊市的下跌通道之前，市场通常表现得相当迟钝。到目前为止，平均下降幅度相对较小，似乎表明股市仍存在继续下跌自然反应的可能，因为一些股票被报道出现大幅上涨，而事实证明这些报道并非真实。

我们应进一步注意到很多大型的投资者已经开始卖出股票。一些获得高额利润的投资者早已在高位出局，10天前美国智囊圈（intellectual circles）已经开始呼吁应该小心谨慎，我们也已呼吁大家对危险信号保持关注。在过去30天内卖出股票的投资者，似乎不可能因为股价的小幅下跌就重新回到市场。

日益明显的是，卡耐基先生的观点对于理解当前复杂的市场而言十分关键，问题是卡耐基先生是否有意成为更加独立的货运生产商和运营商。无疑，在利率方面，卡耐基钢铁公司和匹茨堡公司（Pittsburg）存在明显的分歧。与将货物从纽约装船运往西方或从芝加哥运往东方相比，将同样吨位的货物从匹茨堡运往东方或西方，将花费相对更高的成本。这或许是因为卡耐基先生将其精力集中在某一方面进行的长远谋划，使得公司再度处于目前的形势之下。也有可能铁路联盟正在进一步发展，酝酿形成世界铁路的新阵容。

而对于现在的工业情况而言，问题是卡耐基钢铁公司是否应迫使其他钢铁公司从卡耐基购买原材料而使其并入卡耐基的领域，或者卡耐基公司应该进入更加赚钱的领域。在前一种情形下，进行调整并达成合约的速度相对较快。而对于后一种情形，一场激烈的价格战或将是下一年度商业领域的主要特征。

对卡耐基公司的立场应该这样理解：我们是大型的原料生产商，所生产的产品供应多数钢铁公司。原料领域是我们的领地。如果别的公司决定生产该种原料，就是入侵我们的领土，我们没有理由开放疆界，坐以待毙，只能进入其他领域生产一些最终产品。我们不是侵略者，但我们一旦进入另一个领域就要留在那里。

所有这些产生了大量的可能性，并解释了市场的下滑。可能看涨的运营商觉得自己的计划十分成熟，直到他们发现强势的苏格兰人在匹茨堡方面的重要目标。

1901 年 1 月 19 日

我们收到了以下的疑问：一个人怎么能够希望自己紧跟华尔街的步伐，紧跟市场的节奏，在每一次股票交易中都有所斩获呢？

这类问题以不同的方式频繁进入我们的视野，显示出人们对成功的交易普遍存在误解。很多人似乎认为，一个置身华尔街的股票操盘手，能够清楚知道市场的下一步走势。事实上，没有什么是确定的。一个人对投机买卖了解得越多，他对市场运行所持的肯定性就越小，除非市场面临一种显而易见的公认的趋势。

置身华尔街的交易者和置身小城镇的股票交易者之间的区别，可能仅仅表现在以下方面：他是在自动报价器上还是在黑板的简短通知上看到股票的交易信息，但市场的快速转化通常证明，这其实存在很大的负面影响，因为它可能导致在很多错误的时间做出错误的决定。

小城镇的投机者不应该试图进行频繁的短线交易，除非通过私人电话热线连接，使他能随时观察到市场的变化。小城镇的交易者应该对市场有一个大体的认识，应有自己的投资风格，而不应该仅仅交易市场上碰巧活跃的股票，不应在充分考虑整个市场的走向和某股票的价值相对目前价格所处的位置之前，就轻易做出交易的决定。

第一个应该考虑的问题在于什么构成了投机性机会。应该说在大多数情况下，一只铁路股票会定期进行分红，公布其总收入和净利润，定期披露其详细资料，包括公司财务状况和经营情况。这种信息披露至少一年一次，当然如果能够更频繁则更好。

对于这样一只股票，就可以大致估算出其内在价值。本质上我们应该参照公司保持定期分红的能力来评估一只股票的价值。如果该股票看起来能够按照当前的分红比例进行分红，并且基于其成本的投资收益能够满足这一分红需求，则这是一只值得持有的好股票。当市场普遍下滑时，该股票已跌至其正常价格以下。

以大家熟悉的联合太平洋（Union Pacific）公司股票为例，几个月以前，这只股票的卖出价在 50~60 美元之间。该公司向其股东支付 4% 的股息，而大家都知道其利润超过 8%。显而易见在这个案例中，该股票的价格低于其内在价值。之后，它上涨超过 30%。而另外一些股票，相对其内在价值而言并不便宜，但看起来却更有吸引力。3 个月前，铁路股票的内在价值，一般都高于其价格。

现在，我们可以说，很少有股票处于这样的状态，这个事实提醒还未进入股票市场的场外人士不要轻易购买股票。机会终会出现，或者看起来正在来临，市场下行令股票价格回归其内在价值的水平，这时人们可以审慎地购买。假如现在这个时刻已经到来，明智的场外人士可以买入优质的铁路股票，并且保证自己的投资金额能够用自有资金轻易完全负担，这样可以防止股价下降带来的投资风险。如果此时股价下降，投资者可以购买更多的股票摊薄其平均成本，但只有经过反复的修正之后，市场价格和内在价值才能保持一致。

不管当前市场如何波动，对这种股票应该坚定持有，直到在这只股票上获得满意可观的收益。这时交易者应该将股票卖出，并且等待数周或者数月，等该股票相对其他股票重新回到具有吸引力的价值区间之内，另一个投资机会出现。

如果交易者想要时刻与市场保持一致，则不可能获得显著的成功。长线操作者精心挑选投资目标，在市场大跌之后进入，耐心等待一个良好的交易时机进行购入和卖出，与那些频繁交易的投机者相比，更容易赚到钱，这是股票市场的显著规律之一。

1901 年 1 月 24 日

短期观点和长期观点

市场反弹十分迅速且肯定，圣保罗公司（St. Paul）自然而然地引领着这一轮涨势，三天之内涨幅达到了 10 个点。其他股票相对其前期损失而言，已经恢复了一半或者三分之一。然而，这些事实并不意味着市场已经开始复苏，牛市行情已经来到。熊市初期，大幅下跌之后势必也会有这样的明显反弹。这仅仅只是相对之前的跌幅反弹幅度比较大而已。

不同的是，如果处于牛市之中，反弹能够持续。但是如果处于熊市之中，就不一定了。因此，市场往后几天的走势将受到密切关注：市场上是否会有强大的抛盘出现？在小额交易中，股价是否会出现走弱的趋势？如果这些现象出现，积极的交易者都会转为悲观。如果这些现象没有出现，市场将会保持多头格局，并可能维持一段时间。

每天稍晚的时候，我们都会指出：与交易相关的一些事情，可能会干预股价的正常波动，圣保罗公司的强势反弹，就是一个很好的例子。华尔街上充斥着各种流言蜚语，传闻圣保罗的业绩取得了很大的突破，并且这个消息随时可能公布出来。当然，这可能是真的，也可能是假的。但华尔街迅速消化信息的能力，使得多头利益攸关者纷纷加大杠杆操作，有望进一步推动股价上涨。

这可能和煤炭交易、牵引交易（traction deal）、西南部行业联合体康拜恩（Southwestern combination）、新钢材的性能或其他因素相关。任何一种可能都带来一场牛市投机风潮。每一个行业都有相当多的人大概知道接下来可能会发生什么。他们会或多或少地告诉自己的亲友。如果他们建议看涨，每一个人都会成为一个舆论中心，辐射周边的人群使其成为推动市场看涨的动力。总体而言，这会产生巨大的效应，因为所有的买入指令都来自交易所的某一个点。所以这时常会引起需求的小幅增加，从而推动股价的上涨趋势，这一趋势会根据自己的动能而不断发展。

就市场整体来看，我们必须记住公众并非目前上涨行情的主要因素。大多数情况下，牛市开始一段时间后，公众才开始介入并主导价格走势，因为最大的交易商的能力尚不足以反复确定股价的上涨趋势。但在过去几个月中，我们并没有这么充足的反复确定股价的时间。

本来市场上就应该存在着参与交易和不参与交易的大型交易者。那些更大的交易者手中持有大量的股票。公众在不断进行买卖，但很少能够增加交易所的股票总持仓量。1899 年春天，一些优质的股票都出现了大幅下滑，因为它们的承载能力被耗尽了。在过去两个月中倒是没发生这样的事情。

一个显而易见的结论是：大型交易商继续持有股票，他们必须在持股的同时，为这些股票创造一个活跃的交易市场。现在的挑战是：大型交易商对未来条件的看法，来源于公众团体对于股票所有权的看法。如果各项数据高于预期，他们认为这会使得股票对公众更有吸引力，这一观点正在流行。

毫无疑问，铁路行业的状况已经得到改善。目前系统的主要矛盾集中在固定利率和自由利率之间的战争，这一点比其他任何事情都重要。因为这可能损害铁路股票的价值，使得铁路股票几乎不能复制到这个大体系中。因此，在固定利率下，商业的自由发展将稳定地增加股票的内在价值。

这就是大型铁路股票交易商的远见，也是他们为什么愿意投资数百万美元在该股票上。尽管目前股价相对于其当前的收益来说显得非常高了。这也是为什么该类股票交易频繁，为什么今年铁路布局会发生重大变化的原因。

这并不意味着这类股票，应该每天都在市场上频繁交易。上周就是一个很好的反面例证，很多投资者对这类股票感兴趣，但却没有轻易下手，或许他们有着将产生深远影响的重要计划。这些人并不会每天都对股票走势有影响，但他们对股票的整体趋势起着良好的作用，会使得股价朝着股票的内在价值靠拢，而此时可以预见的价值，已有相当一部分被市场消化了。

1901 年 2 月 15 日

一个行业机会

钢铁行业联合体康拜恩（steel combination）的推销商具有帮助该行

业的股票投资者和实业投资者的机会，他们至少可以消除 1898 年和
1899 年钢铁企业过度资本化造成的危害。他们可以通过规划更新的整
合的所需资本及其内在价值，来提醒人们了解过度资本化的危害。

　　这些可以由推销商来尝试实现，但必须有现存该类公司股票持有者
的积极配合才能办到。他们有责任做出奉献，通过持有大量该类股票来
达到这一目的。虽然这不可能，但至少从长期来看，他们需要做出某种
形式的牺牲。显然，目前拥有 4% 类似于联合太平洋（Union Pacific）
铁路公司的股票，远胜于拥有 7% 的工业优先股，虽然工业优先股现在
以 10% 的折价出售。很多行业股票的低价主要是由于收益微薄，但却坚
信竞争会带走利润减少对股息的负面影响。

　　部分投资者对工业股并无内在的偏见。我们来看看铂尔曼酒店
（Pullman）、通用电气（General Electric）、标准石油（Standard Oil）等
各行业股票。这个国家的大部分财富已经被制造业或商业企业的合伙或
股份制公司所占据。仅有极少数公司会定期支付股息并被其股票持有者
认定为理想的投资。

　　这里强调了问题存在的事实，正如许多工业股票价格所显示的一
样。这些公司之所以存在，是因为人们知道这类股票拥有大量的资本
金，且部分资产的持有仅仅是出于投机目的，在遇到艰难时期重大压力
时，这些股票可能会出现崩盘。

　　在美国市场上，工业股票注定成为一个巨大的投机市场，铁路股票
将会逐渐成为投资的主流。撇开一些大的问题不说，铁路股票不会提供
广泛的交易机会，但工业类股票交易将会得到显著的增长，因为不同的
公司特征和不同商业条件的改变，将会产生高度的投机性。

　　因为工业类股票有可能由不受欢迎的板块，发展成为大受欢迎的股
票板块，人们认为应采取多种相应策略。钢铁业整合题材的推销商与钢
铁企业的所有者进行合作是可行的，他们可以合伙创建一家公司，该公
司可以被当作企业内在价值当前的资本化项目，还可以与工商企业合
作，达到即使艰难时期也可以照常发放红利的目的。这将和其他组合一
起形成一种核心竞争力。

这样的整合可能会引起一股潮流，使得其他公司紧跟其后。我们应该看到这是一种趋势，要么自愿重组，要么强制执行冻结股票交易，用稳定来代替股市的异常波动，以便推销商和承销商都有利可图。但这将不可避免造成股价下跌，从而使公众投资者受到损失。

钢铁业整合可能会采取另外的措施，来使其自身利益最大化。他们可以安排公开发表公司的月报或者季报，或至少公布其股息收益，并在年报中公布公司运行的具体细节，如公布其产品是供应给铁路公司还是通用电气公司。这是该类企业不断使用的惯常方法。

未来各行业公司将分化为两个阶层，其一由试图交易获利的内幕交易者所组成，这些内部交易者希望诱导公众投资者在自己需要买入的时候卖出，在自己需要卖出的时候买入。另一个阶层由代表公司利益的股权所有者组成，这个阶层在很大程度上代表广大公众的利益。

股权所有者阶层的观点，是给公众投资者重组的信息，让他们自己判断何时买入或卖出公司股票。而内幕交易者阶层可能在短时间内有利可图，但最终会因为愚弄欺骗投资者而失去自己的利益。股权所有者会得到很好的发展，实力不断扩大，因为公众对他们的管理有很强的信心。

股权所有者阶层的实力聚集越快，越有利于行业回到正确的市场位置，也有利于与投资者建立良好的关系，这也是对所有利益相关者都有利的事情。钢铁业整合的推销商可能比任何人都能更完整地意识到这一点，但却没有能力执行他们希望完成的使命。不过他们至少可以朝着这个方向努力。而当前是一个朝着正确方向前进的好时机。

1901 年 2 月 20 日

衰落的趋势

市场仍然对于货币市场和钢铁股票的背道而驰感到巨大的恐慌。昨天，钢铁股票的倾向不是特别明显，但是现在一个影响在盛行，与钢铁联合企业有关的其他钢铁公司的普通股会受到影响，使得这些公司的股票数量不确定，从而对市场产生不利的影响。

来自伯灵顿（Burlington）的大量买单的撤销也对市场产生了极为不利的影响，这被视作股票交易被暂停的证据，暗示着伯灵顿人可能会在谈判中没有进展，一败涂地。由于一些相关利益者的卖出行为，其他铁路股票也出现了下跌，虽然他们迄今为止，一直处于上涨行情之中。

另外一个可能非常重要的因素是，这个城市中在股市中离场的人们，即使不是出于投机的目的，他们的操作也对市场产生了投机性的影响。目前似乎所有的人都普遍同意，金融操作在这个时候应该被暂停，那些一直很忙的绅士们也应该好好休息一下。

至少威廉·k·范德比尔特先生（Mr. William K. Vanderbilt）、洛克菲勒先生（Mr. Rockefeller）、乔治·古尔德先生（Mr. George Gould）和城市银行总裁斯蒂尔曼先生（Stillman）均已经离去。库恩—勒布财团有限公司的希弗先生（Mr. Schiff, of Kuhn, Loeb & Co.）走了，摩根先生（Mr. Morgan）也打算在事态进一步发展之前尽快离开钢铁交易。

无论这些绅士们将去往何处，我们都可能有关于他们的电子报道，但是他们中的部分人也可能摆脱电报的打搅。换句话说，他们有自己的业务安排，所以可能需要在一段时间内淡化个人关注，他们的影响将会在很大程度上退出市场。

类似这样的时机，却很少被第二阶层的交易者利用，这一阶层的人缺少最大的足以绝对影响股价的交易商。相当大数量的交易者认为，现在是一个合适的时机去打压市场，这样对他们而言，更容易把价格压制到某一个他们想要达到的点位。

有一些迹象表明，这不仅是一般交易者的考虑，也是一些觉得当前价位太高，为了自身利益最大化最好减少贷款、缩减存款、加强临时盈余公积金的大型交易商的考虑，即使这意味着他们不得不在低价位抛售一些股票。

从大的方向来看，现在显然不是一个开始牛市的最佳时机。相对于一年前 7.345 亿的贷款，目前的贷款额高达 9.145 亿；相对于一年前

8.21 亿的存款，目前的存款余额达到 10.115 亿；相对于一年前 0.24 亿的盈余公积金，目前的盈余公积金仅为 0.1225 亿，任何人都不会认为存贷款的增加是未来前景可观的一个象征。

当然，现在公认的是，部分贷款的扩张归因于某种特殊的原因，这和大型交易商、银行地位实质性的改变，使得一些本来由财团和银行家承载的债券可能转化为公众的贷款。直到问题得到实质性的解决，而结果显示现在贷款在缩减，不管接下来会发生什么，当局肯定会对此进行检查，可能会出现投机性的买盘。

任何想要参与交易的大型股票交易商可能都会说自己关注货币市场，价位高低，以及一些大人物的离场，多方交易的头寸，这样他可能会等到四月或者五月才开始进行自己的建仓和交易，这个时候市场的整体局势可能会变得相当可观。

这并不意味着市场马上会出现一轮实质性的下降。这可能更多的意味着机会垂青于一个不规则的市场。优质股票的频繁的但是无精打采的复苏，低价值股票和高价值股票之间的差异更加明显化。在不规则的市场上，相比单纯的一般的牛市或者熊市而言，股票的内在价值更具有影响力，单纯的牛市和熊市，都会使优质股票和劣质股票同时充斥市场。而在不规则市场上，市场状况会对股票进行歧视性的区分。

1901 年 2 月 22 日

这里有两个常用的交易理论。一个理论认为，应该选择那些交易量相对较大的比较活跃的股票进行交易买卖，这样可以保证止损指令得以有效地执行而进行限损。在这种交易理念下，对股票的内在价值不需要太多的了解。最重要的是，股票应该足够活跃可以保证在设定的止损位上止损指令得到实施以减少损失。在这个理念指导下，交易者会实现猜测股票的走势，如果他猜对了，会得到相应的利润，如果他猜错了，他会设定止损指令出局。如果他猜对的次数多于猜错的次数，那么他肯定会获得一定的利润。

　　而另一种操作理念，则是一种完全不同的理论系统。该理论假定，在开始的时候交易者知道自己准备交易的股票的大致准确的内在价值，假定交易者知道整个市场的大致的趋势，这样他就可以判断他想要交易的股票是处于价值高位还是低位，他可以大致肯定未来至少几个月的股票的价值是多少。

　　假定以下假设是成立的：交易者根据这个理论列出了他的交易计划，他在自己认为的合适的价格合适的时机买入一定数量的股票，并且在接下来的时间里价格每下跌1%就买入和之前数量相当的股票，假定此时股票价格处于下行通道。

　　这个交易理念通常被一些大的交易者所践行。他们知道自己想要交易的股票的内在价值，因此即使股价下跌也相对安全。他们认为购买股票就像添置日常用品一样。如果一篇文章在100美元的售价上是便宜的，那么在90美元或者70美元的价位上就更便宜了，他们知道价格肯定会恢复过来。这就是那些大型交易商寻找自己喜欢的股票的方法，也是他们为什么能在这只股票上赚钱的原因。

　　而资金量小的交易者根据这个交易理论进行交易的劣势具有两面性。他并不绝对地知道该股票的内在价值。也就是说，他可能在一定程度上知道真相，但是除此之外，他并不知道还有一些其他的因素会影响到最终的结果。当股价大幅度下跌时，资金量小的交易者总是担心他忽略了某些十分重要的因素，于是他试图卖掉股票，而不是摊薄自己所持股票的成本。

　　第二个劣势是资金量小的交易者按照这种政策，他们很难得到满足自身需求的资金支持。成千上万的投机者认为，因为通常要提供10%的投机保证金，1000美元的资金可能会使他们在交易中有数以百计的份额，这一印象将会使他们持续不断地发生损失。

　　事实上，只有1000美元资本金的投机者即使只拥有10个份额的股票，对他们而言也是太多了，如果他想在某个规模上进行交易。一只活跃的股票的最高价和最低价进行对比发现，在一年之中通常存在30个点的价差。任何操作者如果准备跟随市场的下跌进行规模性的购买，都应该做好准备市场可能会下降 20 到 30 个点位。假设他开始时不进行买入操作，直到股价从最高点跌下来 5 个点，但是仍然有可能在这轮行情到来之前，他已经购入了 20 个份额的股票。

然而，如果一个局外人提供 2500 美元的资金作为自己的投机基金，他可能会交易 10 个份额的优质铁路股票，他可能会在一个上升市场中股价下跌 5% 之后进行买入，或者在熊市中股价下跌 10% 后开始买入，并且在其后股价每下跌 1% 进行再次买入，一直持有所有这些购买的股票，就很少会发生损失。

这样的方案的执行需要时间、耐心以及对一种固定交易政策的坚持，遵循这个政策进行操作的人会发现，相对自己投入的资金而言，可以获得一个较好利率的收益回报。华尔街有句老话，那些以一夜暴富发大财作为投机目的的人，通常会破产，一无所有，而那些只想获得稍微高一点的利息为目的的交易者，通常会变得富裕。

换句话说，赚钱一般是通过保守的交易获得的，而不是在承担巨大风险的前提下试图获得巨额利润。在允许所有风险存在的前提下，我们认为那些想要交易股票的外部人士，有一个很好的机会可以交易那些小盘股，这是一种比其他方法都择优的选择，他们应该将关注点集中在某几个关键的要素上，为方便考虑，下面按照顺序对这些要素进行一一列举。

1. 牛市和熊市一般都是四到五年一个周期，根据《华尔街日报》公布的平均价格，我们可以推定现在是出于牛市还是熊市。而目前为期四年的牛市正在展开。

2. 决定你自己想要进行交易的股票或者股票池。这些股票应该是一些铁路股票、派发股息不是很高也不能太低的股票、相对较为活跃的股票、当市场处于牛市行情时，股票价格可能稍微低于其内在价值，而当市场处于熊市时，股票价格可能高于其内在价值。股票内在价值的确定可以粗略的由该公司可派发的股息决定。我们在"股息收益表"中分别列出各种股票的相对位置。

3. 根据最近的股价波动观察你所选股票的相对位置。在牛市中，买入股票的最佳时机是，当股票离最近一次高点下跌了 4% 到 5% 的时候。而在熊市中，最佳的卖出时机是，当股价从谷底回升 3% 到 4% 的时候。

4. 坚持持有你所购买的股票，直到你得到一个公平的利润，或者直到有一个很好的理由确定你第一次决定购买时对其估值是错误的。记住，一只活跃的股票在不利条件下相对其下跌的幅度会回升 0.375% 或者 0.625%，这个回升幅度大于他在有利条件下的幅度。

5. 保证自己有足够的资金，即使在股价下跌时，也不会因为不堪重负而焦虑不安。2500 美元应该在股价每下跌 1% 的时候分十批买入股份，也就是说假设在股价离顶部跌落 5% 的时候买入第一批的股票。2500 美元应该保持一定的规模，直到股价从低点回升，使得相对于平均成本而言已经获得一定的利润。你不能指望你所购买的每一批股票你都能获利，但是相对平均成本来说你有所斩获。在牛市行情中，你最好总是保持多方的头寸；而在熊市中，则保持空方头寸。一般而言，熊市中的回升幅度，一般是大于牛市中的回调力度的。

6. 不要因为你在这 10% 股票购入中都成功的赚钱的经验，就使自己认定大胆的操作政策是更明智的，而用你所有的资本来购买 100% 的股票。一般一次的满仓操作中的失败，会吃掉你之前用 10% 的资金赚来的所有利润。

7. 通常没有比用 10% 的资金保持空方头寸更困难的事情了。如果一个代理商不愿意这样做，可能其他的代理商会愿意，特别是对那些想充分保护自己的账户资金并且清楚的明白自己在做什么的顾客而言。

1901 年 4 月 17 日

交易的主导因子

市场开始极度脆弱，但是也极度狂热。农业股（Grangers）、铜和其他股票都开始了下跌。股票交易所受到一定程度的干扰，能够十分自由地买卖股票。

在此，我们引用圣保罗（St. Paul）公司的希尔先生（Mr. Hill）对全体圣保罗朋友的交谈中所提到的：和伯灵顿的交易已经完成。这一观点很快得到这个城市中希尔圈子里的人的确认。伯灵顿（Burlington）上涨了7个点，市场上其他股票也积极跟进，北方太平洋铁路公司（Northern Pacific）涨幅超过7个点，列表上所有股票都进行了积极回应。

联合铜业（Amalgamated copper）已经从其早期的损失中恢复过来，并且由于铜行业联合体康拜恩（copper combination）的官方发展，还上涨了4%。这是一个由波士顿基德尔·皮伯迪公司（Kidder, Peabody & Co.）组成的圈子，邀请波士顿蒙大拿矿业公司（Boston & Montana）和比尤特铜业开采公司（Butte & Boston）的股票持有者将其股票存起来，并让他们知道自己可以收到一定的现金补偿，或者拿回一份证券存款证书，或者得到一定数量的合并铜的股票。众所周知，这个提议是波士顿公司和联合公司（Amalgamated Company）代表多次会议的结果，也是一个极有可能实现的安排了。

报道来自于古尔德财团早期的发展历程，尤其与沃巴什（Wabash）、惠灵（Wheeling）和伊利湖（Lake Erie）公司有关。钢铁股由于罢工的威胁，一直处于疲软状态，由于有传闻说困难已经得到调整，并且在绝大部分时间里有十分强烈的声音肯定这一说法，钢铁股有了一定程度的恢复。

有了这些，我们仍然对市场有着一些担忧。事实上，很多传言都是没有事实根据的，是不确定的。价格被投机者所掌控，因为他们相信公众会推动股市价格的上涨，如果这些交易的传言一直在市场上流传，大家都会相信确有其事。

芝加哥传输终端（Chicago Terminal Transfer）就是这一点的最好的例子。由于各种乐观报道的出现，这只股票一下子上涨了20%，而通过调查，却证明这些消息只是空穴来风。投机商们进行这种操作，而铁路官员和银行家的名字作为赞助商堂而皇之的出现在这种报道上，刺激价格的急速上扬，今天推高这只股票，明天公布那只股票。当价格高到一定程度，铁路官员并不会担心有记录自己在推高自己所持有的股票，这时候是审慎购买的时机。

我们并不是说市场可能不会上涨了，或者还会上涨更多。但是作为一个负责任的有分量的建议，在很多情况下，告诉调查者现在是一个将股票兑现的好时机了。当价格低于股票内在价值而不是高于内在价值时，才是购买股票的好时机。内在价值是购买股票的一个更好的基础，其他的表达方式，都指向保守主义的方向。

还有另外一个阶段的情况是值得我们关注的。现在有大量的新股在大肆地进行宣扬和广告。因为公众有时候会被一些好的名字所吸引，有时候容易被一些不知名的推销商所忽悠，采矿方案和工业方案一般是他们普遍的报道的招牌。但是在这两种情况下，最好也要记住价格的上涨趋势很多都是浮夸并没有实际价值，投资者应该谨慎购买或者更换新的组合股票，除非这些股票的价值被证实是真实的。

一般而言，股票就是用来出售的，那些用充满激情的蛊惑性广告和闪闪发光的招股说明书将一些新的上市企业包装得十分精美的人，通常被发现是希望用别人的钱来购买这些用纸印刷的股票，而不是希望给予公众参与企业发展，分享企业成长并且从中获利的机会。

在这个价位上大量购入股票是十分危险的，而现在去购买全新的完全未知的股票，则是加倍危险的事情。

1901 年 5 月 23 日

工业的危险性

美国橡胶公司（United States Rubber Company）报道称，其可能影响投资者使工业股朝不利的方向发展。截至 1900 年 3 月 31 日，橡胶公司在这一年的利润为 3233773 美元。而同样大小，几乎控制同等种植树木的公司，截至 1901 年 3 月 31 日在这一年的利润为 -265621 美元，相对较少了 2968152 美元。扣除费用之后，去年的净利润仅为 62606 美元，而相比之下，前年的利润为 3000000 美元。

换句话说，一个行业公司的整体的盈利能力，被认为是一种很好的衡量标准，会受到一年之中竞争和不利的交易条件的巨大影响。而报道却不会和事件的发生同步进行，除了通过公司股价下跌这一现象外，公司外部的持股者没法判断公司的利润是不是受到了很大的损失。而且由于有时候股价下降并不意味着公司经营状况的改变，用来评估公司股价的正确位置，其实是不合理的。橡胶公司在年报中表明，将向小比例持股者配售公司股票，这实在是出人意料的事情。

我们的目的并不是批判橡胶公司的管理或者公司的政策。然而令人印象深刻的是，工业企业的利润，是依赖一个不稳定的基础。发生在橡胶公司的事情，同样也可能发生在其他公司，一个每年赚取 7% 利润的公司，肯定应予优先考虑，因为一般公司一般只赚取 4% 的利润或者更少，有些股票甚至一年之中没赚什么钱。

在这种情况下，工业企业必须重新获取一个高回报，以此来证明仍然存在可能的投资机会。否则只要在几个月里股息彻底消失无法支付，那股票价格就会相对降低，作为对这个消息的消化和反应。

不过，有一个阶段中橡胶行业的情况应该予以强调。需要给股东机会知道公司具体在做什么，也需要让股东及时知道并且能及时使用这些信息。有些橡胶公司股票的持有者，在一定程度上知道公司现在确实受到一定的损失，但正在采取措施来阻止损失的蔓延或制定相关的防范政策。即使公司没有采取措施，他们也有机会可以出售自己手中的股票，或低价买入那些内部人士卖出的股票。

工业企业迫切需要向股东进行频繁的披露。这些披露也给予竞争对手一些有价值的信息，并且这些信息可能是真实可靠的。但大部分股票持有者愿意抓住机会对自己的账户进行止损，他们当然想确切知道自己所感兴趣的企业的财务状况和资产情况。

我们认为，工业企业的董事们通常是按照股东利益最大化的原则行事，但企业的经理层会在很大程度上掌控公司，而不会像仆人忠于主人那样忠于公司。他们通常倾向于拒绝透露信息，或只是简略地公布信息，特别是对那些小股东而言。

向股东配售股票的时机正在到来，不管是直接配售还是通过中间商配售，或通过联合方式配售，都会在这方面带来相应的变化。对于公司而言，积极预测这些变化并且自觉承担向股东说明的职责，使股东觉得自己的权益得到了保护，这才是明智的做法。现在有些工业公司拒绝向普通公众透露信息，居然公开表态说，所有涉及公司的信息将根据个人需求向"善意的股东"披露。

全面公开披露的效果，可以大幅度加强公众对公司的信心，这样即使在公司利润很小的时候，股东也会继续持有手中的股票，甚至向公司投入新的资金，因为他们不仅对公司的管理信心十足，也相信在一般情况下，公司对待股东的态度是真诚的，公司会尽自己的努力保护小股东以免其遭受损失。

我们没办法阻止工业企业在利润方面发生大的变化，利润会根据生产和贸易的一般和特殊条件相应上升或下降。但我们没有任何理由说股东不应该知道公司信息，因为这些信息有助于股东对自己所持公司股票的现有价值和公司前景形成自己的观点。

1901 年 6 月 13 日

交易理念

一位记者写道："有没有办法可以使得场外交易者有公平的机会参与股票交易并从中获利，即使这些场外交易者无法每小时都观察到市场的波动呢？"

我们认为存在两种方法，其中每一种都可以使场外交易者拥有公平的获利机会。第一种是股票投资，也就是说当股票价格低于价值时购入股票，直到股票价格高于其内在价值时卖出，从中赢取差价。

股票的价值，是由处于安全边际的股息以及公司收益的大小和发展趋势所决定的。公司是否有稳健的资产负债表和运营方法，以及公司未来发展的一般展望如何，这些听起来似乎很复杂，但要解决起来其实并不难。

举例说，一年前我们几乎每天都在指出：过去一年中企业收益得到了大幅增长。而固定费用并没有增加，因此股票的内在价值得到了提高，但市场上股票价格却大多都出现了下滑。很明显，这种现象不会一直持续下去，要么公司的净收益会出现减损，要么公司的股价会上升。因此，这时许多股票相对于其收益而言是十分便宜的，这是很容易让人理解的事情。

在相同意义上，我们现在（指 1902 年）可以说绝大多数股票相对于其收益而言，不再富于吸引力。确实，过去一年中，公司收益在一定程度上有增长，但许多股票的价格上涨了 50% 甚至 100%。用任何形式的标准来衡量，大部分活跃股票相对其内在价值而言，现在的价格已不再富于吸引力了。

当我们卖出一只股票，并且只获得 3.5% 的投资收益时，这明显很不理想，除非有特殊的理由可以确定这就是该股票的价格。从长期来看，股票价格会根据投资收益进行相应调整，如果实际不存在一个任何时候都适应的安全指引，那就可以说有一个指引则不应该被束之高阁。股价趋势在相当长的时期里，总是向其价值回归。因此，对于场外交易者，他们可以通过研究公司的盈利状况，来大致估计股票的内在价值，并以此作为投资的指引，这样，整体而言是相当安全的。

但大部分人当其谈论如何在股市赚钱时，他们并不想找到一个长线投资的道理，而是想找到一条投机的捷径。我们认为这里存在一个规则，值得所有关注该主题的人学习研究。这个规则是由大多数成功的交易者总结出来的，这些交易者都或多或少赚了钱。这个规则得到了那些投机大师的认同，也获得了那些自由交易股票的操盘交易员的实证支持。

这个规则是为了减少损失，从而让利润得以保持和扩大。它听起来十分容易遵循，但是实际上却很难观测。困难源于那些投机者不愿承担小额的损失，因为经验告诉他们，在很多情况下并不需要承担这些损失。进一步而言，这个规则在实际过程中建议投资者对目标股票多次反复确认。比如说购买一只股票并且在发生了损失后，仍需要再次购入。或许要经过三四次反复，才能等到股价真正上涨。而三番五次的止损，看起来十分繁琐，使人们经常决定不进行止损。但是通常这样会使投资者蒙受很大的损失。

有人当然会问，是否存在统一的止损价？还是只能根据条件变化而随机应变？经验表明，两个点的损失是最明智的止损价。如果一只股票的价格高于买入价两个点，该股可能会上涨更多；否则表明这种上涨趋势要么延迟，要么就不会来了。

举例说，假如一个交易者相信市场信息和价值预测，或依据他自己从市场中获得的经验，通过这段时期的市场走势推测出联合太平洋公司（Union Pacific）的股票应在 107 美元时买入。如果他真在这个价位买入，并且当股价跌落到 105 美元时，理论上说他应该进行止损，并且当市场信号证明该股价重新恢复吸引力时，再次买入该股票。

延长交易记录证明：单纯履行这种交易策略，单纯按照上述计划执行，以期利润进一步增长，相比那些根据股票的运行趋势进行多次判断的投资者而言，可以得到更好的结果。与此同时，明智地进行判断也可能减少损失。

例如，并非所有情况下止损都是必需的，因为有时候股价会突然下降两个点。如果市场显示出回升趋势，那么请等一等。如果所购股票价格的下跌，只是因为其他股票暴跌的带动，并且这种暴跌似乎已耗尽其所有动能，及时止损就不是非做不可的事情了。我们的建议是：当市场在一定程度内正常下跌时，要及时止损。

在让利润尽量增长的过程中，有两种方法可以决定何时应该止盈。一种是一直等到市场普遍显示出将发生逆转；另一种是设置一个止损指令，当股价格低于上升通道制高点 3% 时执行这个指令。这里我们再一次指出：当经验显示股票没有停止上涨时，很少会允许股价下跌 3%，除非这个上升通道已经结束。如果回调超过 3%，则意味着市场可能遇到麻烦了。尽管在某种情况下，这样的回调是为了之后股价的进一步上涨，而这些可以留给投资者自己去判断。

但是假如此时市场总体处于牛市，了不起的事情是购入一只股票，当股价已远离其最初的购入价格时并不急于卖出。而当处于熊市行情时，整个逻辑应该颠倒过来，交易者应该用空头代替多头，但在其他方面却适用相同的规则。

我们不希望说这一规则被理解为股市中存在确定可以赚钱的方法，但是"股价经过一段时间的稳定期后买入股票—及时止损—让利润奔跑"这一原理，根据统计记录，击败了大部分人对于后市行情的短线猜想。

1901 年 6 月 26 日

损失责任

我们收到了很多信件，不久前一封信中有这样一个举例："我曾在5 月 9 日持有股票多头，现在已全部卖掉了。经纪商现在向我索要超出我保证金的那部分损失，我有责任承担这部分损失吗？"

作为一个法律问题，这个问题从来没有得到彻底的解决。在这种情况下，有很多好的决策可供使用，但每种决策都基于不同的特殊案例，似乎相同又不尽相同。因为这不是建立在同一个基本的法律原则上。对此，法院已表明自己的倾向：在这种案例下，参与交易的客户利益应该得到尊重，但也不能无视现有的法律条文，只是法律对这个问题尚有待完善。

这类纠纷通常存在两种情况，要么经纪商确已通知客户其保证金即将耗尽，需立即追加，要么经纪商没有尽到通知的责任。

以下可能是一个好的借鉴。假定当客户用保证金购入一只股票，股价下跌后，经纪商通知客户追加保证金。而客户在交易所规定的时间内并没有给出回应，经纪商在没得到客户指令的情况下，根据自己的判断卖出所代理的股票。最高法院认为，在这种情况下经纪商应该给予客户充份的提醒，客户也应该及时给予回应，来保护自己的利益，不能指望经纪商在超出合理时间范围后还能无尽地等待。

在这种情况下，或者碰巧客户觉得不应该增加更多的保证金，而应该及时把手中股票卖出。这可能是在股价迅速下滑过程中亏本卖出了股票，在这种案例中，毫无疑问客户应承担损失的责任，因为经纪商是冒着风险在执行客户的卖出指令。但这里我们可能会有特殊的疑问，经纪商是否玩忽职守？是否按时通知客户所需追加的保证金额度？达到设定的价位时，是否及时行使了指令？或者在现实条件允许的情况下是否尽力维护了客户的利益？

另一种一般性情况是：当账户里保证金因一次骤然下跌而被席卷一空时，经纪商面临是否应该在没有客户授权的情况下，及时卖掉股票？或者坚持持有以期行情况好转，损失减少？

在上述情况下法律的倾向是对经纪商实行问责制。这一点已经得到大家的认可，在这种情形下，经纪商的办事能力应该增加一倍。首先，作为一个经纪商，代客户执行指令可以得到相应的佣金；其次，作为一家贷款给客户的银行，应该积极保护客户的存款，积极保障客户购入股票。作为一家经纪商，可能使用一种方法来处理；而作为一家银行，则会采取完全不同的方法。

通常而言，一家银行在没有得到借款人授权的情况下，无权卖出借款人的权益，除非在他们起初达成的协议中，有特殊的条款允许银行采取这类行动。这个事实导致银行和金融机构通常情况下贷款时都会签订一份补充协议，授权银行在贷款不是那么令人满意的时候，出售贷款的抵押品，以防风险升级。作为一种法律实践，银行呼吁当股价下跌时应有更多的抵押品。但当市场处于恐慌情绪之中，或者经纪商无力为客户提供更多的抵押品时，补充协议生效，将贷款抵押品出售。

一些证券经纪公司为了保护自身利益，通常会要求客户签订一些正式协议，类似于银行在放贷时签订的补充协议。客户开户时会被要求签署这份协议，授权经纪商在股价下跌、客户保证金降到危险线以下时，经纪商有权按照协议卖出所代理的股票。

这无疑是一种明智的方法，因为它是消除有关各方疑虑的前提。这类协议的签订，并不是因为在竞争中经纪商不喜欢受到限制，这类协议并不常见，因为它有可能把客户吓跑。然而类似于5月9日的那些经验，对定义经纪商和客户之间的关系有着决定性的意义。

5月9日市场的波动是如此迅猛，使得经纪商不可能及时通知客户需要追加更多的保证金，也没有任何时间等待客户任何有用的及时回应。当股价在5分钟之内下跌了10个点时，客户10%的保证金几乎毫无价值。在很多案例中，很多证券经纪公司在一天之中，在11点到11点半这样短暂的时间内，目睹大部分资金被客户的账户所吞噬。而市场迅速的复苏也拯救了很多客户和证券经纪公司。而贷款，不管是小额贷款还是巨额贷款，不管借款人的财务是否稳健，只要借款人愿意卖掉股票平仓，则都有机会止损贷款的损失。

不过在很多情况下，卖出股票会导致巨额亏损，而在大部分案例中，这些损失由谁承担仍然存在很多法律争议。每种案例的环境都是独一无二的，但却或多或少都由当时的环境以及概率所决定。5月9日是非比寻常的一天，我们必须允许有一些不同寻常的事情出现。证券交易所的规则是基于5月9日那种特殊状况的出现可能会干扰正常条件下的市场交易，但这样的日子来到了，这些账户的经纪商和客户，应该对这些非预期的突发事件有清楚的理解，并充分备份应急预案。

我们通常很难说在异常条件下发生损失时，应该采取什么措施，或者在这种情况下哪些行动可以最大限度自由决策。这个事实运用到五月份的恐慌中，导致经纪商和客户在一些情况下可以启动应急预案来降低损失，或者对这些特殊案例采取特殊的举措。如果陪审团对证券交易业务颇为熟悉，那么他们极有可能做出一个相似的决定。

1901 年 6 月 28 日

信心与资金

第七届全国银行会议，再次在市场上引起了一阵骚动。银行所宣称的艰难时期被证明其实是子虚乌有。该会议的正式闭幕表明：当一家公司或银行的困难日益突出时，想要一次性解决困难度过难关，就没那么容易了。

然而，它更像是担心出现故障后必须全额支付债权人的共同声明。任何能够全额支付债权人的关注，都是不会令人失望的。银行的麻烦，一般是到了一定的层次之后才会被正式审议。

第七届全国银行会议，以失败落幕，紧随其后的是股价的下降，这并不仅仅局限于那些与大型商业银行有交易往来的账户。但由于本栏专刊在昨天所提到的观点，它提到未知类似的困难在其他地方是存在的，并且有可能突然间爆发。

可以肯定的是，上涨期间的投机浮盈与良好的抵押品十分相似。当行情转向时，劣质抵押品价值趋于消失甚至变为负数。可以发现，良好的抵押品价值继续浮动，因为它具有适销性，故从一位客户转到另外一位，就可以将损失降至最低。

我们并不知道其他一些银行由于住房贷款，现在正面临着巨大困难。但也有可能通过锁定注册资本，这些银行迟早会浮出水面。此外当焦虑累积到一定程度时，或许会引发金融恐慌。华尔街关于金融谣言的传播、报纸上对第七届全国银行会议的报道等，都会使股票抛售的趋势上升，而买入股票的趋势下降。

我们还不知道市场是否已经到达了最高点。许多消息灵通人士坚信最高点还没有达到。尽管事实上最佳的投资机会正在到来。然而当这一天真的到来时，其中迹象之一或许就是类似于全国银行会议的再次召开。无处不在的长排砖块，可以用来代表财务状况，而财务状况下降会使得依附于财务的其他东西倒塌，进而出现一个漏洞。

涨幅增大，就会出现更多的证券和股票，随之而来的困难也会更多。这主要是由于不健全的企业数量增加。市场上一直有资本在不断注入，大批新公司已经出现，成千上万的证券和数以百万计的股票都涌现出来了。所有这一切，都是众所周知的。从广义理解或许会引起忧虑，但不一定是现在，或许是不久的将来。

消除忧虑和怀疑是不错的想法。一个国家的繁荣不可能只因为其农作物，这在美国与国外都是一样的道理。需要担心的是今年可能会刚好相反。但迹象表明，冬小麦将达到去年的平均水平，而春小麦产量将会远远超过去年。可能法国和德国的小麦收成将低于平均水平。农产品生产周期开始时，市场上的流通股票比较少。这显示了面包原料出口的持续性。至于农产品价格，也给予农户不错的回报。华尔街的领袖们认为进出口贸易平衡将成为当务之急，这是最重要的事情。向前看，一年是一段很长的时间。但目前的迹象表明，外贸规模将越来越大，利润也将越来越可观。果真如此，则应该关注长期的有利可图的国内贸易了。

我们很难合理期望铁路收益会继续增加，但如果投资者坚持自己的立场，继续持有自己的股票，则股价维持在一个相对较高的水平还是很有可能的。银行储备现在处于低位，但是稳健的银行家的观点是：在接下来的两个月中，通过获得现金和收缩贷款，银行可以准备好迎接秋风扫落叶般非同寻常的危险时期。进一步说，这个国家有大量的货币将会被收益率吸引而卷入到股市中，这时候对资金的需求，将导致很多畸形的现象出现，例如不合理的利率。

这个国家在过去4年中增加的股票资金十分巨大，一个公认的原理是：资本往往被吸引流向那些收益最大的地方，但其往往也无法避免操作上的巨大风险。很可能现在储存于纽约的大量资金，不久后其账户余额就消耗殆尽了。但高利率却使资金源源不断地流向股市。因而最坏的情况可能就会导致高利率和低股价同时存在。这不同于1873年，那时候最根本的麻烦，是缺乏足够的资金推动这个国家的商业发展。

在接下来的几年中，不会有类似的资金短缺。商品价格的上升和下降，会在一定程度上吸收或者消耗资金，这需要视情况而定。但相对于大宗商品提供的比例，货币资金的供应更保证市场获得合理数量的货本。而发生在华尔街的市场挤压过程，将使得利率变动日趋被动和常态化。

1901 年 7 月 3 日

华尔街

一位纽约的知名编辑曾经说过：如果纽约证券交易所坐落在其他城市，那么华尔街或许会有一个更好的名声。它就不会承担这么多的指责与苛求。华尔街这个名称，正如本文标题所示，完全符合每日报刊的专题栏目。其他许多街道名称，都没有这种英式思维的内涵。在伦敦，证券交易所是一回事，银行和其他金融机构又是另外一回事。总之，很难用一个不精确的短语来形容吹毛求疵的责难与批评。

在过去的半个世纪里，它已经成长为一个充满虚构内涵的实体，它拥有财富和美德，剔除了种种恶习，这就是华尔街。它所涉及的逻辑谬误并不局限于黄色刊物，当然它也为许多文化水平不高的人普及了相关金融知识。一些著名的社论也做着同样的事情。纽约最为严肃的一家报纸，有一天情不自禁地将《华尔街日报》的幻想人格化了。对于某些思想家来说，华尔街这个名字本身，就是一个悬而未决的永恒话题。

很难说清楚"华尔街"的含义是什么。有时候很难用一两个词来涵盖它所包含的内容、思想等。比如说，华尔街与房屋过度装修毫无干系，它只是呼吁公众的理性，否则就将面临过度的损失。华尔街已经没有兴趣给铁路运输商提供回扣了。也没有人渴望更多地看到这一笔开支落入股东的口袋里。

华尔街需要一个安全实用的金融制度，正是来自各街区的国会议员们一直阻碍着这种制度的建立，其目的是为了用自己的"金融章鱼"触角来打动他们的乡巴佬朋友。华尔街是由商业资金需求驱动的，它只能在一个非常有限的范围内操纵利率，以使相关利益集团受益。华尔街肯定不负责目前国内如火如荼的房地产赌博。华尔街本身并不创造资金需求，从而可以在秋天运输农作物。而到秋天收获季节，利率会自动收紧。

然而，华尔街会由于上述事情获得信誉。它有足够多的罪恶，但似乎它的规律与其他一切事物一样扰乱着金融秩序。收费是简单并且被普遍接受的，由于对经济学的无知，许多问题一直被隐藏着，或者熟视无睹。当然，基于这类谬误的讨论，解决不了问题。但尴尬的是，华尔街中的害群之马与其他地方的相差无几。对财务违规滥用现象的管理与监督，一直是杂志报刊的责任，以此来补充或捍卫政策中不足或欠缺的部分。现在，不少人仍然要求报刊在引用"华尔街"这一术语时，要澄清其代表的真正含义。当然这并不是一种责备或羞辱的意思。

1901 年 7 月 11 日

过度交易的危险

最近，我们收到了如下几种咨询：我能否只投资 100 美元在股市中，然后规模性购买，适时停止交易，控制我的损失，以此保护我的资产成本？

在美国，有相当一部分人都会考虑用一两百美元到股市中投资。他们中有许多人认为，如果 1000 美元用来交易 100 股，可以只收取 10% 的保证金，那么 100 美元刚好可以用来交易 10 股。我们认为这种认识有理可循，但上述用 1000 美元交易 100 股的结论还有待商榷。

原因在于，没人能够总是在最低价时买进，在最高价时卖出；或者说，总是可以成功地避免风险和损失。对于大多数人来说，在股市中赢利可以分为一系列的不同类型。一般认为有六大利益、四大损失，以及一个净收益。优秀的交易员的经验表明：交易盈亏的基本比例，亦即交易中损失与利润之比，通常为 50% 到 65%。

比如说，一个人通过交易赚了 10000 美元，那么他同时也要付出 5000 到 6000 美元的代价，那么他得到的净利润只有 4000 到 5000 美元。有时只有利润没有损失，有时只有损失而没有利润。但对于普通公众，即使是那些已经学会了在股市中交易并且拥有雄厚资金的投资者，他们所能得的净利润也不到盈利额的一半。

对于10%的投机者，尤其是初学者，如何才能在积累到任何实质性利润之前，避免风险与损失？可以说，如果一个操盘手有足够多的经验，在恰当的时机正确买入、卖出，那其实10%已经足够了。我们在过去做过的和未来应该做的事之间，还是存在着很大的区别。

如果一个人想投资股市，却只有100美元的资本，那么在我们看来，他应该采取以下两种措施之一：一种方法是，他应该买一些低于其面值和价值的股票，并耐心等待，直到该股票能带给他5%或10%、15%的利润，当然具体比例要视情况而定。这可能是最可靠的方法了。

另一种方法是，用保证金购买两到三只个股，在股票价格上涨两个百分点之后就卖出平仓，这样可以保护账户。经纪人一般不急于采用这样小批量的交易形式，不过如果经纪人认为交易有利可图，他将打破自己的原则壁垒，全心全意为客户提供服务，因为他相信自己的决定在未来一定可以得到回报。10个经纪人中有9个都会认为，用100美元在股市投资是很荒唐的事。但如果把交易的基础分为两段，就不会显得那么荒谬了。因为这可以给经纪商足够的缓冲时间，以便从损失中恢复过来，同样可以有足够的时间让他重拾信心，并从失败中看到自己的不足、吸取过往的经验教训。

我们认为，正因为同样的道理，在1000美元的基础上持有100股，经纪人接受这样的订单通常会觉得不够，但它不会产生过度交易，因此不太可能会导致经纪商的资本损失。如果一个人用10%的保证金买入100股，在损失达到2%时中止交易，那么此时他已经损失接近四分之一的资本。他或许再次尝试，或许能收获1%的净利润。他在第三次尝试时所遭遇的风险会令他损失达到3%以上，从而让他信心尽失，甚至可能导致他卖空自己的股票。

如果同样是这个人，他拥有1000美元资本，但一开始只买入10股，这时他就可以承担自己的损失；他也会有勇气用剩余资本在低价时买入其他股票，并且可以提前撤出。

假设每个人都这样做的话，那他们肯定可以赚得利润。从理论上讲，这种方式没有什么风险，他们的判断也多半是正确的。然而当他面临一个对他的资本影响较大的风险时，恐惧通常会替代理智。这时他的实际行为就往往与理智中的判断背道而驰。

对于这种情况，最好的解决方法，就是将交易量降低，小规模的交易不会对自己的总资本带来太大的损失，这样就可以理智地面对风险，将资本翻番，用闲散资金买入其他股票，这时可以无需恐惧地面对不可避免、不可预知的风险，并且保证金也很少，不用太过于担心账户被关闭等问题。

不管拥有多少资金，或多或少，如果人们愿意尝试，争取每年 12% 的收益增长，而不是每周 50% 的收益增长，从长远来看，前者的效果会更好。每个人在从事商店零售、工厂、房地产等实体投资业务时都非常谨慎，但他在股票投资这种业务中却好像判若两人，他似乎认为股票投资应采用完全不同的方式。这就需要认真反省了，因为事实上远非如此。

1901 年 7 月 27 日

市场定位

这是价格温和适度增长的一天，尤其股价的上涨造成了相当多的空头。关于钢铁工人罢工方案的谣传被澄清，对这次的上涨形成一定的影响，虽然其可信度尚不够明显。即使在 6 月份，堪萨斯地区一直干旱，但艾奇逊—托皮卡—圣菲铁路公司（Atchison）6 月份的净利润增长，在很大程度上推动了股价的上涨。对干旱的报道，即使不同程度上或许有些差别，但无一例外都影响了公众的情绪与信心。

上述动态和新闻信息，对市场的主要趋势而言，并没有什么大的关系。如果情形比现在更糟糕一些，市场会出现几天的反复、几天的沉寂。在熊市中，下跌周期几乎与上涨周期持续时间相同，因为总会有牛市操作和多头买盘等。

事实上，我们并没有看到情况有所好转。虽然干旱地区发生了降雨，德克萨斯地区降雨较多，西北地区有阵雨。然而，这并不意味着内布拉斯加州、堪萨斯州和密苏里州的降雨已经足够解决干旱问题。但除非状况得以改善、问题得以解决，否则市场是否该采取比现阶段更为激进的手段，就显得扑朔迷离了。

有一些能力突出的运营商，他们对农作物减产和牛市情绪衰退反应非常敏感，以至于即使下个月股市极可能上涨，他们也不愿意承担当前股价变动的风险。来自殖民地的钢铁工人罢工问题的解决以及降雨，都有可能导致股市的反弹。但从某种意义上来讲有一个情绪变化的过程，投资者看好一只股票并且愿意长期持有它，还有些投资者对自己持有的股票信心满满，期待着可以大涨。对于持这种观点的人，通常会逢高卖出，而不愿意以小额损失在回调时止损。

玉米作物减产，对铁路收益影响甚微。反之，铁路运输却可以为农林牧渔副业带来利润，因为它提供了便利的交通，可以使得牛、猪、农产品的流通更加方便快捷。如果农林牧渔产量较小，就会提高价格以增加回报。但是即使上述情况都属实，干旱这一重大自然灾害，仍然在许多方面为人们造成了损失。

有几种说法出自于太阳黑子理论。现在还没有充分的证据可以证明太阳黑子导致了干旱的发生，但太阳黑子学说却因为广大学者们的兴趣与热衷，而名噪一时。天文学家说，在一个太阳黑子的初始阶段，今后4年内都会有不同程度的灾害影响。我们并不完全否认这一学说，即太阳黑子的爆发与干旱的发生确实有一些关系。

我们认为显而易见的是：公众现在已开始撤离股市了。旱情每天都在持续，这意味着玉米作物每天都遭受着重大的损失。企图启动钢铁企业与非工会组织达成劳动力协议，只会让问题变得更糟，徒增忧虑。如果现有原因推迟了市场的进展，比如说耽搁一星期，那么大型运营商就会怀疑在资本运转失灵之前，是否有足够的时间来做出调整或回应。

另一方面，玉米作物地区的降雨和钢铁工人罢工问题的解决，都将为股市的反弹提供助力，龙头股的股价有望借此上涨10个百分点以上。

1901 年 7 月 31 日

1881 年的股票价格

我们已经指出，近几年的价格波动与 1877—1881 年间的价格波动，存在着一种对应或者相似性。在 20 年前，鲜有像 1899 年秋天这样严重的价格波动，但在推进报价、业务利润、信心增长、大宗外贸以及金融立法等方面的效果，已经非常接近。另一个相似性源于玉米作物的减产，这是 1881 年经济衰退的一个重要原因。

通常，人们习惯于将 7 月 2 日加菲尔德总统（（James Abram Garfield，美国第 20 任总统，共和党人。1881 年 3 月 4 日就任后仅 4 个月，就被一名求官未遂的政客枪杀，昏迷 79 天后于 9 月 19 日身亡——译者注）被枪杀的这一天，定义为经济衰退的开始时间。事实上，高物价在 5 月份已经产生，而暗杀事件本身并不能成为牛市转为熊市的原因。

同样，单独的玉米作物减产这样一个因素，也不足以成为经济衰退的原因。转变的原因只能说是经济周期所致。如果没有加菲尔德总统被枪杀事件和玉米作物减产，也还有其他事情来解释经济的不景气，这其实只是前些年过度扩张不可避免的结果。

然而，正是玉米作物的减产，打破了原本平衡的经济环境。1880 年的玉米产量为 1 717 434 543 蒲式耳。1881 年的产量是 1 194 916 000 蒲式耳，减少了 500 多万蒲式耳。当时和现在的情况类似，都可以通过抬高物价来解决问题。事实证明确实如此。1881 年 12 月 1 日农场的玉米作物价值，比去年同期增长了 70 000 000 美元，这是由于玉米价格从 1880 年的 39.6 美分/蒲式耳，增长到今年的 63.6 美分/蒲式耳。

但是，这个因素并不能解释铁路股票价格的下跌。当然，也可以说这 20 年间环境已经发生了翻天覆地的变化，铁路公司变得更加强大，当地的公交状况得到了极大的改善，投资控股公司增速迅猛，国家也变得更加强大更加繁荣，与过去相比，生产过剩现象也将更少出现。

暂且不论这些有争议的因素，我们可以认为，在繁荣时期的生产过剩倾向，来自于人类的本性。这种本性使人们总是想去赚更多的钱，而不考虑自己已经赚了多少。因此，不论资本和资源的大小，生产过剩总是不可避免的。

然而众所周知，股市从 1881 年开始下滑，直到 1885 年开始止跌并逐渐生产过剩。不过，下跌的幅度还远远超过回升的幅度。假设玉米减产是经济衰退的本质原因，现在我们给出了 1881 年 7 月份 20 只股票的价格变动情况，如下表所示：

1881 年 7 月的 20 只股票价格

股票名称	1881 年 7 月	8 至 12 月最低价	下跌幅度
伯灵顿/昆西 Burlington & Quincy	165.125	133.5	31.625
圣保罗 St. Paul	128.375	102.25	26.125
西北 Northwest	131.875	120.875	11
罗克岛 Rock Island	144	131.75	12.25
三 C/圣路易斯 CCC & St. Louis	96.5	81	15.5
沃巴什普通股 Wabash Common	59.875	33.25	26.625
堪萨斯/德克萨斯 Kansas & Texas	51.625	34.875	16.875 *
密苏里太平洋 Missouri Pacific	112.625	98	14.625
德克萨斯太平洋 Texas Pacific	68.25	48	20.25
北方太平洋普通股 Northern Pacific common	45.125	33.25	11.875
联合太平洋 Union Pacific	131.75	114.25	17.5
泽西中央 Jersey Central	102.625	87.75	14.875
雷克万纳 Lackawanna	125	119.875	5.125
雷丁 Reading	61	59	2
路易斯维尔/那斯维尔 Louisville & Nashville	108.75	90	18.75
丹佛/格兰德 Denver & Rio Grande	110.5	66	44.5
西部联合 Western Union	93.375	77.5	15.875
纽约中央 New York Central	146.25	130.25	16.5
伊力 Erie	47.25	39.75	7.5
曼哈顿 Manhattan	26.75	17.375	8.375

玉米减产作为一个重要因素,当股市开始下滑时,该类股票就被认定处于超买状态并缺少内在价值。这种情况在其他板块也不鲜见,例如丹佛、路易斯维尔、联合太平洋以及圣保罗等股票。伯灵顿股票的下跌,是除了丹佛之外幅度最大的,主要也是由于玉米作物的减产。

股市的震荡,确实令人印象极为深刻。自1881年以来,上表中的20家公司已经有10家申请破产,只有4到5家公司一直保持着发放股息的纪录。此外,以上20家公司中只有1家,即雷克万纳(Lackawanna)一直保持着相同的股息。

1901 年 8 月 2 日

经验之灯

一名记者写道:经济萧条期是可以避免的吗?财富的增长是否可以促进经济的稳定?钢铁行业相关利益群体与美国钢铁集团的联合,能否为经济带来稳定的发展?并且避免不必要的萧条与恐慌?

派垂克·亨利(Patrick Henry)曾经宣称:我只有一盏灯,这盏灯指引我的双脚往某个方向行进。这是我的经验之灯,我知道要预测未来,只能靠以往的经验。亨利提出了一个命题,虽然可能不太科学,但他认为这个体系已经健全了,这与他之前认为经验不健全的言论恰好相反。

从理论上讲,经验可能是真实的。当一个国家的财富增加时,其经济会变得更加稳定。经济规律已确立出一系列的原则,这些原则来自于人们的信心以及良好的行为结果,这些良好的结果需要各利益集团联合起来,而非单个利益集团所能完成。

然而当论及经验时,我们倾向于认为:这么多年的商业、金融和运输尚未达到目标,如果程度不像以前那样严重的话,结果或许会好许多。在某些方面会有一些成果与收获,但也会被其他的损失所抵消。一个困难被克服时，用来克服该困难的"灵丹妙药"或许又会带来其他问题，而这又会重回以前那些麻烦。

以英国的银行业为例来说明。在 1793 年的恐慌期，超过 100 家银行都倒闭了。从 1810 年到 1817 年的金融危机期间，有超过 600 家的银行都倒闭了。1825 年的恐慌带来的银行倒闭事件较少，因为 1810 年的经验，让银行家更好地理解了银行的安全防护。1837 年发生商业危机时，银行从以前的事件中学到了很多经验，所以这次危机并没有造成银行的倒闭。在 1847 年发生了一次银行业恐慌，直至有关法律的修改才终止这次的恐慌。十年之后，同样的事情再次发生了，1866 年在英格兰再次发生了银行业恐慌，不过这段时间内，虽然有银行倒闭，却并不像之前的那次事件时一样严重。

这里有一个发达国家的案例，在这个国家发生了一系列金融和商业恐慌。稳定和财富并没有阻止恐慌的发生，但知识的积累，逐渐显示出银行家可能有所作为也可能不作为，直到金融危机的消失。银行业是可以由法律法规来约束和引导的。但由于其范围和种类原因，这又是不可能完全做到的。

因此，改善银行业的条件，并没有也不能完全消除金融危机的影响。以 1866 年为分界线，前后的特征差异十分明显。业务的起伏，伴随着利润的扩张与收缩，这在英国非常明显。从 1866 年开始，这个国家已经是这种状况了。通过对价格指数的比较表明，萧条期间的经济发展，已显得较为平稳，并且程度也不如之前那样严重。

英国的铁路股票已经比 20 年前稳定很多。股市中总会存在这样一个点，当铁路的业务量增长到这个点位之后，不管交易的波动如何，都能保证股息派送。当这一点显而易见之后，铁路股票在萧条期内也没有发生明显的下跌。相同的事情已然在这里发生了。纽约、纽黑文和哈特福德、哈林、波士顿和阿尔巴尼，以及其他股票在数年前就达到了这个点位，这些股票当时无论盈亏都能保证股息。雷克万纳和西北公司股票，以及其他一些股票也都是这种状况。这些股票的股息可以得到保证，因此投资者完全不用担心他们的盈亏。

我们认为，股价的稳定更多来自于资本价值的稳定，而并非组合的结果。当然不可否认组合确实能促进和加强资本价值的稳定性。在工业股票中，面临的困难更加明显与严重，结果也没那么一致，因为在工业市场中的竞争更加激烈，更加普遍。

如果所有的企业都既富有又稳定，那么股价就可能会稳定下来，经济萧条也可能会消失。如果所有投资者都既富有又稳定，那么恐慌与艰难时期也有可能会消失。但是，虽然企业和个人在资源方面存在着差异，但大家盈利的欲望都是相同的，所以总会有一些基本因素导致不稳定，而这种不稳定足以扰乱经济运行规律，从而导致萧条。

利润的下降必然导致股价的下跌。利润下降主要源于供过于求。过度的供应源于过度的生产，而过度的生产，通常是富有的基本表现。只有打破这一生态链中的壁垒，我们才有可能让经验之灯永远闪烁。

1901 年 8 月 8 日

市场定位

现如今，市场的交易特征还没有发生显著变化。大部分交易都发生在场内，场内交易通常是优势和劣势的转换场所，并且股价在这里通常会发生狭小范围内的频繁，出现快速波动。钢铁类股票的交易特征，就恰好符合这种案例。显而易见的是，其背后肯定有一个与钢铁市场有关的庞大利益集团的支持。同样明确的还有：罢工已经为钢铁市场带来了迄今为止最严重的损失。

市场所体现出来的部分均衡条件是与理论分析的结果一致，这一理论强调股市在未来某一时刻的强势反弹。那些研究过价格变动的人都会知道，一个比较大的波动，无论上涨还是下跌，总会发生与主要波动方向相反的运动。

经历了五月的恐慌之后，市场得到了喘息的机会，并达到了"双顶"，但在 5 月 9 日和 5 月 14 日又回到了最低点。这次的波动被公认为极其迟钝，并且缺乏公益心。

有关农作物的新闻，将会在下周一披露，即在政府报告结束之后。当然，这份报告或许会对玉米不利，但对小麦会带来一个良好的契机。当然，事情也并非都令人沮丧。罢工已经消除了大部分的不确定性，现在的首要问题在于：这次罢工的持续时间及涉及范围。

这些都是相比较而言没那么重要的问题了。

因此，这两个因素在 7 周内使 20 只股票的平均价格下降了 13 个百分点，这一记录已接近 5 月 9 日的恐慌日。由于一些从未出现过的不利因素，所以在未来几周内期待股市反弹也并非完全不合理。

市场所面临的不确定性，大多是来自于资金，在这一点上许多银行家已经尝试采取应对措施。毫无疑问，企图通过作物运作来获得廉价资本是极不明智的做法。大量的资本必须在 9 月和 10 月份输送到西部和南部地区。此外，英磅汇率也表明了黄金出口的可能性。如果大量出口黄金，就意味着会换回更多的资金。因此总的来说，货币市场所产生的不利影响并不像之前所表现的那样显著。在影响股价反弹的因素中，很难找到其他的显著因素。

1901 年 20 只股票价格变动情况（《华尔街日报》数据）

5 月 1 日	繁荣期最高点	117.80
5 月 9 日	恐慌期导致下跌	103.37
5 月 10 日	恐慌期反弹	110.00
5 月 14 日	恐慌期第二次下跌	104.54
6 月 17 日	第二最高点	117.65
7 月 12 日	作物减产导致下跌	106.43
7 月 18 日	北太平洋公司公告导致反弹	111.50
8 月 5 日	农作物减产和罢工导致下跌	104.80

不过，如果股市真的反弹了，那么反弹的程度最终取决于公众的兴趣。人们很有可能只是暂时有兴趣，一旦股市开始震荡就会撤出资金。不过，要清理这种因素的影响，并不会消耗太长时间。大型的利益集团

一般情况下是保持沉默的，除非他们看到有希望能从公众那里获得支持赚得利润。可惜的是，公众的支持很难获得，除非有一些绝对有利可图的机会，比如说钢铁业罢工结束之后。交易商在获知所有利空信息后就会买入股票，而公众通常需要一些更直接、更明确的刺激。铁路收益无疑十分巨大，但问题在于这巨大的收益是否足够点燃公众的热情与兴趣。

因此，考虑到钢铁工人罢工的影响，我们可以理智地期待一个中等程度的股市回落。如果波动的一般理论是正确的，尤其关于顶部的"繁荣"是正确的话，那么未来一段时间的跌幅可能会超过之前的涨幅。

1901 年 8 月 29 日

未完成的业务

在考虑股票市场的前景时，有一点必须铭记：大型金融集团通常会大量开展尚未完成但在不久的将来必然会完成的交易。

比如说，在西北地区，最近就有一系列关于铁路调整的交易正在进行。就目前的情况来看，将近 1.5 亿北方太平洋股票筹码，被少数铁路企业家和资本家所占有，而这部分价值本应向公众开放并由广大投资者享有。太平洋联盟将开放一半的股票，以从股东处获得资金。北方太平洋股票的其他持股者，虽然数量不多，但极具实力，这些持股者更加容易完成金融操作，但这种操作通常需要公众的支持。

再者，我们有充分的理由相信，通过一些"专门"公司的作用，格劳德公路公司（Gloud）将为投资者提供新的投资机会。这项融资计划显得较为自然，并且可以联结格劳德（Gloud）体系中所有西南部的道路。公司股票的持有者，并非为了将之作为一种永久的投资，公众现在也必须依赖于实际操作的最终成功。

毫无疑问，对于其他一些较小且尚未完成的业务，其中所涉及到的一般性原都是相同的。换句话讲，大型的金融集团通常占据着有利形势，他们可以把自己设计优良的协议以某种形式向公众出售。最近有人在本专栏中指出：这些庞大的利益集团正是目前主要的借款人。他们并不希望无限期地借款。他们期望公众在某个时间以某种形式购买证券，并且保证能够还清这些购买证券的贷款。

作为规则，普通市民一般不会去购买证券，除非是处于一个上升期的证券市场。因此，这些大型利益集团向公众出售股票的成功与否，主要取决于股票市场的力量。也就是说，大型利益集团通常期望股价达到更高，因为这可以给他们提供机会来完成他们的金融业务，并且他们会尽其所能来达到这一目标。

然而，这并不意味着大型利益集团向往高价，就一定会有相应的情况发生。常常有人说大银行家在股市中可以为所欲为，但事实并非如此。如果忽略微弱波动的话，股市从根本上讲，是由人们所成就并控制的。交易员可以在一个不大的范围内改变股价；银行可以在一个更为宽泛的范围内改变股价，但如果没有更广泛的市场，股价将逐渐趋于平衡。当交易员大量出售股票时，股价会下跌，当其大量买进时股份会上涨；当银行家出手时股价会上涨，但当普通投资者开始在股市好转时购买股票，股票就会下跌。交易员和银行家一般会预测公众在股市中将要发生的情况，但如果公众的行为与预期不符，那么这些交易员和银行家就会空手而归。

因此，现在的问题在于：公众是否愿意在进入股市两到三个月内时就达到这种程度，以使大型的利益集团结束他们尚未完成的交易？对于这个问题，没人能够给出一个肯定的答复。这可能是因为货币利率的下降低于人们的期望。另一方面也许情况恰恰相反。无论如何，我们应该记住：第一，大利益集团手头上总是有未完成的操作计划，并且他们极度渴望去完成；第二，他们完成这些操作，需要吸引公众的支持。

1901 年 8 月 31 日

是什么造成了繁荣与恐慌？

股市的繁荣期总是相似的，而股市的低迷期也总是大同小异。这种趋势，就像是在一个斜坡上的雪球，刚开始滚动时速度很慢，但随着时间的延长，会越滚越快，而且通常会在雪球行将迸裂时达到最快。

当我们考虑导致上述性质的动力时，便会对这种情况习以为常。繁荣期的形成是由于人们持续不断增长的信心。在 1895 年和 1896 年，人们对金融和商业的信心处于低潮，没有人愿意冒险到股市投资，人们都希望看到自己投资出去的钱尽快回到自己的腰包。这种事态在 1896 年"布莱恩运动"之后达到了高潮（1896 年以农业为主的民主党人要求开放银币自由铸造，提名威·布莱恩为总统候选人。布莱恩奉行激进的经济政策，坚决对抗东部的货币利益集团，誓言推行金银双本位制。虽然他在选举中惨败给共和党，但促使美国政治生态发生了重大变化——译者注），在短时间内商人和金融家们发疯似地终止了自己的投资活动。

共和党人威廉·麦金莱（William McKinley）在当年的选举打破了这一僵局，人们不再因恐惧而对未来完全失去信心。麦金莱于 1896 年 11 月当选，但直到 1897 年夏天和秋天，人们才开始重拾信心。当时经济回暖速度十分缓慢，令华尔街的人们很是沮丧。不过，从 1897 年下半年直至 1898 年末，回升速度越来越快，1899 年前三个月已经有了很好的增长势头。从工业萧条到布尔战争（1899 至 1902 年英国和南非白人布尔人为争夺南非殖民地而展开的战争，英国以 2 万士兵阵亡的代价迫使布尔人投降，但许多南非白人始终对英国抱敌对态度——译者注），这些影响并没有完全消逝，这也是 1900 年的选举所必须面对的挑战。

如果把股市作为一个公平的经济指标，那么麦金莱 1900 年再次当选带给美国经济新一轮的增长，尤其是在他当选后的 6 个月，经济增长规模甚至超过了过去 3 年的增长量总和。这种势头直到 5 月份的"北太平洋角"才遭遇了一些波折，该事件最终导致了经济下降。从短期来看，这是事实，但从规模和程度上来讲，这一轮股市标示的经济增长，已超越了华尔街所有记录在册的事件。

有人会问：为什么市场会对过去持续四年的繁荣做出这种反应呢？况且现在的市场呈现的，仍是一种增长的态势。那些相信市场会转变或者已经在转变的人们或许会这样回答：由于去年 5 月份的事件，又或许是因为玉米颗粒无收，或者钢铁行业的集体罢工、国际经济的萧条等，这些原因都会挫败人们的自信心，从而导致与 1897 至 1901 相似的过程。

当然，在任何时候去衡量和估算信心都是很困难的。但不可否认的是，股票市场的确可以证实自"北太平洋角"事件以来的经济形势变化。此外，玉米减收在很大程度上动摇了人们的信心，从而影响到整个国家的购买力。因为国家对玉米减收的感知与反应能力十分敏捷。再加上钢铁业大罢工显然影响了钢铁交易，并使该行业人士很难看到未来的出路。

当然，对于那些不直接受到玉米、钢铁和华尔街影响的地区，人们的自信心仍未被明显影响。比如在西北地区的小麦产量相当不错，当地的人们根本不担心今后的困难。我们可以看到一个明显的事实，虽然 3、4 个月前的商业和金融界还是一片升平，但如今已经开始涌现越来越多不和谐的声音。不过我们希望这种不和谐只是暂时的，人们动摇的信心能够被逐渐修复，来年的粮食产量能够弥补现今的亏损，简单地讲，就是希望一切都可以像去年冬天一样过去。然而历史表明，信心就像是一株敏感的植物，当它生长最旺盛的时候，也是最难以抗拒外界伤害的时候。所以我们也不能说去年春天人们的信心没有很好地得以维护。

1901 年 10 月 9 日

市场定位

通常来讲，可以从两方面对股票市场进行描述：第一也是最重要的，是股票市场的主要趋势，这种趋势常被认为可以持续相当长的时间；第二是相对于主要趋势显得没那么重要的一种波动，这种波动，在时间和程度上都是多变的。

在牛市中，最好的交易方式是，买入并耐心地持有下跌的股票，直到其产生巨大的利润。如果牛市确立，那就应该提前购买。如果反复出现，就可以预见下一波上升将弥补现在的临时损失并带来利润。

在一个既定的熊市，最好的交易方式是，逢高抛出并耐心等待股票下跌。如果熊市到来，那么在股价下跌时更应该抛出股票。如果熊市的性质确定，那就应该加倍地谨慎。

一般来说，很难明确地说某一时期的股市是处于牛市还是熊市。当然，1897 年、1898 年和 1900 年期间，关于这一点，毫无疑问。那明显是定义鲜明的牛市，虽然时不时存在着许多干扰因素，但这些干扰因素只是局部的，并不影响股市的主要趋势。

判定股市为牛市或熊市的标准是平均股价，平均股价可用来衡量两种不同股市之间的好坏优劣。在熊市中，股票价格通常会产生一系列漫长且不规则的波动，当然波动的结果是确定的，那就是平均股价下跌。

现在我们以去年五月份至今的股票市场为例来说明。迄今为止，它已产生了一系列的波动，且波动的原因都是大同小异。铁路股票的价格已经达不到 5 月 9 日的收盘价。股价正在走向一个新的水平，或高或低。虽然不能肯定股市的主要趋势是上升还是下降，但有一点可以肯定：平均股价正在逐渐地接近最低点，而并非最高点。

工业股票的平均价格也可以证实这一现象。5 月 1 日的最高价达到了 75.93 美元，然而 5 月 9 日收盘价已经跌到了 67.38 美元，平均股价已经跌到了 64.68 美元以下。这一水平，明显低于之前的最低水平。很显然，工业市场正在不可避免地走向萧条，因为工业股票在股市中的地位，越来越微不足道。

我们之前所列举的事实，都是为了证实股市的主要趋势。而第二种波动所呈现的却是另外一种现象。股票市场很少出现连续上涨或下跌，其收益和亏损来自股市的不规则波动。即使是在熊市，这种持续数天的上涨也是常会出现的。

因为存在着一群极富自信的投资者，总想长期持有手中股票。这是因为短线股票的卖方必然成为买方，然而长线股票的持有者，却鲜有可能成为卖方。出现这种现象的原因在于：当股票供不应求时，借款人为了缓和自己的恐慌，通常会四处筹款。虽然会面临困难，但这些筹款和其他因素相结合，使得在熊市出现的反弹比牛市出现的复发式的上涨更频繁，即使两者的波动趋势有些相似。

此外，还有很多投资者持有这样一种心态：如果股市持续低迷状态足够长一段时间之后，就应该转换了。这时候应该买入股票。买方的数量和力道都很大，足以造成他们所预期的股市反弹。

专业交易商认为，现在的股市就正好处于一个反弹期。这些交易者都买入了股票，并期望股市的反弹和之前所显示的潜力，能够带来收益。问题在于，股份已经连续跌落了一周之多，并且毫无止跌的迹象，所以不管市场将来会做什么，它现在就应该有所行动。按市场运行的规律，这种说法似乎合情合理。然而，每种规则都会存在例外，而现在就是一个例外。不过可以明确指出的是：如果股市没有快速反弹，交易者会将手中的长线股票抛掉，并贱卖掉短线股票，以致于当股市低迷到市场必须做出理论上应有的行动时，这些抛空了股票的交易者，又会因某些原因而懒得跟风。

1901 年 11 月 20 日

关于普通的散户投资者

我们收到过这样的来信，在此附上供读者过目。来信者要求我为他提供一个可以保证巨大回报，并且以往收益良好的代理账户。来信者相信与其自己操盘，不如请市场专业人士代理更好。但是他们信赖的这些操盘者真实可靠吗？你认为他们的操盘策略真能安全盈利吗？

我们经常收到这类来信，也回复过很多次，但仍然很难让人们认清真相。市场外的人们很想赚钱，他们完全相信华尔街的专业人士知道市场会怎样运行，因此关于提供代理账户的唯一问题，就是代理操盘机构的真实可信度了。

事实上，华尔街的专业人士，即使他们离交易所很近很近，也根本不知道行情会按照怎样的走势来变化。事实上，他们知道得越多就越不自信。大多数情况下，连最自信的人都明知市场的多样性以及投资操盘面临的困难程度有多大。

进行股票交易的人们，可以作出的一个基本结论就是：任何人如果声称他知道行情将如何演变，而不是告诉你他只能根据现有的特定条件去分析预测市场，那他一定是个不值得信任的经纪人。任何人如果声称可以提供代理账户，而且可以一如既往地帮客户操盘赚钱，那肯定就是骗子。首先，他承诺了自己无法保证做到的事情；其次，如果他真能做到，那他绝对只为自己操盘做交易了。既然他为自己操盘交易可以赢取全部收益，又何必如此热心代理客户操盘？何必辛辛苦苦对赚取占客户利润八分之一的小佣金如此在意？

股票交易市场的管理者，肯定不允许其下属成员宣称可以提供代理账户，而且任何股票交易的职业操盘手，如果声称他正全力通过为客户提供代理账户盈利来开拓业务，那他将失去自己在行业中的立足之地。同行们必然认定他要么不讲诚信，要么不自量力。

我们不能肯定任何职业经纪商绝不可能提供代理账户。他们有时候是可以的，但只能很少量勉强提供，而且他们只为和自己有亲密关系并充分理解投机理念的人提供，也就是为那些知道有可能失败，知道亏损和获利概率相当的人去提供。我们可以很肯定地说，真正的职业经纪商把提供和接受代理账户看成是相当严肃、责任重大的私人友谊需求，这并非因为他们不希望见到自己的亲友赚钱，而是因为他们清醒地知道，这种代理账户往往意味着朋友和金钱的两败俱伤。

因此，当一个没多少资本也没什么名声的人在媒体上宣称："征集来自陌生客户的代理账户，并有望为客户赢取每年25%到250%的利润，仅从利润中提取八分之一的佣金"时，我们只能用"欺骗"来描述这种宣传。华尔街那些拥有实际经验的投资者常常很惊讶：为什么这些人们轻易就把钱放到那种骗人的账户里，然后又纠缠在那些代理经纪商的办公室外，哭诉说自己辛苦赚来的钱被骗走了？

一两年前很走红的某代理公司的头目常说：如果美国政府可以不过问他的邮件，听任受骗者寄钱给他，他就不会要求更好的工作以及更快的致富道路。不少呈堂证供一再说明：那些宣传为公众代理投资包赚钱的骗子们，收到了成千上万封来信，许多信里面还装着钞票。然而这些钞票从来没有被投资到股市中，这些骗子们根本不是什么投资经纪公司的成员。除了攫取这些钞票，他们甚至没有假装做投资任何交易。收到的小额资金通常被寄回给了被骗者，作为所谓的投资利润。

我们相信这是一个很普遍的案例：某人汇去100美元到上述类型一家代理公司，一段时间后，他被告知赚了10美元；再过一段时间，又被告知赚了15美元。这时，代理公司通常会建议他再投100美元到代理账户。如果又汇去100美元，他会被告知利润又增加了，但需要投入更多的钱。这些人偶尔会收到一些"利润"，这样他们就会热情介绍更多的人加入未来的受害者名单。

然而最后，即使不总是千篇一律，结局也会大同小异：即由于意外遭遇一些完全无法预测的突发行情，导致投资丧失殆尽。通常还会巧妙地设计成受害者某种程度已经欠债，这样就可以迫使受害客户不再要求归还所谓的投资成本，而是忍痛接受既成事实。受害客户作为代理机构的"上帝"，可以神秘地参与余额分配，即用他们之前的利润与欠债抵消了事。

投机绝非最简单易行的致富手段，但通过鼓吹能保证赢利来诱使人们盲目参加共同集资的投机行为，最终注定会被发现。然而人们公开要求参与代理交易账户这个事实，往往成为他们这种欺骗行为的最全面、最充分的理由。

1901 年 11 月 28 日

理论的猜想

我们收到这样的来信：有人告诉我全年 52 周里，有 45 周的周一是买股票的最低价日。是这样吗？为什么是？是否存在一个可以识别的股价最低或最高的日期？是哪一天呢？

可以很彻底地回答：如果周一真是一周里的最低价日，那它很快就不再是了。因为每个人都希望在周一买入，那么周一很快就成为最高价日了。这种类型的理论和书籍对投资者来说很常见，他们认为市场存在一个充满神秘色彩的机制，而不是一个主要靠尝试出价来交易形成期望的价值变化。股市上各种事件都被扭曲，用以解释该买卖或者不该买卖股票。

这些理论存在的理由，亦即它们看上去很有道理的原因，以及为什么这些理论不可避免要出错的原因，就是他们部分适应了一般机会法规。这个法规的基础就是：类同的现象很可能周期性发生。如果一千个黑球和一千个白球放在同一个袋子里，让每人从里面拿出一个球。当拿出的数量相当大时，白球和黑球的概率就会趋于一致。

有可能当某人拿出很多黑球而没有拿出一个白球，而后另外某些人又会拿出足够的白球来重建平衡。足够多的实验可以建出一个表格，显示连续拿出任意色彩球数量的概率。

这在某种程度上也说明了股市中出现"走强日"和"走弱日"的数目。对此也有很多其他因素的影响，但这些影响通过时间的长期作用，可以相互抵消，从而形成一般性的法则：类同事件会周期性地反复发生。

在牛市里，周一通常可能被期待为相对较强的一天，因为投资力量通过周末应该有可能获得休整和积累；另一方面，周六可能被认为有未充分释放的利空影响，因为周六只开市两小时而不是五小时。然而这些影响是否长期有效很值得怀疑。通过对各种排列组合重复变化的长期考察统计，说明一周中任何一天都同样可能成为"最强日"或者"最弱日"。

也许在历史的长河中，会出现每一天都曾经既是最高价日也是最低价日。可能有很多周的周一都是本周最低价日，一旦这样，短期内周一就不会再维持为最低价日，而一周内其他某一天就可能接替周一成为最低价日，从而达到概率平衡。有些人观察到一段时期内周一是最低价日，就推测这可能成为行情变化的永久因素。其实这只是应验了一般或局部的自然法则，并且启示我们不要去期待一成不变，相反要认识到变化的永恒。

在投机中只有一条不变的法则，那就是可以肯定从长期来说价值决定着价格。做市场的交易者最基本的努力方向就是预测价值，并且通过围绕价值调整价格来赚钱。

市场上经常发生违反价值规律的人为股价操控。大机构操盘者，如果相信某只股票基于现在的价值，几个月后就能卖出更高的交易价格，那他就有可能压低股价，来迫使其他人卖出手中持股。所以很难在行情刚开始时，判定人为的操控与价值变化是同向还是反向。但是经过很短一段时间就会显山露水。因为当股价缓慢上升时，大机构操盘者希望低买高卖，维持上涨势头；而当他看到股价已经上升很多时，就希望行情看起来最强势最疯狂，以便实现逢高派发。对此不同的人会有不同的研判和不同的评价。不幸的是，价值，尤其是铁路股票的价值，比起以前可以更精确地被确定。这就使得旁观者处于一个更有利更清醒的位置。因为当他的价值观与其他人不同时，他至少可以按照自己的观点来行事。

由于市场法则的应用十分困难，交易理论往往没什么实用价值。用下面两种方式中的一种来交易更简单和安全：要么确切知道这只股票的价值，作为投资者围绕价格偏离价值的距离来操作；要么依靠新闻信息、大盘走势和模棱两可的观点来盲目交易。两种方式各有利弊，但比起其他任何复杂的理论体系，这两种简单方法，都可能带来更好的结果。

1902 年 1 月 9 日

市场的位置

很显然，市场受到了明确的压制。上周一系列不利事件的发生，抑制了买盘，导致活跃的牛市行情偃旗息鼓。迹象是市场将要么在这个水平上横盘一段时间，要么后退养精蓄锐，直到力量聚集、使市场再回升势。一些出色的分析师们相信，从 12 月 12 日的上升来看，更明智的是让市场因素重新发挥作用，并且尝试在大盘进一步抬高前，鼓励快进快出短期获利。

代理机构说前几天买盘实力已经下降，调查显示人们除了打算在下跌期间购买股票外，对利空新闻也很焦虑。当看到机会时，投资者除了暂时性跟进，似乎没有寻求更多的热情。关于投机，有一件事可以肯定。那就是比起以前，市场对坏消息变得更加敏感，而且这种坏消息好像越来越多。从 12 月 15 日起，出现了一系列事件：阿斯法特沥青公司（Asphalt）的失败、艾弗雷特—摩尔公司（Everett-Moore）的尴尬、对洲际公司的商业调查、首席检察官对税收贷款的认定、天然橡胶公司（Crude Rubber）的破产，以及其他失败和骚乱的传闻。

即使是钢铁企业发布的赢利预报，虽有好的一面，但也有不利的一面。它强烈反应出 11 月和 12 月每月的利润将在 1200 万美元左右。但即使实际数据很大，销售形势仍然令人失望，而未能刺激钢铁股票的购买热情。

所有这些，都打击了股市信心的基石。由于 5 年的牛市，这个基石已经十分稳固，不会轻易被破坏，但一次又一次的打击，最终导致了它的崩溃。看着现在的市场，就可以认识到这些打击带来的后果。

当市场处于一个较低的水平时，股价通常对出现的打击很敏感，但此刻股票持有者却感觉情况很快就会好转。当股价处于高水平时，打击的影响会暂时被弱化，但股票持有者感觉情况不可能仍然那么好，对保持在高水平的股价不报过份幻想。因此，市场不太确定能从打击中恢复，而且经济形势总体上也不安全。

毫无疑问的事实是：保守的操盘者正在降低他们的承诺，因为他们有机会把理由简单地归咎为：经济太繁荣以至于很难持续。当股价在人为操作和短线条件变化的影响下发生波动时，就会有更多的空间是下降而不是上升。

在股票交易所的圈子里，同样的心理感受变化，体现为长线投资账户的持有人现在停止了下单，而不是像几年前那样仅仅考虑停止过度的下单。他们认识到：市场将保持经常性的摇摆波动，而不在乎长期趋势如何。但谁也不希望看到股市长期背离他们太远。当然，没有必要应用到处于较高点位的股票，也不必要应用到像大幅度下跌的库珀铜业公司那样的股票，因为现在的投机环境已经大大地改变了。

那些发生在库珀铜业公司股票上的事情，迟早也会因为相同的原因发生在一般的股票上。价值的下降会导致股价的下降。虽然不会像库珀铜业那样快速一蹴而就，因为一般的条件改变会更慢些，但结果将会是一样的。

如果市场有适度温和的下滑，反弹恢复就会来得快些。但是这个月股价反弹的夭折将十分不利，因为已经几乎没有一个更好的新局面。因为这次反弹的夭折，对数周前的成功引发了一些疑虑，牛市行情的领导者坚持认为这个月会有更多的上涨。但在某些情况下，这种愿望也许走得更远了。下午的上涨被认为是企图巩固牛市情绪的运作。

1902 年 1 月 11 日

顺势而为

一位记者写道：你们看上去总是建议购买高价股。为什么你不建议低价股呢？这些股难道还能降得更低？难道不可能变成高价股吗？

这看上去似乎很对，但是却有不对的地方。低价和高价都是有误导性的，一支高价股可能实际价值很低，就好像一支低价股可能实际价值很高一样。价值高低很大程度上取决于判定价值时的市场状态。

牛市不是一个膨胀的气球，它更像上涨的潮汐。价格是结果而不是原因。因此开始时股票价值往往很低，于是企业致力于改进，企业利润也开始增加，股价就渐渐增高。具备还债能力的铁路企业必须能够付清其成本费用，或者将本企业变得有偿还能力。当经营状况有所改善时，首先体现的是企业债券价格效应。例如售价为 80 美元的企业债券，作为更大的、有着更安全收益边际的债券，很可能因为经营状况的改善而相应上涨到 90 美元。

随着经营状况的不断改善，先前以 60 美元卖出的优先股，可能开始产生了利润。利润可用于优先股的分红，而且股价也慢慢上升。利润的进一步增长会为下一只优先股提升价值。在这个过程中，即使没有什么分红，普通股也会显示出分红预期的迹象。

对于购买这些有价证券的建议，应该是基于收益取得的增值以及每种证券的业绩增长。刚开始时，购买债券比购买普通股肯定更明智，除非投资者确实对未来充满信心，愿意等待两三年来获取收益。

通常，先持有一段时间的债券，然后换成优先股，再换成普通股。这样的策略过程会更好些。伊利股票在目前的牛市进程中提供了一个很优秀的成长例证。在伊利股票被忽视之前，牛市已经历了四年多。雷丁股票的情况几乎一模一样。最近的市场调查显示，对大多数活跃股票或多或少都差不多。除特殊原因暂时导致了特殊结果外，随着股票价值的改善，投机活动都显现出很大程度的规律性。

同样的推理可以用于对熊市的考量。第一次出现的收益下跌，将降低普通股的价值。因此，普通股会首先走弱，而且由于更多的投机活动，很难恢复原收益水平。比起便宜的股票，相同资产的安全等级越高，股价下跌可能会越稳定平滑，也会恢复得越好。因为股票的实际价值仍然没被损害，尤其对普通股而言，股价差额不会很大。如果企业利润继续下降，其他相关股票也将经历相同遭遇。

这就是为什么我们几乎不建议购买低价股。如果一只股票5年牛市后依然保持低价，推测很可能是对目前的利润而言股本扩展太大，等到扩展稀释后，普通股能有相应的高价值，高股价还需要一些年的发展。因此，现在购买也可能导致数年间的损失，因为要期待到牛市期间的价值巨大增长那就太迟了。

至少在牛市初期，低价股还是有希望增值的。到牛市末期，投资几乎可以确定必然亏损。无论谁相信牛市需要超前投资，就必须相信只要买入优质股票，其安全获取的红利额度就有望防止任何合理怀疑的亏损风险，有望从业已发生的股价大幅度下跌中收获投资回报。

在一个业已形成的熊市里，除了回补进空头恐慌性超卖的股数外，几乎不值得购买任何东西。但很多人不喜欢弱势的一方。即使他们承认熊市在演变，他们试图针对主流行情逆势操作。这样的人也应该只在暴跌时购买，而且应该继续持有那些相信会继续支付红利的股票，不应该展示他们在持续为熊市的"跌跌不休"买单。

1902 年 1 月 23 日

下一场强烈的波动

市场已经在极端狭窄的区间摇摆了几个月了，而且还会持续摇摆，直到有足够强的冲击力来促使建立起新的股价水平。这个新的股价水平，也许更高，也许更低。如果更低，这股冲击力量将不利于任何方向的发展。如果更高，则保证金交易的可能性降低。因为现在环境条件还不至于无法维持，而且市场已经对弱势盘整习以为常。

对牛市最强烈的影响，可能和资金流量相关。由于过度税收积累在财政部的资金状况需要补救和改善，阻止财政进一步积累或重建新的税收补救组合措施，将会给股市带来重大变动。

政府肯定会努力减低战争税收。如果重建措施成功，财政部门对市场造成的负面影响就会降低；如果重建措施失败，就金融市场而言，国会议员舒尔兹（Sulzer）提交的法案中国家银行的政府储备金就可能成为同样实现减税目标的货币市场手段。华盛顿对此有强烈的兴趣，美国政府相信该措施将会是用以克服现有困难的最有效手段，并且这一提案已经走过了相当长的法律程序，从一个拥有广泛赞同建议的改革法案，演进到包括由 50 万美元压缩到 20 万银行资本的资金额度，从而使其效益测评更受公众欢迎。

另一个有影响的市场传言是说最高法院决定支持北方证券公司。该谎言的后果首先在于批准一项协议的执行，该协议可能开启闸门大量释放资金流动性，而且使得赢利处在一个更可靠的位置。第二个后果可能是实现控股手段的合法化。该协议的实施可能在很短时期内通过股市实现对公司股权的控制。

如果最高法院裁定，收购兼并和股市竞争两种方式都可以合法地实现公司控股，那很有可能一开始是通过股市集中股权这种方式。无论是否存在竞争对手，许多困难都可以用这种方式来克服。这样的机会不可以丢失，市场可能有一段活跃的投机时间，通过大量的交易实现新的股权组合。

另一个不是十分必要、但是到目前为止，交易员应该牢记在心的因素是：冬小麦收割的结果。如果今后几个月小麦和铁路收益一样能得以维持，市场主力就会针对目前尚未被关注的制造业以及其他利润良好的企业安排新的投资计划。

从重大利益角度看，铁路企业正显示出具有承受损失的实力，但并不希望承担太大的责任，除非知道关于今年可能的收益状况。如果冬小麦收成良好，那将首先确定目前价格是否可以折射出一幅不久将来的繁荣画面。

另一个不利的推动力可能来自资金面。庄稼毁坏或对经济形成截然不同的抑制。钱总是一个令人沮丧的顽症，它频繁地引起并发症。庄稼毁坏很严重，因为灾害不可避免。经济的停滞也有可能发生，主要因为繁荣已持续了这么长时间。然而繁荣的迹象仍然被关注和观察到，这些观察方法在交易中产生。市场显示出百分之四十的增长发生在百分之十的场外投机交易中。

牛市的停顿总是始于一些削弱信心的事件。当信贷规模开始萎缩时，交易量就开始减少。这导致失业增多，这种强力的循环一旦建立，就将自主持续运行，直到产生自我修复机制。

在那些最有资格的股评人士中，关于今年是否能形成高股价的看法大致相同。也许可以很公平地下结论说：当拥有最佳信息设备的专业人士们意见不一致时，为了维护市场信心和交易的持续性，环境生态被公认为是和谐一致的。

1902 年 1 月 24 日

市场的短期行情

一位记者写道：你证明股市代理交易商每十年里有大约一半的时间都在辛辛苦苦地做空，在犹犹豫豫地抛售不属于自己的资产，那你会写不清楚做空者是如何正常交易的吗？

的确如此。在过去的四十年里，做空市场的抛售至少占一半的工作时间是明智的，同样正确的是，公众不喜欢卖空。多空拐点确实间隔很长时间才会发生，而且拐点对于误入歧途者具有毁灭性。但由于这种毁灭性也几乎很少发生，以至于大家把它看成是很遥远的危险。大概十年才有一次。

我们已经解释卖空原理很多次了，但还要再次说明一下这个过程。

客户 X 下指令叫经纪商 A 帮他卖空 100 股联合太平洋公司股票，假设当前价格与票面价值相等，为 100 美元，经纪商 B 是交易对手。由于经纪商 A 手头没有该公司股票，于是找经纪商 C 借 100 股联合太平洋公司的股票，并支付其 10000 美元现金作为保证金。事情暂告一段落，直到联合太平洋公司股价上下大幅波动，使客户 X 想平仓了结。假设此时股价下跌到了每股 95 美元，客户 X 要经纪商 A 帮他买入平仓。于是 A 从经纪商 D 处买入 100 股联合太平洋公司的股票，将得到的股票归还给之前借给他股票的经纪商 C。C 将之前的 10000 美元保证金归还给经纪商 A 之后，A 只需将其中的 9500 美元给经纪商 D，则剩下的 500 美元除去交易手续费后便是 X 客户此次卖空交易获得的利润。

当 X 在等待市场机会时，C 拥有 A 的 10000 美元保证金。在通常情况下，他还要为这笔钱付利息。这个利息就叫做股票借款利率，通常低于现在有抵押资产的贷款利率。

与贷款利率相比，这些股票借款利率越低，就越有更多的人会借这只特别的股票，借款利率，就是那些想看短期利息是大还是小的人观察的要点。

假如需要借一只特定股票的人很多，借款利率就会很温和，这意味着在引用的这个案例里，C 可以使用 A 的 10000 美元保证金，而几乎不需要付利息，还可以另外获得少量的额外费用。例如当一只股票的借款利率是 1 至 32 个点时，就意味着 C 从 A 那里得到的 10000 美元保证金几乎不需要支付利息；而且 X 每天每 100 股还要付给 C 额外费用 3.12 美元，他也要支付这只股票的所有利息。

在普通的业务种类中，做空的想法与借股票交付都是不可能的。在股票市场，卖空债券或者股票都行不通，因为这样的有价证券在投资者手里，而非由经纪人代为持有，因此无法轻易借来。但是在活跃的股市里，借入股票并不难。

原因在于：每一位持有许多股票的经纪人都可以变通使用大量的钱。理论上，帮客户持有 100 份联合太平洋公司股票的经纪人，会通过使用客户的 1000 元、经纪公司的 1000 元、以及从银行借贷的 8000 元，来弥补购买用款。

因此，一个活跃的经纪人总是大量借钱。当他从银行借钱时，他要填补借款20%的差额。但如果他能借出股份，他将得到满值的股票，而且不必要增补他自己或者客户的钱。所以每个经纪人都愿意借出股票，尤其当股票借款利率低于市场利率时。在这种情况下，经纪人可以通过对那些长期客户按5%或6%的利息来收费。与此同时，他可能不需要任何花费地通过直接借出股票来获得利润。

从卖空者的立场来看，这使得他的操作很安全。通常，借活跃的股票像借钱一样容易，从发生频率上看，因无法借股票对空头的挤压很少超过难以通过经纪人借钱对"多头"的挤压。

对空头的挤压有时候是自然形成自生自灭，有时候则被操纵。当一位持有股票大户的朋友看到很大的短期下跌空间，他有时会试图劝说持股大户答应一两天内不借出股票，造成恐慌的空头因难以借到股票而无法平仓。持股大户如果答应了，经纪人也就不会被要求归还借出的股票。当他们再试图从其他地方借股票时，就会发现机会已经大大减少了。

借款利率有可能一天增长0.25%，还有可能更高。空头恐慌平仓，造成股票价格抬高，使持股者能够出手获利。这样的挤压逼仓通常只持续两到三天，因为到那时，股价的抬高导致该股的持有者要么卖出，要么借出。然后股价通常就会比之前降低。有时候，低利润是如此巨大，持续时间如此漫长，以至于有时借出股票反而会造成额外支付的费用。这通常肯定是股价下降的征兆。但额外费用的开支以及股息支付是必需的，有时就因此耗尽了利润，以至于经过相当幅度的股价下跌后，利润已所剩无几。据说古德（Gould）先生曾经整整四年后只剩下纽约中心公司股票。在买入卖出的过程中，他虽然赚取了巨大的利润，但其中很大一部分却被股息给耗掉了。

在选择一只股票去卖空时，首先应该考虑到该股价是高于价值的，未来其价格似乎会回落。它应该是一支活跃的股票，而且有可能是一只大盘股。它还应该偏向于是一只老股票，也就是说它有很广泛的持仓分布，而不是投资者集中拥有。它应该偏向于是一只高价股，而且股息有可能会减少。这样的股票应该在上涨时卖出，在适度下降时买进，比如说间隔4到5个点，只要市场看上去相当稳定。但如果市场确实变得很脆弱，只有部分的超跌股票应该被买入。某些空方投资者的希望可能是制造一次宽幅震荡、幅度高得难以企及的短线波动。股市的最好利润通常由那些抓住最长线或最短线机会的人获得，而且通常是他们在股市坚持数月或数年才获得的。目前，市场看上去似乎很平稳。

1902 年 1 月 28 日

铁路维修经费与股票红利的比较

在每家铁路公司的管理过程中，在那些希望剩余利润追加投资和那些希望利润分红的股东之间，总是存在分歧。业务部门总是赞成追加投资改善公司经营，总认为分红是把优良资产打了水漂。很多股票持有者不知道这种情形，不知道剩余利润通常应用于建造更好的铁路路基，而不是作为红利发给股东。

很显然，业务部门有责任首先对此作出说明。业务部门知道需要克服的困难、竞争对手的优势、缺乏设施的后果以及很多其他事情，这些问题决定着分红的前景。

这些事情在过去八年里尤其重要。在那段时期，铁路被重建和改建。由于竞争导致的速度减慢，使得通过减少开支来增加净利润变得十分必要，事情已面临重要关头，每一米铁道获取的净利润，已变得至关重要。

解决这个问题的步骤，已经引起了每吨每米的运载速度稍微降低，也引起了每吨每米单位利润的巨大回报，由于货运系统更加优化，导致更重的火车头来驱动更重的货车负荷。依靠更坚固的轨道和更结实的桥梁的必要帮助，铁道的弯曲度更少，更容易升级换代。

必须声明，在八年中，成千上万的资金已经被投入到上述工程里了。如果没有巨大的投资和业绩，没有铁路公司在上述领域的经营和维护，今天的高股价是不可能的。交易量的增加源于总利润的增长，但如果没有那些基础设施的改进，交易量不可能增加，或者利润也不可能获得增长。

当然，基础设施的改善，在某种程度上是基于股东分红的损失，现在应该停止这种损失，让股东们在分红方面得到改善。如果普遍同意所有的铁道都停止改进，那这种意见也许很正确。但除非达成一致意见（这是很不可能的）。如果公司管理者期望维持他们的运营，可以在一条线路上实现明显的改进，这将或多或少带动其他竞争线路的学习和追随。这种决策将依赖那些能够为结果负责的人，只要事实证明他们具有上述能力，而且投资的结果能够充分体现出成效改善的预期。

另一方面也不应该被忽略。按业务部门的观点，花在分红上的钱纯属浪费。其实只要考虑到分红，那追加投入到铁路建设中的钱就肯定不会被浪费。经验反复说明，当明确知道将要分红时，小分红以及大改进已经变得和大投入大分红效果相当，因为分红对于提高股价非常有效。

没有什么比安全获取分红更能增强一只股票的市场竞争力，也没有什么比怀疑分红的稳定性更能削弱一只股票。如果一家公司盈利 10%，那派送 5% 比派送 9% 的红利，无疑对这家公司的股票更有利。湖岸公司（Lake Shore）、西北公司（Northwest）、圣保罗公司（St. Paul）以及伊利诺斯中心公司（Illinois Central）股票就是这样的例子，上述股票能高价卖出，虽然分红很少，但众所周知其剩余利润都被追加投资在道路建设上了，因此股票的实际价值大大地提高了。

银行股票的价格，几乎统统是由利润而非分红决定的。在宣布分红前，银行股票很少能卖在高价位。因为大家都知道这样一种惯例：所有的利润都被划到投资盈余的账户中而不扣除支出和亏损，直到盈余向注册资本总量接近。如果银行的账面价值真能有铁路股票同样的实际价值，银行板块就会变成股市的明星和投资智慧的结晶。

再次，放入改善中的收益，在相当大程度上可以视为不可分割的盈余。股票持有者可以感觉到，他们迟早会得到这些钱，或者以增加股息的形式，在形势不好的时期贴补分红；或者派发现金或送股，来弥补在股市上暂时损失的优势。

问题完全转移到支出是否合理。不明智的购买，改进时的挥霍浪费、错误的判断以及短期行为，都对股票持有者造成损害。当这些现象存在时，股东有职责进行干预叫停。如有必要则改变管理模式，但是如果支出是合理明智的，则首先对公司整体资产，其次对每位股东都是有利的。

1902 年 2 月 6 日

为何收入增加？

1808 年到 1809 年铁路系统的收益增加，反映了全行业已从前些年的萧条中复苏。1900 年的增长是因为行业的普遍扩张，这是 1901 年大增长的一大因素。

关于玉米以及燕麦丰收的减产预期会使今年的收益减少，但直到现在为止，尽管减产预期出现了，但减产并没有发生。虽然玉米收入减少，但是这个损失被各种交易的增加弥补了。

现在问题是各种交易是否能够继续增加。产业扩张一旦启动，就会促使其发展到达某个程度。铁路公司开拓大量新的业务领域。当铁路公司决定在其资产上投入成千上万的资金时，它也提供了很多各种不同的工作岗位。

新出现投资的需求，不仅仅是新的铁道，而是超过 20000 米的铁道。新建总量很大程度刺激了生产利润，这样的刺激不仅直接提供商品原料给铁路公司的制造部门，而且向制造商们供应原料的商家也可以感受到。追溯这些供应商，可以发现大量的劳动力就业，以及成千上万的劳动者聚合在一起的能量，他们都因铁路系统的扩张而不同程度获益。

只要劳动力有效地就业，商业活动就会兴旺起来，因为劳工就业的工资要消费如此大量的日用品，以至于他们为商品供应商创造了主要的市场。每个消费者无论何时增加一点点购买量，其产生的效果都可以让所有的零售商感受到。这种感受扩散到股票经纪人、制造商以及铁路系统，一直到食品加工企业，也有效刺激了市场对其他各类商品的需求。

这种扩张是对交易量增加的真实解释，铁路公司因此弥补了由于减少超过 75 亿蒲式耳谷物运输造成的损失。

这种扩张还能持续多久？比起过去它已经延长了数年。已经有更多的生产原料用于经营扩张。更多的资源、更多的财富、更多的人，在市场发展的所有方向、所有量级上都体现着这种扩张。

此后当收缩来临，就可能有一个减少收缩的趋势。

首次的核查有可能动摇信心，而且导致由于担心而重新安排计划。通常那时候收缩已经开始，而且毫无疑问市场已到了需要重新观察判断的重要点位。但就目前而言，危险并没有如此临近。铁路公司最近已经较大规模地发行了债券和股票的事实，意味着要支出更多的资金和采取更多的刺激措施来努力扩张。从大型制造公司对帐本、名册、工作簿的预订来看，未来几个月大量劳工的就业还可以确保。

当然，大多数产业扩张依赖于今年的收成。任何主食的严重缺乏都会产生非常严重的影响。另一方面，好收成将会增强信心，并且使制造厂商和贸易商愿意承担新的义务。

这些就是保持最近收益以及在未来几月可以持续扩张的条件。幸运的是，这是可以观察到的。大多数正规的市场体系每周或每月都要通报收益，投资者和投机者都可以观察到何时发生了将足以影响收益的明显条件变化。

在目前的点位上，企业的收益信息正随时影响着市场情绪。只要收益继续增加，股票价格就不会明显下降。

1902 年 3 月 11 日

高价股

在一些市场人士的圈子里有这样一种感觉，就是像西北公司（Northwest）、雷克万纳公司（Lackawanna）这样一些高价股都是人为造成的。在可能大幅下跌的情况下，这些人可以承担得起风险。经过历史的比较，已经产生的高价和随后的崩盘价位已经对此作出了结论。

这些观点并非必然的事实。里士满客运公司（Richmond Terminal）确实被卖出了高价，而且一天后也崩盘了。但里士满客运公司的价值并不是被人为抬高的，而是过去数年发展的结果。一只股的贵贱不在于它的股价，而是依赖于这只股票的价值。以 230 美元卖出的西北公司股票其实比许多低于这一价位的股票更加便宜。

联合太平洋公司（Union Pacific）看上去似乎很自然地从 15 美元恢复到了票面价值，艾奇逊（Atchison）、北方太平洋（Northern Pacific）、密苏里太平洋（Missouri Pacific）以及其他公司股票也不应该上升 100 点，因为看来这些公司价值的增长也太容易了。

就好像那些初始价格很低的股票一样，西北公司、圣保罗公司以及其他高价股的价值已经有所增长。西北公司从 130 美元上涨到 230 美元，就像其他上升相同幅度的股票一样正常。

西北公司就好像许多以票面价值卖出的股票一样，它现在的股票价格也是基于其价值。西北公司股票由优先股的毛利润每米铁道每年 3382 美元，发展到现在普通股的 6380 美元。当应用到每米如此小的计量单位上时，毛利润从每年 5587 美元上升到 8300 美元，必然会产生明显的效益。

同样的原因也适用于圣保罗公司（St. Paul），它的股价从优先股毛利润每米铁道每年 6750 美元发展到普通股 8750 美元。伯灵顿公司（Brulington）没有优先股，但是其普通股达到了每米铁道每年毛利润

12914 元美元，仅略低于圣保罗公司股票。

很明显，比起公路公司利润从每米 20000 美元增加到 50000 美元，一定的利润增长会更加导致资本价值的上升。在 1895 年期间，实力充足的公司都发行了巨量的债券，而且作为一个整体，他们与 20 年前组成的公司相比，确实已处于不同的量级。

当利润巨幅增长时，格兰杰公路公司早已非常适度地增发了债券。不可避免，在经济繁荣时期，他们的股票会卖得很高，这样也很合理。

像西北公司和雷克万纳这样的高价股票虽不存在特别的崩盘危险，其股价格有时也许会迅速下跌。因为当高价股有时被迫要出手时，购买者往往很缺乏。普通投资者出于对价值的无知，总感觉购买高价股的风险高于低价股。但下跌时，只要价值接近目前水平，这些股票就会很快找到买家，从而快速复苏。如果其利润大大下滑，其股价也会下跌。反之亦然。

圣保罗公司的优势在于它是相对便宜的股票之一。它每米铁道的负债较小，利润很大，业务区域也在扩张。就好像它跟随着西北公司涨到了现在的价格一样，很有可能还会跟随西北公司站上 200 点。

上述意见不要理解为建议大家去投机购买圣保罗股票。这打算仅仅用来说明，在有利的商业条件下，圣保罗公司相对很小的负债正常增加，并不能长期地大大提高其股票价格。

1902 年 3 月 22 日

工业价值标准

我们常常收到读者的请求，咨询如何看待工业证券。这就好像在我们《价值的研究》一书中所分析的铁路证券一样。看上去是希望能够针对工业证券建立起某种价值标准体系。而我们的一些读者显然很惊讶，奇怪我们为什么没在这件事情上倾注更多的精力？

铁道主干线的价值分析过程，依赖于相互比较。我们在处理铁路账户时采用的方法由两个过程构成。第一就是对官方数据不同程度的重新整理，通过详尽的事实披露，尽可能引人注目地揭示出在我们所认为的重要方面，纵向比较这家公司前几年的状况和现在取得的历史进步。第二就是通过相应案例与其他同类型公司横向比较，揭示出这家公司的经营特色和业绩、效率的相对优势或劣势。这样，对于上述分析研究方法有价值的因素包括两方面，一是找到能够披露重要事实的人，二是找到能够对公司横向和纵向进行公平对比的数据。

现在很明显，对大多数工业公司而言，很多必需的信息数据都很缺乏。目前新公司占大多数，我们没有过去的案例可以比较。例如美国钢铁公司就完全没法和其他公司进行比较。而且太多的工业企业无法提供按上述方式和标准编写的报告，而真正完成这样的投资分析报告，至少需要一年。

那么，我们或者其他人怎么才能及时认定那些公司证券的实际价值呢？能够做到的最好方式就是——价值评估。

确实需要一些时间去揭示目前市场上大多数工业证券的价值。时间绝对是一个必要的因素。即使每家工业公司都提供正确的报告，在我们能够自信地分析认定这些工业证券的实际价值之前，还是应该等待一段时间。

很多人都对我们感到不耐烦，显然他们认为我们在这个问题上态度极为保守。但是如果我们要做好上述横向和纵向的对比分析，就必须实事求是地去认真落实。

没有上述我们提到的两方面必需材料，即足够的信息和比较的基础背景条件，投资者对于一个工业证券的实际价值一定弄不清楚。由于对现在交易的大多数工业证券而言，这些必需材料普遍缺乏，很显然投资者不知道它们的价值。这样就只能推测出这个价值的大小。换句话说，对于现在大多数工业证券都必然被用作投机，而不是投资。

这并不是说对于上述证券中的大多数不会有人投资，有时根据持有的时间长短可以证明是否适于投资。但直到时间流逝，如果投资者不能对那些证券做到"优胜劣汰"，则任何人也不能为他们代劳。所谓对某只股票应进行投机交易，并不是说该股票没有投资价值，而是说它的价值不确定。当某证券的价值能确定时，就可以对它进行投资；如果某证券的价值高于市场价格，这就将成为一项好的投资。

我们的报告试图把上述那些问题分析整理清楚，因为公司的管理层总是感到冤枉，认为我们把他们的公司股票描述成了"投机型"，显然他们明白"投机型"意味着企业毫无价值。一只股票除非其投资价值能显现出来，不然它就只具有投机性。而在某种意义上，"投机型"股票反而对投机性资金的吸引力较小。但如果具备投资价值，购买该股就会被排列在各种投资等级中而受到广泛重视。投资的本质是其价值已知，投机的本质是其价值未知。

1902 年 4 月 22 日

市场的位置——并非全靠投机——
稳健保守才是唯一安全之策

可以很安全地说，最近股票市场的上涨，总体上已达到甚至超过了一年前的最高水平。即使允许一些股票的异常变动，例如 芝加哥和西北公司（Chicago & Northwestern）、泽西中心公司（Jersey Central）以及路易斯维尔和那斯维尔公司（Louisville & Nashville）。我们的报刊也清晰地暗示了这一态势。因此，那些把去年的点位看成是经得起证明的市场高点的人们可能要失望了。而且，大规模活跃投机活动的重现十分令人惊讶。目前特别急需回答的问题有两个，就是：

1. 目前的投机活动处在一个安全的框架规模里吗？

2. 用价值来衡量的话，现在的股价是否相对偏高？

对这些问题提供答案，是《财务批判》杂志的任务。目前，批判领域由两个对立阵营或学派占据，他们都有点歇斯底里。一个派别把目前的交易看成无节制的掠夺，把华尔街视为一群狂热的赌徒，另一个派别"骄傲的点位"则自称预测得到了应验，并嘲笑其他派别的警告毫无价值，甚至争辩说只有好公民才购买股票，因为好公民为了伟大国家的繁荣，敢于以投资股市的实际行动来蔑视对方派别的无所作为。同时也有一些事实没有争议，质证这些事实也许毫无意义。

与一年前相比，银行的业务毫无疑问有了更大的扩张。贷款规模增长，即将实施的财团化操作会增大这方面的压力。不能说目前货币市场里站立喊价交易的空间已非常之多，来自汇率方面的压力越来越不利于整个国家。大量的投机活动仍然在进行中。一群胆大包天的西方投机者小集团，以及六种类型喊价的"交易池"正在市场里忙活，挖空心思地发挥着各自的特长。华尔街上充满各种"小贴士"，兜售各自的证券经纪业务和荐股炒股小技巧。其特点是现炒热卖，很多这样的"小贴士"实际证明也有道理。虽然很想说些愉快的事，但我们不得不承认对上述第一个问题的答案是很消极的，目前的投机环境真的不太好。

至于第二个问题——用价值来衡量现在的股价是否相对偏高？很有必要对价值和价格加以明确区分。价值决定价格，盈利决定价值。确实，去年利润增加的百分比较之于股价增长的百分比要大。如果目前确定利润将持续稳定，那么股票的平均价格可能就不会高于1896年的水平。但是我们能确定盈利会稳定在目前的水平线吗？

盈利决定价值，长期来说，产量决定盈利。当然，要确定今年的产量还太早。在西方，先决条件不能保证任何东西，这是一个基本常识。气候相对比较干燥，除了个别地方，冬小麦现在的生长条件都不太好。在西北部，种子的生长环境也很不利。

现在，急需要今年的丰收，才能避免长达五年迅速增长的倒退。每个人都知道，低产量会导致对投资的阻碍，也会阻碍投机活动。接下来的六个星期，对冬小麦的种植区是一段非常重要的时期。之后假设春小麦和玉米种子能处于有利的生长环境，则关键的七月就会顺利过去。

还有一件严重的诉讼案需要考虑，现在它已经在阻止我们完成工作计划，而且可能有更严重的后果。最后处理好这件事情还需要好几个月。

因此，未来充满了不确定性。随着投机的猖獗，铁路股票价格平均达到 6 年前的 3 倍。银行存款量增加，国外贷款量巨大，产量也不确定。那些为了保证安全而放弃可能的投机机会的人是有道理的。毕竟，华尔街是要为频繁拒绝机会提供帮助而买单的少数地方之一，而这些地方在错过赚取利润时并没有损失金钱。

就股票市场而言，从快速发展阶段开始，严格的保守主义，在任何时候看上去都像是唯一的安全策略。

1902 年 5 月 2 日

没有宣传——不安全

我们收到了大量关于各种证券的咨询。很多证券都是由基本上没有发布任何具体信息、没有令人满意的特色的公司发行的。在缺乏有关公司事务的官方信息的情况下，我们被迫要回答这些咨询，就必须谢绝对那些证券的价值给出任何意见。很明显，没有足够信息时给出的意见仅仅是一种猜测，"询问答复"栏目并不是用来提供猜测，而是用来摆事实讲道理给出意见的。

很多公司都不发布足够的信息，使人们不能对其股票和债券的价值形成一个基本的看法。许多公司也提供一些信息，但更新的频率并不高，信息量也不够大。一些公司定期提供一些令人满意的信息。并非所有提供足够信息的公司都是成功的，他们的证券也不都是好的投资品种。另一方面，并非所有在手术方面表现不好的公司其财务状况就一定不好，他们的一些证券也有可能是好的投资品种。

然而，有个观点仍然不能放弃，即一个人不应该把自己的钱投资在自己不了解的东西上，如果要这么做，那他就是在投机，而且是一种很危险的投机。换句话说，我们按照一般的常规设想，一家公司不为股东和公众的利益着想，不能经常发布一些官方信息，那么如果它是一家大公司，就无法帮助股东利用信息进行投资分析；如果它是一家公众不感兴趣的小公司，它就没有资格期待公众购买或者持有自己的证券。而且长期来说，这是一个很好的法则。公众完全可以认为：买进那些不发布信息的公司证券，较之于买进那些经常发布足够信息的公司证券，可能会亏更多的钱。

这种公司操作的大量证券，目前在股票交易所内和交易所外的"场外市场"同时进行着交易。事实上，"场外市场"充斥着这样的证券。人们发现在那里进行操纵来吸引买入股票可能性很大，通过把目标股票的股价拉升50到100美元，不用公布资产负债表或者业绩增长的证明，他们就可以逐渐向公众抛售股票。这样的例子没有提及的必要，因为每一个在"场外市场"交易或者相关人士都知道，这是一种潜在规则而并非例外。人们看到报价日益上升，听到巧妙散布的"小道消息"并见到这些"小道消息"立竿见影被证实。很自然，他们很快就很想购买这些被操纵的股票。此外，他们每天阅读股评方面的文章，上面经常说某某股票又卖出了创纪录的最高价。这些都是"场外市场"的特征。

当结算兑现之日一如既往地来临时，对于组织兜售股票的公司而言，就会面临披露股票真实信息的需求，但对投资者来说，发现真相已为时太晚了。

当人性固有的投机贪财心理被无数各种大小的操纵者发掘出来的时候，那些不希望亏损的人就买不起那些不能提供完全信息的股票。我们不能没完没了地重复：在华尔街失去赚钱的机会不意味着亏钱，而尽早避免严重麻烦的方法就是：放弃那些看上去好像马上可以投机赚钱的机会。没赚到的钱没有压力，而亏损的钱却可以压死人。

目前，可以很肯定地说，没有一个公司有合理的借口不给股东提供足够的信息，让他们能够了解到自己所投资的品种的固有价值。如果一家公司不能将自身信息真实地提供给公众，可以很肯定地说，这家公司不适合公众投资。如果公司经理们为自己的目的而替公司信息保守秘密，那么很显然，这仅仅是允许自己被利用而已。就好比在玩有秘密标识的牌——却根本不认得标识。

公司的财务安全法则，可以总结成一个词：信息公开。一个认定没有信息公开，就没有安全的人，绝对不会犯任何投资错误。

1902 年 6 月 17 日

管理之道

很多次从投资的观点来讨论产业价值的问题时，我们已经注意到将管理作为价值的决定因素。在一家工业公司的管理中，个人的重要性，可能通过那些研究工业投资的人获得正确的认识。然而，个人重要性的答案，被财务人员很好地理解了。例如，众所周知，两三年前，当启动一个不到 1 亿美元资本的工业项目时，手握资本且自抱有成见的银行家们提出了管理问题。他们说：你的个人简介很吸引人，而且你的经历数据无可挑剔。但是对于这么大一家公司而言，我们怎样才能保证有足够好的管理呢？一家 1 亿资本的公司非同小可，在迎接它上市之前，我们必须确定，我们能够得到某些杰出人才的管理服务，能够成功地处理好公司各方面的利益。

上市的发起人能够让银行家们满意，让他们认同某位绅士是能够管理好一家公司的。然而在过去三年里，拥有资产接近 1 亿美元公司的上市方案都以"管理困难"的理由被质疑。鉴于从那以后发生的事情，可能给很多人带来奇怪的感觉。然而银行家们的谨慎是合理的，也确实是必要的。下一次的工业萧条，可能再次凸显个人因素的重要。企业管理，现在开始受到比以前更多的关注。

有一段时期，这种关注可能起到有益的效果。高管人员和工业公司的其他干部，很多情况下都允许可以不同于其他公司。这在去年引起一些评论。没必要一一列举，但有些足够普遍的例子值得评论。经常听到的理由是：既然某人被任命管理一家公司并领取工资报酬，他就应该把自己所有的时间和精力都投入到这家公司，全心全意为它服务。如果他私下或公开和其他公司有关联，那就一定成为他不能完成合同确认的管理岗位职责的理由。经验显示，最成功的工业公司其管理权总是握在那些拥有工业专业知识并全身心投入的人手里；经验也显示，对很多不成功的工业公司而言，经理和主管们利益的瓜分就足以解释它的失败。在管理领域，保证必要的商业及财务能力十分困难，但如果因此就形成共识分割管理各自为政并付诸实施，那就是雪上加霜了。

我们认为，公司，尤其工业公司的股东，应该从他们的高管人员那里得到的是：充分排斥其他公司事务以及时间和精力的高度集中。较之于用 10000 美元年薪聘用两位高管，不如用 20000 美元年薪聘用一位高管。因为花 20000 美元让一个人集中精力处理公司事务，比花费两份 10000 元请两个人来瓜分利益更加有效。经验显示，瓜分利益带来的效率损失与瓜分的数目成几何比率。

管理决定工业企业价值的重要性，源于工业生产经营缺乏统一标准。要么因为时间差异，要么因为地域不同等等。不断出现的问题，从来没有标准的解决方案。

1902 年 7 月 9 日

危机的复发

一个记者写下这样的疑问："商业贸易或股票交易的恐慌，真的大致会定期发生吗？"

事实确实如此，因为有据可查。商业界有一种从一个极端走向另一个极端的倾向。整体而言，人们认为商品价格会进一步下跌或上涨，从而造成商业贸易的收缩或扩张。公众从心灰意冷到过度自信，通常需要五到六年时间，然后又经过 5~6 年回归绝望。

英国十年商业周期的更多细节，是由杰文斯教授（Professor Jevons）在试图证明太阳黑子与商业活动之间存在关联时提出的。在没有明确阐述太阳黑子及其与农作物、商业贸易和人的思想情绪间关系的情况下，可以假设杰文斯教授正确地指出了过去两个世纪中太阳黑子的出现同时伴随着经济萧条期。

他指出发生商业危机的年份是：1701 年，1711 年，1712 年，1731 -1732 年，1742 年，1752 年，1763 年，1772-1773 年，1783 年，1793 年，1804-1805 年，1815 年，1825 年，1836 年，1847 年，1857 年，1866 年和 1878 年。

这很好地展示了十年商业周期理论，而过去一个世纪英国发生的故事，也在相当程度上为这一理论提供了支持。

在美国，19 世纪的第一场危机发生在 1814 年，那一年的 8 月 24 日英国占领华盛顿后危机加剧。费城和纽约的银行暂停了支付，一段时间内危机十分严重。造成这段时期困难的原因是，由禁运和 1808 年的非流通法案（non intercourse acts）引发的国际贸易大幅滑落，公共支出超过了公共收入，大量州立银行的兴起，取代了旧有的美利坚银行（United States bank）。这些州立银行中很多资金不足并缺乏足够的证券来发行货币。

在 1819 年，由于银行资金流通的巨大收缩，差点引发了又一场危机。此前银行增发货币引起投机泛滥，接下来的收缩引起商品和房地产价格大幅下跌。然而这一次，从它造成的影响看，则仅仅是纯粹的货币恐慌。

1925 年的欧洲危机造成了对美国产品需求的下滑，并导致了 1826 年的商品价格下跌和货币紧张。然而这次情况并未恶化，更多只是前进途中的干扰，而不是整个经济形势的转折。

1837 年，多重原因引发了一次严重的商业危机。在危机前，工业和商业有过快速的发展，众多企业的成立比预期提前了。由于农作物减产，粮食需要进口。政府拒绝延长美利坚银行的特许期限，造成银行业务彻底改变，公共存款从美利坚银行大量提取并转入州立银行，为异常的投机提供了基础。

尽管有铸币方面的严重损失和墨西哥战争对企业的打击，1847 年欧洲的恐慌对美国影响甚微。这些负面影响一定程度上被大量的粮食出口和随后 1848-1849 年发现的金矿所瓦解。

1857 年，随着俄亥俄人寿保险和信托公司在 8 月破产，恐慌进入第一级阶段。尽管商品价格已连跌数月，但这次恐慌仍来得出人意料。不过与大规模的铁路建设和银行存贷款规模相比，铸币损失所占的比例很小。这一时期的特点之一是大量的银行破产。银行基本上在 10 月份就暂停了支付。

欧沃尼公司（Overend）和杰尼公司（Guerney）的破产，是 1866 年伦敦恐慌的导火索。紧随而来的是证券交易所内股票价格的重挫。在 4 月，密歇根州南部一个边远地区投机活动猖獗，这种投机行为的死灰复燃非同寻常。

1873 年 9 月的恐慌，既是商业恐慌，也是股票交易所的恐慌。从浮动资本转为固定资本的重大转变造成了这次恐慌。商业已扩展到庞大的规模，货币供应量无法满足其需求。信用体系崩溃，经济深陷萧条之中。

1884 年的危机重创了股票交易所，但没有引起商业危机。5 月份缅因州银行（Marine Bank）、大都会银行（Metropolitan Bank）和格兰特沃德公司（Grant & Ward）的破产，伴随着股票价格的大幅下跌和严厉的监管检查贯通全年。持续数年的长途通信中继干线（Trunk Line）竞争，是这段时期引发危机的因素之一。

一些货币在汇率方面的不确定性，对外国投资撤离和激进关税法案的担忧，引发了 1893 年的恐慌。关于维持金本位的焦虑，无疑是首要因素，因为这事关其他很多事项。

从以前的经验和过去六年的发展来看，猜测未来几年至少会面临一次股市危机并非没有道理。这个十年似乎会是那种小规模的危机——就像 1884 年那样，而不是 1837 年、1873 年或 1893 年那种严重危机的重现。

1902 年 7 月 15 日

撤单的操作

我们接到以下问题："我的经纪人建议我用止损单来保护我的交易。在我看来，止损单似乎只对经纪人获得交易佣金有利，而让客户承担不必要的损失。你建议投机者使用止损单吗？"

证明上述结论，需要观察大量的市场波动，然后看平均的波动率是什么情况。我们认为，作为保证金交易者，特别是操盘比他应该使用的保证金更高的交易者，使用止损单是明智的。但还有很多规则需要牢记。

如果是一个使用 50% 保证金的半职业投资者，他的操作随获利数额和与市场主要趋势的一致程度而定，我们认为这种情况使用止损单并不有利。更充分的解释是：假设平均波动率显示市场正处于一个上升期，这种时期通常维持数年而只会出现暂时的逆向波动。假设一个交易者发现某只股票相比其市场价值有超常的盈利，换言之，从本质上看该股股价很便宜。即使这只股票必要的暂时下挫会维持数月，股价接着也定会上涨到某个价位。这样，依照公平利润率（fair margin），任何使用止损单的行为都会很愚蠢。

但是，假设一个有 2 千或 3 千美元保证金的交易者，想依据整体市场的未来走势，而不是单个股票的价值来买卖股票。经验表明这类交易者最终将会在低于他入市价格 2 个点处下达止损单。如果有建议认为股票会上涨，但实际下跌了 2 个点，而且没有合适的理由来解释这种下跌，那么这种建议并不好，投机者应离场，并且越快越好。

当一只股票波动了 2 个点后，它往往会有更大的波动。人类思维的特别之处，是对小的损失视而不见，而在智者计算出股价的平均值时倍受惊吓，结果承受了大的损失。

数以千计的交易员在损失了 2 个点时表示，如果那只股票其实没发生什么事，他们将会持股观望，看到底有何特殊的交易情况出现。只有在有充分的理由相信它将会下降十多点，而实际上已下降了十个点时，他们才会采取相应的止损行动。

大多数交易者的经验是，止损单造成的小损失会带来一种倾向，就是对他们的交易进行检查反省。因为投机者资金不充足，所以需要通过不经常发生的小的损失，使重大亏损的交易即刻结束。

市场格言"止住亏损，才能让利润奔跑"，得到绝大多数股票交易者的认同。这句格言已源出十多位市场人士，他们中的大多数都愿意承认自己是这句格言的作者，虽然在股市获取巨大财富往往不是那些使用止损单的人。这些市场人士的观点是：止损单对于资金不充足而试图进行保证金交易的人特别有用。

股市的巨大利润，几乎无一例外是看准了趋势的人买了大量的股票，他们认为一定能从经济繁荣中获取收益。这类股票要么是全额购买，要么是使用很高的杠杆，持有数月或数年后积累了巨大的利润。

从过去6年或自1896年以来发生的机会看，有20到40只股票中的任何一只都有机会在20美元左右买入，在超过80美元后卖出。并且这段时期超过半数的股票都高出了这种平均水平。这种好机会并非每年都有，但很少会有股票的价格在低于其价值情况下上涨。

以一种严格的投机意识来看，止损单通常都是有益的。股票的买入行为可能是基于某种反应。在这种情形下，快速的止损往往十分明智，因为市场的反应，通常是5到6个点的理论降幅，下跌2点就止损，使这只股票能减少2到3个点的净损失。止损单对不住在城里的投资者很有用处，因为当市场突然出现重大波动时，经纪人来不及与他的客户沟通并执行客户指令。止损单对市场空头往往是宝贵的，因为在市场恐慌下挫出现相当大的跌幅后，股价往往会急速反抽，吞噬原先所有的利润。

不过，下达止损单的客户应该完全理解止损的意义。一位在105美元做多太平洋联合公司（Union Pacific）股票的客户，应该在103美元下达止损指令。它应该对经纪人说："一旦太平洋联合跌破103美元，就立即把我的股票以能成交的最高价卖出。"

如果能成交的最高价为 102 美元，甚至是 101 美元，经纪人仍然有执行指令的权限。因此在下达止损单时，应当考虑该股票规模的大小。以太平洋联合为例，止损单应当在止损价上下八分之一到四分之一的区间执行，出现恐慌的情况除外。但在雷克万纳公司或芝加哥伊利诺伊公司或某些工业股票上使用止损单将非常危险，因为对于这些股票什么价格可以接受，市场很难形成共识。

对于市场流通范围很有限的股票，止损单在任何情况下都不宜使用。在其他股票上，止损单的价值将在很大程度上取决于交易者自己所采用的策略方法。

1902 年 7 月 23 日

股市的运动

股票市场在活跃期和平静期之间轮回。其周期通常始于操纵，并在继续操纵和公众购买过程中发展。专业交易者和公众一般会尝试跟随那些明显推动特定股票的个人或群体。

操纵者和一般交易者之间的主要区别是：操纵者努力利用他认为在未来会出现的优势条件。他认为货币状况或某只股票的价值变动或其他因素，会给他一个从当前算起 3 个月的操作安全期。他悄悄地购买股票，然后视情况而定或慢或快地推动股价，如同他当初预想的那样，希望公众接手他的股票。公众是否接盘决定了他操盘活动的成败。

在大多数情况下，一次大规模的持续性上涨，将带来足够的外盘购买，使操纵者可以大量抛出他的持股。参与投机活动的公众总是在股票上涨时买入，很少在股票下跌时买入。在这方面，操纵者与公众的行为相背离，即在股票下跌时买入而在上涨时卖出。一个华尔街最娴熟的操纵者说：如果操纵的获利者愿意为操纵活动付出成本，任何股票都具有操纵的价值。一些具有影响力的事实，可作为创造股价上涨的操纵活动基础，操纵的成本平均大约为 25 万美元。

这项成本主要用于营造一个市场。交易所的规则不允许 A 鼓动 B 到 C 那里以给定的价格购买股票，但并不禁止 A 向 B 推荐购买 10000 股某一股票，并在同一时间建议 C 卖出 10000 股同一股票。这种操作的结果是很多经纪人通过既希望作为买方又希望作为卖方的形式双向参与了这些交易。虽然这样的市场从某种意义上是人为制造的，但在这个意义上，任何人有机会按既定的价格买入或卖出股票已经是合法的了。

牛市操纵活动比操纵某一只股票的活动影响更大，因为许多股票都会被牵动。另一方面，牛市操纵往往也更容易，因为可以通过多种渠道邀请合作。有时在一只股票上施加少量的刺激，就足以引起其他股票的联动，形成一种十分活跃的投机气氛。

牛市的一般发展过程是操纵两到三只题材股票，通过使它们变得活跃来吸引眼球，启动操纵行情。选择表现最好的股票是一种惯例，因为人们对这些龙头股有着巨大的投资兴趣，而市场上流通股的供应量并不大。这就是为什么圣保罗公司（St. Paul）常常成为龙头股的原因，类似像罗克岛公司（Rock Island）、西北公司（Northwest）和其他这类股票经常在牛市开始前提前上涨。正在进行的牛市始于密苏里太平洋公司（Missouri Pacific）的上涨，紧接着圣保罗公司和其他并非主要由公众持有的公司股票也跟随它上涨。

当这些股票已经上涨 5 到 10 个点后，操纵者习惯性地向表现中等的股票转移。因为他们知道公众不会追买已经大幅上涨或价格非常高的股票，而愿意买入更便宜的股票，哪怕那些股票用价值衡量实际上更贵。这些策略的操作效果显示在芝加哥和奥尔顿公司（Chicago & Alton）、南太平洋公司（Southern Pacific）、切萨皮克和俄亥俄公司（Chesapeake & Ohio）、诺福克和西部公司（Norfolk & Western）近期的上涨上。当这类股票上涨一定幅度后，就会惯性拉升较低价位的股票。很多年来，人们认为当操纵者推动伊利股票（Erie）的价格时，股市的上涨就行将告终。因为人们认为伊利股票几乎没有任何价值，它的推升被认为是为了掩护卖出其他股票而转移公众的视线。

在·个长期的牛市运动中，当操纵者推升了低价股票后，有时他们会再去把其他股票再推升一次。首先是高价股，其次是中等价格的股票，最后是清单上最便宜的股票。目前的操纵活动已经看到了高价股的上涨，中价股票的活跃度也不错。如果按照通常的过程，市场活跃度将会进一步增加，紧接着是中价股的上涨，然后最便宜的股票上涨。但由于所有股票的上涨，中价股和低价股之间的区别，已经变得有些难以分辨。

通常盛夏期间的股市上升在 8 月份达到高潮。股价上涨的时间，通常开始于 6 月中旬到 7 月中旬之间，结束于 8 月 20 日到 9 月 15 日之间。今年股市的上升比以往更早，开始于 5 月 19 日，平均价格为 117.46 美元。这个过程进行了两个月，平均价格上升到 125.91 美元。这是一个较大的收益，是基于 8 月份行情发展的延续。然而这不能被提前预知。投机者要做到的是追随市场，只要市场表现出上升的趋势。但要牢记，从周期和涨幅来看，这都是一次足够的仲夏热浪。

1902 年 7 月 26 日

市场观测

一位记者写道："我在艾奇逊股票（Atchison）和密苏里太平洋股票（Missouri Pacific）上有几个点的利润。我盯盘的次数，每天最多一次。我怕我的利润在我察觉之前就付之东流。同时，我希望通过持股获取更多的利润。我该做什么？"

在这种情况下应该做的是，为你的持股下达止损指令，位置保持在最高价下方大约 2 个点。密苏里太平洋股票最高价 117.5 美元，告诉你的经纪人如果它回落到 115.5 美元就卖出。如果密苏里太平洋涨到 118.5 美元，就把你的止损价提高到 116.5 美元。保持这样的操作，直至止损单被执行，或者你自认为获得满意利润时为止。

对于一个非现场的交易者，一旦有利润出现，没有任何交易方法比上述策略更令人满意。当牛市进行正酣，股票价格经常会大幅上涨而不会出现2个点的回撤。一些交易者认为2.5个点更安全，有时2个点点止损经常会刚好破坏可观的利润。然而大多数情况下，如果一只股票跌破2个点，跌幅往往会继续扩大。

牛市中的操纵者喜欢看到股票大约回撤1个点时的市场反应，因为这给他更多测试市场的机会，来看公众是否跟随他的操盘行为。但他不喜欢看到更大幅度的价格回落，因为这样有可能浇灭他一手创造的牛市热情。从他的角度来看，成功意味着公众兴趣持续升温来逐步吸纳他抛出的股票。人们这种兴趣的维持，只能在一个比较大的市场中，并依靠持续的牛市基调和股价的逐波上涨。这就是止损设置于最高价下面2个点的原因。只要牛市持续，操纵者的利益就会得到保证。因为股票在下跌1个点后会有大量买单，除非有一些特殊的原因来改变战术。

通常一只已经上涨了10个点的股票，会在较高的价位维持一段时间。积累和操纵股票只需要很少时间，在操纵股票的过程中，价格要保持强劲并看上去会继续走高。一个想要抛出10000股的操盘者，通常先要成为一个在更高价位买入股票的大买家。

操盘者希望在操纵市场的动力逐渐消失的过程中，自己每买1000股股票，就能同时卖出1200到1400股。市场操纵活动追随者的优势，在于他可以观察到这种迹象，然后为自己寻找最佳时机卖出。如果做不到这样，就很容易证明止损单是他最好的朋友。他损失了可能赚到的两个点，但通过等待止损单的执行，他常常可以判断最佳卖出时机，赚到原先无法获得的2个点以上。

现在的市场情况是可看到的成交量非常小。在一些股票上，有竭力抛售的证据，以及有为了卖1100股而先买入1000股的迹象，这都是缓慢实现的。在这个市场中，一些人因技巧和经验对市场非常看好，而其他人则是极其保守。交易者通过追随行情来赚取一些点数，但他们都非常清楚地知道，获取这些点数都是为了达到操纵者的目的。因此，现场职业交易员快速实现利润或承受损失，占据着与支付佣金的普通投资者完全不同的市场位置。

判断市场的高手不敢等待利润完全出现，在可能赚 10 个点的情况下有时只能赚 1~2 个点。盲目跟随市场的局外人在许多情况下往往比专家做得更好。这就是为什么在这个时候要避免听信谣言和建议，使用止损单的效果优于其他交易方法。

1902 年 7 月 31 日

怎样才能做到这样？

一位记者问道："住在内陆城市，一天只能看到一次或两次报价的人，如何通过股票交易来赚钱？"

这个问题似乎触及到一个被人们广泛接受的观点，即靠近华尔街对于交易来说是一个特殊的优势。对某些交易来说肯定是这样。如果一个人拥有交易所的席位并无需支付任何佣金，他大概有最好的条件在交易所用自己的账户进行场内交易。但并不是所有拥有这种条件的人都可以做到利润超过损失。

实事求是地说，华尔街内外的大多数交易者都被买卖 100 股股票要支付 25 美元的佣金捆住了手脚。尽管可能有一些规避佣金的规则，但对于普通散户而言，佣金没有太大的回避可能。

如果股票的买入价和卖出价之间，有 10 到 5 个点的价差，那么 15 美元的佣金对于买卖 100 股股票而言，是微不足道的。但如果买入和卖出价格之间只有 1 个点，那么佣金就会严重影响利润。一个为了 1 个点利润进行交易的人，随着时间的推移，将不可避免地把自己所有的钱送给他的经纪人。

一个普通的交易者必须始终努力获取相对较大的利润。除非有理由相信他选择的股票会上涨 4~5 个点，否则他就不该买股票。因为如果他这么做就会使他承受双倍的损失。在 5~10 个点的波段交易上，内陆城市的交易者有一个优势。他不会听到谣言，并且能看到股价的突然变动。而这往往又是这些坐在办公室里的交易者亏损的祸根。

在华尔街，往往充斥着持续一个月做多的人，但他们赚到很少或根本没赚到钱，因为他们经常被谣言和小的行情反复吓跑。看不到市场行情的人正好避免了这种情况。对于不在城市里的交易者，最大的劣势是，市场有时会迅速改变行情，利润转化成损失或损失大于交易者的预期。然而，这不像大多数人假设的那样经常发生。

在往一个方向持续运行几个点后，突然改变方向并且在转折点处没有比较大的波动，这对于市场而言是相当特殊的。这种情况确实发生，但它们并不常见。在上涨 5 个点之后，股票通常会进入一个波幅很窄的调整期，如果不在城里的交易者对交易情况不满意，这带给他们足够的时间来退出交易。止损单对于这些交易者而言，是特殊的保护。如果他固守表现稳定的股票，他几乎总是可以减少损失，或在任何他认为需要保护利润的点位明智地保护利润

不在城里的交易者开始交易股票时有这样的信念，就是他所买股票价格要低于价值。这不仅仅是一个信念，而是被证明过的信念，这是不可动摇的。即使开始时股价先下跌而不是上涨。从价值的角度决定了他对股票的看法后，如果可能的话，他应该等待，直到市场从高位正常的回落后再买入股票。

如果 20 只活跃的股票已经上涨了 10 个点，一个正常的回调将是 4 个点。然后在更长的股票价格上涨期间，这将是首次买入的时机。交易者应当有极大的持股耐心，他会看到其他股票上涨而他的股票停滞不前。他每天都会看到和听到其他交易者发财的消息，但他必须对此充耳不闻，即使这些信息带来正确的波动方向。他也必须坚守他的价格低于实际价值的股票，直到其他人观察到该股被低估，并开始购买或操纵这只股票。

大多数人有这样的倾向，他们持有一只很长时间没有启动的股票，而一旦这只股票开始启动，他们就赶快把它卖掉，因为他们害怕这只股票难得的波动会很快偃旗息鼓。其实这是最不适合卖出股票的时机。如果可能的话，当其他人都发现该股价格低于价值的时候，应该加仓买入更多该股。当该股股价上涨了 2~3 个点之后，可以把止损单设置在最

高位下面 2 个点，随着价格的上涨，止损单会无视当前的股评报告，并等待股票要么上涨到合理价值，要么直到市场条件证明获利离场是明智的。这样就能够确保在突然的转折时及时止损。

一个不在城市中的交易者，可以和在办公室的交易者一样很好地做到这一切，有些方面还能做得更好。一些操盘大户喜欢远离市场，他们在避暑胜地纽波特港或萨拉托加村庄或其他偏远的地方遥控操盘，以免下单时被现场的偏激情绪所影响，防止因为无法证实的传言而临时增加任何特殊操作。远离漩涡中心的人可以明智地研究股票价值和市场情况，然后以足够的耐心操作 6 个月，并很有可能在股票上赚到更多的钱。

1902 年 8 月 8 日

投资的本质

已经或者打算投资石油、采矿或其他工业企业股票的人中，来咨询的人数会让每天关注我们报纸专栏的人感到惊讶。许多投资者心里的想法是：我是否应该从银行把储蓄存款取出，换成 Will-o-the-Wisp 股票，因为它宣称股息率为 12%？或者是否应该卖出我的铁路债券来换成南美石油公司（South American oil）股票，因为广告上说这只股票下个月将会上涨？

这种问题并不意味着咨询者缺乏基本的常识，而只能说他不理解投资潜在的基本原则。这并不奇怪，因为许多在其他行业赚到钱或辛苦积蓄的人没有机会学习投资规则，如果用这些钱来股市投资，就需要依靠这些规则。

举个例子，假设住在科罗拉多州基尔平县的约翰·史密斯，写信给一千多位住在新英格兰的人要求他们每个人借给他一百美元。除非能仔细查询到约翰·史密斯的地位，资源和偿还这笔钱的能力，没有人会把钱借给他。

然而，如果约翰·史密斯事先获得几块有采矿权的土地，花 1200
美元成立了一家注册资本 1000000 美元的公司，然后公开宣称这家矿业
公司有良好的资产，预计在几个月内将支付股息，其股票价格在本月剩
余时间里每股 50 美分，但之后将会涨到每股 75 美分。那么保守的新英
格兰人将会在没有调查约翰·史密斯及其矿业资产的情况下买他的
股票。

我们并不是说所有涉及向公众出售股票的计划都是欺诈，绝不是这
个意思。其中肯定有一些股票具备获得真正价值的机会。更多则是本来
出于一个诚实的目的。但可能因为某些原因而达不到盈利的结果。然而
我们相信，公开发售的股票中，大部分无法或者几乎不可能为拿自己的
钱来冒险的公众提供回报。

但是，假设一个《华尔街日报》的读者问：我们应如何区分安全
的投资和不安全的投资？答案是：通过理解几个原则并运用一些规则。

这些原则是：首先，证券的回报总是用风险来衡量的。政府债券的
收益率约 2%。高等级市政债券的收益率为 3% 左右。最高等级的铁路
类债券的收益率从 $3\frac{1}{2}\%$ 至 $4\frac{1}{2}\%$。当前任何收益率超过 5% 的证券都会
有以下两种情形：要么缺乏市场，要么在提供稳定的回报方面存在疑
问。有些收益率超过 5% 的优质证券交易量很小，一般人都不知道，或
者因为一些特殊的原因，它们以不正常的价格交易。

其次，很少有明智的投资者向任何新企业投入资金。一家新的企业
失败比例很大。一个拥有真正生产矿石的人不会愿意出售其矿业股权。
他可以用盈利预期来发行债券，其他的行业也大致如此。只需说明，好
东西是用来确保所有的钱都会从那些太急于找到真正的机会的人口袋里
掏过来。

当然，也有例外，但那些例子并不足以让投资者普遍相信他们已经
发现了一个例外，那除非是以私人的直接方式带给他们的特殊机会。

第三，永远不要在公开宣称的任何形式的超额利润上冒险。对于投
资代理的经纪公司而言，所有号称需要高深专业知识和技巧的交易工
具，在服务公众时仅兑现了承诺利润的很小部分。

是否有人想过，如果约翰布朗公司（John Brown & Co.）对于市场有任何特殊的信息，他们会发布这些信息来满足公众的利益，并让公众享受需交佣金才能获取的所有利润吗？确实不会这样。约翰布朗公司将以尽快令自己独家致富的方式来进行操作。相当大比例的投资代理经纪公司还从未交易过股票。他们从一位客户那里收到 100 美元，每月返还 10 美元，直到返还了 40~60 美元时，他们就会宣布剩余资金因为一些难以理解的不幸而损失了。这些经纪公司之间的区别只在于，一些公司相比其他公司愿意返还给客户的钱更多一点。在已经公开披露的各种问题中，最大的问题是：如果美国政府置之不理，允许这些公司继续收取邮件代理交易，那么在美国就没有比给无数傻瓜 50 美元来换取他们 100 美元更好的生意了。

以上是讲述原则，现在讲述规则。如果一位投资者想买一些特定的股票或债券。他如何确定这笔投资是否安全？第一件事是掌握财产评估方面的知识。假设那是一家成立已久的公司，而不是一家新公司或一家特别小的公司，它的股票在纽约证券交易所上市，并有定期的报价。如果这样的话，这只股票还有着良好的记录。然而不管所有上述条件是否都具备，投资者首先需要获取盈利方面的真实情况。如果没有出版物提供这些数据，他可以写信给《华尔街日报》，给出目标公司秘书的姓名和公司办公地址。通过我们的调查获取这些信息后，他可以写信给目标公司秘书，索要去年的年度报告副本，并确定这份报告中公司的利润与打算买入的股票预期相符。假设这是一家铁路公司。所有的铁路报告都会给出毛利、营业费用、净利润、固定费用和在股票上赚取的金额。我们假设投资者倾向于购买一个给定的公路债券，那么他脑海中的问题应该是：债券是否安全？而年度报告中的数字可能会是这样：毛利 10 000 000美元、营业支出 6 000 000 美元、净利润 4 000 000 美元、固定费用2 800 000美元、股票收益 1 200 000 美元，赢利为 20 000 000 美元股票的 6%。

在这个例子中可观察到：4 000 000 美元的净利润中有 2 800 000 美元是固定费用。因此，支付的费用占净利润的 60%。我们把这个作为投资者应该牢记的安全规则之一。大约用净利润的 60% 用来支付费用的铁路债券几乎都是安全的。投资者能用 5 年的经营业绩来判断则更安全。但如果每年观察到的数字显示出恶化的迹象，那么投资者应及时避免投资这种债券。如果在上面的案例中，固定费用占用了 3 700 000 美元的净利润，我们就认为这个债券安全边际太小。虽然债券可能不错，但普通投资者最好遵循 60% 的规则。

在投资者打算买股票而不是买债券的情况下，安全边际同样重要。如果铁路派发股息几乎等于所有的利润，那么这只股票情况就很弱，它不应该作为投资目标。从另一方面看，如果公司派发的股息占利润的 60%，尤其如果该公司的业务非常稳定，那这只股票可以视为一个不错的投资目标。

对于工业类股票而言，情况要复杂得多。因为许多公司的报告是掩饰性的，省略了很多应当披露的内容。而且其显示利润的方式，主要是不同年份间盈余的变化，不熟悉企业会计的普通投资者，可能会在确定一家工业企业的利润时遇到麻烦。在这种情况下，应当询问该公司工作人员到底利润是多少以及如何解释该报告。

他还应该牢记的是，最热门的工业企业，大多数是新成立的，它们被创建并发展壮大。当遭遇坏年景或残酷竞争时，利润很可能会发生巨大的变化。

几年前，鲁柏橡胶公司（Rubber）的优先股几乎被认为是投资级的好股票。1900 年该公司的毛利是 3 233 773 美元，优先股 8% 的股息，普通股 4% 的股息。到了 1902 年，其近 16 000 000 美元的销售额中，毛利只占 58 380 美元，而费用超过毛利 476 189 美元。这就是残酷竞争的结果。

跟铁路股票相比，工业股票在选择时需要更加谨慎。我们认为一个投资者在一只工业股票上的投资额应该非常小，除非他可以把自己放在随时掌握这家公司正在做什么的位置上。

知识是重要的武器。对于要投资的目标公司需要有精细、准确的知识。获取公司的报告，理解他们的意图，与有关人员沟通，了解实质性的业务，永远不忘记回报越大，风险越大。

1902 年 8 月 9 日

价值的研究

有位记者写道：你看待投资的方式，对我而言是全新的，你那些已发表的文章，对全国各地的中小投资者很有价值。但你为什么不多告诉我们一些证券估值的方法呢？

我们非常高兴地看到，来我们办公室咨询的人中，越来越多的人在购买股票前首先质疑股票的估值。如果投资者普遍都得到价值的指引，公众在华尔街的损失将大大减少。从今天已讨论过的话题中可见，华尔街操纵者手中的任何股票，都可以通过数周或数月持续良好的操纵来让公众接盘。这样的股票不需要有价值，仅仅需要股票活跃并且上涨，公众就会买它。公众买了这样的股票后，肯定会蒙受损失，因为买入的价格并不代表它的价值。

现在，回到记者刚才提出的问题上。确定价值的第一件事是了解铁路的报表是如何做的。大多数投资者开始时看到的是净盈利，这是铁路在支付了经营费用后的剩余款项。首先要从净收益中支付的是固定费用，其中包括贷款利息、租金、保证股息和税收，假设税收不列入营业外支出。当这些款项已经从净盈利中扣除后，其余的金额通常报告为股票收益，但不像其他收益那样用于派发股息。铁路公司的经理可以将这些盈余以股息形式发放，也可以用于其他任何在他们看来对公司有利的地方。但一般说来，管理层发放股息的钱，是股票盈利的一部分。

有几种了解任何特定资产实况的方法。大部头的《标准普尔手册》，给出了一两年内铁路运营的结果，其中包含很多资产的全部细节。出版地址是纽约市百老汇街 44 号，售价为 10 美元。《统计手册》（The Manual of Statistics）是一本小册子，它提供的信息较为简明。出版地址是百老汇

220号，售价为5美元。穆迪评级公司的《证券手册》容量很大，重点关注的是工业企业。出版地址是拿骚街35号，售价为7.5美元。《金融编年史补遗》（Financial Chronicle Supplement）给出了对铁路和工业资产非常完整的简明阐述。它每个季度发行，《金融编年史》的订户每年订费是10美元。

这些出版物中的任何一本，都是投资者或投机者很好的研究材料和了解现状的基本知识，特别是对于铁路资产。任何一个希望透彻理解铁路价值形成的会计知识的人，读懂这些出版物几乎是必不可少的。

然而，这些出版物中除了《统计手册》外，都是每年或每财政年度结束相当长一段时间后才出版发行的，所以它们反映的是过去，而不是当前条件下的价值状况。将过去的数据作为基础进行比较是必要的，但需要通过最新的出版物保持对目前盈利和报表的跟踪。

《华尔街日报》也许可以做到与世界上任何出版物一样完整和及时。工业企业的经营报告一经收到马上就能刊出。铁路盈利的编制，体现了明细和平均盈利的方式。债券统计表给出了债券的收益率、到期时允许本金的损失率和各种情况下的应计利息，提供给投资者到期本金赢利或损失的结果。

我们知道，没有比使用《华尔街日报》第七版表格更好的方法来了解股票的现值。这个表格为投资者和投机者提供了一种简单的方法来获取股票的当前盈利。它需要一些铁路会计知识，通过计算固定费用并把它们从净利润中扣除来获知一只股票的盈利。第七版的表格给出了上一财年的股票收益和最新的该公司在当前财年的净收益。

这样做的结果是，把本财年迄今为止净盈利的增加值除以股票数量。假设费用没有增加，比较本财年迄今为止的盈利百分点与前一年的盈利百分点。在显示股票当前盈利之前，加入年盈利增长的百分比。

以曼哈顿公司（Manhattan）的情况为例。去年这家公司在股票上赚取了4.8%。它的费用没有增加。本财年前9个月的利润增加值为699 047美元，约占48 000 000美元股票的1.4%。去年的利润从1.4%增加至4.8%，显示出曼哈顿公司已在今年前3个季度从股票上赚取了 6.2%。

这种计算方法适用于大多数活跃的股票。当然，增加净利润提高了债券的稳定性，然而第七版上没有完整的统计数据，净盈利让投资者可以看到公司经营是否有改善。

但投资者有意密切关注并跟进一只股票时，他应该在那家公司取得一份股票发行年度报告的副本。如果投资者不知道有关人员的地址，他们可以给《华尔街日报》写信，并通过在查询专栏里问问题来获取答案。

1902 年 9 月 10 日

国家级论文请复制！

华尔街通常被人们认为只能用两种比喻中的一种来直接认识：要么是一个类似于潜伏着鲨鱼、章鱼、蚂蟥及其他嗜血动物的巢穴，等待着粗心的陌生人进入并吞噬他；要么它看上去类似于童话中"袖珍汤姆的金土地"（"Tom Tiddler's Ground"），在那里，人们发现一如歌中所唱，遍地是黄金和白银，只等待推着车漫不经心路过的人们去拾起。在萧条期和一般的政策刺激期，前一种看法更被人接受。但过了一两年后，后一种看法变得越来越常见。而华尔街的人群中已建立起了外来过客普遍提及的以下两种交易模式。

一是大规模兜售"缴足且不用课税的股票"的方式，即每天在媒体上花一些钱做吸引人的广告，巧妙地承诺每年巨大的利润，并用人们所熟知的历史事例作为证明。这是一种对投资者资金要求较小的宣传方式。人们不会在小额买入少量股票时过于犹豫，经常有机会可以用 1 美元买 20 或 25 股曾经跌到只值每股 1 美分的股票，卖方声称，该股价将会在某一特定日期上涨，这种情况并不少见。但卖方央求人们在股票上涨前买入该股票时，显然不愿意披露自己逻辑上可疑的角色地位。这类慈善行为，似乎经常被公众视为助人为乐的美德而自然接受，显然这项计划久而久之，必须支付背离预期的代价。

这种推销模式所依据的理由似乎是当公司股票在"缴足且不用课税"时对每个人都具有吸引力。因为过去一两年大公司的宣传造成了股票交易所内的巨大投机效应。此外，当这些公司每股仅要价几美分时，人人都会对这家"公司"感兴趣并梦想参与到相同于所有公司都正常享受的繁荣中去。标准石油公司股价为每股 800 美元，卡路美特和黑克拉矿业公司（Calumet & Hecla）也一样。因此买"缴足且不用课税"、仅每股 5 分钱的博蒙特和斯品德尔托普炼油公司（Beaumont & Spindletop）股票，或以类似价格买墨西哥的阿莫伽马特联合铜业公司（Amalgamated）股票，就可以不劳而获一夜暴富。

另一种交易方式是在市场上兜售"建议"。一个广告人会向你保证："我的客户都在这样或那样的价格买了圣保罗公司的股票，还有 ACP 公司等股票。"你会上当吗？请停止随意的投机并听取我的意见。我不猜测。我不知道明天市场会怎么样。任何人都可以说："某只低价股票会上涨 20 个点而不会下跌 2.5 个点。我的客户在买股票前将得到适当的建议，买价为每股 5 美元。"另一个广告人会说："我知道摩根、基恩和标准石油公司的人正在做什么。请与我联系，我会让你很快赚钱。"等等。但从事这种广告业务必须有利可图，因为他们做广告要花钱，而且他们做了大量的广告。

现在，任何明智的投资者都知道，一流的企业不需要为了推销每股几美分的股票做半页或一页的广告。任何有经验的人都清楚地知道，购买被如此推销的"股票"赚钱的机会，简直微乎其微。此外，更荒谬的是"情报贩子"为了每股获利几美元而为你提供他们掌握的秘密"情报"。任何一个智力正常的人都很容易理解，如果谁真的知道有价值的信息，他一定会自己独享而绝不会用这种方式把机会出卖给别人。

一种广泛流行的设想是华尔街必定遍地黄金。根据这种理论，几乎任何一种"小贩叫卖"的荐股计划，都足以从公众口袋里攫取金钱。但在所有的情况下，钱都很难赚，攒钱也很难。我们并不认为《华尔街日报》的读者群作为一个整体需要警惕这样一种阴谋。然而从我们时常接受的咨询中可以清楚地看到，很多人害怕落入雕虫小技的圈套。但人们不能过于强烈地建议抵制上述荐股方式，对于任何证券，要么尝试买入，要么事先证明其明显拥有实际价值。人们多年来从没有如此迫切需要知道股票当前的价值。

华尔街为那些了解价值并拥有一些资本的人提供了很多机会。但直到人们都学懂了一些每股200美元的股票却很便宜，而其他每股2美分的股票反而很贵的道理，直到人们都明白了那些真正知道市场信息的人没必要以兜售情报为生的道理之前，大量金钱仍将继续在华尔街赢得和失去。

1902 年 10 月 9 日

亲爱的钱之市场魅力

股票市场总是对货币市场的动态十分敏感。这是因为很大比例用于股票投机的钱是借来的。普通交易者购买股票的保证金从 5%～25% 不等。例如购买联合太平洋公司股票时，投资者用 500～2500 美元不等的资金购买 100 股，其余至少 7500 美元是从经纪人或经纪人给客户提供的账户中借来的。

一个有 100 000 美元或 200 000 美元资本的经纪人，通常有大量的钱是从银行借来或用他持有的股票抵押融资获得的。然而在这种状态下，他的安全边际很小。任何干扰对于借钱行为都是严重的。一个借款困难的经纪人，一定会努力促使其客户抛售股票。毫无疑问，部分原因是为了维持信心，部分原因是为了缓解经纪人在贷款方面的窘境。高昂的资金成本对股市的运作不利，不仅意味着持股成本增加，还给那些以保证金方式拥有股票的投资者带来压力，促使他们减少向经纪人贷款。

高昂的资金成本，一般在两种形式下影响投机。要么是一场快速的短线恐慌，非常高的利率和对于资金稀缺的恐惧造成了恐慌感。要么是由于货币利率的缓慢紧缩，造成获得贷款的难度日益增加。

如果第一种情况是由特殊原因造成的，那么很少持续超过 2 到 3

天。像这种因为资金高成本造成的市场积压情况下，在第二天买股票几乎总是明智的。因为这种焦虑很快会消除，资金会重新流入导致股价回升。

资金高成本是市场条件变化的结果，这是一件非常不同寻常的事。它通常开始于一个繁荣时期终结之际，是可贷资金供给消失的结果。这意味着浮动资本转换为固定资本，同时资金借贷受到多方面的限制，为的是几乎在所有的市场点位都要降低浮动供应。资金高成本标志着这个国家已经看到每一个大扩张正临近终结。它们分别发生在 1837 年、1857 年和 1873 年。目前来看，虽然到 1893 年之前，这种迹象还不那么明显。

在一段繁荣的时期后，资金高成本并不一定意味着形势立即转向。有时它表现得很像转折点到来前一年的商业贸易特征，但资金成本升高以后，这种现象通常会再次发生，直到产生效果。效果最终总是相同的，即意味着收缩、削弱和资金的需求减少。被捆绑限制的资金越多，能确保足够流动性的时间就越长；需求越合理，不利的影响就越少，但是货币供应的最终缓解，必须来自于需求的减少。

看一下此时的股票市场。股票已有 6 年时间的上涨，商业已有 6 年时间的扩张。这些方面对资金的要求，自 1896 年以来发生了巨大变化，可用的货币供应量有了巨大的增长，特别是黄金的持有方面。但过去几个月有证据显示资金成本正在上升。这已被汇率形势、外贸报表、辛迪加和其他机构的公开承诺所证明。大量正在进行的项目都需要增加资本。

我们现在进入了一个资金相对紧缺的时期。有能力的判断者认为，相对高昂的资金成本会维持一段时间。它的效果是导致股票被卖出清算。如果资金成本继续上升，将阻碍任何股票价格的大幅上升。而股价上涨才有可能带来新的买盘。除了清算时可能带来的暂时下跌外，只有一种倾向能使市场价格波动保持在相对窄幅的范围内，即随着时间的推移，股票市场往往会与货币市场自行互相调节。一段时间后，情况将会恢复正常，将又有足够的钱来支持一定水平的投机。

　　然后再回到价值的问题上，这是每个交易者在今年秋天需要了解的。股票价格可能因资金成本的上升而下跌，但股票价值不会受损。在这种情况下，当货币利率回归正常后，股价必定会恢复。但在资金成本上升之际，由于铁路盈利下降，股票的价值也有可能受损。如果发生这种情况，股市将陷入进一步萧条的趋势，这不利于股价的部分恢复。

　　牛市期间与熊市期间的股价下跌的区别是：牛市期间股价因特殊情况下跌，但价值会随之上升，使股价回归价值。在熊市期间股价因整体经济形势下跌，虽然不少当时当地的条件正在改善，但股票价值也在下降，这样就不会带给股市复苏的条件。因此，当股价再次下降，并成功跌破牛市期间基于特殊情况下跌的底部区域时，股票价值也随之下降。

　　货币市场与当前股市有着必然的联系，股票价值将继续上升还是掉头向下，成为未来三个月中最关键的问题。

附录：

关于 S. A. 纳尔逊文集

塞缪尔·阿姆斯特朗·纳尔逊（Samuel Armstrong Nelson）在他1902年出版《股票投机的基础知识（The ABC of Stock Speculation）》时，首创"道氏理论"这一概念。华尔街流传的说法是：大众对道氏本人把报纸评论和股市经验汇集成册呼声极高。而当道氏本人没有这样做时，纳尔逊担纲完成了这项工作，并选出16篇道氏评论文章作为道氏手稿集的基本核心部分。这16篇文章则随着纳尔逊该书的出版而成为今天最为人所熟知的道氏理论。遗憾的是，我们已经无从知晓纳尔逊是以什么标准从道氏执笔的200多篇评论中筛选出上述这些文章的，但是按照今天我们所了解的情况来看，它们倒并非最紧扣道氏理论六大原则的文章。纳尔逊选编发表的道氏评论文章有些经过轻微的删节，而我们为读者印制了完整的原始版本。在这些文集里，你还可以找到纳尔逊选编的那些评论文章：

S. A. 纳尔逊收编于《股票投机的基础知识》中的16篇道氏评论文章

出版日期	标题	页号
1900年12月14日	科学观察 Scientific speculation	298
1900年12月20日	看股三条线 The three general lines of reasoning	116
1900年12月28日	果断平仓 Cutting losses short	300
1901年1月19日	交易法则 The methods of trading	308
1901年2月22日	交易两大基本法 The two general methods of trading	314
1901年6月13日	交易法则 The methods of trading	319
1901年6月26日	亏损与债务 The liability for loss	321
1901年7月11日	过度交易的危险 The danger of overtrading	326
1901年7月20日	如何解读市场 Methods of reading the market	120

1901 年 10 月 17 日	如何识别下滑 Speculation for the decline	150
1901 年 11 月 20 日	关于委托账户（全权管理账户）Concerning discretionary accounts	341
1902 年 1 月 04 日	震荡中的顺势而为 Swings within swings	154
1902 年 1 月 24 日	市场的短板 The short side of the market	350
1902 年 7 月 09 日	复发性成本（recurrent cost）危机重复发生 The recurrence of crises	365
1902 年 7 月 15 日	启动止损指令 The operation of stop orders	367
1902 年 7 月 31 日	异地交易员 The out-of-town trader	372

选自小乔治·W·毕肖普（George W. Bishop Jr. 1）所编《查尔斯·H·道及道氏理论》

S. A. 纳尔逊版本的道氏理论包含的一系列定律和原则，既适合投资者也适合投机者（专业炒手），也广泛适用于常见的股票投资交易者。以下箴言含有 S. A. 纳尔逊版本道氏理论的核心标准，但不等于完整涵盖其所有标准：

1. 安全稳健的交易实践包含对以下格言的奉行——"遇亏损果断平仓，遇上涨坚定持有"。

2. 股票交易有两大通用手法。其一是大额交易（控股）搭配止损卖单，其二是低吸高抛。

3. 股票交易者要谨防过度交易。

4. 一个股市同时具备三种走势，即每日波动、10 至 60 日短线震荡，以及历时至少 4 年的长线基本走势。

5. 股票交易者应对自己所交易股票的价值做到心中有数。而个股价值极大程度上取决于股息分红。

6. 顺市交易之法则其中之一，是股市基本走势通常伴随着超过其涨跌幅度 3/8 的次级折返走势。此法则对于个股股价波动同样适用。

7. 止损指令是特定环境下进行股票交易的投资工具。.

8. 股票交易者应明确大盘当前的基本走势属牛市还是熊市，股票交易应在牛市下做多头，熊市下做空头。

参考书目

小乔治·毕肖普 George W. Bishop, Jr., 查尔斯 H	《道氏和道氏理论》 Dow and the Dow Theory	纽约：阿普尔顿世纪农场有限公司 Appleton-Century-Crofts, Inc.	1960
布朗·史蒂文 Brown Stephen J. 威廉·古茨曼 William N. Goetzmann 阿洛克·库玛 Alok Kumar	《道氏理论：重温威廉·彼得·汉米尔顿的业绩记录》 "The Dow Theory: William Peter Hamilton's Track Record Reconsidered."	财经杂志 Journal of Finance 53, no. 4 (1998): 1311-1333	
考比 Colby 罗伯特 W Robert W.	《工业市场指标百科全书》（第 2 版） The Encyclopedia of Technical Market Indicators. 2nd ed.	纽约：麦格劳山 McGraw-Hill	2002
卡洛斯·阿尔弗莱德 Cowles Alfred	《股市预言家能否预测股市》 "Can Stock Market Forecasters Forecast?"	《计量经济学刊》 Econometrica 1, no. 3 (July 1933): 309-324	
爱德华·罗伯特 D Edwards Robert D. 乔恩 玛格 John Magee	《股票趋势的技术分析》 Technical Analysis of Stock Trends	edited by W. H. C. Bassetti. 8th ed. Boca Raton, FL: AMACOM	2001
汉密尔顿·威廉·皮特 Hamilton William Peter	《股票市场晴雨表》 The Stock Market Barometer	纽约：Harper & Brothers	1922
纳尔逊 S. A. Nelson S. A.	《股票投机 ABC》 The ABC of Stock Speculation	1902. 再版 Reprint, 哥伦比亚 Columbia, MD: Marketplace Books 市场环境（系列）书	2007

普林·马汀 Pring Martin	《技术分析说明：用于识别投资趋势和转折点的成功投资者指南》（第4版） Technical Analysis Explained: The Successful Investor's Guide to Spotting Investment Trends and Turning Points. 4th ed.	纽约：McGraw-Hill	2002
雷亚·罗伯特 Rhea Robert	《道氏理论》 The Dow Theory	纽约：Barron's 巴伦（信心指数）	1932
罗素·里查德 Russell Richard	《道氏理论的历史》 The History of the Dow Theory	经作者许可再版，在线查看地址为 http://ww1.dowtheoryletters.com/.	

致谢对本书做出贡献的人

查尔斯·卡尔森（Charles Carlson），特许财务分析师、地平线出版社（Horizon Publishing）的地平线投资服务公司（Horizon Investment Services）首席执行官。地平线出版社是一家发行投资市场时事通讯的出版公司，而地平线投资服务公司则是一家资金管理公司。他也是《道氏看市/道氏理论预测（Dow Theory Forecasts）》栏目（详见 dowtheory. com）的特约撰稿人。为该书的编辑做出了贡献，并且还是 DRIP 投资通讯的编辑。卡尔森著有八部专著，包括最畅销的 Buying Stocks without a Broker、No-Load Stocks 和 Eight Steps to Seven Figures。他还获得了西北大学的、芝加哥大学的 MBA 学位，并且是一位特许金融分析师。

理查德·罗素（Richard Russell）1958 年开始出版道氏理论（dowtheoryletters. com）。It is now the oldest service continuously written by one person in the industry. 1960 年，罗素第一个推荐了黄金股。他预言了 1949-1966 的牛市顶部，几乎同一天，他又预言了 1972-1974 的大熊市底部，并且声称 1974 年 12 月将开始又一个大牛市。罗素的文章已经被例如《巴伦周刊（Barron's）》《时代周刊（Time）》《新闻周刊（Newsweek）》《金钱杂志（Money Magazine）》《华尔街日报（The Wall Street Journal）》《纽约时报（New York Times）》以及其他出版物引用。罗素在二战期间还曾经是第 12 空军的 B-25 轰炸机的投弹手。他曾就读于罗格斯并在纽约大学获得了 BA。

罗拉·赛舍（Laura Sether），耗费最近的（本书撰写前）两年时光建立了个人理财出版商图书馆（w-apublishing.com）。这是她作为编辑出版的第九本书。在此之前她以国会助理的身份在华盛顿从事政治领域竞选工作，并作为明尼苏达州州长杰西·文图拉（Jesse Ventura）选举办公室的政策助理和新闻助理帮助竞选者赢得选举，赛舍（Sether）还持有美国西北大学通信学士学位。

保罗·施瑞德 Paul Shread，特许市场技师（CMT）、市场技术员协会的成员，拥有超过十年的金融市场交易系统研究和写作经验。他创办了金融网站 InternetInvesting.com 和 AfterHoursTrading.com 并在 2000 年将它们出售给丘比特传媒 Jupitermedia 公司。此后，他为丘比特传媒 Jupitermedia 撰写技术分析、财经市场和技术方面的每日专栏。他开始了他在新闻领域的职业生涯。他还是《康考特观察者》（新罕布什尔州）和《巴尔的摩太阳报》的记者和每周新闻出版的编辑。

译者的话

2014年至2015年3月，美国道琼斯股票指数在2008年金融危机后连续40次创出历史新高，堪称全球证券市场最亮丽的一道风景线。创立于1895年的全世界第一支股票市场平均指数——道琼斯工业指数历经120年风云雷电大浪淘沙宝刀不老，作为迄今世界上最有影响、使用最广、持续领衔全球股市风向标的股价指数，值得全球投资者追根溯源潜心回味。

镜头闪回上上个世纪的1851年11月6日，查尔斯·亨利·道（Charles Henry Dow）出生于美国康涅狄格州斯特林市。这位仅仅读过小学的小农场主，青年时代依靠刻苦自学成为一名热情洋溢、头脑中充满奇思怪想的财经新闻记者。他早年曾得到斯普林菲尔德《共和党人》著名编辑萨缪尔·鲍尔斯的指导。一次十分偶然的机会，把查尔斯·道的命运引进了纽约证券交易所大厅。那是从都柏林来到美国的贵格会教徒罗伯特·古德鲍蒂，这位天才的股市明星很快成为华尔街大众追捧的偶像。但由于古德鲍蒂是爱尔兰人，而证券交易所要求每一位会员都必须是美国公民，于是经常采访他的查尔斯便顺理成章成了他的合伙人。在古德鲍蒂为加入美国国籍而必须等待的时间里，查尔斯·道把持着股票交易所中的席位，并在大厅里执行各种指令。当古德鲍蒂成为美国公民以后，查尔斯·道退出了交易所，重新回到他终身热爱的报纸事业中，但已与证券市场结下不解之缘。

1882年，查尔斯·道与志同道合的爱德华·琼斯合伙成立了道琼斯公司（Dow Jones & Company），后者毕业于布朗大学，性格脾气像他一脸浓密的红胡子那样电急火暴。后来还有一位查尔斯·密尔福特·伯格斯特里瑟加盟，可惜因为姓氏过长而失去了永垂青史的机会。道琼斯公司把传播经济、金融信息和资本市场新闻分析作为主要业务方向，编辑发行了《华尔街日报》。该报特别关注和报道有关金融、证券领域的消息。正由于该报在经济、金融和资本市场无可替代的领衔地位，130年后才被全球传媒大亨默多克挖空心思收入囊中。1884年7月30日，查尔斯与爱德华为提高股票交易的实战成效，首创股票市场平均价格指数——道琼斯工业指数，至今仍雄踞美国股市走势测试的最权威数据榜首。

创立之初，该指数只包含11只股票，其中有9只为铁路公司股票。可见铁路运输代表了工业发展历史的火车头。到1897年，原始的股票指数衍生为二：一是由12只股票组成的工业股票价格指数，二是其余的铁路股票价格指数。虽然拥有五年的股票指数走势资料可供研究，但查尔斯本人并未利用所创立的指数来实际交易股票。然而越来越多的市场人士发现，利用道琼斯工业指数预测股票价格走势确有其独到的作用。

1900到1902年间，查尔斯·道作为该报的创始人和首任编辑，观察研究并发表了许多社论研讨股票投机的方法。虽然这些文章并未对股票交易理论作系统的说明，仅在研讨中作为报道的素材和评论的依据。但随着金融与证券市场的快速发展，查尔斯·道日益成为业界公认的华尔街动态专栏作家。市场日益发现道氏股评的观点在范围与精确性上都有相当的成就，并被后人追认为道氏理论的奠基者、技术派市场研究体系的开山鼻祖、纽约道·琼斯金融新闻服务的创始人。

1902年12月查尔斯·道英年早逝。在他去世前，《华尔街日报》记者S·A·纳尔逊一再试图说服查尔斯·道将林林总总的观点评论集萃成书，但终未能如愿以偿。之后纳尔逊从华尔街珍贵的文献档案中精心查找，收集整理了自己能在《华尔街日报》等媒体上找到的道氏关于股票交易的所有论述，并编纂出版了《股票投机基础知识》一书，从而使道氏关于股市价格运动趋势判断的方法论得以系统性重建，并正式定名为"道氏理论"（Dow Theory）。

关于道氏理论，著名经济学家威廉·彼得·汉密尔顿在《股市晴雨表》一书中曾做出迄今为止最客观的评价和诠释。

道琼斯工业平均价格指数，简称"道琼斯指数"。这个神秘指数的细微变化，带给亿万人惊恐或狂喜，它早已不仅是经济社会财务指标之林中的一棵大树，而已成为世界金融文化的代号。道琼斯指数，以纽约证券交易所挂牌上市一部分有代表性的公司股票作为编制对象，由四种股价的算术平均股价指数构成，分别是：①以30家著名的工业公司股票为编制对象的道琼斯工业股价平均指数；②以20家著名的交通运输业公司股票为编制对象的道琼斯运输业股价平均指数；③以6家著名的公用事业公司股票为编制对象的道琼斯公用事业股价平均指数；④以上述三种股价平均指数所涉及的65家公司股票为编制对象的道琼斯股价综合平均指数。

以上四种道琼斯股价指数中，以道琼斯工业股价平均指数最为著名，它被大众传媒广泛地报道，并作为道琼斯指数的代表加以引用。道琼斯指数由美国报业集团——道琼斯公司负责编制并发布，登载在其属下的《华尔街日报》上。如今作为样本股的公司已经历过多次调整。

查尔斯·道生前也经常因为"反应滞后"而饱受诟病，尤其在熊市早期，有时还遭受一些看笑话人士的讥讽。但只要对股市稍有经历的人都对道·琼斯指数和"道氏理论"有所听闻，道氏也日益受到大多数人的敬重。不过大多数人从未意识到这种简单的技术性的分析方法，并非源于什么天才的奇思妙想或复杂的商业统计资料，而纯粹是股市本身行为的量化。道氏理论的形成经历了几十年。1902年查尔斯·道去世后，威廉姆·皮特·汉密尔顿（William Peter Hamilton）和罗伯特·雷亚（Robert Rhea）继承了道氏理论体系，并在其后有关股市的评论写作过程中，不断组织与归纳提炼，才形成了今天我们所见到的技术性分析理论。

曾经是道琼斯公司首位驻外记者的克莱伦斯·巴伦（Clarence W. Barron）在查尔斯·道过世后，买下了公司的控制权。当时的《华尔街日报》发行量为7 000份。到1920年增至18 750份，到20世纪20年代末期,《华尔街日报》的日发行量已达 5 万份之多。

需要指出的是,道氏理论的创始者查尔斯·道,从未使用过"道氏理论"这个词。他一再声称,其理论并非用于预测股市,甚至不是用于指导投资者的,而是一种反映市场总体趋势的晴雨表。其实,"道氏理论"的最伟大之处在于其宝贵的哲学思想,这是它全部的精髓。雷亚在所有相关著述中都强调,"道氏理论"在设计上是一种提升投机者或投资者知识的装备工具,并不是可以脱离经济基本条件与市场现状的一种全方位的严格技术理论,而是在其去世后,由威廉·P·汉密尔顿、查尔斯·丽尔和 E·乔治·希弗总结出来的、可沿用于股市、汇市、期市及各类商品现货及衍生品市场的技术分析体系。

至于道琼斯指数,它开拓了同类产品数量化、集约化、联动化的里程碑。各类产品或板块的指数,早已成为经济、金融和其它多种领域宏观调控、微观运行及衍生品开发的基础性手段。

本书由刘梦茵、周健明、陈静怡、高赟、梁琨平、方浔、方亮、李雅洁、梁进、李孟来、黄聃集体翻译,刘奥南、刘梦茵译审。这支年轻的作业团队,经过日常大量的金融专业资料编译,和连续多部投资专著的编译、出版,其专业素质和水平正在实战中不断成熟和提高。

感谢"舵手证券"编辑樊老师在本书的编校过程中付出了大量心血,翻译团队全体成员在此对樊老师表示深深的敬意和谢意。

刘奥南

2015 年 10 月